Frigga Haug

Die Unruhe des Lernens

Frigga Haug bei Argument – eine Auswahl

Selbstveränderung und Veränderung der Umstände. 2018

Der im Gehen erkundete Weg. Marxismus-Feminismus. 2015

Die Vier-in-einem-Perspektive. 2008

Rosa Luxemburg und die Kunst der Politik. 2007

Vorlesungen zur Einführung in die Erinnerungsarbeit. 1999

Frauen-Politiken. 1996

Erinnerungsarbeit. 1990, ^{3}2001

Kritik der Rollentheorie. 1972, ^{4}1994

Als Herausgeberin

Briefe aus der Ferne. Anforderungen
an ein feministisches Projekt heute. 2010

Historisch-kritisches Wörterbuch des Feminismus. 2003, 2011, 2014
Hg. im Auftrag des Instituts für kritische Theorie
Bd. 1: Abtreibung bis Hexen, Bd. 2: Hierarchie/Antihierarchie bis Köchin,
Bd. 3: Kollektiv bis Liebe, 2014

Sexualisierung der Körper. 1983, ^{3}1991

Erziehung zur Weiblichkeit. 1980, 1991

Zusammen mit anderen

Lustmolche und Köderfrauen – Politik um sexuelle Belästigung. 1997
Hg. mit Silke Wittich-Neven

Sündiger Genuß? – Filmerfahrungen von Frauen. 1995
Hg. mit Brigitte Hipfl

Hat die Leistung ein Geschlecht? 1993
Hg. mit Eva Wollmann

Die andere Angst. 1991, ^{2}1994
Hg. mit Kornelia Hauser

Küche und Staat. 1988
Hg. mit Kornelia Hauser

Der Widerspenstigen Lähmung. 1986, ^{2}1998
Hg. mit Kornelia Hauser

Subjekt Frau. 1985, ^{2}1988
Hg. mit Kornelia Hauser

Frigga Haug

Die Unruhe des Lernens

Argument

Die Deutsche Nationalbibliothek verzeichnet diese Publikation in der Deutschen Nationalbibliografie; detaillierte bibliografische Daten sind im Internet über http://dnb.d-nb.de abrufbar.

Deutsche Originalausgabe
Überarbeitete und um aktuelle Texte erweiterte
Neuausgabe des Buchs *Lernverhältnisse* (2003)

Umschlaggestaltung: Martin Grundmann
Umschlagabbildung: Wassily Kandinsky, *Im Blau*, 1925
Satz: Iris Konopik
Druck: CPI books, Leck. Printed in Germany
Gedruckt auf säure- und chlorfreiem Papier
ISBN 978-3-86754-516-7
Erste Auflage 2020

Inhalt

Teil III: Die lernenden Subjekte

Kapitel 7: Das lernende Subjekt – Zweite Holzkamp-Diskussion

Kapitel 8: Die lernenden Subjekte – Lehren und Lernen – Lerntagebücher 1

Kapitel 9: Erfahrung und Theorie – Lerntagebücher 2

Kapitel 10: Lernen in der Schule. Erinnerungsarbeit 1

Kapitel 11: Lernen in der Familie. Erinnerungsarbeit 2

Kapitel 12: Lernen in der Universität. Erinnerungsarbeit 3

Teil IV: Das Arbeitsparadigma

Kapitel 13: Lernen in der Arbeit

Lernen und Krise – Zu dieser Ausgabe

Lernen verspricht Kompetenz und Handlungsfähigkeit, aber zugleich bedeutet es einen Verlust an Sicherheit, an Illusionen, an Urteilen, die sich alsbald als Vorurteile herausstellen, entwickelt sich zur Selbstkritik. Lernen ist Unruhe, ist anstrengend, mühsam, schmerzhaft, zugleich auch unmittelbar lustvoll, wie als habe sich ein Vorhang vor der Landschaft so geöffnet, dass sich das, was bisher verschwommen und grau in der Ferne schien, viel klarer und näher gerückt zeigt und im gleichen Augenblick doch auch unruhig schon wieder aufbricht. So kommt es, dass jedes Neuland, das man zu erkennen glaubt, sich rastlos in eine Forschungsaufgabe verwandelt. Zudem verliert man unaufhörlich die Mitlernenden, muss, um nicht allein zu bleiben, das Lernen in Lehren verwandeln und ist auch in dieser Bemühung ständig auf dem Weg.

Doch auch beim Lehren erfährt man Scheitern, gerät in eine Krise, ist versucht aufzugeben, auch mit dem Lehren aufzuhören und stattdessen nur noch weiter zu lernen, zu forschen, zu schreiben. Aber heißt das nicht, das politische Projekt und seine Vision aufzugeben, dass es möglich sei, gemeinsam die Welt anders zu gestalten, was Erkenntnis und gemeinsame Erkundung möglicher Wege als Voraussetzung braucht? Die Zeit für Resignation ist günstig. In allen Ländern, in denen die Krise des Politischen und alle anderen Krisen verarbeitet werden als Aufforderung, in die schlechten alten Zeiten des egoistischen Freund-Feind-Denkens der durchgehenden Konkurrenz zurückzukehren. Und fördert nicht auch die Entwicklung der sozialen Medien, das Internet, welches doch alle verbinden könnte, zugleich die Verbreitung von Hass und Rücksichtslosigkeit, die Jagd nach Gewinn, nach dem Prinzip »Rette sich wer kann«?

Eingreifendes Denken verlangt eine ständige Überprüfung der Denkwerkzeuge, zwingt zu immer neuen Experimenten, setzt die Wahrnehmung der gesellschaftlichen Veränderungen ebenso voraus wie die Diskussion und Auseinandersetzung mit den Menschen, die in diesen Verhältnissen leben und lernen.

In diesem Buch finden sich die wesentlichen Texte aus dem Buch *Lernverhältnisse*, das 2003 erschien und nach mehreren Auflagen erneut vergriffen ist, ohne veraltet zu sein. Es wurde für diese Ausgabe vielfältig überarbeitet. Es wurde nicht aktualisiert, indem es auf den neuesten Stand der Pädagogikdiskussion gebracht wurde, vielmehr ist die eigene Weiterarbeit an der Lernproblematik in unseren Verhältnissen hinzugenommen. Dies wird durch Aufsätze dokumentiert, die in den 15 Jahren seit dem ersten Erscheinen von *Lernverhältnisse* entstanden sind und die Autorin selbst im Lernprozess zum Lernen und zum Lehren zeigen. Die ursprünglichen Texte wurden redigiert und um allzu breite Darstellungen gekürzt, um das Lesevergnügen, das dem Lernen unbedingt vorausgehen und es also begleiten muss, zu vergrößern.

Die Aufgabe einer alle jüngeren Entwicklungen umfassenden Aktualisierung zum Thema Lernen ist für eine einzelne Person viel zu groß. Stattdessen wurde ausgewählt und vieles, was dafür notwendig wäre, explizit ausgelassen – so die breite Diskussion in der Pädagogik, die vielen Studien etwa zu E-Learning. Die Auseinandersetzung im Feld der Pädagogik, von der sicher viel zu lernen wäre, wurde erst in diesem Jahr begonnen, herausgefordert durch Projekte, die Lehrer selbst durch Roboter zu ersetzen, mit denen die Schüler lernend und forschend kommunizieren sollen.

Gänzlich ausgespart ist zudem jede Institutionenkritik und damit auch die fällige Auseinandersetzung um die Schulpolitik. Aber das Verfahren, auszugehen von den eigenen Lernprozessen beim Lehren, bei der Wahrnehmung des wirklichen Lebens und eigenem experimentellem Versuchen, eingreifendes Denken zu praktizieren und zu lehren, wurde kritisch beibehalten und weiterentwickelt. Beibehalten sind der Wechsel von eigener Erinnerung an eigenes Lernen zur Wahrnehmungskritik, die Selbstkritik, das Dazulernen, das Nutzen der Zickzackbewegung aus dem geschlechtsspezifischen Streiten ums Allgemeine als Quelle anderer Erkenntnis. So wurde das Buch methodisch vielfältiger.

Lernen ist ein widersprüchlicher Prozess. Es gibt nicht bloß ›eine richtige‹ Strategie dafür. Menschen reagieren auf frustrierende Verhältnisse mit Lernwiderstand, tragen damit zu ihrer Versteinerung bei. Diese versteinerten Verhältnisse zum Tanzen zu bringen braucht Anstrengungen von den lernenden Subjekten selbst, während zugleich auch das Lehren lernend weitergehen muss. Nur so ist die Weltlosigkeit der traditionellen Lerntheorien zu überwinden.

Frigga Haug
Los Quemados, September 2019

Teil I

Annäherung an den Gegenstand »Lernen«

Kapitel 1

Das Unbehagen

Erinnerungen an Lernen 1

Ohne weiteres kann ich eine Reihe von klugen und einverständigen Bemerkungen zum Lernen machen. Dass es nützlich ist und notwendig, dass es Spaß machen kann und Mühe bereiten, dass es lebenslänglich geschieht, dass es allgemein menschlich ist, dass aber auch Tiere selbstverständlich in der Lage sind zu lernen … Solche Sätze stehen um mich wie ein gepflegter Garten, in dem ich auf eigens dafür angelegten Wegen gehe, ohne dass ich etwas zertrete, mich etwas mit Dornen ergreift und verletzt. Ich bin unangefochten.

Dabei löst das Wort Lernen, wenn ich es nur nah genug an mich heranlasse, ein tiefes Unbehagen aus. Es heftet sich an Erinnerungen von Befehl und versuchtem Gehorsam, von Versagen und Unlust, von Schuld. Im Schacht meines Gedächtnisses sind unter dem Namen Lernen vornehmlich Erlebnisse abgelegt, in denen es mir gerade nicht gelang zu lernen, was ich sollte oder wollte. Erinnerung an Unvermögen, Verweigerung, Blockade.

Lesenlernen

Zum Beispiel war da das Lesenlernen, als ich in die erste Klasse der Volksschule ging. Das Lesen zu lernen war eine Übungsaufgabe für zuhause und stellte sich unerreichbar und quer in die versonnten Nachmittage. Dafür gab es eine Fibel. Ich starrte auf die Buchstaben, die mit Namen zu nennen mir ein Leichtes war, und versuchte, in ihrer Aneinanderreihung einen sprech- und verstehbaren Sinn zu finden. Es gelang nicht. Die Zeichen wollten jedes für sich bleiben, zwei Buchstaben aneinander ergab nichts und schon gar nicht drei oder noch mehr. Verzweifelt hockte ich stundenlang, wie mir schien, vor den Bögen und Strichen – es half nichts, dass sie groß und farbig waren. »Sie ist doch sonst nicht dumm«, sagte meine Mutter zu meiner Tante, die extra angereist war, mir zu helfen, »sie ist einfach verbockt«. Das Wort *verbockt* umfasste eine unbestimmbar große Menge an Ereignissen, wo ich nichts gelernt hatte, was so als Verweigerung benannt wurde. Ich bekam Stubenarrest, während meine Geschwister spielen durften. Meine Tante las mir die Wörter vor, aber ich vergaß sie wieder und vergaß vor allem das Zueinander von bestimmten Zeichen und Wort. Ich wollte raus und spielen. Es war ungerecht, mir dieses sinnlose Zeug abzuverlangen, das ich einfach nicht lernen konnte. »Andere nehmen das Buch mit unter das Kopfkissen in der Nacht«, verriet eine Nachbarin, »am Morgen

wachen sie auf und können lesen.« Ich wusste sogleich, dass die Nachbarin unerlaubt abergläubisch sein musste und versuchte es nicht.
Irgendwann müssen sich die Buchstaben zu Worten gefügt und dieser Vorgang sich sinnvoll in eine mögliche gern geübte Tätigkeit verwandelt haben. Es käme jetzt, in einer Studie über Lernen, darauf an, dies festzuhalten. Aber ich erinnere diesen Lernschub nicht, sondern nur und ausschließlich die Zeit des Versagens.

Ist Lernen also etwas, das nur sprechbar und erkennbar wird im Moment, in dem ein geplantes Ziel nicht erreicht wird, in dem eigene Strategien und Mühe entfaltet werden müssen, und das daher benennbar und erinnerbar ist zunächst als Negativerlebnis, als misslingendes Lernen, so dass wir aus eigener Erfahrung nichts gewinnen können für die doch offenbar stattfindende Alltäglichkeit von einfachen gelingenden Lernprozessen, für Lernen als Tätigkeit?

Ich kann das nicht glauben. Ich weiß von Neugier und Lernlust. Also muss es doch in der Erinnerung, wie verschüttet auch immer, gelingende positive Lernerlebnisse geben. Aber warum solche Vergrabung? Warum diese Unlustbesetzung des Wortes *lernen* in eigener Erinnerung bei gleichzeitigem Wissen, dass Lernen gesellschaftlich zu den positiven anerkannten guten Tätigkeiten gehört?

Ich suche nach weiteren Erfahrungen mit Lernen.

Ballwerfen

Ich konnte nicht Ballwerfen. Also musste ich es lernen, denn es gehörte zu den Spielen, die wir ausführlich und wieder stundenlang im Turnunterricht übten; aber es ist nicht bloß die Schule, die ich in diesem Zusammenhang erinnere. Werfen war auch sonst ganz brauchbar: zum Beispiel Steine über das Wasser tanzen zu lassen – das konnten viele – oder einen Stock weit fortzuwerfen, um einen Hund dazu zu bringen, ihm hinterherzujagen und ihn zurückzubringen. Ich verwerfe also mein vorschnelles Aha, das die Wiederholung einer Schulerfahrung bei der Verbindung von Lernen mit Unfähigkeit zusammenbringen will. Nicht bloß institutionell geforderte und also fremdbestimmte Praxen, auch gewollte, lustvolle, spielerische, freie Praxen werden unter Lernen als negative Erfahrung abbildbar. Ich habe auch diese Handlung stundenlang und über Jahre geübt – umsonst: Der Ball fiel vor meine Füße, traf den Hund, der wenige Meter vor mir erwartungsvoll und sprungbereit wartete, meine Muskeln verkrampften sich, und ich blickte voller Neid und Verzagen auf die Bälle der anderen, die mit einem Sausen hoch und weit in ihre Flugbahn gebracht wurden. Kein Versprechen, keine Belohnung, keine Mühe half, ich konnte es nicht lernen. Ich richtete mich darauf ein und ungleich dem Lesen kann ich es bis heute nicht.

Vielleicht ist es sinnvoll, von Lernen nur in Zusammenhängen zu sprechen, in denen für die Bewältigung bestimmter Praxen eigene Schritte gegangen werden müssen, Strategien ergriffen, Fähigkeiten bewusst erlangt werden, und die Hoffnung, es gäbe so etwas wie lustvolles glückliches Lernen dem Reich der Wunschphantasien zuzuschreiben? Lernen wäre demnach an Training gebunden und es gälte, erfolgreiche Programme zu entwerfen und existierende ständig zu verbessern, um den größtmöglichen Lernerfolg zu erzielen? Fähigkeiten müssen durch harte Übung erlangt werden, der Weg ist steinig, das Gehen nur durch äußeren oder/und inneren Zwang möglich. Es ist günstig, in sehr jungem Alter damit anzufangen, wenn die Menschen noch biegsam sind. »Früh krümmt sich, was ein Häkchen werden will.« Alles, was man durch freudiges Tun gleichsam im Fluge erlernt, wäre dann für eine Theorie des Lernens und entsprechende Pädagogik ebenso wenig von Interesse wie die schleichende Ein- und Unterordnung, die das Leben in herrschender Gesellschaft erbringt?

Ich bin nicht überzeugt. Aber es irritiert mich, dass mir immer weiter negative Lernerlebnisse einfallen, bis zu einem gewissen Grade zumindest, und dann der eigentliche Lernschub wie ausgelöscht ist, so dass ich aus ihm wiederum nichts lernen kann.

Ich nehme ein Beispiel aus höherem Alter, so dass kindliche Unlust und womöglicher Unwille, die Fähigkeit hier und jetzt sich anzueignen, keine Rolle spielen können, sondern ich davon ausgehen kann, dass ich als rationales Subjekt lernen wollte.

Die Frage

Die Erinnerung ist wie ein Alptraum. Ich sitze in einem Seminar. Wie selbstverständlich ist meine Hauptkraft darauf gerichtet, nicht aufzufallen und doch aufzufallen. Es darf niemand merken, dass ich rein gar nichts weiß, kaum etwas verstehe, schon gar nicht, wozu ich es verstehen sollte, dass ich die Texte nicht durchdringend gelesen habe, nicht lesen konnte, weil sie mir nichts sagten und anderes mir mehr. Auch sitze ich hier in einem Hauptseminar, obwohl dies erst mein drittes Semester ist, weil es mir gelungen war, den Eindruck zu vermitteln, sehr klug zu sein und strebsam. Das scheint mir mit einem Mal kein so großer Erfolg mehr zu sein, sondern eine selbstgestellte Falle. Ich schreibe in jedem Semester wenigstens vier Referate und bin also fleißig, habe aber mehr und mehr den Eindruck, hauptsächlich eine Inszenierung zu betreiben, nichts wirklich zu sein und also vergeblich den Versuch zu machen, Lernbissen zu ergattern. Fieberhaft überlege ich, was ich fragen könnte. Dies scheint die hauptsächliche Erwartung zu sein, dass die Studenten Fragen stellen und so Verständnis, Wissensdurst, Interesse zeigen. Es muss mir einfach eine Frage einfallen, bevor ich plötzlich an die Reihe komme, in den Mittelpunkt rücke und jedermann sieht, dass ich nichts zu fragen weiß. Um mich herum sitzen die Studenten, es sind fast alles Männer, und daher wundere ich mich nicht, dass sie eifrig und fähig aussehen. Sie sitzen also gespannt wie Bögen und stellen Frage auf Frage: Schon gibt es eine lange Liste der Fragenwollenden, und wenn ich mich nicht jetzt melde, komme ich in dieser Sitzung überhaupt nicht mehr dran. Jede Studentenfrage ist eingebettet in einen Urstrom an Wissen. Querverweise, Namen, Bezüge – wenn mir doch auch bloß eine so intelligente Frage einfallen würde. Mein Gesicht fühlt sich von innen an, als sei es außen rot vor Anstrengung, meine Hände sind schweißnass – der Rest meines Körpers ist verschwunden, da keimt in mir eine Fragemöglichkeit. Es ist nicht meine Frage – um zu fragen, verstehe ich zu wenig –, es ist eine mögliche Frage in diesem hochintelligenten Raum. Ich melde mich, bin die achte auf der Liste und begebe mich in die schreckliche Zeit des gespannten Wartens, der Hoffnung, ich möge gar nicht mehr drankommen, der Gewissheit, dass es jetzt unvermeidlich ist. Ich forme elegante und gelehrte Sätze in meinem Kopf, fange immer wieder von vorn an, bis die Frage – sie ist beileibe nicht lang – jene unverwechselbare Gestalt erhält, unerhört wichtig zu klingen, klug und gelehrt und doch sich nicht als eine zu verraten, die von mir gar nicht ausgeht, nicht auf Antwort drängt, sondern die nichts vorhat, als im Raume zu stehen und auf mich als ihre Urheberin zu verweisen und solcherart ein glänzendes Licht auf mich zu werfen, allgemeine Anerkennung, einverständiges Nicken: bedeutend. Der Punkt, an dem ich einsetzen muss, rückt näher. Immerhin ist es eine Diskussion und ich habe schon geraume Zeit überhaupt nicht mehr zugehört, worum es geht. So weiß ich, als ich endlich aufgerufen werde, nicht, ob die Frage überhaupt noch sinnvoll in den Raum passt, und ausgerechnet jetzt muss ich daran denken, damit überhaupt an Sinn und Bedeutung der Frage, und beginne zu stottern. Die auswendig gelernten wohlgeformten Sätze haben meinen Kopf verlassen. In die Leere und allgemeine Stille hinein sage ich irgendetwas und lehne mich wieder zurück, jetzt erst bemerkend, dass ich mich angespannt ganz nach vorne gebeugt hatte, und bin verzweifelt enttäuscht, dass meine Frage, die ich nicht mehr weiß, von niemandem aufgenommen und beantwortet wird. Die ganze Anstrengung war umsonst.

Wieder eine Lernsituation aus einem institutionellen Raum, wieder eine Erinnerung an Unsicherheit, Vergeblichkeit, jetzt Täuschung, an den Versuch, sich in die Welt zu begeben, wie es erwartet wird, aber kaum eine Erinnerung an Neugier, an die Lust des Lernens, gar an das Studium als eine privilegierte Möglichkeit, Welt zu erkunden. Vor allem heftet sich Erinnerung wieder an Leid, an Unvermögen, an Misslingen. Wie von ungefähr mischen sich in die Erinnerung Kritik an der Lernsituation, Spott über womöglich leere Worte, Bedeutung produzierende Anordnung, die anderen Studenten – jedoch bleiben dies bloße Gesten, da in der Erinnerung kein eigenes Wollen, keine tatsächliche Frage, kein Wissenszuwachs verzeichnet ist. Lernen scheint eingeklemmt zwischen individuellem Wollen, das sich aber noch nicht kennt und gesellschaftlicher Institution, deren objektiver Sinn verschlossen bleibt, ein Ausflug in eine unerkennbare Fremde.

Ich wechsle noch einmal das Lernarrangement, weg von der institutionellen Anordnung und möglicher Fremdbestimmung, und erinnere mich an selbstbestimmtes Lernen im Erwachsenenalter.

Der Computer

Der Computer trat spät erst in mein Leben. Als der PC für die meisten Intellektuellen als Schreibwerkzeug gewöhnlich wurde, war ich schon über 40 Jahre alt. Ich erinnere meine verzweifelte Blockade, als ich vor dem Ding saß, das da viel größer als meine gewohnte Schreibmaschine vor mir aufgebaut war und auf meine Versuche, die verschiedenen Tasten nach Schreibmaschinenart zu drücken, nichts tat, was dem gewünschten Ergebnis der Visualisierung eines Textes auf dem Bildschirm ähnelte. Wenn schließlich wirklich Wörter, dann Sätze, ja ganze Absätze erschienen, verschwanden sie plötzlich auf einen weiteren Tastendruck hin, und die Arbeit von Stunden war umsonst. Wie oft habe ich wütend versucht, irgendwie in die Kiste zu gelangen, sie zu schütteln, zu klopfen, um zu erfahren, was darin vorging. Das Sitzen vor dem Computer war eine Tortur; ich war jedes Mal schweißnass und alle Muskeln waren so gespannt, dass sie noch nach Stunden schmerzten. Ich schrieb die einzelnen Schritte auf, Buchstaben, die Tasten und Worte bedeuteten, wieder eine neue Sprache, aber immer wieder vergaß ich einen Zwischenschritt, und die Maschine gehorchte mir nicht. Es gelang mir auch nicht, Vermeidungsstrategien für mich glaubhaft zu entwickeln, etwa von der Art, dass wahre Intellektuelle daran erkennbar sind, dass sie nur mit altgewohnten Instrumenten umgingen wie einem Füllfederhalter oder einer kleinen mechanischen Reiseschreibmaschine oder höchstens einer elektrischen. Ich wusste, dass ich dieses Werkzeug zu bedienen lernen musste, um weiter meiner stets wachsenden Schreibtätigkeit nachzugehen, um Zeitgenossin zu sein. Ich verachtete diejenigen, die das nicht einsahen, aber ich konnte es nicht wirklich lernen. Es half schon gar nichts, die Einweisungsbücher zu studieren, weil sie noch viel mehr Schritte ausließen als ich und vieles, wie mir schien, willkürlich benannten, und vor allem, weil sie mir Dinge beizubringen suchten, die ich nie brauchen würde, und das Brauchbare nicht verrieten. Es nützte auch nichts, eine Freundin zu bitten, mir den Umgang zu erklären beim Tun – sie raste dermaßen schnell mit den Fingern über die Tastatur, Bilder verschwanden und wechselten schneller auf dem Schirm, als ich mit den Augen folgen konnte, und ich entwickelte in diesem Fall so etwas wie Hass: Warum konnten diejenigen, die eine Sache beherrschten, dies nicht an die anderen, die noch nichts oder wenig konnten, weitergeben?
Irgendwann muss ich es gelernt haben, wenngleich nur halbwegs. Aber was ich bleibend erinnere, sind viele angstvolle Stunden mit einer eigentümlichen Leere im Kopf.

Meine beispielhaften Lernerinnerungen beziehen sich auf Lernbemühungen des Kopfes wie des Leibes sowie eine eigenartige Mischung von beidem. Sie beziehen sich auf Mühen, Leib und Kopf zu bestimmten Fähigkeiten zu bringen, etwas, das wir mit dem Begriff *Beherrschung* ausdrücken. Es gilt, Widerstände zu überwinden, die aus mangelnder Praxis kommen. Eine Reihe von Versuchen gelten dem Erlangen von Meisterschaft. Dazwischen steckt das zagende Individuum, das sich ohne die entsprechenden Fähigkeiten weiß und unsicher ist, ob es sie jemals erlernen wird. Die Ziele sind weitgehend bekannt, soweit sie nicht, wie in dem Seminar, im Horizont vielfältiger weiterer Lernziele verschwommen sind. Die Lernziele sind zum Teil gesellschaftliche Kulturtechniken, wie das Lesen, schulisch vorgenommene Sportziele, die aber als Körperbeherrschung auch außerhalb der Institution angeeignet sein wollen, sind Werkzeugbeherrschung auf gesellschaftlichüblichem Niveau. Alle bisherigen Beispiele eröffnen die Möglichkeit, dass das Individuum scheitert, sich für das gesuchte Ziel als ungeeignet erweist oder/und die Lernstrategien falsch gewählt, die Institutionen problematisch sind. Der Einstieg beim misslingendem Lernen stößt mithin auf eine Problematik, die eine Reihe von Forschungsfeldern eröffnet: Die Frage der Eignung des Einzelnen für das gewählte Lernziel – können alle alles lernen?; das Studium von Lernstrategien; die Frage der gesellschaftlich-institutionellen Vermittlung von Fähigkeiten: die Rolle von Selbstbestimmung und Fremdbestimmung beim Lernen; und die Untersuchung des Resultates von Misslingen für die Einzelnen und ihre Selbstwahrnehmung, schließlich die Positionierung in der Welt. Denn ohne Zweifel hat die nachhaltige Erinnerung an Lernversagen eine Wirkung auf die Persönlichkeitsbildung und die zukünftig angegangenen Lernziele und ihr Erreichen.

Aber es bleibt immer weiter auch die Frage, ob es ausreichend ist, Probleme beim Lernen als Ausgangspunkt für die Untersuchung über Lernen zu nehmen. Warum erinnere ich alles, was ich wirklich beherrsche, nicht als einen Lernvorgang? So, um mit der Schule anzufangen, nicht das Rechnen, das mir zugeflogen zu sein scheint, nicht das spätere Schreiben von lebhaften Schilderungen über die Dinge, die mir zustießen, nicht das Erzählen; selbst körperliche Fähigkeiten wie Schwimmen, Klettern, Rennen, was mich trotz meiner Werfunzulänglichkeit zu einem begehrten Mannschaftsmitglied im Schulsport machte, sind Ergebnisse, die ich nicht gelernt zu haben erinnere, die mir einfach so eigneten, Teil meiner Ausstattung. Die missgünstige Erinnerung will Lernen auf eine schwer zu bewältigende Aufgabe mit der Gefahr festlegen, das Ziel niemals zu erreichen, eine Niete zu ziehen und zu sein. Solches weiß auch der Volksmund: denn »Es ist noch kein Meister vom Himmel gefallen«; »Durch Dunkles zu den Sternen«; »Übung macht den Meister« usw.

Es schien mir wichtig, vor der theoretischen Bearbeitung des Feldes zunächst Gegenerzählungen zu finden. Ich stieß auf sie eben in der Arbeit mit Theorie.

Kapitel 2

Die Lernproblematik

Erste Diskussion von Holzkamps Lerntheorie

Die meisten Theorien über das Lernen gehen davon aus, dass Lernen gelingt, und erarbeiten dann analytisch rückwärts die Schritte, die im Einzelnen getan wurden. In dieser Weise könnte man Lerntheorien auch als Gegenerzählungen zu meinen Erinnerungen ans Misslingen lesen oder umgekehrt befürchten, dass Verfehlen ebenso wie Widerstand in den gängigen Lerntheorien nicht behandelt sind, dass es damit also keine Theorie des Lernens im Sinne des Begreifens dieses Veränderungsvorgangs gibt, sondern dass unter diesem Namen Theorien der Einpassung in die Lernziele der vorhandenen Gesellschaft gefasst werden. Versuchen wir uns unseres Gegenstandes *Lernen* auf der Ebene der Theorie zu versichern, brauchen wir beides: die Lehren aus der Erfahrung samt ihrer Infragestellung wie auch die Kenntnisnahme vorhandener Theorien, die sowohl die Erfahrungen selbst wie auch ihr Studium besetzen. Solches Verfahren, von eigenen Erfahrungen mit dem Gegenstand, den man erforschen will, auszugehen, sich ihnen erneut zu stellen, sie staunend zu besichtigen und zur Prüfung vorzulegen als eine Quelle von Erkenntnis, heißt, sich selbst nicht aus Forschungsprozessen durch voreilige Abstraktion in ein gewusstes Allgemeines auszuschließen. Das Studium der Theorien, die das Feld besetzen, bleibt notwendig, wir machen mit ihnen ebenso Erfahrungen, wie sie auch Bausteine sein können für eine kritische Theorie des Lernens. Dieses Hin und Her, der ständige Wechsel der Ebenen, ist bestimmend für meine Arbeitsweise. Auf diese Weise versuche ich im Wechselprozess forschend ständig selbst dazuzulernen und damit Selbstkritik und Theoriekritik voranzutreiben.

Bei der Problematik des Lernens kann ich auf weitere Vorarbeit rechnen. Ich kann mit Klaus Holzkamps grundlegendem Werk über Lernen beginnen, das mir selbst Grundlage und widerständiger Anstoß war, ein eigenes Buch zum Gegenstand zu schreiben. Holzkamps Buch ist das Resultat eines mehr als zehnjähriges Studiums von gängigen Lerntheorien, um eine eigene Lernkonzeption in die Kritische Psychologie als marxistische Subjektwissenschaft einzutragen. Im eigenen Institut wurden seit Gründung (also seit Mitte der 1970er Jahre) lerntheoretische Annahmen entwickelt und in ihre Grundlagen einbezogen. Wiewohl dies also nicht der Chronologie meiner eigenen Forschung entspricht, ist es an dieser Stelle für die Darstellung notwendig, mich zunächst mit der Bestimmung des Gegenstandes *Lernen*, wie Holzkamp ihn in seinem Grundlagenbuch (1993) vorstellt, auseinanderzusetzen, auch weil meine eigenen Überlegungen, die auch innerhalb der Kritischen Psychologie entstanden, selbst kritisch dazu eine eigene Forschungs-, Lehr- und Erkenntnisgrundlage vorschlagen, an der ich inzwischen über fünf Jahrzehnte theorie- und methodenkritisch weiterarbeite.

Bei der Durcharbeitung der Literatur der gängigen Lerntheorien zu diesem Komplex stieß Klaus Holzkamp, Kollege und Lehrer für mich, auf eine Reihe von Ungereimtheiten, die sich jeweils der Einlassung von Lernen in bestimmte institutionelle Bedingungen verdankten, dem beliebigen Austausch der Lernziele und der Lernarten (z.B. als Behalten/Erinnern, averbales Lernen, Lernregulation, Konditionierungslernen, Erwartungslernen usw.) und vor allem, wie er umfassend belegt, dem Versäumnis, die Subjekte des Lernens grundlegend einzubeziehen, als seien sie für ihren eigenen Lernprozess unwichtig. Diese subjektwissenschaftliche Nachholverschiebung (dazu später in Kapitel 7) erbringt für ihn als Lösung der Schwierigkeit, Lernen überhaupt als Analysegegenstand begrifflich zu fassen, folgenden Vorschlag: Lernen ist als eine Handlung zu betrachten, die dem Subjekt bewusst, von ihm begründbar ist und Interessen an Erhöhung der Lebensqualität oder zumindest Vermeiden von Beeinträchtigung verfolgt.

Allgemein definiert Holzkamp, Lernen sei »möglicher Zugang des Lernsubjekts zur sachlich-sozialen Welt gesellschaftlicher Bedeutungszusammenhänge« (1993, 181). Dafür wird zunächst die aus der kulturhistorischen Schule (Wygotski, Leontjew, Galperin) vorgeschlagene Begrifflichkeit, Lernen als Tätigkeit zu fassen, differenziert. Lernhandeln muss gegenüber sonstigem Handeln spezifiziert werden. Brennpunkt der Analyse wird die »Lernproblematik«. Wenn im Verlauf eines Handlungsvollzugs die Problemsituation auf die gewählte und begründete Weise nicht bewältigt werden könne, sei das Subjekt genötigt, die widerständige Sequenz aus der Gesamthandlung herauszulösen und sie überhaupt erst zu einer Lernproblematik zu machen. Der Handlungsvollzug wird ausgesetzt und die für das Erlernen der herausgelösten Sequenz nötigen Strategien werden probiert, verworfen, neu bestimmt, als wirksam ergriffen. Holzkamp nennt diesen Vorgang eine »Lernschleife« (183). Um Lernen auf diese bestimmte Handlungssequenz einzugrenzen, schließt er die verschiedenen Formen, die sich störend in die Analyse drängen wollen, von vornherein aus. Von Lernen in subjektwissenschaftlichem Sinn soll nicht die Rede sein, wenn man bei einer bestimmten Tätigkeit etwas lernt, die Tätigkeit gewissermaßen auf die Fähigkeiten einen qualifizierenden Einfluss hat – er nennt dies *Mitlernen* oder *inzidentelles Lernen* –, und auch dann nicht, wenn das Subjekt zwar lernen will, dies aber ohne besonderes Problem als notwendigen Zwischenschritt einer Handlung schafft. Lernen als Gegenstand der subjektwissenschaftlichen Analyse setzt also voraus, dass ein Mangel dem

Subjekt problematisch ist, die Überwindung des Problems intendiert ist, die entsprechende Lernhaltung eingenommen wird und das Ziel eine auf Dauer gerichtete Kumulation des Gelernten ist, so dass ein höheres Niveau an Handlungskompetenz erreicht wird (183). Das Problem in der Gesamthandlung wird ausgegliederte neue Bezugshandlung – also, dass ich zum Beispiel bei der Erarbeitung eines sozialwissenschaftlichen Themas feststelle, dass mir die Grundlagen der Kybernetik unbekannt sind, ich sie aber für mein Thema benötige, und jetzt meine Arbeit beiseitelege und anfange, Kybernetik zu studieren. Holzkamp verspricht sich aus dieser bewussten Heraussonderung einer Teilhandlung zu Lernzwecken eine Grundlage, die eigentlichen Lerntätigkeiten genau bestimmen zu können, damit eine Theorie des Lernens vorzulegen, die diesen Namen verdient.

Einschub: Kritik der Handlungsregulationstheorie[1]

Diese Eingrenzung und spezifische Bestimmung der Lernproblematik mit der Aufforderung, die einzelnen Schritte der Lernhandlung analytisch herauszuarbeiten, bringt Holzkamp in die Nähe zur Handlungsregulationstheorie. Er referiert entsprechend die verschiedenen Schulen dieser praxisorientierten Analysen und Modelle von Lernhandlungen. Weil die Kenntnis der kritischen Anknüpfung an die Handlungsregulationstheorie wichtig ist für meine Kritik an Holzkamps Ausarbeitung der Lernproblematik, sollen einige Hauptbestimmungen, wie auch er sie referiert und kritisiert, skizziert werden.

Handlungsregulationstheorie kann als eigener kybernetischer Zweig in der Lernpsychologie gefasst werden, als Verbindung zwischen Kognitivismus (etwa von Miller, Galanter, Pribram und ihrem Plankonzept) und Tätigkeitstheorie (Wygotski, Leontjew, Galperin u. a.).

Das Grundmodell der Handlungsregulation will nach Miller, Galanter & Pribram das »theoretische Vacuum zwischen Denken und Handlung überwinden« (1960, 13). Dafür muss das Reiz-Reaktions-Schema (SR) behavioristischer Lerntheorien überwunden und durch eine begriffliche Vorstellung von ›Weltkontakt‹ ersetzt werden. Anstelle des passiven Organismus ohne Erfahrung, wie er bei SR angenommen ist, schlagen sie das Modell der »Rückkoppelungsschleife« (bei Holzkamp 1993, 153) vor, ein Begriff, der in Holzkamps Lernschleife ein Echo findet. Bei Miller et al. geht es um Sequenzen oder Einheiten von Operationen, die während der Ausführung kontrolliert und verbessert werden, wie man es etwa beim Nageleinschlagen beobachten kann. Auch die Vorstellung, diese Schleifen seien abgrenzbare Handlungs-

1 Ich folge hier weitgehend der holzkampschen Darstellung, weil es mir darauf ankommt, seine Lernauffassung zu explizieren, um mich kritisch damit auseinanderzusetzen. Zur umfassenden Kritik der Handlungsstrukturtheorie siehe ansonsten Haug, Nemitz & Waldhubel 1980.

folgen, Pläne, die mit dem geplanten Ziel enden, wird von Holzkamp in die Vorstellung von der Lernschleife übernommen. In diesen Einheiten ist ein Subjekt gedacht, welches bewusst antizipiert, bewertet. Intention und Evaluation sind daher wesentliche Bestimmungsmomente des Planens.

Hauptvertreter der Handlungsregulationstheorie in Deutschland sind der Ingenieurpsychologe Winfried Hacker (bis 1989 DDR), der Arbeitspsychologe Walter Volpert, die Bremer Psychologengruppe um Wolfgang Stadler u.a. in den 1980er und 90er Jahren. Das Modell von Miller et al. wird von ihnen übernommen und zur sequenziellen (hintereinander) und hierarchischen Organisation von Rückkoppelungseinheiten ausgearbeitet. Der Schwerpunkt liegt bei Hacker auf Planung und Ausführung in der Produktion. Handeln wird streng als zielgerichtet angenommen, dies anders als bei Miller et al., die auch etwa bei Lebensplänen von der Planlosigkeit des Lebens ausgehen und den Plan selbst nicht als eigenes Ziel fassen, sondern als Moment der Aufgabe, das Leben zu erhalten. Es geht bei Hacker um Rationalisierung des Arbeitshandelns, nicht so sehr um Alltag. Er übersetzt das Modell von Miller u.a. in: Veränderung/Vergleich/Rückmeldung, was von Volpert in das Modell: Zielantizipation/Planung von Handlungsschritten/Durcharbeiten der Schritte/Rückmeldung übertragen wird. Die Genese solcher Systeme verläuft als Verinnerlichung/Verbalisierung äußerer Handlungen, also umgekehrt, als üblicherweise gedacht, wo die Idee dem Handeln vorweggeht (Volpert 1975, 148). Die Regulationsebenen sind vertikal nach kognitiven Strukturmerkmalen gegliedert: Perzeptive und begriffliche Regulation, als kognitive Struktur am Objekt; intellektuelle Regulation von Produktionsarbeiten als übergeordneter Prozess und schließlich die sensumotorische Ausführungsregulation. Es geht also um die Ebenen des Perzeptiv-Begrifflichen, des Intellektuellen und des Sensumotorischen. An die Stelle des Bildes von Miller et al. treten operative Abbildsysteme, aus denen das Individuum Handlungspläne und Aktionsprogramme abruft. Die allgemeinste Richtgröße ist die »planende Strategie« auf der intellektuellen Ebene.

Lernen tritt in solchem Modell als reguliertes Lernhandeln auf. Miller et al. interpretieren das Lernen von motorischen Fähigkeiten als »Automatisierung von Plänen« (bei Holzkamp 1993, 158). Dieser Prozess der Automatisierung, also der Verlagerung von der strategischen Ebene verbaler Instruktion zu einem Automatismus, ist selbst ein Lernprozess. – Volpert veranschaulicht dies am Lernen, ein Auto zu fahren, bei dem anfangs alle Befehle ans Handeln gedacht und abgerufen werden müssen, was einen auch mental vollständig beschäftigt, während nach einiger Zeit die notwendigen Handlungen des Gasgebens, Bremsens, In-den-Rückspiegel-Schauens, Winkens usw. automatisch ablaufen und man während des Autofahrens z.B. einen Vortrag konzipieren kann. – Solche Automatisierungen haben nach Miller et al. die Funktion, »das Individuum von *mehr taktischen Planungen im Interesse weiter gespannter strategischer Planungen zu entlasten«* (zit. nach Holzkamp, 158). Volpert stellt Lernen ins Zentrum seiner Ausführungen. Er fasst die einzelnen Ebenen der Handlungsregulation so, dass die jeweils höheren als Steuer-, Überwachungs- und Kontrolleinheiten der niedrigeren Ebenen gedacht werden. Als Lernen gelten ihm Handlungen, die den Aufbau von Handlungskompetenz zum Ziel haben. »Lernen [ist] Handeln in zweiter Dimension: Handeln, dessen Ziel unmittelbar oder mittelbar die Verbesserung gegenständlicher Handlungen ist.« (Volpert 1974, 106) Die Entlastung der Bewusstseinskapazität, damit sie zur Neuaufnahme von Informationen frei wird, ist ihm ein Spezifikum von Lernhandlungen.

Holzkamp stellt auch Dulisch vor, der Lernen definiert als

> ein Handeln […], das in bewusster Weise auf die Verbesserung der eigenen Handlungsvoraussetzungen gerichtet ist und auf das Bereitstellen von Dispositionen für das zukünftige Handeln zielt (1986, 149, bei Holzkamp 159).

Ziel der Lernhandlungen sei eine dauerhafte Veränderung des Gedächtnisses: die Verfestigung von Handlungskompetenzen. Demnach gibt es das Lernen des Lernens und das Lernen von Handlungen, Letzteres nennt Dulisch die Bezugshandlung der Lerntätigkeit. – Holzkamp verschiebt gerade diesen einlinigen Zusammenhang zur Bezugshandlung, da für ihn die Lernhandlung einen neuen Bezug hat, gerade nicht den der Gesamthandlung, in der sie auftritt. – Bei Dulisch findet sich eine detaillierte Darstellung eines Lernprogramms, das sich etwa ein Prüfling für ein Prüfungsthema macht (bei Holzkamp vorgestellt, 160). Hier unterscheidet er Taktiken und Strategien. Ein solcher Aufbau legt für ihn die Einschreibung des Lernens in die Handlungsregulationstheorie nahe. Drei Komponenten des Lernhandelns werden unterschieden: Antizipieren, Realisieren, Kontrollieren: also Zielbildung, Lernvollzug, Rückmeldung des Vollzugs – als Vergleich von Ist und Ziel. Ein Wissen um die Funktionsweise des Gedächtnisses und die Effizienz von Lernstrategien ermöglichen es der Person, Lernverläufe durchzuspielen. Wichtig wird für Dulisch die Konzeption des selbstgesteuerten Lernens – hier unterscheidet er zwischen Selbstregulation, Autonomie, Selbstbestimmung und kollektiver Selbststeuerung (Mitbestimmung). Jeder Lernprozess sei zunächst selbstreguliert, andernfalls sei er unmöglich. Autonomie bezöge sich auf die Benutzung von Hilfsmitteln, Lernhilfen, Informationen usw. Erst Selbstbestimmung sei Verfügung des Lernenden über den Lernprozess, das bezieht sich auf Wegwahl und Entscheidung. Kollektives Lernen wird als Einschränkung und Ausweitung gefasst und für die Ergänzung von Mitbestimmung plädiert.

Diese verschiedenen Zweige der Handlungsregulationstheorie werden von Holzkamp für seine eigenen Bestimmungen besonders intensiv studiert, zum Teil bis in die Begriffswahl übernommen. Er fasst positiv zusammen, dass die Vorschläge von Miller et al. und ihrer Nachfolger die Wenn-Dann-Ebene der Mainstream-Psychologie verlassen und in Konzepten wie Pläne, hierarchisch-sequenzielle Handlungsorganisation usw. keine Allgemeinaussagen über tatsächliche Handlungen getroffen werden, sondern wie man unter bestimmten Prämissen vernünftigerweise handelt, also auch lernt. Als Ursprung der Handlungen werde kein System angenommen, sondern das empirische Subjekt selbst. Gleichwohl würden die methodischen Konsequenzen aus dem Subjektstandpunkt nicht gezogen, sondern weiterhin gedacht, Annahmen über Begründungszusammenhänge könnten empirisch objektiv geprüft werden.

Was bedeutet das für die Lerntheorie? Holzkamp kritisiert, zunächst stelle die Auffassung von Regulationsebenen eine verdinglichende Sichtweise vom »Außenstandpunkt« dar, gebe nicht die Erfahrung der Subjekte wieder. Das ungeklärte Verhältnis zwischen mentalen und motorischen Prozessen des Handelns benötige aber nicht zwingend die schematische Unterscheidung in sensumotorisch, perzeptiv-begrifflich usw. Problematisch bleibe, ob die Zentralität des Kontrollstandpunkts den Ansatz nicht eher zu einer Handlungsreglementierungs- denn zu einer Regulationstheorie mache. Dem entspräche auch die eindeutige Gleichsetzung von Handlungsintentionen und Handlungszielen, die eine Durchrationalisierung erlaube. Dies könne allerdings nicht für das zugrunde liegende Modell von Miller et al. behauptet werden, das nicht präskriptiv zur Rationalisierung von Arbeitshandlungen entworfen sei. Obwohl hierarchische wie sequenzielle Dimensionen von ihnen vorgesehen seien, wären ihre Annahmen eher lebenspraktisch auf Lebensführung bezogen – vgl. etwa die Tagesplanung eines durchschnittlichen Individuums. Ebenso versuche Volpert gegen die Starrheit der Ebeneneinteilung eine mehr episodische Unterordnung und Neuplanung zu setzen. Daher schlägt Holzkamp schließlich vor:

> Sofern man die Bestimmungen der Handlungsregulationstheorie in ihrem allgemeinen [...] Charakter versteht, verdeutlicht sich, dass sie tatsächlich als *generelle Kennzeichen des Handelns vom Subjektstandpunkt* explizierbar sind. [...] Demnach können derartige (von reifikativen oder normativen Verzerrungen befreite) Konzepte bei der Weiterentwicklung unserer begründungstheoretischen Lernkonzeption auf jeden Fall ihren Platz beanspruchen. (166f.)

Allerdings ist die Nähe der skizzierten Auffassungen zu Taylors Analysen des Arbeitshandelns, tayloristischen Methoden der Betriebsführung und damit auch zur Industrialisierung sowjetischen Typs unverkennbar. Damit liegt zugleich auf der Hand, wie brauchbar die Handlungsregulationstheorie für die Regulierung und Reglementierung von Arbeitsschritten auf einer bestimmten Stufe der Produktivkraftentwicklung ist, wie zugleich der Verdacht bestärkt wird, dass menschliche Entwicklung in dieser Weise auch verfehlt wird.

Diese Problematik wird u.a. literarisch verarbeitet. So findet in dem lesenswerten sowjetischen Roman *Schlacht unterwegs* (Nikolajewa 1962) beispielsweise der vernünftig-tayloristische Standpunkt eines Ingenieurs in die Durchrationalisierung des familiären Alltags Eingang. Während seine Frau die einzelnen Bestandteile des Mittagsmahls nicht nur Stück um Stück von der Küche ins Zimmer trägt, sondern zugleich auch noch jeweils eine von seinem Standpunkt überflüssige Tischumrundung vollzieht und darin offenbar glücklich ist, weil sie auf diese Weise mehr Zeit und Raum mit ihm gemeinsam hat, wird er an so viel »vergeudeter Bewegung« krank. Er konstruiert für sie einen Teewagen, auf dem sie mit einem einzigen Gang die benötigten Elemente für das gemeinsame Essen herein- und wieder herausschaffen, also enorm Zeit einsparen kann. Die Beziehung zerbricht.

In einem letzten Schritt seiner Kritik der Handlungsregulationstheorie prüft Holzkamp, wie die Beziehung des handelnden Subjekts zu den »sachlich-sozialen gesellschaftlichen Bedeutungsstrukturen« (Holzkamp, 167) gedacht ist. Er fasst zusammen: Die Begriffe der Handlungsregulationstheorie beziehen sich auf intentionales Lernen; aber während der aktive Charakter menschlicher Lernhandlungen erfasst ist, ist der Weltbezug ganz offensichtlich nicht konzeptualisiert; Welt verstanden als Inbegriff von Bedeutungen und damit Handlungsmöglichkeiten, die zur Verfügung über individuell relevante gesellschaftliche Lebensbedingungen führen.

> Statt *gesellschaftlicher* Bedeutungen kommen hier vielmehr nur individuelle »Lernziele« in den Blick, die durch eine angemessene Organisation meiner Lernaktivitäten besser erreichbar werden sollen. Welche *inhaltliche Bedeutung* die jeweiligen Zielsetzungen für mich haben, bleibt dabei außen vor. (169)

Damit erhalten aber die subjektiven Begründungsmuster einen sekundären Charakter. Indem die Rückmeldung nicht in Begriffen der Eigenarten der wirklichen Welt, sondern als Resultat der Einwirkung des Individuums gefasst sind, bleibt man letztlich im ›Reiz‹-Denken befangen. Welt reduziert sich auf provozierte Antworten, dabei bleiben die Zusammenhangsstrukturen von Welt unerkennbar.

> Die »Welt« ist für derartige psychologische Grundansätze lediglich als soziologisch, ökonomisch oder physikalisch beschreibbarer Tatbestand außerhalb der Zuständigkeit der Psychologie [fassbar]. (170)

Indem die Handlungsregulationstheorie nur an den organisatorischen Vorkehrungen des Lernens interessiert ist, also »den Interessenbezug des Lernziels vom Standpunkt der Lernsubjekte nicht thematisiere« (172), bleibt sie für Holzkamp im Grunde vom Standpunkt der Lehre über die Lernsituation konzipiert, eigne sich daher besonders, wenn die Individuen nach fremdgesteckten Zielen effektiv lernen sollen. Die emanzipatorischen Absichten dieser Schule würden durch die eigene Theorie sabotiert (ebd.). Nach dieser grundsätzlichen Kritik kommt Holzkamp zu dem Schluss:

> Dabei muss es weiterhin von der Art der dabei zu erarbeitenden subjektwissenschaftlichen Konzeptualisierung des *lernenden Weltaufschlusses* (in Überwindung der benannten Weltlosigkeit traditioneller Lerntheorien einschließlich der Handlungsregulationstheorie) abhängen, wie das Verhältnis zwischen inhaltlichem und regulatorischem Aspekt des Lernens näher zu bestimmen ist. (173)

Sein Zweifel führt Holzkamps nicht dahin, das Tayloristisch-Rationalisierende dieses Handlungsregulationskonzepts in Zweifel zu ziehen. Auch stellt er sich nicht die Frage, ob die Regulierung von Lernprozessen angemessen als Lernen zu fassen ist und nicht etwa Lernen als die Aneignung von Neuem oder die Produktion von Wissen selbst ausschließt. Beiseite bleiben auch alle Überlegungen, die eine Beteiligung von Gefühlen einschließen würden. Von Kultur und Ideologie ganz zu schweigen, es sei denn, man schließe sie in die angemahnten »sachlich-sozialen gesellschaftlichen Bedeutungsstrukturen« selbstverständlich ein. Es ist, als ob der Mensch der Handlungsregulationstheorie als ein zu optimierender maschineller Prozess konzipiert sei. Kompliziertere Verhältnisse, wie etwa widersprüchliche Orientierungen, die wir doch als menschlich gewöhnlich annehmen, existieren auf dieser Ebene jedenfalls nicht. Gleichwohl steht außer Frage, dass bestimmte Übungen und die Aneignung bestimmter Fertigkeiten als sequenziell-hierarchischer Prozess mit automatisierbaren Ebenen abbildbar ist. Aber selbst hier bleibt die Frage offen, ob tatsächlich ohne einen solchen bewussten Plan eben die Fertigkeiten, deren Aneignung am besten zur Veranschaulichung der Handlungsregulationstheorie dienen – etwa das Erlernen von Fahrrad- oder Autofahren –, ohne Vergegenwärtigung sequenziell-hierarchischer Pläne nicht auch erlernbar wären bzw. dies sogar in den meisten Fällen so geschieht.

Lernhandlung und Weltbezug

Den entscheidenden Unterschied seiner Lernauffassung zu der der Handlungsregulationstheorie, die der seinen von allen diskutierten Theorien am nächsten kommt, sieht Holzkamp in der Bestimmung des Bezugs einer Lernhandlung. Irreführend scheint ihm die Vorstellung, Lernhandlungen seien auf das Ziel der Verbesserung der Handlungsvoraussetzungen primär gerichtet. Vielmehr sollen Lernhandlungen sich von anderen Handlungen dadurch unterscheiden, dass sie eben nicht auf die Bewältigung der Handlung zielen, innerhalb derer sie auftreten, sondern eine Aussetzung der Bewältigung voraussetzen. Entscheidend für ihn ist also der Bezugswechsel, die Distanz, Dezentrierung (184). So haben wir das Subjekt, das sich selbstbewusst und selbstbestimmt an die Lernarbeit macht. Bei dieser Arbeit wird, was zuvor als Hindernis, Fehler, Unzulänglichkeit erschien, selbständiges Ziel von Anstrengung. Holzkamp bezeichnet dies als bewusste Übernahme der Handlungsproblematik als Lernproblematik. In dieser Zuspitzung kann von Lernen dann nicht mehr die Rede sein, wenn es bloß um geforderte Lernhandlungen geht (wie etwa in der Schule); Lernen setzt bewusste Übernahme voraus. Dies gilt ihm als der entscheidende Kritikpunkt gegen die Vorstellung, Rückmeldungen (wie z. B. gute Noten) könnten den Lernprozess regulieren. Desgleichen kann er so außer Acht lassen, dass »aus Fehlern gelernt« werde, weil auch diese Vorstellung die Einwilligung des selbstbewussten Subjekts nicht unbedingt enthält. Der vorgeschlagene Allgemeinbegriff ist der der »subjektiven Lernproblematik«, die die bestimmte Lernhaltung voraussetzt. Einfaches wiederholendes Üben lässt sich unter diesen Prämissen als ein Fall bezeichnen, in dem die Bezugshandlung und die Lernhandlung sich nicht bewusst genug voneinander unterscheiden, ja u. U. die Bezugshandlung – etwa den Schülern – nicht wirklich bekannt ist.

Bis hierher waren die Bestimmungen am individuell Lernenden orientiert. Für die kritisch-psychologische Theoriebildung zum Lernen bleibt die Frage, wie der Bezug zur Welt in die Theorie eingelassen wird. Holzkamps Antwort:

> Die jeweils besondere Art, in der ich im Resultat meiner distanzierend-umorientierenden Lernhaltung zur Überwindung einer Lernproblematik meine Lernhandlungen gegenüber den Bezugshandlungen »vernünftigerweise« qualifizieren muss, um mich im Lernen den jeweilig übergeordneten Bezugshandlungen annähern zu können, lassen sich als bestimmte Prinzipien, an denen ich meine Lernhandlungen orientiere, herausheben. (187)

Das heißt, dass sie nicht am Lernziel selbst orientiert sind, sondern an der »Bedeutungsstruktur […] in der übergeordneten Bezugshandlung« (ebd.). Während also die Prinzipien der Handlungsregulationstheorie den ›operativen‹ Aspekt einseitig betrachten, empfiehlt Holzkamp, den ›thematischen‹ quasi als Oberinstanz, die Haltung, Distanz, Selbstbewusstsein bestimmt, unbedingt einzuschließen. Dies ist die Schnittstelle, an der sich die operativen Strategien des Lernens je spezifisch orientieren müssen, und zugleich die, an der der Weltbezug verdeutlicht wird. Schließlich geht es in der lernenden Erfassung von Welt darum, dass sich das Individuum die »gesamtgesellschaftlichen Bedeutungsstrukturen« erschließen muss, in eigenem Lebensinteresse über seine Lebensbedingungen zu verfügen sucht, um subjektiv handlungsfähig zu sein (1993, 188). Die jeweiligen operativen Strategien sind gegenüber den umfassenden Bedeutungen sekundär. Lerngründe sind nur thematisch diskutierbar; sie setzen das Lerninteresse als Lebensinteresse voraus. Die komplizierte Darstellung soll darauf abzielen, den »emotional-motivationalen« (189) Bezug der Lernhandlungen zu verdeutlichen. Nur was man selbst als bedeutungsvoll für das eigene Leben einsieht, will man und kann man so in einen Lernvorgang überführen. Lernen in diesem Sinn erfordert Organisation und Planung. Es muss nicht selbst lustvoll sein, ja kann primär mühsam und anstrengend sein. Befriedigung kommt, weil die Allgemeinkompetenz wächst. Die Verbindung von subjektiver Lernhaltung mit den »sachlich-sozialen Bedeutungszusammenhängen« ermöglicht im Großen und Ganzen zwei Wege: den der Erweiterung des Weltaufschlusses und den der Abwehr von Bedrohungen des einmal Erreichten – Lernen wäre demnach entweder »expansiv« oder »defensiv«, wobei Letzteres zugleich mit der Intention auch die Lernproblematik verschiebt in Richtung auf den Versuch, der Lernanforderung zu entgehen.

Es ist unbezweifelbar, dass die Anbindung des Lernkonzepts an die selbstbestimmte subjektive Intention, sich Welt zu erschließen, analytisch fruchtbar ist. Diese Verschiebung erlaubt es, den kritisch-psychologischen Apparat zu mobilisieren, *restriktive* von *verallgemeinerter Handlungsfähigkeit* analytisch zu trennen, Zwecke und Begründungen herauszuarbeiten, ja in diesem Zusammenhang emotional-motivationale Befindlichkeiten mit zu diskutieren, kurz: Ich kann jetzt darangehen, operationale von thematischen Lernaspekten zu trennen, eine Anordnung durchdenken, das Lerninteresse dingfest zu machen, verschiedene Lösungswege für die Lernhandlung ausprobieren, und so einen Vorschlag entwickeln, mit welcher Anstrengung und Muße mein Lernziel erreichbar wird. Ich bin als Lernsubjekt optimal einbezogen, auch in die Wahl der Zwischenziele und Lösungsalternativen.

Ich kann für diesen theoretischen Entwurf unmittelbar eine Reihe von Beispielen finden, ihre Richtigkeit bestätigen und so gewissermaßen theoriegeleitet die Wirklichkeit wahrnehmen als eine Sammlung von Beispielen, die »die theoretische Botschaft erst eigentlich überzeugend« (195) fassbar machen. Dies ist auch das Verfahren, das Holzkamp vorschlägt und anwendet. Und eben an dieser Stelle wird bei mir Beunruhigung verstärkt, die mich während der gesamten Lektüre begleitete, dass nämlich meine Fragen ans Lernen in dieser Weise nicht wirklich zur Sprache kommen. Oder anders: Die Vorstellung des begründet handelnden Subjekts, das sich seine eigenen Lernziele setzt und organisiert, erlaubt als heuristisches Modell, Einschränkungen, Behinderungen von außen und die entsprechende Abwehrstrategie von innen erkennbar zu machen. Aber sie schließt aus, dass die massenhafte Weise, wie die herrschenden Verhältnisse gewissermaßen in die Poren der je Einzelnen sich einnisten, wie Medien, Traditionen, Kulturelles angeeignet werden, wie Gewohnheiten zustande kommen, unter Lernen fassbar wird. Die Logik von Abwehr oder Expansion, wie sie ans begründete Verhalten der interessegeleiteten Menschen gekoppelt ist, zielt in geradliniger Konsequenz über den widersprüchlichen Zusammenhang der in widersprüchlichen Verhältnissen sich abmühenden Einzelnen auf eine Weise hinaus, dass die unzähligen Wirren dessen, was wir Lernen zu nennen gewohnt sind, undurchdringbar bleiben, weil sie als spezifischer Analysegegenstand delegitimiert sind.

Die Eingrenzung, die Holzkamp für seine präzise Begriffsbestimmung vornimmt, gilt ja zugleich der folgenden Forschung. Es geht mir nicht darum, umgekehrt zu delegitimieren, was er einzig als Lernhandlung zu nennen vorschlägt. Vielmehr frage ich mich, ob es weiterführend ist, ein Modell von Lernen vorzulegen, dem gegenüber die meisten realen Lernvorgänge als defizitär erscheinen müssen, Lernen also normativ zu fassen, und ob nicht ein solches Vorgehen dazu führen muss, die Analyse der wirklichen Tätigkeiten der wirklichen Menschen als bloßes ›Noch nicht‹ und daher nicht wirklich der Durchdringung wert abzubilden. Dies ist nicht Holzkamps Vorhaben, er will vielmehr durch die Analyse der ›entwickeltsten Form‹ die Vorgänge in den anderen Lernformen erfassen, jedoch bleibt die Frage, ob es eine solche entwickeltste Form des Lernens geben kann, auf die sich ›Vorformen‹ entwicklungstheoretisch beziehen lassen.

In Holzkamps Lernbuch werden ›übrige‹ Lernformen jeweils mit abwertenden Zusatzworten als »bloßes Mitlernen«, »defizitäres Lernen«, »inzidentelles Lernen« »widerständiges Lernen« bezeichnet, wobei er nicht auf das Wort *lernen* verzichtet, sondern bloß angibt, dass es nicht das »eigentliche« sei. Ich möchte zunächst eher vorschlagen, umgekehrt zu verfahren und die subjektive Lernproblematik mit dem selbstbewussten Plan ihrer Bewältigung als Sonderfall allgemeiner, sich täglich vollziehender Lernprozesse zu denken. Dabei ist mir durchaus bewusst, dass ich mit meinem Interesse an ideologischer Vergesellschaftung, an Unterwerfung und blockierender Gewohnheit den Standpunkt der Subjektwissenschaft mit seiner Voraussetzung des begründet handelnden Subjekts zugunsten einer Subjektorientierung verlasse, die wie Bertolt Brecht das ausdrücken würde, sich nicht nur dafür interessiert, wie der Fisch im Netz sitzt, sondern auch, wie das Netz geworfen wurde und wie die Einzelnen sich an dieser Gefangennahme beteiligen. Man könnte auch dies noch in den von Holzkamp vorgestellten Rahmen einbringen, jedoch würde das, was ich an Lernprozessen besonders untersuchenswert finde, bei Holzkamp jeweils außerhalb der Analyse bleiben. So würde es mir auch nicht einfallen, wie er zu studieren, wie es mir gelang, Schönbergs Musik mir wirklich anzueignen, sondern ich würde z. B. erforschen wollen, warum Mädchen durchgängig so lernen, dass sie sich den Naturwissenschaften entziehen. Was heißt, dass mein Versuch der Verallgemeinerung massenhafte Lebensgewohnheiten fassen will, was, subjektwissenschaftlich gesprochen, nicht zulässig wäre. Beim Verfahren gibt es durchaus große Gemeinsamkeiten im methodischen (etwa mit Erinnerungen in Forschungsgruppen zu arbeiten) wie analytischen Vorgehen und in der Verpflichtung, in der Perspektive ›einer befreiten Menschheit‹ zu denken. Daher werde ich auch im Folgenden so vorgehen, dass ich Holzkamps Vorschläge kritisch referiere und, wenn es mir notwendig scheint, neue Forschungsfragen entwickele.

So schließe ich dieses Kapitel zur Lernproblematik ab mit zwei Beispielen, an denen die Schwierigkeit, das selbstbewusste Lernsubjekt als »Intentionalitätszentrum« mit eigener Lernproblematik zum Ausgangspunkt der Analyse zu machen, deutlich werden soll.

Subjektive Lernproblematiken: Zwei Beispiele

Zunächst das Beispiel, das der holzkampschen Analyse zugleich als Theorieform (zur Frage theorieförmiger Beispiele Kapitel 9) zugrunde liegt: Schönbergs Orchestervariationen als Lernproblematik (1993, 194–205). Holzkamp spezifiziert sein gewähltes Beispiel als weder sozial-kommunikativ noch aus Lehrlernzusammenhängen stammend und bezeichnet seine Besonderheit als »autonomes Lernen« (nach Max Miller 1986). Mögliche Einwände, die individuelle Aneignung eines Musikwerks sei individualistisch, nimmt er vorweg und entkräftet sie, indem er das musikalische Werk als »hochentwickelte symbolische Bedeutungsstruktur« (197) charakterisiert, kurz damit, dass es sich ja bei Musik um gesellschaftliche Produkte handelt. Dem möglichen Urteil, sein Beispiel sei elitär, begegnet er mit dem Versuch der Einbeziehung aller als Lesende; auf die mögliche Behauptung, es sei fernliegend und nur für Kenner, entgegnet er, dass alle Kenner werden könnten. Kurz, er versucht den Umstand, dass sein Beispiel nicht der massenhaften Lebensweise der Menschen entspringt, vorweg dadurch zu rechtfertigen, dass an ihm gleichwohl exemplarisch allgemeine Prinzipien von Lernen erkannt werden können.

Ich erinnere mich, dass ich das Problem der Rechtfertigung subjektiver Erfahrungen als Ausgangspunkt von theoretischer Erkenntnis zu Beginn von Erinnerungsarbeit ebenfalls diskutierte (F. Haug 1983a, 14ff.). Allerdings gab es auch dabei schon die Differenz zu Holzkamp, dass ich annahm, die Erfahrungsbeispiele seien zwar individuell und subjektiv, aber zugleich kulturell massenhaft, gewissermaßen ›durchschnittlich‹ und daher sogleich für viele verständlich, weil sie sich so selbst erkennen. Dabei wähle ich den Begriff Durchschnitt durchaus bewusst. In Anknüpfung an Marx (MEW 23,

53; MEW 42, 72) gehe ich davon aus, dass sich in allen Verhältnissen, so auch in den kapitalistischen, Durchschnittsweisen etwa auch des Lernens herausbilden und dass es darauf ankommt, die Bildungselemente solchen gewöhnlichen Lernhandelns herauszuarbeiten. Marx hat im Übrigen die Benutzung des Wortes Durchschnitt für Menschen als besonders verdinglichend, etwas, was sich hinter ihrem Rücken vollzieht und ihnen als Marktbedingung gegenübertritt, zunächst zurückgewiesen und es erst später für die Erkenntnis von Realbewegung genutzt (vgl. auch F. Haug 2001a, 573ff.). Es ist damit zu rechnen, dass eine ganze Reihe der Bildungselemente des Lernens die Einzelnen hinterrücks treffen, sich als gesellschaftliche Gesetze (etwa des Marktes) geltend machen, auch dann und gerade dann, wenn man davon ausgeht, dass Lernhandeln subjektive Tat ist. Lernen tritt so auf als Effekt einer Reihe von Prozessen, als Koordinationshandeln und als Kompromiss.

Holzkamp geht genau entgegengesetzt vor. Sein Beispiel soll für die begriffliche Fassung von Lernproblematiken in Bezug auf

> einen möglichst entwickelten gesellschaftlichen Lerngegenstand taugen, um von da aus später immer konkretere Züge des Lernens bis hin zur Explikation der Lebenspraxis des wirklichen Lernsubjekts rekonstruieren zu können (Holzkamp, 196).

Er braucht also für sein methodisches Vorgehen »das höchste Entwicklungsniveau gesellschaftlicher Symbolwelten« (ebd.), um von der entwickeltsten Form als allgemeine Menschenmöglichkeit die Vorstufen in ihrem Zueinander bestimmen zu können.

Schönbergs Orchestervariationen

Holzkamp beginnt mit seinen Vorurteilen gegenüber der Schönberg'schen Zwölfton-Musik als mathematisch konstruiert, die ihm den Zugang zu dem Musikerleben versperrten. Er beschließt, die genannten Orchestervariationen ernsthaft und unvoreingenommen anzuhören, erkennt in seinen ersten Versuchen, dass er vergeblich auf Wiedererkennbarkeit hört, nach Haltepunkten und Orientierungsmöglichkeiten sucht, und notiert zunächst den Eindruck, die Musik sei ein »Chaos« (200), provokativ und auf die Nerven gehend. »Von meiner angestrebten üblichen Bewusstseinslage musikalischen Genusses keine Spur« (ebd.). Die Ratlosigkeit führt nicht zum Abbruch mit allerlei Ausflüchten bezüglich der eigenen Fähigkeiten, der Qualität des Stücks, der Auswahl, sondern zur Erkenntnis, dass eine »subjektive Lernproblematik« vorliegt. Dies aus der Ahnung, dass »mehr an musikalischer Aussage enthalten ist, als mir (schon) zugänglich war« (201), die Anstrengung also lohnend wäre. Die erste Strategie bestand aus dem Immer-Wiederhören des Stücks, um das Hören zu entwickeln.

(Holzkamp notiert im Lernbuch dazu so etwas wie seinen inneren Monolog zur Veränderung des Melodiebewusstseins etc., zur Verteilung von Aufmerksamkeit.) Er bemerkt einen allmählichen kumulativen Lernprozess, der die Zuwendung zum Stück umstrukturiert. Eine Änderung der Lernstrategie war es, einzelne Teile des Stückes zunächst einzeln und dann wieder im Kontext des Ganzen anzuhören. Auf diese Weise gelang ihm nach und nach, die Spezifik des Stücks zu erkennen und als Lernfortschritt das Thema in seinen verschiedenen Varianten – zersplittert, verteilt auf verschiedene Instrumente – wiederzuerkennen. So lernte er, das Stück »als eine streng polyphone Arbeit im überkommenen Sinn« (292) zu hören. Im Lernvorgang gab es zwei Stadien: das mit Selbstinstruktionen versehene mühevolle Wiederentdecken des Themas, »eine mehr am Einzelnen orientierte Bewegungsform« (203), und eine »qualitativ andere Gesamthaltung«, die das Musikgeschehen überwach in jeder Stimme und den Zusammenhang des Ganzen erfahren ließ. Holzkamp beschreibt seinen Eindruck, Musik nicht von außen anzuhören, sondern mitten in ihr zu stehen. Er bezeichnet dies als »qualitativ neues Lernprinzip«, das Stück von innen heraus kennenzulernen. So gelang es, Schönberg als »entwickelnde Musik« zu erfahren (204), und danach, das neue Hören auch auf andere längst als bekannt gedachte Musik zu übertragen. Musikhören also als ein Stück Biographie.

Das Beispiel wird Ausgangspunkt, vom Lerngegenstand her das Lernsubjekt so zu bestimmen, dass es als Intentionalitätszentrum die »objektive Welt« erschließt. Zentrales Moment wird für ihn der Strategiewechsel beim Hörenlernen, den er zur Notwendigkeit selbstbestimmten Lernens, welches er nach Galliker (1990) als »affinitiv« bezeichnet (326ff.), verallgemeinert bis hin zur Kritik an reformpädagogischen Konzepten, dass sie dies Innehalten und Wechseln der Lernstrategie in ihren Vorschlägen nicht systematisch vorsähen, Schule gar von vornherein solch »affinitives Lernen« ausschlösse (dazu später, Kapitel 10).

Man wird kaum bezweifeln können, dass es sich beim dargestellten Beispiel um einen Lernprozess handelt. Man kann zugleich aufschlüsseln, dass die Haltung, Wissen, das einem nicht sogleich zugänglich ist, abzuwerten, eine Vermeidungsstrategie ist, die eine bewusste Anstrengung der Überwindung nötig macht. Man kann eigene Beispiele solcher Lernprozesse aufzuspüren, suchen und beisteuern. Mein Versuch gelangte sogleich ebenfalls zu einer Erfahrung bei der Aneignung von Kunst, in diesem Fall Malerei von Breughel. Dabei ist mir einleuchtend, dass die lernende Aneignung von Kunst, welche selber spezifische Verdichtung von Welterfahrung ist, einen besonderen Zugang zu neuen Erfahrungen auf einer doppelten Schiene erlaubt. Welt, also gesellschaftliche Kämpfe, Geschichte können erfahrbar werden, als geschähen sie unmittelbar, Geschichte wird also lebendig, und zugleich kann man die spezifische Weise entziffern, wie der bestimmte Künstler Welt vermittelt – als Befriedung, als Verkleisterung, als

Sichtbarmachen von Oben und Unten. Merkwürdigerweise ist von solchen Fragen in Holzkamps Beispiel gar nicht die Rede. Noch fraglicher aber ist mir, ob die Aneignung von Kunst als Ausgangsmodell für allgemeine Lernprozesse tauglich ist, ob sie also, mit Holzkamp gesprochen, tatsächlich die Lernproblematik in aller Komplexität aufschließt oder hier nicht vielmehr ein Sonderergebnis besonderer Bildung und Entwicklung zu diskutieren ist. Schließlich setzt Kunstaneignung eine spezifische Verfeinerung der Sinne voraus, die mit der Weise, wie im Allgemeinen massenhaft gelernt wird, wenig zu tun hat. Zudem ist der geschilderte Selbsterziehungsprozess ein einem Bildungsideal verpflichteter Entwurf bewusster Selbstveränderung, dessen ethische Dimensionen so wenig bestritten werden können, wie sie umgekehrt kaum verallgemeinerbar sind.

Hinzu kommt eine Irritation, die ich bei Holzkamps Texten und Beispielen verspüre, solange ich ihn kenne – seit Beginn der 1970er Jahre. Wir diskutierten damals sein neues Buch *Sinnliche Erkenntnis* (1973), in dem es die Begriffsbildung *Gebrauchswertvergegenständlichung* gibt; gemeint ist, dass etwa ein Tisch, eine Axt usw. nicht beliebig gedeutet werden können (diese postmoderne Zuweisung jeglicher Wirklichkeit in die Bedeutungskonstruktion von Einzelnen kam damals gerade in Mode), sondern ihren Gebrauchswert durch die in sie gesteckte menschliche Arbeit als eine Art von Bestimmung, wozu sie eben gedacht und gemacht sind, erhalten. Holzkamp führt diese Überlegungen weiter, um den Bezug der Einzelnen auf Welt, auf gesamtgesellschaftliche Bedeutungen zu klären. Aber seine Beispiele sind so gewählt, dass da jeweils einzelne einsame Menschen auftreten, denen sich Kooperation, gesellschaftliches Miteinander in einer Axt z. B. darbietet, was zwar sinnlich-praktisch ist und historisch getane Arbeit, jedoch auch andere Menschen nur über solche Gegenstände vermittelt – eine Art Robinson mit Werkzeugen. Wir stritten schon damals darüber, weil ich wollte, dass auch Beispiele von Kooperation und Gesellschaftlichkeit von Menschen vorkommen, in denen sie direkt gemeinsam tätig sind, ihre sinnlich erfahrbare Anwesenheit sie in ihren Taten aufeinander bezieht und beflügelt. Aber er ließ sich nicht bewegen. Man kann das in seinen Schriften weiterverfolgen. Jetzt im Schönbergbeispiel tauchen die anderen Menschen auf als Noten bzw. als CD, was zwar unbestreitbar vielleicht nicht »das höchste«, doch ein hohes »Entwicklungsniveau gesellschaftlicher Symbolwelten« (196) darstellt – aber die Menschen füreinander eben nicht als sinnlich Anwesende, etwa im Dialog braucht. Für die Frage des Lernens insbesondere scheint mir das äußerst problematisch zu sein (vgl. dazu »Roboter als Lehrer« in Kapitel 10).

Ein Zimmer für mich

Mein Lernbeispiel, das ich als aufschlussreich für ›durchschnittliche‹ Lernprozesse vorführen möchte, hat den Vor- und Nachteil, dass es mitten im Alltag steckt. Es braucht keine besonderen Vorkehrungen, um stattfinden zu können; es braucht keine Absicherungen, es sei womöglich elitär oder privilegiert. Denn obwohl es von gesicherten Verhältnissen und vom Studium handelt, möchte es genau dies: die gelebte Allgemeinheit von Lernerfahrungen, die Verkennungen, Gewohnheiten, die Parteilichkeit der Erinnerung zeigen. Der innere Monolog ist daher nicht zielgerichtet auf Aneignung und Lernen gestellt, und insofern wäre dies gar kein Beispiel im holzkampschen Sinn. Es handelt aber genau von den Lernprozessen, die mich interessieren.

Eines der nachdrücklichsten und folgenreichsten Lernerlebnisse für mich war die plötzliche Einsicht, dass ich nicht ein Opfer der Machenschaften anderer war, sondern dass ich selbst mein Leben in einer Weise dirigierte, dass ich mir Bedingungen schuf, die mir ohne weiteres Nachdenken nachteilig vorkamen.

Das Lernerlebnis selbst war ebenso plötzlich, wie es sich langsam vorbereitete. Vielleicht kann man sagen: Es begann damit, dass ich Virginia Woolfs *Ein Raum für mich* las. Die Botschaft in diesem kurzen Essay traf auf ein heftiges Echo in mir. Sie schien eine ganze Reihe von mir bislang nicht wirklich bemerkter oder nicht ausreichend gefühlter und beklagter Dinge zusammenzufassen, die mir zugestoßen waren, ja die mir immer heftiger noch zustießen. Ich brauchte, so konnte ich mir den Aufruf knapp übersetzen, wie alle Frauen einen Raum für mich allein, um wahrhaft Mensch zu werden und zu sein. Dieses eigene Zimmer war mir bislang verwehrt. Es gelang mir schnell, eine entsprechende Biographie für mich zu erinnern. Es hat früh angefangen. Ich hatte eine zwei Jahre ältere Schwester, die wohl einmal ein Zimmer für sich gehabt haben muss, nicht aber ich. Siebzehn Jahre meines Lebens habe ich ein kleines Zimmer mit meiner Schwester geteilt; später als ich an der Uni die erste kleine Wohnung hatte, zog ein Freund zu mir, schon wieder kein Zimmer für mich. Der Zustand blieb über die erste Ehe hinweg, wiederholte sich in der zweiten in einem kleineren Haus, später in einem großen. Da saß ich jetzt: Das Haus hatte sieben Zimmer, und ich hatte keines davon für mich allein.

Da ich zu dieser Zeit schon in der Frauenbewegung lebte, beschloss ich, diesen offenbar für Frauen allgemein gültigen Nachteil grundsätzlicher zu bearbeiten und zum Ausgangspunkt politischer Strategie zu machen. Ich setzte mich also hin und begann niederzuschreiben, wie dieser Zustand über mich gekommen war, historisch genetisch vorzugehen. Das Leben in dem großen Haus schien mir am günstigsten für eine genauere Besichtigung, weil es keine Möglichkeit gab, Raumknappheit oder Armut oder ähnlich einsehbare Bedingungen verantwortlich zu machen. Es musste hier die patriarchale Bosheit der weiblichen Ausschließung aus menschlichen Bedürfnissen am klarsten greifbar sein.

So leicht es mir gefallen war, meine gesamte Lebensgeschichte als Raumverweigerung zu erinnern, so schwierig war es, zu erinnern, wie dies jetzt in dem neuen Haus dazu gekommen war. Ich saß an meinem Schreibtisch, der im allgemeinen Wohnzimmer stand. Hinter mir die Tür war offen, so dass ich jederzeit hören konnte, wer durchs Haus ging, wer in die daneben gelegene Küche marschierte, den Kühlschrank öffnete usw. Das war nötig geworden, weil die vielen Arbeitsgruppen, die in unser Haus kamen, die Gewohnheit hatten, sich am Kühlschrank zu bedienen, so dass etwa an Wochenenden plötzlich keine Milch mehr da war für die Tochter. Diese hatte natürlich ein eigenes Zimmer, eine Treppe höher, jedoch hatte ich es lieber, wenn sie unten bei mir spielte, da konnte ich beiher ein Auge auf sie haben. Diese Nähe war auch der Grund, weshalb sie noch nicht das schöne große Zimmer im zweiten Stock bekommen hatte, das jetzt leer stand, weil dann niemand hätte hören können, was sie eigentlich tat, ob sie tatsächlich im Bett war in der Nacht und schlief und überhaupt. Sie war ein sehr erfindungsreiches Kind und brauchte jetzt, in ihrem ersten Schuljahr, besondere Aufsicht.

Gleichwohl fuhr ich mitten in dieser Zurechtlegung und Nachforschung hoch. Es war mir, als habe ich gerade jetzt erst durch Grübeln entdeckt, dass da noch ein ganzes Zimmer leer stand und also von mir bezogen werden konnte: Endlich ein Zimmer für mich. Die Zeit für diese Ausdehnung war günstig. Ich wollte mein wegen der Geburt der Tochter abgebrochenes Studium durch eine Diplomarbeit abschließen. Sie zu schreiben stellte ich abends den Antrag, das obere Zimmer zu besetzen. Gegen Widerstandslosigkeit konnte es kein Durchsetzen geben. Ich besorgte einen kleinen Schreibtisch und ein Regal, nahm einige Bücher und die Schreibmaschine und wanderte nach oben.

Die erste Sitzung war die Hölle. Immerfort versuchten meine Ohren zu erlauschen, was unten vorging – schließlich hatten wir die *Zeitschrift* ins Haus genommen, da kamen Leute; und einen Studenten, der kam auch, und die Tochter war zwar an diesem ersten Tag in der Schule, aber sie würde irgendwann nach Hause kommen, und dann durfte sie natürlich nicht mein Zimmer betreten, in dem ich schrieb, denn sonst hätte ja die ganze Abschließung keinen Sinn gehabt. Ich ließ die Tür offen, aber es war nicht wirklich möglich, nach unten zu hören, so dass ich immer wieder einen Teil der Treppe hinunterschlich, um mich zu vergewissern. Endlich hörte ich den weithin gellenden Pfiff, mit dem meine Tochter ihre Heimkehr anzumelden pflegte. Ich sprang sofort auf und eilte nach unten. Ein halber Tag war fürs Erste genug. Schließlich hatte ich jede Menge Pflichten. Zudem war der untere Schreibtisch so einladend, wie der obere eine Stille absonderte, in der ich kaum denken konnte.

Aber ich wollte aus dem Zimmeranspruch immer noch eine Befreiungsstrategie machen, so sah mich der nächste Tag erneut in der Einsamkeit des oberen Zimmers. Es ging schon besser. Ich schrieb wie der Teufel, da ich nicht vorhatte, diese Absonderung sehr lange mitzumachen, zugleich aber dem Gedanken anhing, für kreatives Tun das Zimmer für mich zu brauchen. Das Härteste war die Gewöhnung. Ich übte jeden Tag das Alleinsein. Es gelang immer besser. Es gefiel mir nie.

Nach wenigen Monaten war die Arbeit fertig, und ich zog erleichtert wieder ins gemeinsame Wohnzimmer mit meinen Schreibtischtaten und auch sonst.

Aber ich hatte in der kurzen Zeit viel und Nachhaltiges gelernt. Der Gedanke von Virginia Woolf über das eigene Zimmer war nicht falsch, aber unzureichend. Niemand hatte mir ein Zimmer vorenthalten, sondern ich selbst hatte

dafür gesorgt, dass ich wie eine Art Spinne im Netz überall zugleich sein konnte, überall Augen, alles unter Aufsicht hatte. Aber diese Allgegenwärtigkeit, die von Frauen als ›der Seele des Hauses‹ sprechen lässt, hat ihre objektive Notwendigkeit, in einem Haushalt mit Kindern zudem, wenn sonst keiner ganz zuständig ist. Das fehlende Zimmer ist so auch Symbol für geschlechtsspezifische Arbeitsteilung, die zur Gewohnheit einer Persönlichkeit wird. Ganz entscheidend, ja geradezu erschreckend war für mich die Einsicht, dass ich selber die Zuteilung der Räume, meine eigne Positionierung strategisch geplant und durchgesetzt hatte, es sich also nicht so sehr um eine Verweigerung von außen, sondern eine selbstbewusste Tat von mir gehandelt hat. Jetzt erkannte ich im Rückblick, dass auch meine eigene Geschichte, wie ich sie als eine Aufeinanderfolge von Zimmerlosigkeit erinnerte, eine ziemlich baufällige Zusammenkleisterung war. Ich entdeckte die eigene Arbeit bei der Konstruktion der Erinnerung, wie ich großzügig die Zeit nicht registrierte, als meine Schwester schon an der Universität war, ich noch zu Hause, immerhin zwei Jahre, in denen ich ein Zimmer für mich gehabt haben muss. Ebenso hatte ich stillschweigend die ersten Studienjahre mit einer Vielzahl von Studentenbuden übergangen, lauter Zimmer für mich, und auch vergessen, dass ich selbst es war, die den Freund vom Zusammenwohnen überzeugte, wie später ins mögliche Zimmer für mich das Büro der *Zeitschrift* organisierte, um alles besser unter Aufsicht zu haben, was mir nötig schien.
Ich behielt diese Konstellation bei. Sosehr ich es genoss, eine eigene Wohnung nur für mich in der Stadt meiner Lehre zu beziehen, sosehr litt ich unter dem Alleinsein und lud sehr bald eine Freundin ein, zu mir zu ziehen, später meine inzwischen erwachsene Tochter, dann in einer größeren Wohnung wiederum ihren Mann und ihr Kind. Und dennoch. Ich brauche diesen Rückzugsort, das Zimmer für mich, wenn ich denken und arbeiten will; und ich möchte es zugleich nicht, um allgegenwärtig und vor allem unter Menschen zu sein.
Es ist mir gelungen, ein Zimmer für mich zu organisieren und es auch zu nutzen. Meine Tür steht immer offen. Ich habe gelernt, dass ich für meine Bedingungen zumindest mit verantwortlich zeichne, dass mehr auf dem Spiel steht als das vorenthaltene Zimmer und seine Besetzung; und darüber hinaus, dass Alleinsein auch gelernt werden muss.
Ich konnte die Erkenntnisse in diesem Zusammenhang nicht nur für mich selbst nutzen, ich konnte sie ausbauen zu einer Methode, mit Erinnerung zu arbeiten.

Sieht man genauer hin, so entdeckt man, zusätzlich zu den während der Erzählung reflektierten, weitere Dimensionen in diesem Beispiel. Als Orientierung oder Botschaft der Geschichte wird vorweg notiert: Nicht Opfer, sondern auch Täter sein. Darunter entfaltet sich als Zusatzbotschaft: Wenn dir etwas plausibel scheint, misstraue dir; und schließlich als eine Art Lerntheorie: Lernen ist ein sehr allmählicher Prozess, der, einmal begonnen, sich immer weiter und in verschiedene Richtungen und Schichten entfaltet; das Wichtige ist, das Eis des Selbstverständlichen zu brechen durch sorgfältiges

Erinnern. Lernen setzt also Selbstkritik voraus bzw. ist diese. Als spezifisches Lernen ist in diesem Beispiel der Prozess gefasst, in dem die Gewohnheit der Eindeutigkeit, die Schuld bei anderen und Opfersein bei sich selbst zu verorten, in Gut und Böse zu denken, aufgegeben wird und die freigesetzte Energie es endlich erlaubt, sich selbst als widersprüchlich zu erfahren und also die Einsicht zu gewinnen, dass Selbstreflexion, Kritik, Balance ein ständiger Prozess des Lernens ist und dies Menschsein und in dieser Weise auch Glück wie Unglück, Alleinsein wie Zusammensein bedeutet. Fortschritt, der ohne Nachteil und Widerspruch immer weiter nach oben führt, ist in diesem Konzept kein mögliches Lernergebnis. Vielmehr zeigt der »zunehmende Weltaufschluss« neue Ebenen von Widersprüchen, Schwierigkeiten, neue Blockierungen.

Von diesem Beispiel her drängen sich als notwendige Forschungsfelder für die Untersuchung von Lernprozessen wirklicher Menschen ein ganzes Netz ineinander verwobener Dimensionen auf: Arbeitsteilung und Politik, die Frage der Gewohnheit als Dimension von Persönlichkeit, Ideologie, Kultur und die Konstruktionen von Erinnerung und Persönlichkeit, die im Laufe des Lebens entwickelten Methoden der Abwehr und Widerspruchseliminierung, die dazugehörigen Emotionen und vor allem die widersprüchliche Gemengelage, die aus alledem resultiert.

Man kann daraus schlussfolgern, dass meine Fragestellung und Forschungsabsicht sozialtheoretisch ist, nicht psychologisch-subjektwissenschaftlich. Zugleich geht es aber auch und vor allem um die lernenden Subjekte mit ihren Blockierungen und Bewegungen. Inwieweit solches Herangehen mit den holzkampschen Ausführungen arbeiten kann oder ob die unterschiedlichen Herangehensweisen sich wechselseitig ausschließen, bleibt zu prüfen.

Teil II

Lehren

Kapitel 3

Die versteinerten Verhältnisse zum Tanzen bringen

Erinnerungen an Lernen 2

Bei der Auswahl seines Beispieles als Grundlage für die Entfaltung der Bestimmungsdimensionen von Lernen schloss Holzkamp ausdrücklich einen Zusammenhang zum Lehren oder Belehrtwerden in Institutionen aus.

> Es dürfen in dem Beispiel keine Lernsituationen in konkreten institutionellen Kontexten von Lehrlernverhältnissen (i. w. S.) aufgegriffen werden, es darf sich also nicht auf Lernproblematiken in der Schule oder Hochschule, im Rahmen von beruflicher Ausbildung, Fortbildung, Weiterbildung, ebenso wenig auf solche in sozialpädagogischen oder therapeutischen Einrichtungen zur Förderung Lernbehinderter, Überwindung einschlägiger psychischer »Störungen« etc. beziehen, [weil dies die] argumentationsstrategische Funktion [der Analyse] sabotieren [würde]. (196f.)

Ich möchte bei meiner Suche nach den Bildungselementen von Lernen genau umgekehrt vorgehen. Ich nähere mich dem Lernproblem von der Seite des Lehrens. Dies nicht, weil ich annehme, dass im Lehren die Grundelemente von Lernhandlungen ausreichend vorhanden wären, sondern weil ich mich meinem Gegenstand von allen Seiten annähern möchte, die er im wirklichen Leben einnimmt. Und obwohl es zweifellos richtig ist, anzunehmen, dass institutionalisiertes Lernen eine besondere Form von Lernen ist und berufliches Lehren ebenso historisch spezifisch, suche ich als Lehrende nach Kontinuitäten und Brüchen in meinem Leben, die es mir auch erlauben, den Formwechseln von Lernen und Lehren auf die Spur zu kommen.

Solange ich mich zurückerinnern kann, war da diese Lust zu belehren. Dieses Wort selbst erfreut sich nirgends großer Beliebtheit, klingt nach Edukationismus, Besserwisserei, Strenge und disziplinarischen Maßnahmen. Ich brauche also zunächst ein anderes Wort, welches, ohne diesen negativen Beigeschmack, der den Lernverhältnissen anzukleben scheint wie etwas Anrüchiges, auszudrücken oder zumindest nicht zu versperren vermag, von was hier die Rede ist. Ich beginne ein weiteres Mal mit eigener Erfahrung: der Arbeit der Erinnerung.

Vorlesen

Ich war die Zweitälteste von vier Kindern. Eine meiner frühen nachdrücklichen und aufregenden Erinnerungen sind die kleinen Versammlungen, die ich mit meinen beiden jüngeren Brüdern abhielt. Wir zogen dafür in unser Versteck im Wald. Dort setzten sie sich auf den Boden zu meinen Füßen, ich mich auf einen Baumstumpf und las ihnen die Geschichte von *Dick und Dünn* vor. Immer wieder zog ich mit ihnen auf die Insel, auf der viele Tiere in Eintracht und Freundschaft lebten, bis die Nahrung so knapp wurde, dass einige auswandern mussten, um Abhilfe zu suchen. Ich las von den Schrecknissen der Stadt, in der sich die Tiere als Lohnarbeiter oder gleich als angekettete Sklaven (der Affe) verdingen mussten, unter Hunger und Kälte litten, endlich einander wiederfanden und den Rückweg antreten konnten in die alte Heimat. Ich las und las, meinen Brüdern füllten sich die Augen immer an den gleichen Stellen mit Tränen, sie rannen die Backen hinunter und auch ich musste mit einer Rührung kämpfen, die mir die Stimme verstopfte, und doch sollte alles gleich wieder von vorn anfangen, kaum dass es geendet hatte. Sicher genoss ich die Möglichkeit, meine beiden Brüder dermaßen in den geheimnisvollen Bann zu führen, den so eine Geschichte schlagen kann. Aber da war noch viel mehr und anderes. Vor allem die Fragen, die immer erneut kamen und auf die ich Antworten wusste oder sie mir erarbeiten konnte. Warum gibt es plötzlich keine Nahrung mehr? Warum frieren die Tiere in der Stadt? Warum werden sie von bösen Menschen gefangen? Warum gibt es überhaupt böse Menschen? Ich übersetzte diese nicht enden wollenden Warum-Fragen in Anlässe für neue Geschichten über das Wie einer Missernte, die ich schon aus Erfahrung kannte; über die Unterschiede im Klima, von denen ich in der Schule gelernt hatte; über die vielen Möglichkeiten, böse zu sein, von denen ich gehört und gelesen hatte. War das Belehrung? Meine Lust galt der Möglichkeit, eine Einführung in eine Welt voller Fragen zu geben, in der ich einige Antworten wusste und in der ich aufgefordert wurde, selbst stets neue Räume zu finden, auf Erkundung zu bleiben.

Wäre dies ein möglicher Begriff, der den negativen Beigeschmack des Lehrens und gar Belehrens nicht hat? Eine Einführung in die Welt geben wollen, die Erkundung als Anforderung an sich selbst mit sich führt? Von vornherein also Lehren und Lernen zusammen zu denken, und zwar umgekehrt, als Holzkamp dies mit seiner pejorativen Rede vom »Lehrlernen« tut?

Auf den Spuren der Erinnerung weitersuchend, scheint mir auch diese Fassung unzulänglich und zu schön. Da war noch anderes. Als Widerhaken und auch wieder als Scheitern bleibt in meinem Gedächtnis die Geschichte mit meiner ersten Nachhilfeschülerin.

> Nachhilfestunden
>
> Ich war damals erst vierzehn Jahre alt, besuchte das Gymnasium in der Stadt und wurde von meiner Englischlehrerin beauftragt, einer Schülerin aus der zweiten Gymnasialklasse Unterricht zu geben, damit sie nicht sitzenbliebe. Ich war ganz und gar begeistert, nicht nur, weil ich so mein Taschengeld aufbessern konnte, sondern vor allem, weil ich ausersehen war, einer anderen, die nur zwei Jahre jünger war als ich, den Unterrichtsstoff nahezubringen. Das war so etwas wie ein Lob meiner Fähigkeiten und dies noch dazu von einer Lehrerin, die ich liebte. Ich stellte mir meine Aufgabe zugleich als leicht und schwierig vor. Ich ging nach der Schule zu ihr nach Hause, saß in einem Architektenheim zunächst der eleganten Mutter mit goldgetönten Locken auf der Stuhlkante ziemlich verklemmt gegenüber, um zum ersten Mal in meinem Leben Bedingungen der Arbeitszeit und Entlohnung zu verhandeln, wobei dieser Teil eigentlich ausschließlich aus einer Ansage von ihrer Seite bestand, und war dann endlich mit meiner Schülerin allein im Zimmer. Ich war von vornherein überzeugt, dass sie besonders intelligent sein müsse, um den läppischen Schulstoff nicht zu schaffen. Die Ausgangserwartung war also günstig für die Lernsituation. Die Befreiung von der mütterlichen Aufsicht hatte uns in meinen Augen auch schon auf gleicher Ebene aneinandergerückt. ›Meine‹ Schülerin aber hatte augenscheinlich für sich beschlossen, sich auf keinen Fall in diese Beziehung einzulassen. Sie antwortete nicht auf meine Fragen, sie weihte mich nicht in ihren Schulstoff ein, sie sprach überhaupt nicht. Zweimal in der Woche saß ich je zwei Stunden und versuchte, sie zum Sprechen zu bringen. Es war vergeblich. Ich versuchte es mehrere Monate lang. Die Stunden waren eine wahre Qual auch deshalb, weil ich immer fürchtete, die Mutter könne bemerken, dass hier gar nicht wirklich gelernt wurde. Schamvoll nahm ich gleichwohl jedes Mal das Geld, immerhin hatte ich die Stunden abgesessen und mich bemüht. Ihre Leistungen in der Schule besserten sich zunächst, so dass ihre Mutter keinen Verdacht schöpfte. In Wahrheit aber lernte sie bei mir nichts. Ich fragte, ich beschimpfte sie, flehte sie an, versprach ihr alles Mögliche – es war umsonst. Ich hatte mehr und mehr das Gefühl, etwas Verbotenes und fast Unzüchtiges zu tun, wenn ich ihr diese zwei Stunden gegenübersaß, zwischen uns diese Mauer des Schweigens. Am Ende blieb sie tatsächlich sitzen, ich verlor sie aus den Augen, nicht aber das Problem, an dem ich gescheitert war. Dass es Menschen gibt, die einen solchen Widerstand gegen jede Lernaufforderung ausgebildet haben, dass sie lieber alle Kommunikation abbrechen, als hier einen Einbruch zu erlauben.

Von da an widmete ich mich mit wirklicher und bewusster Leidenschaft der Vermittlung von Wissen und vor allem dem Versuch, Lernhaltungen zu verändern. Ich war, ohne das sorgfältig durchdacht zu haben, davon überzeugt, dass alle Menschen im Grunde und von ihrer menschlich-gesellschaftlichen Natur her selbstverständlich und mit Lust lernen. Sobald sie das nicht taten, hielt ich sie von meiner ersten Schul-Lehrerfahrung her für so etwas wie versteinerte Prinzessinnen oder Prinzen, die mir noch aus meiner Erfahrung mit Märchen geläufig waren. Ich stellte mir die Aufgabe, die Lösung zu finden, sie aus ihrer Versteinerung zu befreien. Die Vorstellung lebt natürlich noch vom Errettungsgedanken, jedoch erlaubt es das Bild der Versteinerung, sobald wir es auf Verhältnisse ausdehnen, ein Befreiungsprojekt zu entwerfen, in denen alle Verhältnisse in Bewegung kommen.

Ohne mir Rechenschaft darüber abzulegen, arbeitete ich so zugleich an mir selbst, indem ich versuchte, den Ring aus negativen Gefühlen, der die Einzelnen bei ihren insbesondere schulischen Lernaufforderungen begleitete, zu durchdringen, sie dazu ermutigte, sich die Lust des Lernens als Neugier auf die Welt wieder anzueignen. Es gab kein Erlebnis eines vollständigen Scheiterns mehr, aber meine Erfolge waren auch nicht überwältigend. Meine Nachhilfeschülerinnen kamen durch.

Könnte ich jetzt also vorschlagen, dass meine Lust zu lehren als ständiger Versuch verstanden werden kann, Lernwiderstände gegen eine Einführung in die Welt abzubauen? Die Sache hört sich zu harmonisch an, geradlinig und unbelehrt von den Schwierigkeiten, Brüchen und Hindernissen auf dem tatsächlich gegangenen Weg. Auch komme ich nicht wirklich vor mit Glück und Verzweiflung, Anstrengung und Versagen, sondern selbst nur als Chiffre, eine Heldin des Lehrens. Ich mache einen Sprung nach vorn.

Schulungsgruppen

Ich begann meine aktive Zeit in der Frauenbewegung mit der Organisation von Lerngruppen, in denen ich als Lehrende eingeplant war. Ich hatte zu dieser Zeit mein Studium ohne Examen beendet, geheiratet, ein Kind bekommen, fast zwei Jahre als Hausfrau und Mutter auf einem Dorf verbracht, war zurück in das Uni-Umfeld gekommen, hatte mich scheiden lassen, wieder geheiratet und war zu den ersten Treffen der neuen Frauenbewegung in Berlin gegangen, unsicher, fragend. Schon nach dem dritten Treffen schien mir, dass die Weise, wie diskutiert und bestimmt wurde, die Art der geplanten Aktionen, die Form der Einbeziehung aller durch so etwas wie Führungspersonen nicht wirklich zur Befreiung von Frauen führen würde. Damit alle beteiligt sein konnten, mussten alle genug Wissen über die Welt haben, wissen auch, woher Frauenunterdrückung kommt, um an ihre nachhaltige Abschaffung wirksam schreiten zu können. Da ich selbst auch über dieses Wissen nicht verfügte, galt es, Lerngruppen als Forschungsgruppen zu gründen. Wieder folgte ich der Vorstellung, dass alle alles lernen könnten und wissen müssten, dass es nur darauf ankäme, den Rahmen zu finden, in dem solches möglich würde. In diesen wollte ich mein Vorsprungswissen aus dem Studium, vor allem das, was ich aus dem Marxismus als Wissenschaft von der Befreiung der Menschen gelernt hatte, einbringen. Ich überzeugte mich und die meisten der anderen Frauen, dass wir den Aktionsrat – wie die Berliner Gruppe sich genannt hatte – aufgliedern mussten in eine Menge von Schulungsgruppen und das wöchentliche Treffen umfunktionieren zu einer Versammlung, in der die Probleme der

> Gruppen ebenso wie die nächsten gemeinsamen Aktionen geplant wurden, Neuaufnahmen und neue Gruppen möglich wurden. Das Experiment war erfolgreich, es lief über zehn Jahre.

Für die Frage des Lehr-Lernens erkenne ich jetzt, dass es ganz unzureichend wäre, Lehren als Tat von oben, Belehrtwerden als Schicksal von unten zu fassen. Vielmehr lässt sich der Zusammenhang kaum begreifen, wenn nicht die Dimension des Politischen dazugenommen wird. Lehren kann jetzt auch als Versuch verstanden werden, nicht nur anderen Möglichkeiten für den Weg in die Welt vorzuschlagen, sondern vor allem auch als Versuch, für die Veränderung von Welt Mitkämpferinnen oder Mitgestalterinnen zu gewinnen. Lehren ist solcherart auch der Abbau von Unterschieden, auch denen zwischen Lehrern und Schülern, und umgekehrt ist auch Lernen in diesem Feld das Einholen und Ausprobieren von Veränderungswissen und entsprechender Fähigkeiten. Es ist diese Dimension, welche die Kritische Pädagogik bestimmt und die in der holzkampschen Zurechtlegung erstaunlicherweise fehlt, bzw. wo er ihre Möglichkeit unter dem Begriff »partizipatives Lernen« (nach Lave/Wenger 1991) vorsieht, er dies sogar nachdrücklich vom Lehrer-Schüler-Verhältnis, vom schulischen Lernen abgrenzt (1993, 501ff.).

Schließlich habe ich meine Dissertation im Bereich Lernen und Pädagogik geschrieben (1977). Auch hier wollte ich mich am lernenden Erforschen von Welt unterstützend beteiligen. Aber diese Arbeit ist vor allem eine Art Kampfschrift gegen eine Pädagogik, die die Überwindung von Lernwiderständen anzielt, ohne dabei die politische Dimension der Befreiung der Lernsubjekte, die gemeinsame Gestaltung von Gesellschaft zu verfolgen, sondern eher eine einfachere und bejahende Haltung zur Gesellschaft, in der wir leben, zum Ziel hat. Knapp gesprochen verdächtigt die Schrift gegen das Rollenspiel diese pädagogische Technik zur Überwindung von Lernwiderstand, eine Einübung in vorhandene Gesellschaft so vorzunehmen, dass alle Kritikfähigkeit blockiert wird. Widerstand gegen Lernen wird nicht umgebaut in einen Widerstand gegen die verstellte Teilhabe an Gesellschaft, sondern er wird gleichsam überlistet und in Anpassung gewendet. Die spielerische Aneignung von Welt liefert den Schein, es sei Gesellschaft eben auch kaum mehr als ein Spiel, in dem die Rollen verteilt sind und man sich in der seinen einrichtet und sich darin perfektioniert. Es ging mir im Wesentlichen darum, Wege zu finden, auf denen der Widerstand gegen das Lernen genutzt werden könnte zur eingreifenden Kritik. Dabei habe ich angenommen, dass der Erkenntnis von Welt, die dem eingreifenden Handeln vorausgehen und dieses begleiten müsste, auf der Seite der Subjekte so etwas wie eine ›allgemeine Versteinerung‹ entgegenstehe und auf der Objektseite behindernde Strukturen und eine Reihe von Strategien, die Erkenntnis blockieren und umleiten. Nennen wir diesen Zusammenhang Ideologie und mit den später erst gebräuchlich gewordenen Begriffen von Antonio Gramsci eine Art kultureller Hegemonie von oben. In diesem schwierigen Gelände begriff ich Lehren also als eine Befähigung zur kritischen Erkundung von Welt und Gesellschaft und Lernen als den Weg zu solcher Erkenntnis, damit den Abbau von Widerstand bei gleichzeitiger Wendung desselben in eine kritische Haltung. Lehren könnte ich jetzt als ein kooperatives Verhältnis bezeichnen, in dem versucht wird, Zusammenhänge so zu zeigen, dass Lernen zugleich als zunehmende Erkenntnis und Handlungsaufforderung geschehen kann, die den eigenen Widerstand als Dummheit (aufgefasst als Handeln gegen eigenes Interesse), als Gewohnheit, als eigene Behinderung erhellt. Lernen bleibt so auf jeden Fall eine subjektive Tätigkeit, die durch Belehren nicht ersetzt werden kann. Lehren kann unter solchen Bedingungen kaum mehr sein als der stete Versuch, eine kritische Lernhaltung zu ermöglichen und Wissensbestände, Methoden der Aufschlüsselung von Welt vorzuschlagen. Lehren enthält so zweifellos vielfältige Informationen über die Welt, die sich dem Erfahrungs- und Lernvorsprung verdanken, jedoch sind diese kaum beschränkt auf Daten und Fakten, sondern in ihrer historischen und sozialen Anordnung wiederum selbst Gegenstände eingreifender Kritik. Meine Lehrbemühungen setzen offensichtlich nicht dort an, wo Lernwiderstände aufgebaut werden, sondern, um im Bild zu bleiben, dort, wo der Prinz schon versteinert ist. Freilich nehme ich, wie aus den anfänglichen Überlegungen hervorgeht, an, dass dies schon sehr früh geschieht und durch die Anlage unserer Erinnerung begünstigt wird, die geglückte Lernerlebnisse zu vergessen scheint und Versagen schmerzhaft einschreibt. Unter solcher Voraussetzung ginge es beim Lehren und Lernen dann jetzt darum, zu *verlernen*, um Lernen erneut als Lust zu lernen. Dies nicht, wie im Rollenspiel etwa praktiziert, durch eine Entlehnung von Lust aus spielerischen Zusammenhängen in den Ernst der Schule, sondern Kritik, Eingreifen, Befähigung, Erkenntnis, Denken selbst als Genuss und mögliche Leidenschaft zu erfahren. Lehren ist so auch eine Praxis gegen das Alleinsein. Es ist ohne selbst zu lernen nicht möglich, wie umgekehrt im Lernen schon Dimensionen des Lehrens enthalten sind.

In meinem Buch zur *Kritik des Rollenspiels* setze ich als Gegenpol zum Rollenspiel das Brecht'sche Lehrstück. Es faszinierte mich, wie hier die Mittel des Theaterspiels, dessen Zauber für eine leichtere Aneignung von Zusammenhängen ja auch dem Rollenspiel zum Erfolg verhalf, eingesetzt wurden, um die Handlungs- und Denkfähigkeit der Akteure nicht zu überlisten und einzuschläfern, sondern in produktiven Zweifel zu stürzen. Die Hauptlinie schien mir darin zu liegen, die Schüler und Leserinnen zum Selberdenken anzuregen, nicht, ihnen zu empfehlen, die eigenen Köpfe an der Garderobe abzugeben. Das Theater also, eingeführt als ständiger Runder Tisch zur Beratung über die Gesellschaft, an der die Einzelnen nicht bloß Zuschauende, sondern Beteiligte sind.

Lernen als Erziehungsziel

Im Juni 1998 berichtete die Frankfurter Allgemeine Zeitung von einer durch eine Computerfirma einberufenen neuen Tagungsreihe ›Erziehung für das 21. Jahrhundert‹. All die bekannten Erziehungsziele aus den ideologischen Kämpfen um die Pädagogik der letzten Jahrzehnte tauchen wieder auf: Es geht um die Ideale der Aufklärung, um Erziehung zur Mündigkeit und Selbstverantwortung, um ›Lebenskompetenz‹, um, wie der Bundespräsident zur Eröffnung versichert, »unsere Kinder für die Freiheit im Informationszeitalter zu erziehen«. Die überraschende Verklammerung von Erziehung und Freiheit verdient es, dass die Ausführungen der Demoskopin Noelle-Neumann in diesem Kontext festgehalten werden. Sie beklagt, dass seit der Vereinigung der beiden Deutschland die Wertschätzung von Freiheit gesunken sei und – seltsam in diesem Kontext – die Deutschen mehrheitlich starke Menschen als böse begriffen, welche umgekehrt für die Engländer gut seien:

> Wohl deshalb wollen die Deutschen nicht einsehen, dass mehr Freiheit zu weniger Gleichheit führt, und deshalb verehren sie auch die falsche Freiheit: fünfzig Prozent das Freisein von materiellen Sorgen, achtzehn Prozent die Möglichkeit zu tun, was man will. Nicht einmal jeder Dritte versteht Freiheit als Selbstverantwortung. (Ebd.)

Und als neue (alte) Erziehungsziele werden zur Zustimmung angeboten: eben Selbstverantwortung, Ordnung, Pünktlichkeit, Präzision und Selbstbeherrschung. Oder, um mit Brecht aus den Flüchtlingsgesprächen (vgl. Kapitel 5) zu sprechen: Wir leben nicht nur in einem Land, in dem solch ambivalente Tugenden nötig sind, wir bewegen uns auch in eine Zukunft, die mit solchen Tugenden rechnen will. Sie werden moderner aufgemacht durch einige englisch gesprochene Beigaben wie die des Glücks im »flow«, worunter wir uns eine kontinuierliche Aktivität vorstellen sollen. Hohe Anforderungen schützen vor Müßiggang.

Die Frage nach dem Lernen, welches implizit im Zentrum solcher Überlegungen und Aufgabenzuweisungen steht, wird zugleich wichtiger und unsicherer. Es ist Zeit, uns bei Fachleuten sachkundig zu machen. Eine umfassende Auskunft geben Wörterbücher, die zumeist fachspezifisch Grundbegriffe abhandeln. Sie berichten über Definitionen, verschiedene Theorieschulen, kurz, man erhält eine Einführung in das zeitgenössische Denken zum Gegenstand.

Zwei Beispiele

Bei der Psychologie und bei der Pädagogik scheint mir die Frage des Lernens am besten aufgehoben – berichten doch die einen über das Subjekt, welches lernt, und seine Ausstattung, die anderen über diejenigen, die für den Prozess zuständig sind, über den Zusammenhang von Lernen und Lehren.

Psychologie

Im Psychologie Lexikon (1992) hat der Autor des Stichwortes Lernen (Wilhelm F. Angermeier) sich im Wesentlichen auf die Darstellung behavioristischer Lerntheorie beschränkt, ein Verfahren, welches sich liest, als sei hier eine Theorieschule angetreten, Verfestigungen herzustellen, Gewohnheiten zu erzeugen, unhinterfragbare Verhaltensweisen hervorzubringen. Zwar wird Lernen selbst als Beschreibung einer Verhaltensänderung (259) bezeichnet, die Gesetzmäßigkeiten – und solche werden in Experimenten und Tierversuchen ausfindig gemacht und systematisiert – jedoch beziehen sich auf den Erwerb bestimmter Verhaltensweisen weitgehend nach Maßgaben von Belohnung und Strafe. Die tragenden Begriffe sind entsprechend gebaut: Verhaltenshäufigkeit, Training, Verstärkung und geschickte Weisen, eine Verstärkung möglichst nachhaltig einzusetzen, etwa durch festgelegte Intervalle; Abschwächung eines Verhaltens erfolgt entsprechend durch Wegfallen der Verstärkung. Solche einführenden Texte in die Verhaltensmodifikation bzw. hier also ins Lernen lesen sich immer wieder so plausibel wie der gesunde Menschenverstand und zugleich inhuman wie Praxen von Fremdbestimmung. Der Gegenstand wird in einem Begriffsraster hin- und hergeschoben, welches Genauigkeit zu versprechen scheint und welches die jeweiligen Verbindungslinien wiederum nach Maßgaben des gesunden Menschenverstands zieht. So wird etwa gesetzt, dass »eine mittelstarke Motivation (besonders bei schwierigen Aufgaben) für die beste Lerneffizienz sorgt« (263f.). Diese gilt es also durch in Experimenten erprobte Anregung und Dämpfung aufrechtzuerhalten. Den Gesamtprozess nennt man dann »operantes Lernen«. Andere Lernvorgänge, etwa der Pawlow'sche bedingte Reiz, werden nachgezeichnet und entsprechend der Anlage peinlich genau mit Begriffen wie »Simultanreaktion« oder »simultankonditioniert« in eine wissenschaftsadäquate Sprache eingetragen.

Nach dieser Einführung in die Dressur von Tieren im Labor, etwa nicht zusammengehörende Reize zusammen zu erleben, um sodann auf den nicht schmerzhaften mit Schmerz zu reagieren etc., ist das Feld bereitet, ins schulische Lernen einzuschreiten. Die Methode lässt sich zur Wissensvermittlung, ebenfalls Lernen genannt, einsetzen. Man kann z. B. Paare zusammenstellen und so ein Auswendiglernen offenbar nicht sinnhaft zusammenstehender Paarteile ermöglichen bzw. befördern: 333 = Issos, 1776 = Staatsgründung USA usw. Es ist, als ob die Methode, je mehr sie den simpelsten vorhandwerklichen Verfahren ähnelt, desto elaborierter eigene Sprachschöpfung übt. »Verbales Diskriminieren« z. B. (272) heißt die genannte »Paarwortmethode«, wenn man die Sache umkehrt, also das Ereignis vor der Zahl aufruft. Ein anderes Lernproblem: Gedichte auswendig lernen oder das Einmaleins. In einer Reihe von Versuchen wurde herausgefunden, dass das Auswendiggelernte schnell vergessen wird, wenn es in der Mitte der Serien steht, also gilt es, diese Mitte mit besonderen haftenden Reizen zu versehen, sprich die Motivation der Lernenden assoziativ anzubinden. – Schließlich begegnen wir immer wieder dem Lernen am Modell, dieses (vgl. etwa Bandura/Walters 1963) ermöglicht es Kindern, von Erwachsenen zu lernen, wie sie sich in der sozialen Welt zurechtfinden. Auch dieses Lernen hat Kontrollsysteme, wobei das eigene Denken interessanterweise als »symbolische Kontrolle« bezeichnet wird – gemeint ist auch lediglich, dass Verhaltenskonsequenzen antizipiert werden und entsprechend das Verhalten lenken.

> Das soziale Lernen braucht nicht auf Einzelheiten des Modellverhaltens beschränkt zu bleiben, sondern kann sich auf den ganzen Lebensstil eines solchen Vorbildes beziehen. Darin liegt seine Bedeutung für den Lernvorgang beim Menschen begründet (275).

Nach einem ersten Erschrecken, welches wohl in der Hauptsache drei Dimensionen im Modell behavioristischen Lernens gilt, durchdenke ich den Vorschlag erneut. Die genannten Dimensionen sind die umstandslose Ineinssetzung tierischer Dressur mit menschlichem Lernen, also das Fehlen einer an die historische Spezifik des Menschen anknüpfenden Überlegung; das Einverständnis, mit dem hier durch gezieltes Einsetzen von Belohnungs- und Strafmodellen Verhaltensweisen eingeübt werden, ohne irgendeine Diskussion ihres Sinns, und schließlich die Nähe, die all dies zu selbstgeübten Alltags-Praxen gleichwohl hat.

Versuchen wir eine erste Bilanz: Es geht beim Lernen in diesem Fall nicht um Erkundung von Welt, nicht um eingreifende Erkenntnis, dass sie menschlicher werde. So geht es auch nicht darum, Verfestigungen in Bewegung zu bringen, bzw. genauer geht es nicht darum, solche Bewegung selbst als ein Ziel von Lernprozessen aufzufassen. Es spielt keine Rolle, in welchen historischen, kulturellen Verhältnissen jemand lebt; Lernen scheint eine ahistorische Größe zu sein. Der Behaviorist blickt von oben und prüft, wie ein bestimmtes Verhalten zur Gewohnheit wurde, in dieser Weise ähneln seine Überlegungen den unsrigen, wenn wir auf Lernblockaden blicken. Er studiert das Einfahren von Verhaltensweisen, wie man eine Programmierung nachvollzieht, um die so erfahrenen Mechanismen allgemein einzusetzen, z.B. in einen pädagogischen Lehrplan. Hier scheiden sich die Wege, denn es geht mir nicht darum, Pläne durchzusetzen, sondern die Einzelnen zu befähigen, sich selbst kundig zu machen, also selbstbestimmtes Handeln zu erhöhen. Der behavioristische Lerntheoretiker könnte hier zu Recht einwenden, dass auch ihm daran gelegen sei oder sein könnte, den lernenden Individuen das Wissen über ihre Art, Verhaltensweisen einzuüben, an die Hand zu geben, um sie handlungsfähiger zu machen. Der Unterschied bestünde hier jetzt darin, dass auch die selbstbestimmt eingesetzte behavioristische Lernstrategie auf Dimensionen der Selbstüberlistung aufbaut, so dass ein sinnvoll durchdachtes und Handlungsfähigkeit wirklich auf Dauer erweiterndes Lernen ein Zufallsergebnis wird. Gerade die Unabhängigkeit von denkender Bestimmung, ihre Anbindung an Reaktionen auf Wohlbefinden und Missbehagen sichert behavioristischem Lernen einen schnellen Erfolg. Dabei wird ohne weiteres in Kauf genommen, dass Lernen auf einem Missverständnis beruht, wie bei den bedingten Reizen der Pawlow'schen Hunde. Wofern solche Lernarrangements den Einzelnen selbstbestimmt zur Verfügung gestellt werden, möchte ich sie daher als Selbstbestimmung in umfassender Fremdbestimmung bezeichnen. Die Einzelnen gehen in solcher Anordnung mit sich manipulativ um. Nicht Denken als vergnügliche Anstrengung, das kritisch sich aufs Gewohnte richtet, sind Weg und Ziel, sondern dass die Einzelnen Verhaltensweisen erwerben, mit denen sie möglichst gut leben können. Selbstverständlich bleibt die Frage außer Acht, ob es ein erstrebenswertes Ziel sein kann, in sehr schlechten Verhältnissen selbst gut zu leben, wie überhaupt der Umstand, dass Menschen in Gesellschaft leben, keine Rolle spielt. In dieser Hinsicht gleichen behavioristische Lernkonzepte, wo sie nicht einfach eine Art Dressur von oben sind, der Einübung eines schamlosen Egoismus. Diese Dimension hat u.a. Brecht interessiert als eine Art literarischer Code zur Entzifferung von Verhältnissen, in denen solches Verhalten angemessen ist.

Aber es gibt im Leben der einzelnen Gesellschaftsmitglieder gerade gesellschaftliche Lehren, um deren Aneignung sich behavioristische Ansätze besonders mühen, für die ihre Studien und Experimente nützlich sind: die sogenannten Kulturtechniken – wie etwa das Einmaleins auswendig kennen, Lesenlernen, wie es im ersten Kapital als Problem formuliert wurde, das Alphabet im Kopf haben, ohne das man in keiner Bibliothek, keinem Telefonbuch etc. zurechtkommt, oder später Schwimmen, Autofahren und Ähnliches mehr. Hier handelt es sich um den Prozess des Auswendiglernens bzw. der Automatisierung von Handlungen, bei denen im ersten Fall Denken wenig nützt, im zweiten gar hinderlich scheint. Die Lernhilfen betreffen im ersten Fall assoziative Motivationsanreize, die in ihrer Kopplung beispielsweise an sinnlose Silben oder Buchstaben oder Zahlen für nachhaltiges

Einprägen sorgen sollen. Im zweiten Fall, dem Autofahren, Schwimmen etc., geht es um die Entlastung sensumotorischer Handlungen von denkender Aufmerksamkeit, als müsse jede Bewegung in ihrer Abfolge stets neu erfunden werden, es geht also um die Herausbildung von Gewohnheiten, die körperlich vermittelt sind. Solche Kompetenzen gehören zu den jeweiligen Zivilisationen, ohne sie kommen die Einzelnen schlecht zurecht, ganz unabhängig davon, wie sie sich ansonsten lernend in den Verhältnissen bewegen. Könnte man die Prozesse des Auswendiglernens und der Automatisierung von Handlungen aus den Überlegungen zum Lernen herauslösen und für sie die im Behaviorismus entwickelten Verfahren beibehalten? Es handelt sich offensichtlich um Lernformen und -ziele, für die eine Art Dressur oder Programmierung lebensentlastend sein kann, eine Art Hilfsstufe menschlichen Lernens. Erst ihre Verallgemeinerung auf menschliche Lernprozesse überhaupt vergibt die Chance, die Spezifik menschlichen Lernens als Welterkundung in verändernder Absicht auch nur zu denken. In praktischen pädagogischen Prozessen wird die Bedienung dieser Mechanismen aus den Vor- oder Hilfsstufen des Lernens für das Lernen überhaupt inhuman, zur bloßen Dressur.

Die sehr knappe und einseitige, weil nur den Behaviorismus referierende Einführung in psychologische Vorstellungen vom Lernen kann an dieser Stelle genügen, da ich im Kapitel 7, das der weiteren Vorstellung und Diskussion des grundlegenden Beitrags zum Lernen von Klaus Holzkamp gilt, auf psychologische Theoriebildung umfassender und daher gerechter zurückkomme.

Pädagogik: Paolo Freire

An dieser Stelle versuche ich weitere Vorstellungen zum Lernen zu prüfen durch eine kurze Stichprobe aus dem Hauptanwendungsbereich, der Pädagogik. Anders als bei der Psychologie lese ich im Jahrbuch für Pädagogik (1998), einem Werk, das von vornherein in kritischer Distanz zum herkömmlichen Mainstream geschrieben ist und von einem »Grundbegriff Lernen« ausgeht, der umfassende Selbstbestimmung zum Ziel hat. Ich beginne mit einigen wenigen Überlegungen aus dem Vorwort von Paolo Freire, die in den Zusammenhang von Erziehung und Hoffnung gestellt sind, in der Annahme, auch einige Hinweise auf meine Fragen zur Problematik des Lehrens zu erhalten, und studiere dann den Vorschlag von Ulla Bracht, Lernen selbst kritisch zu umreißen.

Freire ringt um Erziehung in menschlicher Absicht. So befreit er den Begriff der Erziehung selbst von ihrem edukationistischen Klang. Er rückt zunächst die Hoffnung aus der Rolle, eine Eigenschaft des Erziehers zu sein, in die Form der erzieherischen Praxis selbst: Erziehung ist Hoffnung.

Menschen als lebendige soziale Wesen haben Geschichte und ein Bewusstsein von ihrem Sein in der Welt. Insofern sei eine »Ethisierung« von Welt (7) unumgänglich oder anders, der Mensch könne gut oder schlecht sein, anders als andere Lebewesen.

> Und im Bereich der Entscheidung, der Bewertung, der Freiheit, des Bruchs, der Option tritt die Notwendigkeit der Ethik ein, ist Verantwortung erforderlich (8).

Dazu gehöre, die Veränderbarkeit problematischer Zukunft zu erkennen, einzugreifen. »Die Matrix der Hoffnung« sei die »Unfertigkeit des menschlichen Wesens« (8).

> Weil wir aber zahllosen Begrenzungen unterworfen sind, schwierigen Hindernissen, die zu überwinden sind, den vorherrschenden Einflüssen fatalistischer Geschichtsentwürfe, der Macht der neoliberalen Ideologie, deren perverse Ethik sich in den Marktgesetzen gründet – genau deshalb gab es für uns vielleicht niemals eine größere Notwendigkeit als heute, in der erzieherischen Praxis den Sinn der Hoffnung herauszustellen. [Deutlich werde:] Veränderung ist schwierig, aber möglich. (9)

Freire identifiziert zwei Arten von Erziehern, die »progressiven mit dem Traum, die Welt zu verändern«, und die reaktionären mit dem »fremdbestimmten Projekt, die Geschichte stillzulegen« (9). Über der gegenwärtigen Geschichte hänge wie eine graue Wolke der Diskurs des Neoliberalismus:

> Es ist die Ideologie, die die Ideologie tötet, die den Tod der Geschichte, das Verschwinden der Utopie, die Vernichtung des Traums anordnet. Eine fatalistische Ideologie, die die Erziehung entpolitisiert, sie zur puren Übung im Gebrauch von technischen Fähigkeiten und wissenschaftlichem Wissen reduziert. (9)

Für diesen Vorgang schlägt er statt des Begriffes Bildung den der Schulung vor.

Paolo Freire starb im Mai 1997. Ich habe ihn wegen seines Engagements für eine Pädagogik der Unterdrückten, wegen der vielen Geschichten über seinen außergewöhnlichen Einsatz bei der Alphabetisierung seines Volkes gleich im Anschluss an behavioristische Lernmodelle zu Wort kommen lassen, gerade weil ich ihnen in Fragen der Erlernung des Alphabets ein pädagogisches Recht einräumen wollte. Wir gewannen aus diesem kleinen Exkurs für solche Vorgänge den Begriff der Schulung, der mir zur Absonderung und zum Begreifen solcher Prozesse geeignet scheint, auch weil er im Wort selbst schon die Institution anspricht, in der solches Lernen gewöhnlich stattfindet. Für Freire ist die Einbindung von Lernprozessen in

Projekte zur Veränderung und Verbesserung der Welt so selbstverständlich, so natürlich menschlich, dass er sie umstandslos für eine natürliche ethische Haltung des guten Menschen hält. Wir lernen, dass wir mit unseren kritischen Überlegungen zum Lernen bereits in einer Welt leben, in der, ungleich der des Paulo Freire, die verschiedenen Tugenden Bündnisse mit der Verknechtung der Menschen eingegangen sind. Es genügt nicht mehr die einfache Empörung, wiewohl es sich besser leben und arbeiten ließe, wenn es mehr Menschen gäbe, die sich angesichts von schreienden Ungerechtigkeiten und namenlosem Elend empörten. So ziehen wir gestärkt in Hoffnung auf Veränderung, aber weiterhin mit vielen Fragen in die Problematik von Lernen als Grundbegriff der Pädagogik.

Lernen als Aneignung von Wissen

Ulla Bracht verzeichnet in ihrem kritischen Grundlagentext (1998) allein einunddreißig deutschsprachige Lexikonartikel zum Begriff Lernen seit 1970. Sie diskutiert einschlägige Literatur, bei der die Schriften aus kritischer Pädagogik und Psychologie überwiegen. Sie beginnt mit einer doppelten Problemstellung, in die sie ein gewachsenes Interesse an Lernprozessen verortet: die Veränderungsnotwendigkeit von Welt angesichts zunehmender katastrophaler Entwicklung und der tatsächlichen Veränderungsforderung angesichts der »Entwicklung neuer Technologien, der Globalisierungsprozesse sowie der Wandlungen im Verhältnis von Individuum und Gesellschaft« (85) – für Letzteres zitiert sie den Club of Rome (1975) und die UNESCO (1996). Strategische Bedeutung gewinnt ein Wissen um menschliches Lernen, um das sich unterschiedliche Wissenschaften bemühen: Sie erwähnt Forschungen über die Funktion des Gehirns und das Verhältnis von genetischer Determination und Umwelteinflüssen; humanethologische, die nach einer stammesgeschichtlichen Programmierung des menschlichen Verhaltens suchen; informationstheoretische lerntheoretische Konzepte, welche die Grenzen menschlicher Lernprozesse als Teil der Natur behaupten; die neueren Entwicklungen der behavioristischen Lerntheorie, die sich auf moralische Lernleistungen ausdehnt, soziologische und politische Modelle, die Veränderungsprozesse nicht ausreichend als Lernprozesse thematisierten. Sie formuliert als tradierten pädagogischen Lernbegriff: »Lernen des Subjekts als abhängige Variable des Lehrens im Lehrer-Schüler-Verhältnis zu begreifen« (86), und konstatiert damit eine Lücke, wo eine Theorie des Lernens in den Erziehungswissenschaften formuliert werden müsste, die den Zusammenhang von Lehren und Lernen reflektiert.

In einer im Allgemeinen wenig am Lernbegriff interessierten Pädagogik zitiert sie als herausragend die Formulierungen Klafkis (1971), den Begriff der »Sinnerfahrung« für die Pädagogik fruchtbar zu machen und damit anzunehmen, dass die je Einzelnen sich den vorgegebenen Sinnhorizont der Kultur entdeckend neu aneignen müssten. Sie formuliert selbst als erziehungswissenschaftliche Perspektive Lernen als

> in besonderer Weise durch die Dialektik von individueller und kollektiver (sozialer) Dimension der Erweiterung von Erfahrungs-, Wissens- und Handlungskontexten bestimmt, die durch selbsttätige individuelle Aneignung des kollektiv hervorgebrachten und bereitgestellten akkumulierten Wissens- und Kulturbestandes der Menschheit ermöglicht wird. (87)

Lernen bezieht sich so auf das Generationenverhältnis, auf die Einzelnen und ihre Persönlichkeitsentwicklung, auf Gesellschaftsentwicklung und auf die Gattung. Mit diesen Koordinaten bezieht sie Lernen auf Wissen und auf die Haltung dazu.

Mit dieser umfassenderen Einordnung menschlich-spezifischen Lernens kann sie behavioristische Vorstellungen, die das Humanspezifische unterschlagen, zurückweisen und im Wesentlichen auf die Arbeiten Piagets und Wygotskis orientieren (beide im gleichen Jahr 1896 geboren, veröffentlichten ihre Hauptwerke in den 1920er und 30er Jahren). Während Piaget die Entwicklung der menschlichen Intelligenz fasziniert, die er als einen Prozess der Anpassung an die Umwelt denkt, wonach Lernen durch den Zwang des Sozialen geschieht, stellt Wygotski den menschlichen Entwicklungsprozess genau umgekehrt vor. Lernen und Entwicklung sind bei ihm weder allein Reifungsprozesse oder biologische Anpassung noch Aneignung durch Erziehung und Bildung noch soziale Zusammenarbeit in Sozialisationsprozessen. Sein im marxistischen Denken verankertes Modell denkt die Entwicklung des Menschen von der Arbeit her, die im umfassenden Sinn durch Werkzeuge (vom Faustkeil zum Computer, vom Begriff bis zu artifiziellen theoretischen Systemen) vermittelt ist. Zentral wird die Bedeutung der Geschichte für Entwicklung und Lernen. Der Einzelne wird in ein gesellschaftlich-historisches System von Werkzeugen, Kultur, Wissenschaft geboren, in das er sich nicht einfach anpasst, sondern das er eingreifend verändert. Letzteres wird Ziel menschlicher Lernaktivität (vgl. dazu die Kritik am Roboter als Lehrer in Kapitel 10). Wygotski historisiert Bewusstsein. Den Prozess der Bewusstseinsbildung stellt er als eine Bewegung von außen nach innen vor. Mit dem Begriff der Interiorisierung fasst er, dass alle höheren psychischen Funktionen zunächst äußerlich, weil gesellschaftlich waren, ehe sie innere psychische Funktion wurden. Anders als Bracht muss man hier kritisch einwenden, dass, wiewohl Wygotski die marxschen Thesen gegen Feuerbach in eine psychologische Theorie übersetzt, er auch in seinen wesentlichen Intentionen selbst Feuerbachianer bleibt. Er transferiert die These vom menschlichen Wesen, das »kein dem einzelnen innewohnendes

Abstraktum sei, sondern das Ensemble der gesellschaftlichen Verhältnisse« (These 3), folgendermaßen:

> Wir formulieren das genetische Grundgesetz der kulturellen Entwicklung wie folgt: Jede Funktion tritt in der kulturellen Entwicklung des Kindes zweimal, nämlich auf zwei Ebenen, in Erscheinung – zunächst auf der gesellschaftlichen, dann auf der psychischen Ebene (Wygotski [1931] 1992, 236, zit. nach Bracht, 89).

Später formuliert er:

> Die Fähigkeit zur Begriffsbildung, phylo- wie ontogenetisch und in ihrem dialektischen Zusammenhang betrachtet, gilt als komplexeste und schwierigste Errungenschaft von Menschen (Wygotski 1987, Bd. 2, bei Bracht, 91).

Diese Konzentration auf Kopfarbeit, Abstraktion, Wissen, über die Marx sich lustig machte, weil in ihr alle sinnlich-praktische Tätigkeit verschwunden ist, wird von Elias (1992, 5, 36) wie von Lurija (1986) aufgenommen und bildet auch die zentrale Achse für das erziehungswissenschaftliche Konzept von Bracht. Sie folgert zunächst: Der Rahmen, in dem Lernen stattfindet, müsste gebildet werden aus der Analyse des Standes der sozialen Beziehungen, die recht allgemein gedacht sind als Stamm, Nation, Staat, Welt, und aus der Analyse des Wissenstandes. Die Formulierung erlaubt es, menschliches Lernen spezifisch zu fassen und als selbstreferenziell potenzierbar. Diese Grundlagen Wygotskis werden zunächst für die Pädagogik erweitert durch die Lektüre von Norbert Elias, dessen Untersuchungen zum kollektiven Lernen als Grundlage menschlicher Entwicklung davon ausgehen, dass es eine Diskontinuität des Lernens zwischen den Menschen und der übrigen Natur gebe, diese wird wie bei Wygotski durch die Methode der Historisierung fassbar. Die Fähigkeit zur Begriffsbildung gilt auch ihm als die schwierigste Errungenschaft des Menschen.

So folgert auch Bracht aus diesen Vorgaben, dass »Wissen als System der begrifflichen Beziehungen unter erziehungswissenschaftlicher Perspektive den entscheidenden Bezugspunkt für Lernprozesse darstellt« (91). Es ginge jetzt zum einen darum, die Fortschritte des Wissens zu vermitteln, einschließlich der kognitiven und emotionalen Disziplinierung, welche die Aneignung des Wissens erlaubt und ihm entspricht. Zum zweiten den Sprung vom Vorwissenschaftlichen ins Wissenschaftliche zu organisieren, also die Ebenen des »Alltagswissens« und »Alltagshandelns« zu verlassen. Mit Elias denkt sie den Übergang von der vorwissenschaftlichen zur wissenschaftlichen Denkweise als widersprüchlich. Da sie aber nicht in Rechnung stellt, dass diese Widersprüche im Individuum stets aufs Neue produziert werden und es zudem sein Alltagsdenken niemals aufgibt, gerät ihr Lernen und Lehren selbst eher als ein nicht-widersprüchlicher Vermittlungsprozess, der zwar auf die Selbsttätigkeit der Lernenden baut, aber nicht in sich selbst stets mit den verschiedenen Widersprüchen ringt. Es klingt, als müssten die Einzelnen im Wesentlichen angeleitet werden, vorwissenschaftliche Denkebenen zu verlassen und sich den wissenschaftlichen zuzuwenden, und nicht, wie dies etwa bei Antonio Gramsci eindrücklich beschrieben wird, dass sie lernen müssen, die verschiedenen Schichten ihres Alltagsbewusstseins, die teils vorwissenschaftlich, je verschiedener Massenkultur entsprechend, teils wissenschaftlich geformt sind, kohärent zu arbeiten. Ein widersprüchlich zerreißender, ein zerstörender und zusammenfügender Prozess also, der sich im Entwurf von Bracht wie eine zwar anstrengende, doch, pädagogisch angeleitet, mögliche erfolgreiche Besteigung eines Berges anhört. Sie formuliert als einen dritten Grund für die Relevanz der Kategorie des Wissens, dass sie Haltung, Erleben, Fühlen, Wahrnehmen, ja den ganzen Menschen tangiere und daher planmäßig organisiert werden müsse, als Aufgabe der Pädagogik eben. Das wissenschaftliche Wissen wird für die Kinder des wissenschaftlichen Zeitalters notwendig, also braucht es Institutionen, die sich dieser Aufgabe annehmen, und Personen, die darin tätig sind, Lehrende.

In einem knappen Exkurs wird solches als Erziehungsziel seit der Aufklärung skizziert, in der Auffassung vom Lernen des Lernens als Überwindung der Bezogenheit des Lernenden auf einen Lernstoff unterstrichen, als Aufgabe eines öffentlichen einheitlichen allgemeinbildenden Schulwesens gesprochen und schließlich als Schlussproblematik formuliert:

> Wenn […] gegenwärtig […] von »Krise des Wissens« und »Krise der Schule« die Rede ist, müsste nachgedacht werden über Wissen als Menschenrecht […], um im Globalisierungsprozess und seinen Systemimperativen und Widersprüchen die Dimension der Humanität für kollektive und individuelle Lernprozesse zu sichern (95).

Eigenartigerweise bleiben in dieser erziehungswissenschaftlichen Transkription der Lernproblematik so gut wie alle Fragen unberührt und also offen, die sich in Lernprozessen stellen. Indem so etwas wie »Wissen« als neutrales und im historischen Prozess lediglich wachsendes Potenzial als zu erreichendes Lernziel formuliert wird, fallen sämtliche Kämpfe, die doch in der lerntheoretischen Gesamtanlage durch die Anbindung von Lernen an die gesellschaftlichen Verhältnisse hätten studiert und problematisiert werden müssen, weg zugunsten der Positivität von Wissen. Man wird sich jedoch erinnern, dass dieses Wissen selbst umkämpft, Ergebnis von Klassenkämpfen und in einem Prozess steter Verwerfung und Erneuerung ist. Die Dialektik in der Geschichte macht vor dem Wissen keinen Halt; so gibt es keine einfache Wahrheit, die pädagogisch zu vermitteln wäre, noch gibt es ein Wissen, das für alle gleich gültig, allen zur gleichen Zeit unproblematisch angeboten werden könnte. Das betrifft nicht nur die Ungleichheit der Menschen und also auch der Kinder in der Schule. Es betrifft weit mehr noch die Schwierigkeit, einen Standpunkt zu finden, von dem aus Welt erkundbar gemacht werden könnte und der die Neugier auf sie nicht frühzeitig erstickt. Aber da gibt es Verwerfungen, Brüche, interessierte Verstellungen und Blockierungen auf der objektiven Seite, wo Wissen über Zusammenhänge ermöglicht werden soll; und es gibt sie umgekehrt in den Subjekten, die ebenso Kinder dieser Verhältnisse sind. Müsste also kritische Pädagogik, statt sich zufriedenzugeben mit einer Einordnung der Lernproblematik in die Frage nach Wissenserwerb und seiner Ermöglichung, nicht eher anfangen dort, wo nicht gelernt wird, subjektiv nicht, und objektiv strukturelle Blockaden die handlungsrelevante Erkundung von Welt behindern – zusätzlich zur Vorenthaltung von Wissen durch Armut und fehlende Schulen. Die Entlastung von der Anbindung an Ethik und Tugenden, welche die Konzentration auf bloße Wissensvermittlung brachte, hat zugleich auch die Erziehungsaufgabe als selbstgewählte Praxis vom kämpferischen Suchen nach Gerechtigkeit und Befreiung entlastet, die im Zentrum der Überlegungen Paolo Freires standen. Das Ergebnis scheint mir zu leicht geworden. Kurz, bräuchte kritische Pädagogik nicht eine Vorstellung der Lernverhältnisse im umfassenden Sinn, objektiv und subjektiv, selbst ein Wissen von Ideologie und Moral, sich verändernden Klassenkämpfen, Verkehrungen in der Welt, und müsste sie also nicht eine stets wachsende Menge von listenreichen Methoden entwickeln, welche zur Erweiterung von Handlungsfähigkeit beitragen? Dabei ist doch die Anknüpfung an den Alltagsverstand keinesfalls aufzugeben, sondern elementar wichtig. Er ist zugleich der Grund, von dem aus die Einzelnen sich bewegen, wie das gefährliche Durcheinander, das geordnet werden will, ohne seine sinnliche Kraft und Bodenhaftung zu verlieren.

Im Übrigen verlässt auch diese kritische Pädagogik in der Explikation eines Lehr-Lern-Verhältnisses, welches die Vermittlung von Wissen ins Zentrum stellt, nicht den Blick und Standpunkt von oben, für den die Lernenden das zu bildende Material sind.

Kapitel 4

Erfahrungen in die Krise führen, oder: Wie Lehrende Lernenden nützen können

Im Jahre 1980, also gegen Ende einer längeren Phase von Bildungsreform und Aufbruch in pädagogischer Praxis, erhielt ich den Auftrag, auf der Woche der Wissenschaft bei den Ruhrfestspielen in Recklinghausen, die dem Thema *Demokratie lernen – demokratisch handeln* gewidmet war, einen Vortrag zum Thema *Die Rolle des Lehrers in demokratisch bestimmten Lernprozessen* zu halten. Die Frage war für mich eine Provokation. Das Beiwort ›demokratisch‹ schien mir irgendwie unpassend zur Bestimmung von Lernen, und zugleich ›wusste‹ ich zu dieser Zeit als jemand, die durch die antiautoritäre Bewegung gegangen war, dass Lehrer Schüler beim Lernen nur behindern, also zugunsten von Selbstbestimmung abgeschafft gehören. Dabei war ich selbst, was ich immer sein wollte: Lehrerin und zwar schon acht Jahre mit einer einjährigen Unterbrechung an der Universität. Wiewohl an diesem Ort die Schüler Studierende genannt werden, was einen qualitativen Unterschied auf dem Weg der Aneignung von gesellschaftlichem Wissen bezeichnen soll, kann es wohl kaum einen Zweifel geben, dass auch an der Universität die Lehrenden Lehrer sind. Es wurde Zeit, mir in der Gemengelage von trotziger Ablehnung und begeisterter Durchführung von Lehren Rechenschaft abzulegen.

Bei der Arbeit am Lernbuch habe ich das Ergebnis damaliger Auseinandersetzung noch einmal gelesen und mich entschlossen, den Text in überarbeiteter Form[2] hier einzuschieben, weil er – immerhin dreizehn Jahre vor Holzkamps Lernbuch – auf eine für mich selbst überraschende Weise sehr viele Fragen und Diskussionen sowie ihren gesellschaftlichen und politischen Hintergrund, der zumeist in Vergessenheit geraten ist, vorführt und zugleich eine eigensinnige Kontinuität in meinen Arbeiten zeigt, wie auch die offenen Fragen markiert, an denen in diesem Buch weitergearbeitet wird.

2 Der Vortrag ist veröffentlicht in: *Die Wertfrage in der Erziehung* (Argument Sonderband 58), Berlin-West 1981, 67–77.

Reformen

Reformen sind zumeist auch staatliche Beschwichtigungen, Zugeständnisse an vielstimmig vorgetragene Forderungen, Kanalisierung von Bewegungen. Was in die Bildungsreform der 1960er Jahre einging, waren nicht nur Notwendigkeiten des Arbeitsmarktes, sondern damit auch – durch staatliche Maßnahmen unterstützt, genährt und zugleich gebremst – Hoffnungen auf Demokratisierung der Schule, der Lernprozesse. Diese Kraft ›von unten‹, von Schülern, Lehrern, Eltern, gegen die Erlasse ›von oben‹ entwickelte vielfältige Formen, in denen sich Lernprozesse demokratisch vollziehen sollten, Lernziele anders erreicht werden könnten. Eine Flut von Angeboten mehr oder minder gut begründeter neuer Erziehungsstrategien überschwemmte den Büchermarkt. Viel diskutiert wurden z. B. der Projektunterricht, das Planspiel, das Rollenspiel, das Kinder- und Jugendtheater.

Inhalt und Form

Fragen wir zunächst nach dem Gemeinsamen der genannten Erziehungsstrategien, das man u. U. als ihr demokratisches Element bezeichnen könnte. Ein Blick zurück auf die Hochzeiten der Bildungsreform belehrt uns: Zunächst verstand man unter Demokratisierung in schulischen Lernprozessen die Veränderung der *Inhalte*. Weggeräumt werden sollte inhaltlicher Müll. Das hieß: verspätete Entfaschisierung der Schulbücher, neue Inhalte in Deutsch, Biologie, Erdkunde usw. sowie Einführung neuer Fächer wie z. B. Arbeits- und Gesellschaftslehre. Junge Lehrer traten an mit viel demokratischem Wollen und trafen auf weitgehende Unlust bei den Schülern, diese kritischen Inhalte sich nun so ohne weiteres anzueignen. Ein weitgehendes Misslingen dieser inhaltlichen Reformen ist eindringlich, wenn auch ein wenig pauschal, von Hartmut von Hentig ausgesprochen worden:

> Die heutigen Kinder sind ganz offensichtlich die Kinder *ihrer Zeit* und *ihrer* Umwelt, sie sind ihr entlarvendster Spiegel. Sie sind nicht nur nervös, ungeordnet […] , vital »gestört« – sie terrorisieren einander, sie streiten sich ununterbrochen (um Gegenstände, als lebten sie in tiefer Armut; um Rangplätze, als lebten wir vor Leviathan; um Zuwendung von Erwachsenen, als lebten sie in einer besonders lieblosen Welt), sie vandalisieren das Gemeingut, sie sind weitgehend unfähig, anderen und sich selbst Freude zu bereiten, sie scheinen unfähig, tiefere anhaltende Beziehungen zu Menschen oder Sachen einzugehen – und sie müssen ununterbrochen schreien. (Einleitung zu Ariès 1975)

Bald rückte in den Mittelpunkt des Reforminteresses das *soziale Lernen*. Es richtete sich auf die Form des Lernens, statt nur auf die Inhalte, verlangte

z. B. mehr demokratische Beteiligung der Schüler anstelle des Frontalunterrichts. Lernformen wie die oben genannten (Rollenspiele, Projektunterricht usw.) schossen wie Pilze aus dem Boden. Sie reichten von der Einbeziehung der Kinder als aktiv Handelnde in einzelnen Unterrichtsstunden bis hin zu Vorstellungen der Alternativschulbewegung (vgl. dazu die Diskussion um die Alternativschule in Argument-Sonderband 21, 1978 und Päd Extra 1979). Der Streit um die verschiedenen Lernformen und ihren Bezug zu den Schulinhalten, ihren Erfolg, ihr mögliches Versagen hat seither die Diskussion beherrscht. Besonders umstritten ist bei allen Auseinandersetzungen die *Rolle des Lehrers* in den neuen Arrangements. Welche Aktivität wird eigentlich von ihm erwartet, wenn der Unterricht auf der Aktivität des Schülers beruhen soll? Wo soll er eingreifen, was soll er vorgeben, um nicht autoritär zu sein oder tyrannisch oder anders Herrschaft ausübend? Verstößt er nicht schon gegen ein selbstbestimmtes Lernen, wenn er Lernprozesse bloß anleitet? Was soll er überhaupt tun? Die Frage nach der Bedeutung des Lehrers, nach seinem spezifischen Beitrag im Unterricht bringt uns auch zurück zu den Inhalten. Was ist nun mit diesen zunächst für undemokratisch befundenen Inhalten? Kommt es auf Inhalte überhaupt noch an?

Wir können festhalten: Die ursprüngliche Kritik an den Inhalten war berechtigt. Der Bildersturm musste sein – rassistische Erblehre, die Rede von minderwertigen Völkern, von großen Männern in der Geschichte, enger Nationalismus mussten überwunden werden. Inhalte können also sehr wohl undemokratischen Gehalt haben. – Die Annahme undemokratischer Formen unterstellt selbst schon eine wichtige lerntheoretische Einsicht: Lernen ist eine Tätigkeit, ist Handlung, deren Durchführung nicht folgenlos für die Haltung ist, die man hinterher einnimmt. Ich behaupte an dieser Stelle (näher dazu Nemitz 1981), dass das schulisch institutionalisierte Lernen normalerweise ausdrücklich in einer Form veranstaltet wird, dass Unterwerfung unter schulische Normen resultieren soll. Schulisches Lernen ist in erster Linie Erziehung von Mitgliedern der bestimmten Gesellschaft, in der sie geschieht. Es vollzieht sich gewissermaßen ohne Einsicht in die Ziele des Lernens, ohne Beteiligung bei der Zwecksetzung, in den Formen des Vorsagens und Nachsprechens, des Auswendiglernens, Wiederholens, Auf-Abruf-Sprechens usw. Gelernt wird, sich anzupassen und sich einzurichten. Man könnte in diesem Sinne das übliche schulische Lernen undemokratisch nennen, wenn man demokratisch als Teilhabe und Mitbestimmung am gesellschaftlichen Prozess begreift. Schulisches Lernen, welches in dieser Form abläuft, scheint gewöhnlich ohne aktive Beteiligung der Schüler auszukommen, die schulische Institution ausdrücklich für Schüler-Passivität eingerichtet. Tatsächlich ist ein solches passives Lernen ein Widerspruch bzw. eine Unmöglichkeit. Lernen ist immer nur als Selbsttätigkeit möglich. Soweit die Form der Lernprozesse also auf den ersten Blick ohne die Aktivität der Schüler auskommt, kann man davon ausgehen, dass die tätige Aneignung, die Lernpraxis hier in der Übernahme solcher ›undemokratischer‹ Strukturen besteht. Insofern ist auch jeder Protest gegen diese ›passivierende‹ Art des Eintrichterns, des Frontalunterrichts, des Auswendiglernens berechtigt. Noch aber haben wir das Verhältnis dieser Formen, die wir als undemokratisch auffassten, zu den Inhalten, denen wir dieses Attribut ebenfalls zuerkannten, nicht bestimmt. Zur Kritik an der Lernform begriffen wir Lernen als Tätigkeit, als eine Art Arbeitsprozess. Diese Annahme richtet den Blick auf den ›Gegenstand‹, der bearbeitet wird, und den Prozess seiner Bearbeitung. So ausgesprochen zeigt sich, dass das in Inhalt- und Formüberlegungen auseinandergelegte Problem falsch formuliert war, so etwas wie eine falsche Abbildung schuf. Die Form ist nicht bloße Verpackung des Inhalts. Sie ist die Art, in der bearbeitet wird, selber. Selbsttätige Aneignung lässt dabei keinen so großen Spielraum in Bezug auf Inhalte oder Formen. Vielleicht können wir in der passiven Weise, in der hier aktiv gelernt wird, in der Struktur des unhinterfragbaren Bildungsvermächtnisses die Art und Weise entziffern, in der Erkenntnis und Wissen zugleich weitergegeben und in seiner wirksamen Aneignung beschränkt wird.

Lehrer und Schüler

Kommen wir nach diesen Überlegungen zurück auf die vorweg als demokratisch eingestuften Erziehungsstrategien Projektunterricht, Rollenspiel, Jugendtheater usw. Sie alle bauen auf Eigenaktivität, auf mehr oder weniger große Selbstbestimmung beim Lernen. Aber bieten diese Bestimmungen allein schon eine Garantie, dass auf diese Weise nicht auch undemokratisches Verhalten gelernt wird? Schließlich ist auch dieses eine Aktivität. Meines Erachtens verdanken sich diese Lernformen und ihr massenhafter Einsatz in den Schulen ebenfalls einer fragwürdigen Problemstellung. Sie sind eine Antwort auf die Frage, was die Lehrer tun müssen, damit die Schüler demokratisch oder wenigstens motiviert lernen. Sie setzen damit eine Eigentümlichkeit in schulischen Prozessen (das Desinteresse) als natürliche Grundlage, auf der Lösungen gebaut werden müssen. Wäre es nicht vernünftiger, umgekehrt zu fragen, wozu Schüler eigentlich Lehrer brauchen, und von daher Lösungen zu suchen? Wir unterstellen, dass nicht das schulisch institutionalisierte Lernen mit seinen Begleiterscheinungen des Motivationsverlusts und der Lernunlust das ›Natürliche‹ ist, und auch nicht die sich darin ausdrückende Trennung von Arbeit und Lernen oder von Familie, Arbeit und Lernen. Stattdessen gehen wir davon aus, dass umgekehrt ›natürlicherweise‹ geradezu mit einer Lernleidenschaft zu rechnen ist, die in den heute üblichen Lernprozessen zum Erlöschen gebracht wird.

Gelingt es uns, unter diesen Voraussetzungen zu bestimmen, wozu Kinder mit ›natürlichem‹ Lerneifer Lehrer brauchen, können wir versuchen, eben diese Anforderung als Aufgabe für demokratisches Lernen in den Schulen zu formulieren.

Auch für diese neue Problemstellung gilt es noch die Ausgangsfrage zu erörtern, ob nicht pädagogische Strategien, die auf Momenten vorinstitutioneller Aktivität beruhen – wie etwa das Rollenspiel – selbstbestimmtes Lernen garantieren.

Das Rollenspiel

Ich habe mich an anderer Stelle umfassend mit der theoretischen Begründung und der Praxis des Rollenspiels befasst (F. Haug 1977) und beschränke mich hier auf eine zusammenfassende Kritik, dies allerdings um den Preis einer rigorosen Zuspitzung und auch Einseitigkeit. Der Einsatz von Rollenspiel war mir aus mehreren Gründen fragwürdig. Zunächst, weil das Arrangement praktisch mitmachen muss, was zuvor theoretisch begründet wird, dass nämlich die Einzelnen in der Welt als Träger von Rollen agieren. Dann werden Eigentümlichkeiten menschlichen Umgangs miteinander in bestimmten gesellschaftlichen Verhältnissen durch verdoppelndes Spiel umstandslos verallgemeinert. Aus der anschaulichen Beschreibung von menschlichen Beziehungen im Rollenspiel wird durch den Einsatz zu Lehrzwecken die gültige Erklärung: So wie sich die Einzelnen im Spiel verhalten, verhalten sich Menschen immer und überall. Die Verdoppelung im Spiel erschwert oder verunmöglicht, Beziehungen anders zu denken, kritisch oder gar subversiv zu sein. In diesem Sinn kann man von einem Effekt der Anpassung und Widerspruchseliminierung durch das Rollenspiel sprechen. Es geschieht dies durch die Methode der Verdoppelung und durch die Verlagerung gesellschaftlicher Prozesse in die Privatsphäre menschlicher Beziehungen. Zugleich scheint Rollenspiel geeignet, tatsächliches Rollenspiel, also die Inszenierung seiner selbst, in der Gesellschaft als natürlich zu verankern und durch Einüben zusätzlich zu befestigen. Pädagogisch eingesetztes Rollenspiel verzichtet auf Vorgaben und lehrstückhafte Anordnung; es beruht zumeist auf der Wiedergabe von Alltag durch die Kinder. Die Methoden der Weltaneignung durch Rollenspiel sind hauptsächlich Identifikation und Imitation. Mit der Wahl des Spiels als Lernform rücken aber auch zwei wichtige Dimensionen in den Vordergrund: dass Lernen Spaß machen kann und dass die Handlungen der Einzelnen ein Ziel und eine vernünftige Begründung haben. Aber diese Vernünftigkeit des Verhaltens im Spiel hat auch den eigentümlichen Effekt, dass geglaubt werden kann, auch Gesellschaft im Ganzen funktioniere nach Regelkonsens, Selbstbestimmung, Einsichtigkeit der Ziele, Widersprüche seien hier und jetzt lösbar und Einfühlung sei eine geeignete Methode der Lebensbewältigung. Das heißt: Es wird nicht gelernt, sich in Widersprüchen zu bewegen, sondern diese glattzubügeln. Durch die Vorstellung, das Leben sei wie eine Theatervorstellung, in der die Mitspieler alle gleich sind, und durch die Personalisierung von Konflikten entsteht die Illusion, herrschaftsfreie Kommunikation sei sogleich möglich, ohne dass gesellschaftliche Herrschaftsstrukturen überhaupt in den Blick kommen.

Die Rolle der Erfahrung

Wesentlich ist das in allen Rollenspielen grundlegende Element persönlicher Erfahrung. Sie ist zugleich Element aller Lernprozesse, nicht nur in der Schule. Ohne Erfahrung kann man nicht lernen; aus Erfahrung muss man nichts lernen. Die beiden noch alltagsvernünftig gesprochenen Sätze scheinen einander zu widersprechen. Der Widerspruch umreißt das Problem von Lernen und Erkenntnis. Erfahrungen sind schließlich nicht einfach wahrheitsgemäße Abbilder und daher solide Grundlage von Erkenntnisprozessen. In den Erfahrungen finden sich ja bereits die Strukturen der Gesellschaft wieder – also, soweit sie z. B. undemokratisch ist, entsprechende Verarbeitungen von Herrschaft. Das unhinterfragte Aufnehmen solcher Erfahrungen, wie es den meisten Rollenspielen zugrunde liegt, wird also das Vorhandene einfach verdoppeln und befestigen. Die bislang schon als Anpassung und Sich-Einrichten gelernten Verhaltensweisen werden noch einmal bestätigt. Normen können solcherart durch Aktivität unterstützt noch besser verinnerlicht werden. Zugespitzt könnte man formulieren: Das einfache Einbringen und Spielen von Erfahrungen aus dem alltäglichen Leben durch die Schüler befördert weder demokratisches Lernen noch Lernen im Sinne einer Erweiterung von Handlungsmöglichkeiten überhaupt; es steht vielmehr solchem Lernen entgegen.

Hintergrund einer solchen provozierenden Aussage sind folgende Annahmen über das Lernen: Lernen ist Konfliktverarbeitung, es bedeutet das Verlassen einer als sicher aufgefassten Position, einer schon erreichten Handlungsfähigkeit und damit eine Verunsicherung, um auf einer höheren Stufe neue, erweiterte Handlungsfähigkeit zu erwerben (vgl. Holzkamp-Osterkamp 1976, 326ff.). Das bedeutet für die schon gemachten Erfahrungen und ihre Verankerung in der Persönlichkeit der Lernenden, dass sie und ihre bisherige Interpretation grundsätzlich infrage gestellt werden, um Raum für neue Sichtweisen und Erfahrungen zu geben. Der Einwand, dass Lernen doch immer mit Kompetenzzuwachs zusammenhinge und dass auch der Lernvollzug eben aus diesem Grunde Spaß mache, greift zu kurz, indem er vorausgreift. Er blickt auf das Lernergebnis, nicht auf den Prozess der Aneignung. Wo das Lernen selbst als Lust gedacht wird, bedarf es wiederum einer dynamischeren Auffassung von Lust, die dann nicht im Gegensatz zu Risiko und Unsicherheit gefasst wird. Man muss gar nicht so extreme Beispiele wie das des Bergsteigens wählen, um zu erkennen, dass Genuss und Anstrengung, Risiko und Spaß miteinander verwoben sind. Da das gesamte Lernen auf die Meisterung der eigenen Lebensbedingungen gerichtet ist, also auf wachsende Befreiung von Abhängigkeit und Auslieferung an unbekannte Mächte, muss in einer von Herrschaft bestimmten Gesellschaft damit gerechnet werden, dass diesem Befreiungsstreben auf allen Ebenen Schranken gesetzt sind, die notwendige Lebenskompetenz verhindert wird. Aber Inkompetenz erzeugt Angst. Mit dauerhafter Angst lässt sich schlecht leben. Daher werden die Einzelnen versuchen, eine Handlungsfähigkeit zu erreichen, die durch Verdrängung, Verleugnung, Illusion, Widerspruchseliminierung bestimmt ist. Oder anders gesprochen: Um handlungsfähig zu sein, werden unterschiedliche Strategien ergriffen, auch solche, sich in den Schranken einzurichten, sich anzupassen, selbst solche, widerständig die eigene Unterordnung zu bestätigen (vgl. dazu Willis 1979). Was jetzt als Erfahrung gespeichert wird, um im möglichen Rollenspiel wiedergegeben zu werden, sind damit vorurteilsvolle, interessierte, verdrängende, die Schranken umdeutende Abbilder. Schließlich sind die Schüler Kinder dieser Verhältnisse. Ich erinnere auch an die Beispiele, dass als spontanes Rollenspiel aus dem Erfahrungsschatz der Kinder zunehmend Fernsehspiele nachgeahmt werden (vgl. u.a. Heiner 1974, 541).

Die von den Schülern schon einseitig aufgenommene und bearbeitete Erfahrung steht auf doppelte Weise ausgreifendem Lernen entgegen: als Position, die sie nicht verlassen wollen, um handlungsfähig zu bleiben und auch die schon gewährten Privilegien zu erhalten, und als besondere Deformation, als Einpassung in die Verhältnisse, deren demokratische Umgestaltung zur Aufgabe anstand. Daraus ergibt sich das Paradox, dass mit den Erfahrungen nicht gelernt werden kann und mit ihnen gelernt werden muss. Zu diesem Problem werde ich im Folgenden einige Thesen formulieren, die zugleich die vorher aufgeworfene Frage nach der Rolle des Lehrers in selbstbestimmten Lernprozessen mitbeantworten sollen.

Einen Lernprozess organisieren heißt Erfahrungen in die Krise führen. Dafür benötigen Schüler Lehrer, die Verunsicherung herausfordern und das Sich-Einrichten immer wieder infrage stellen. Lehrer werden die harmonische Koexistenz widersprüchlicher Erfahrungen der Schüler stören. Sie richten Erfahrung gegen Erfahrung. – John Dewey befasst sich in seinem Essay *Wie wir denken* (1910) auf sehr aktuelle Weise mit dem Doppelcharakter von Erfahrung, die einerseits Gleichförmigkeiten notiert und bei jedem Neuen eine Haltung empfiehlt, deren Begleiter »geistige Trägheit, Faulheit, Konservativität« sind.

> [Der] allgemeine Effekt [solcher Erfahrungsaufnahme] auf die geistige Einstellung ist wesentlich ernster als die speziellen falschen Schlussfolgerungen, auf die er sich versteift hat. Wo immer die Hauptabhängigkeit bei Schlussfolgerungen in Schlüssen begründet ist, die in der Vergangenheit beobachtet worden sind, wird ein Nichtzutreffen mit der gewohnten Ordnung gern übersehen, während Fälle von erfolgreicher Bestätigung übertrieben werden. Da der Geist natürlich ein Prinzip verlangt, irgendein Verbindungsglied zwischen auseinanderliegenden Fakten und Ursachen, werden zu diesem Zweck beliebige Kräfte erfunden. […] Erfahrung schließt aber die Reflexion ein, die uns von den beschränkenden Einflüssen der Sinne, des Appetits und der Tradition befreit. […] Tatsächlich kann man die Erziehung definieren als eben die Emanzipation und Vermehrung der Erfahrung. (Dewey [1910] 1951)

Die Formen, in denen Lehrer die Erfahrungen der Schüler aufgreifen können, sind vielfältig. Wichtig ist, dass an den Erfahrungen etwas gezeigt wird, dass sie selbst als etwas, das bearbeitet werden muss, auftreten.

> Ohne Ansichten und Absichten kann man keine Abbildungen machen, ohne Wissen kann man nichts zeigen, wie sollte man da wissen, was wissenswert ist. (Brecht 1964, 40)

Dafür, dass man etwas lernen kann, bedarf es einer Art reflektierten Erfahrungsvorsprungs des Lehrers, so dass er die Erfahrung aus ihrer Selbstverständlichkeit im Leben herausholt und unselbstverständlich werden lässt. Er wird Illusionen zerstören und damit Kompetenzen zum Umbau ermutigen. Für solche Prozesse sind Lehrer in vielfacher Weise nötig. Sie können nicht nur Verunsicherung herbeiführen, sie müssen zugleich die Absicherung der Lernprozesse gewährleisten. Dabei werden sie emotional gefordert als Menschen, die sich selbst ebenso ständig infrage stellen. Zugleich ist die Erfahrung der Lehrer notwendig als Wissen um die besonderen Fähigkeiten der Abwehr und Verdrängung. Hier ließe sich formulieren, dass ein Mensch ein umso besserer Lehrer ist, je reflektierter er den Umgang mit eigenen Erfahrungen vorgenommen hat, d.h. ein bewusstes »Inventarverzeichnis« anlegt – wie Gramsci das nennt –, ohne dabei den Eindruck zu vermitteln, dies sei ein abschließbarer Prozess. Wesentlich ist die Erkenntnis, dass der Gegenstand, der zur Bearbeitung ansteht, der ›Stoff‹, nichts den Einzelnen Äußerliches ist. Über ihn herrscht eine aus praktischem Umgang gewonnene Auffassung, die einseitig ist, sich abfindet, tabuisiert, umwertet, nicht eingreift. Aus dieser Einsicht folgt, dass »Erziehung zu demokratischem Verhalten« einen Umgang mit sozialem Verhalten – auch im Spiel – verlangt, welcher dieses immer nur als eine Möglichkeit zeigt und zur Diskussion stellt und also zunächst Distanz schafft, nicht Einfühlung. Dabei sollte ein solcher Lernprozess kollektiv organisiert werden, da die Möglichkeit, einmal eingenommene Positionen zu verlassen, eine Art kultureller Zustimmung im gemeinsamen Lernprozess verlangt.

Forschendes Lernen richtet sich also in solchen Fällen auf eigene Erfahrung und eigenes Verhalten im Umgang mit Gegenständen und Personen. Da Verhalten Resultat von Konfliktverarbeitungen ist, gilt es, die Konflikte zu zeigen, die zu dem jeweiligen Verhalten führten, um den Raum für andere entwickeltere Konfliktlösungen bzw. -verarbeitungen zu schaffen, denen man selbst zustimmen kann. Ein solches Vorgehen sollte es ermöglichen, Wirklichkeit anders, differenzierter und widersprüchlicher wahrzunehmen oder, anders gesprochen, relevantes Wissen zu vermehren.

Dass Lerninhalte Teil der Persönlichkeiten sind, mag abstrakt einleuchten, aber konkret nicht vorstellbar sein. Angesichts der zu ›bewältigenden‹ Schülermengen hört sich das Pathos vom kollektiven Lernprozess seltsam unbelebbar, bloß abstrakt an. Daher gebe ich im Folgenden ein Beispiel aus einem solchen massenhaften Lernprozess, der Wissen als Teil der Persönlichkeiten zeigt und Erkenntniszuwachs als Änderung der Haltung im kollektiven Lernprozess.

Die Opfer-Täter-Diskussion

Allgemein bekannt und weithin akzeptiert ist die Aussage, dass Menschen die Verhältnisse, in denen sie leben, selber mit herstellen. Die gleichen Menschen aber, die diese Auffassung vertreten und öffentlich verkünden, denken in ihrem eigenen Alltagsleben spontan anders. Die Bedingungen sind schuld, wenn wir dieses oder jenes nicht können, die häusliche Enge oder die Eltern, später die Lehrer. Wir finden uns ab mit unserem gewöhnlichen Verhalten, als wären sie unser Schicksal. Wir denken spontan in Kategorien wie ›die da oben‹ und ›ich da unten‹. Rückblickend erscheint uns unsere Kindheit als Wald von Verbotsschildern. Jedes theoretische Angebot, das uns Unverantwortlichkeit für uns selbst bescheinigt, kommt uns gerade recht. Dennoch sprechen wir im Allgemeinen davon, dass die Menschen ihre Verhältnisse reproduzieren. Der Satz hat also mit unserer Erfahrung, so wie wir uns die Dinge privat zurechtlegen, nichts zu tun. Die abstrakte Kenntnis berührt die Haltung nicht, andere für das, was einem zustößt, verantwortlich zu machen, wie es in dem ironisch zugespitzten Satz zum Ausdruck gebracht wird: »Ist doch mein Vater selber schuld, wenn ich kalte Hände habe, warum kauft er mir keine Handschuhe.« Der Gedanke von den tätigen Menschen, die ihre eigenen Verhältnisse und damit sich selber machen, ist also äußerlich gelernt und hat keine Relevanz für die eigene Praxis. Wenn die eigene Erfahrung gegen ihn spricht, könnte er falsch sein. Dass er dennoch für richtig gehalten werden kann, bezieht seine Kraft aus der Perspektive. So kann man denken, dass die Verhältnisse uns ganz und gar formen, und zugleich, dass wir uns dafür einsetzen müssen, dass die Menschen ihre Verhältnisse selber machen, und dies als das ganz Andere der gegenwärtigen alltäglichen Praxis annehmen. Das Einsetzen für die Veränderung bleibt aber damit als Politik ebenso abstrakt, bloße Parole ohne konkrete Vorstellung.

Der Widerspruch zwischen dem spontan Gedachten und dem theoretisch Gewussten ist nicht bloß einer zwischen Theorie und Praxis. Er verweist vielmehr darauf, dass wir uns im Hier und Jetzt irgendwie eingerichtet haben. Unsere Handlungsfähigkeit erhalten wir u. a. durch eine interessierte einseitige Wahrnehmung und Verarbeitung von Erfahrung. Alle Vorgänge, in denen wir nicht bloße Opfer prägender Strukturen und unterdrückender Eltern sind bzw. waren, sondern uns und unsere eigene Persönlichkeit und die Haltung, die wir in der Gesellschaft einnehmen, tätig bauten, werden verleugnet und verdrängt. Ich habe Thesen zu diesem Zusammenhang zum ersten Mal auf der Westberliner Volksuni 1980 unter dem Titel *Opfer oder Täter? Über das Verhalten von Frauen* vorgestellt. Dabei habe ich Erfahrungen gezeigt, in denen die Wege, die wir gegangen sind, als eine von mehreren Alternativen deutlich werden und unsere jeweiligen Entscheidungen als solche erkennbar, zu denen wir aber nicht nur gezwungen wurden, sondern die wir vielleicht verlockend fanden, jedenfalls möglich. Die Absicht war, uns als Frauen aufzurufen, uns selbst als produziert zu begreifen und also änderbar durch uns selbst. Diese Änderung sollte gleichzeitig erkannt werden als Beitrag zur Vermenschlichung von Gesellschaft wie für die Verminderung eigener Blockierungen, unter denen wir litten.

Auf die spontane Empörung der Zuhörenden gegen die Zumutung, die eigene Lage und die selbst als ungenügend empfundene Bewältigung des Lebens nicht bloß als Zugefügtes zu begreifen, folgte Unruhe und Verunsicherung. Wie, wenn wir uns wirklich selbst so hergestellt hätten? Zwar gesellschaftlich erwartet, von Elterninstanzen unterstützt, aber doch selber gewirkt hätten an den Strukturen, die uns bedrücken? Der kollektive Lernprozess verlief mit großer Geschwindigkeit. Erinnerungen, die für die These sprachen, wurden zusammengetragen. Es entwickelte sich noch im Vorlesungssaal ein Forschungseifer, möglichst umfassend und weitreichend die Strukturen aufzudecken, wo wir als Einzelne aus Angst, eine Schwäche zuzugeben, sonst ein Geheimnis daraus gemacht hätten. Dass die Erkundung allen nützte, dass jede praktisch mit ihrer Erinnerung – wie sie es gemacht hatte – Änderungsmöglichkeiten für alle anbahnte, schuf ein Klima begeisterter wechselseitige Unterstützung. Gleich im Anschluss entstand eine große Zahl von Arbeitsgruppen.

Die Diskussion wurde im Laufe des Jahres in verschiedenen Städten weitergeführt[3]. Eine wichtige Lehre aus ihr war: Wo immer Einzelne sich mit

3 Ein Teil der öffentlich heftig geführten Diskussion ist veröffentlicht in den Studienheften 46 (1981) und 56 (1982), wieder aufgenommen in *Der im Gehen erkundete Weg. Marxismus-Feminismus* (2015).

der Zumutung allein konfrontiert sahen, ihre Erfahrungen zu hinterfragen, sie durch andere in ihrer unbezweifelten Bedeutung entkräften oder ergänzen zu lassen, mussten sie meine Thesen als Schuldzuschreibung auffassen, als Angriff auf ihre Person, statt umgekehrt als Versuch, Handlungsräume zu erweitern und die Person im Kollektiv und dabei dieses zu festigen.

Der Exkurs sollte den Zusammenhang von Wissen, Persönlichkeitsstruktur und kollektivem Lernprozess vorführen. Dabei zog sich die Frage nach der Rolle einer Lehrenden in der Gruppe wie ein roter Faden durch den Text, der fast schamhaft unsichtbar gemacht wurde. Kann man auf selbstbestimmtes Lernen setzen, auf das Lernkollektiv und gleichzeitig an der Rolle des Lehrers als wichtige, ja unentbehrliche Gestalt festhalten? Solange diese Frage nicht ausreichend beantwortet ist, zieht sie sich weiter durch die Forschungen zum Lernen wie durch die eigene Lehrpraxis.

Der Vortrag von 1980 endet mit folgenden zusammenfassenden Thesen: Zwar muss man aus Erfahrung nichts lernen, jedoch gibt es kein Lernen ohne Erfahrung. Aber Lernen ist zugleich auch – und dies verbindet die beiden widersprechenden Thesen – die Krise der Erfahrung. Demokratisches Eingreifen – eine andere Formulierung für ›Demokratie lernen‹ – setzt eine Veränderung der Persönlichkeiten voraus bzw. ist sie. Dieses Eingreifen geschieht über die Umorganisierung von Erfahrungen, das Infragestellen ihrer Bedeutung, das Erkennen von Widersprüchen. Hier tritt der Lehrer auf mit eigenen Erfahrungen, als Wissenschaftler, der einiges über Persönlichkeitsentwicklung und mögliche Verarbeitungen gelernt hat, der mithin Theorien über die Vorgänge kennt, und als einer, der Lernprozesse emotional absichert. Die Verunsicherung, die jeder Lernprozess bedeutet, ruft Widerstand hervor. Der Vorgang scheint auf den ersten Blick einem emotional freundlichen Lernen abträglich und kann zudem dem Bedürfnis der Lehrer widerstreiten, von ihren Schülern – sofern sie ihnen nicht gleichgültig sind – geliebt zu werden. Tatsächlich ist die spontane Zuneigung, die aus der Abhängigkeit der Schüler entspringt, keine Haltung, die durch solche Lernprozesse erhalten bleiben kann. Im Gegenteil werden wir als Lehrer, wenn unser Interesse die Entwicklung der Schüler ist, der aus Abhängigkeit geborenen Anhänglichkeit gegensteuern müssen, auch weil sie die Zementierung des Lehrer-Schüler-Verhältnisses bedeutet. Nach meinem Dafürhalten aber heißt Lehrersein auch, beständig an der eigenen Abschaffung zu arbeiten. Die Beziehungen, die sich auf höheren Stufen von Handlungsfähigkeit entwickeln, haben zwar nicht den blind-anhänglichen und so auch schrankenlosen Charakter der spontanen Lehrer-Schüler-Beziehungen, sie erweisen sich aber als tragfähig auf lange Sicht, weil sie auf das gemeinsame Projekt von Weltveränderung gerichtet sind.

Kapitel 5

Brechts Flüchtlingsgespräche als Lernanordnung[4]

Brecht bleibt für mich ein hervorragender Lehrmeister. Ich lese ihn als Lehrenden, prüfe seine Stücke als Anordnung oder Dispositiv, als bewusste Herstellung einer Landschaft, in der eingreifend gelernt werden kann. Ich will also von ihm mehr über das Lehren erfahren, um Genaueres über die Möglichkeiten des Lernens unter schwierigen subjektiven wie objektiven Bedingungen herauszufinden. Ich erarbeite eine Mikroanalyse seines Lehrepos *Flüchtlingsgespräche*[5] jeweils ausschließlich unter der Fragestellung des inszenierten Lernarrangements, der verwendeten Methoden, der eingenommenen und empfohlenen Haltungen, des Lernvergnügens und der möglichen Handlungsfähigkeit. Obwohl ich mich dem bekannten Argument nicht verschließen kann, dass Menschen von Natur aus lernfähig und daher lernende Lebewesen sind, es also nicht darum gehen kann, herauszufinden, unter welchen Bedingungen sie eigentlich zu lernen in der Lage sind, verschiebt sich mir nach den vorangegangenen Überlegungen der ersten Kapitel diese Sicherheit eines unproblematischen Zustandes in eine andere Problematik. Unter schwierigen subjektiven und objektiven Bedingungen gerät es Menschen zur Gewohnheit, lernwiderständig zu sein. Dies ist für die Konservierung menschenunwürdiger Zustände eine praktische Haltung, die ich Versteinerung genannt habe. Solche versteinerten Haltungen zum Tanzen zu bringen bedarf vielerlei Anstrengungen, die allesamt die Lernsubjekte selbst ergreifen müssen. Es hat für mich den Anschein, als ob Brecht sich genau diesem Unterfangen in den *Flüchtlingsgesprächen* gestellt hat. In diesem Sinn stelle ich zum einen Fragen an den Text, die ich im Vorhinein entwickelte, aber ergänze sie um diejenigen, die sich aus dem Textmaterial selbst anbieten, wie dies bei Materialanalysen am besten ist.

4 Ein Auszug aus diesem Kapitel erschien in *Das Argument* 237, 42 Jg., H. 4, 2000, 517–32.

5 Die Wahl dieser Prosa verdanke ich einer beiläufigen Bemerkung von Kurt Lenk auf der Inkrit-Tagung zum 100. Geburtstag von Brecht, Eisler und Marcuse, in dem er die Flüchtlingsgespräche als ein hervorragendes Lernarrangement bezeichnete. Da ich mich seit vielen Jahren mit ungelösten Problemen von Lernen und Lehren herumschlage, ging ich dem Verweis nach.

Der Text

Die von Brecht als *Flüchtlingsgespräche* bezeichneten Unterhaltungen – die Dialogform als eine Schreibweise, die ihm »gefiel« (Arbeitsbuch, 1.10.1940) – wurden erst nach seinem Tod im Jahre 1961 veröffentlicht. Sie sind großenteils in Finnland 1940/41 entstanden; es sind recht unterschiedlich ausgearbeitete Stücke von insgesamt ca. 130 Seiten. Ich diskutiere für meine Zwecke die methodisch weniger ergiebigen Passagen weniger intensiv, wiewohl sie unter anderen Gesichtspunkten, etwa in Bezug auf den Faschismus, gehaltvoller sein können.

Der Ort

Das Arrangement ist eine Art Stammtisch, diese plebejischste aller Formen, also ideal, wenn man sich das Ziel setzt, etwas über gang und gäbe Meinungen und Gewohnheiten der Bevölkerung, zumindest der männlichen, zu erfahren. Die Anordnung wird sogleich gebrochen, indem dem Stammtisch das Dauerhafte in Raum und Zeit genommen wird. Er befindet sich auf einem Bahnhof im Ausland, die Stammtischbesucher sind auf der Flucht. Der Ort ist also zugleich die Ablösung vom Vertrauten, vom Sesshaften, von Heimat, Zugehörigkeit. Das Feste gerät in Bewegung: »Die schärfsten Dialektiker sind die Flüchtlinge«, lässt Brecht den einen der beiden, den Physiker Ziffel sagen. »Sie sind Flüchtlinge infolge von Veränderungen und sie studieren nichts als Veränderungen [...]. Die beste Schul für Dialektik ist die Emigration.« (1462) – Rosa Luxemburg hat ein ähnliches Arrangement in ihrem kleinen Text *Die Proletarierin* ([1914], 1973) zum Ausgangspunkt genommen. Sie stellt die Proletarierin als heimatlos, als ständige Emigrantin von West nach Ost und umgekehrt vor, aufrührerisch, mittellos, unangebunden, familienlos. Indem sie alle Sicherheiten verloren oder erst gar nicht besessen hat, hat sie keine Ketten von Gewohnheit und Eigentum an ihren Füßen und kann so der Möglichkeit nach zu neuen Ufern aufbrechen. Da sie unbeständig ist, kann man auf sie setzen, wofern man Veränderung will. – Man erkennt sogleich die Produktivität einer solchen Anlage, welche die Krise als große Unordnung, die einer anderen als der gewohnten Ordnung vorhergeht, als praktische Erkenntnis nutzt. Die Flüchtlinge haben nichts, auf das sie Rücksicht nehmen müssten, also können sie rücksichtslos Maß nehmen und denken. Diese Aufstellung macht zugleich die spontane Mitleidshaltung mit den Flüchtenden unmöglich und gibt eine erste dialektische Lektion über den unpraktischen Einsatz von Gefühlen.[6]

6 Diese Lehren über die Produktivität von Krisen ist eines der Leitthemen im *Kommunistischen Manifest*: »Alle festen eingerosteten Verhältnisse mit ihrem Gefolge von altehrwürdigen Vor-

Das Zwiegespräch

Ziffel und Kalle, von denen wir zunächst nur die Namen erfahren, aber aus der Beschreibung der Hände entnehmen können, dass Ziffel Intellektueller, Kalle Arbeiter ist, sind nicht in einer Lehr-Lern-Situation. Keiner der beiden hat die Position des Lehrenden, in ihren Erzählungen und Bemerkungen lehren sie beide. Sie übertrumpfen einander nicht, sondern sie fügen hinzu. Das Hin und Her des Dialogs wird u. a. genutzt, um verblüffenden Aussagen durch einfache Anknüpfung und einverständiges Beispiel den Anschein alltäglicher Einfachheit zu geben.

Kalle, hier noch der Untersetzte genannt, sagt in seinem ersten Satz (1383): »Der Pass ist der edelste Teil des Menschen.« Er benutzt die Redeweise vom edelsten Teil für einen so unedlen Gegenstand wie einen Pass und reizt zugleich höher, indem er ihn im gleichen Atemzug als Teil des Menschen behauptet. Bevor man Zeit hat, aufzufahren, gibt er die Begründung: »Er kommt auch nicht auf so einfache Weise zustand wie ein Mensch.« Noch während man willfährig die Stätte der schwierigen Herstellung von Pässen verlässt, um in die befriedigenderen des Sexes zu folgen, zieht Kalle unvermittelt in eine andere Richtung:

> Ein Mensch kann überall zustande kommen, auf die leichtsinnigste Art und ohne gescheiten Grund, aber ein Pass niemals. Dafür wird er auch anerkannt, wenn er gut ist, während ein Mensch noch so gut sein kann und doch nicht anerkannt wird.

Eine der Methoden, mit denen Brecht hier Verblüffung mit Erkenntnis verknüpft oder besser verhakt, ist die Weise, mit landläufigen Gedanken in Redewendungen und Bildern anzufangen, um ihnen sogleich die Möglichkeit zu nehmen, in alter Weise zu enden, sondern sie stattdessen mit anderen wiederum sprichwörtlichen Anfängen zu konfrontieren. Die Verblüffung macht es dringlich, einen neuen Sinn zu erstellen, den selbst Kalle schon durch bescheidenes Einverständnis vorgebahnt hat. Noch sind wir im Bündnis mit dem beklagenden Urteil, dass Kinder oft allzu leichtsinnig zustande kommen, ja grundlos in die Welt gesetzt werden, da wird unser zufriedenes Einverständnis genutzt, über die Gründe des Zustandekommens von Pässen nachzudenken – ohne Leichtsinn, also mit wohlerwogener Absicht? Die

stellungen und Anschauungen werden aufgelöst, alle neugebildeten veralten, ehe sie verknöchern können. Alles Ständische und Stehende verdampft, alles Heilige wird entweiht, und die Menschen sind endlich gezwungen, ihre Lebensstellung, ihre gegenseitigen Beziehungen mit nüchternen Augen anzusehen.« (MEW 4, 465); Rosa Luxemburg bezieht diese Argumentation selbst auf Kriege, die neben Reichtümern und Besitz auch alte Begriffe zerstören (*Die Krise der Sozialdemokratie*, GW 4).

Wendung bewirkt zweierlei: Sie deutet Unheil an, und indem sie das tut, stellt sie das vorhergehende Einverständnis mit der Verurteilung des Leichtsinns infrage. Aber Kalle bleibt dabei nicht stehen, sondern nutzt die entstandene Unruhe für die Formulierung einer weiteren Redewendung: Der noch so gute Mensch wird nicht anerkannt. Es gibt keine Möglichkeit, sich auf diesem Satz einverständig kopfnickend auszuruhen, denn er steht nicht allein, vor ihm der bedrohliche Satz über die Anerkennung eines gut hergestellten Passes, dessen Aberkennung das Leben kosten kann, eine Zusammenstellung, die zugleich die Geschichte von der Nichtanerkennung des guten Menschen fragwürdig banal macht, wie Anerkennung selbst in ein so schiefes Licht bringt von staatlicher Obrigkeit und polizeilicher Gewalt, dass man sie jedenfalls nicht mehr einfordern wollen kann. Das Einverständnis mit dem Gewussten fällt damit ins Nichts. Übrig bleibt eine allgemeine Unruhe, eine Art Vorsichtshaltung gegenüber dem Arsenal des gesunden Menschenverstands.

Man erwartet, dass der andere, Ziffel, der jetzt noch der Große heißt, etwas von der Unruhe aufnimmt, Zweifel anmeldet am unziemlichen Vergleich zwischen Mensch und Pass oder gar der Zumutung, den Pass als edlen Teil des Menschen zu sehen, am Satz über die Anerkennung, kurz, dass er irgendwie aufnimmt, was bei uns in Unruhe geraten ist.

Doch Ziffel antwortet:

> Man kann sagen, der Mensch ist nur der mechanische Halter eines Passes. Der Pass wird ihm in die Brusttasche gesteckt wie die Aktienpakete in das Safe gesteckt werden, das an und für sich keinen Wert hat, aber Wertgegenstände enthält.

Die Antwort ist keine, wie die erste Ausführung keine Frage war, sondern eine Fortführung mit noch weiterführenden ungeheuerlichen Vergleichen. Ziffel treibt das vorher Gesagte auf die Spitze durch eine Subjekt-Objekt-Verkehrung. Das menschliche Subjekt des Geschehens wird zur bloßen Personifikation des Passes. Von Bedeutung ist der Pass, dem gegenüber der Mensch bloßes Behältnis ist, passiv, was zusätzlich durch die Bewegung, dass ihm etwas in die Brusttasche gesteckt wird, vereindeutigt ist. Der Mensch ist wie ein Safe, der Pass wie ein Aktienpaket – unter der Hand wird in der Form einer weiteren Gleichung, durch bloße Anreihung die Stellung von Aktien als wichtig eingeschoben. Ziffel nimmt mit dieser Fortführung eine Themenverschiebung vor, weg von alltäglichen Gewissheiten zu Finanz- und Polizeigeschäften. Kalle setzt mit den Worten »Und doch« offenbar zu einer wirklichen Entgegnung an, führt aber in Wahrheit seine Zusammenfügung von unpassenden Bauelementen fort durch die Behauptung, der Mensch sei für den Pass auch notwendig, eine Vorlage, die ihn durch eine Art Aufwertung des Menschen zu allgemeinen Aussagen über das Wechselverhältnis von Arzt und Patient und von dort umstandslos von Führern und Geführten bringt; Letztere »müssen dafür aufkommen, sonst geht es nicht« (1384). In die Reihe der Subjekte geraten Pass, Arzt und Führer, in die der Objekte der Mensch, der Kranke, das Volk.

In dieser Weise fungiert die Form des Zwiegesprächs wie eine Art Schachspiel. Jede Rede stellt einen Zug dar; der andere antwortet nicht einfach, sondern nutzt die neue Situation für einen weiteren Zug, der wiederum einen Gegenzug ermöglicht. Allerdings ist es nicht Schach, um zu gewinnen, sondern um die Anlage und die verschiedenen Zugmöglichkeiten zu zeigen, die allesamt aus bekannten Bewegungen bestehen, die, ungewöhnlich zusammengefügt, einen Blick auf eine Ordnung freilegen, die unheilvoll ist.

Die Ordnung

Die Vorstellungen von Ordnung in Unordnung zu bringen, ist in den Flüchtlingsgesprächen zentral. Ordnung gerät in Verruf durch den Kontext, in dem sie auftritt, oder indem sie direkt angegriffen wird. Dabei wird sie desto unheimlicher, je einverständiger Kalle und Ziffel über sie sprechen. Ihr Einverständnis macht, dass wir unser Verhältnis zur Ordnung überprüfen müssen. Es beginnt mit einem stammtischgemäßen Allgemeinplatz: »Ordnung ist in solchen Zeiten absolut notwendig.« Von diesem einverständigen Ausgangspunkt wird die Ordnung sodann von Bereich zu Bereich geschickt. Unter der Devise *Ordnung muss sein* und mit dem Gestus *Ich kannte mal einen, der ...* erfahren wir von der Ordnung im Liebesleben – da duldet einer das Hinternschwenken bei seiner Freundin nur am Samstag – bis zur Ordnung im Krieg und zu seiner Vorbereitung. Die Ordnung wird immer bedrohlicher. Das In-Ordnung-Sein wird lesbar als eine Haltung, die, für sich genommen als individuelle Tugend, in allgemein unordentlichen Verhältnissen inhuman ist.

Ein Satz wie »Ein Pass muss ein Pass sein, damit sie einen ins Land hereinlassen« schiebt die Ordnung der Dinge ins Bürokratische und zeigt zugleich: Wo Ordnung herrscht, herrscht auch Gefahr. Ziffel und Kalle tauschen immer weiter Geschichten über Ordnung aus (1385ff.): Ihretwegen gibt es die Pässe, sonst passierte es, »dass man uns nicht finden kann, wenn wir abgeschoben werden sollen«; es wird der Vergleich zur Anatomie gezogen, da man den Blinddarm nicht entfernen kann, wenn er wegziehen würde. »Das wird ihnen jeder Ordnungsfreund bestätigen.« Der wohlwollende Freund wird, sobald er sich der Ordnung zuneigt, zu einem, der ja sagt, wenn Menschen wie eine Krankheit behandelt werden. Ordnung als solche wird gezeigt als eine Methode, die sich mit übelsten Foltermethoden verträgt. Da peitscht einer, dass die Striemen »ein Muster ergeben haben, das jeder Untersuchung mitm Millimetermaß hätt standhalten können«. Dieser SS-Mann aus dem Lager Dachau ist ein Fanatiker der Ordnung: Er hätte lieber nicht geprügelt als unordentlich.

Die Ordnung ist in bestimmten Zwangsverhältnissen zu Hause: im Gefängnis, im Militär, wo gekämpft wird »bis zum letzten Blutstropfen«, wo die Armee bereit ist »bis zum letzten Knopf«. Kalle und Ziffel durchdenken die Ökonomie, jeweils bis »zum Letzten« zu gehen, und kommen zu dem Ergebnis, dass in der Ökonomie selbst, im Geschäftsleben die Ordnung keine so große Rolle spielt, sondern hauptsächlich da, wo Verluste gemacht werden, wo »mit dem Material geaast wird«. Die Belege häufen sich, dass auf Ordnung geachtet wird, wo die Verhältnisse in Unordnung sind. Wir werden aufgerufen, nicht gegen die Ordnung zu sein, sondern auf notwendige Eingriffe zu sinnen, wo in ihrem Namen etwas geschieht. Ein möglicher Eingriff ist die Flucht. Ziffel sagt:

> Aber der Hauptgrund, dass auf Ordnung gesehen wird, ist ein erzieherischer. Der Mensch kann bestimmte Verrichtungen überhaupt nicht ausführen, wenn er sie nicht ordentlich ausführt. Nämlich die sinnlosen. (1388)

Die Ordnung hat also selbst den Platz eingenommen bzw. wurde an ihn gesetzt, an dem die Taten der Menschen ihren Grund haben; sie ist nicht allein verselbständigt, sondern erhoben zum Zweck an sich. In dieser Funktion macht sie, dass der Mensch funktioniere. Ziffel gibt Beispiele sinnlosen Tuns, wie einen Graben ausheben und wieder zuschütten, bei denen der Mensch, wenn er es unordentlich macht, wahnsinnig oder rebellisch wird – »was dasselbe ist« –, und wie er wie »am Schnürchen« funktioniert, wenn er alles nach peinlicher Ordnung macht. Die einzelnen, relativ festen Bestimmungen geraten in unaufhörliche Bewegung: »Andererseits ist Menschlichkeit in unseren Zeitläuften kaum zu erhalten ohne Bestechlichkeit, auch eine Art Unordnung.« Die Erwartung, dass der bloß funktionierende Mensch unmenschlich sei, ist der Grund, auf dem Untugenden menschlich werden, einfach weil sie der Ordnung nicht dienen. Gerechtigkeit, Güte sind nicht zu haben ohne ein wenig Bestechung; durch Schlamperei im Krieg kann man überleben. Bestechung, Ungehorsam und Schlamperei werden darum nicht selbst in einfacher Negation zum Guten erhoben, sondern das Denken wird gezwungen, in sich ändernden Verhältnissen stets in Bewegung zu sein: Wo Ordnung eine Methode von Herrschaft ist, kann Unordnung zum Raum werden, in dem man als Mensch überlebt. Was von der Ordnung geahndet wird, ist das Humane; dagegen findet es in der Unordnung Schlupflöcher – etwa in der Beamtenbestechung. Die Ordnung ist selbst am falschen Ort. Bzw. wie Ziffel ergänzt:

> Dass die Menschen für eine Tugend wie die Ordnungsliebe nicht reif sind. Ihr Verstand ist nicht genügend ausgebildet für diese Tugend. Ihre Unternehmungen sind idiotisch (1389).

Die Geschichten über die Ordnung regen dazu an, über eine große Ordnung nachzudenken, in der es menschlich und sinnvoll wäre, ordentlich zu sein. Solange die Verhältnisse in Unordnung sind, kehrt sich die Ordnung wie ein Beschleuniger gegen die Menschen, so dass sie darin umkommen. Als Beleg folgt an dieser Stelle die Geschichte vom Laboratoriumsdiener Zeisig, der jeweils durch peinliches Aufräumen die Experimentvorbereitungen vom Vorabend zunichtemachte, bis herauskam, dass er lange schon bei der NSDAP war. Als Hitler an die Macht kam, sagte er: »Herr Doktor, jetzt wird in Deutschland Ordnung geschafft«, und Ziffel zieht die Konsequenz: »In einem Land, wo eine besondere Ordnung herrscht, würd ich nicht gern bleiben.« (1390) Ziffel und Kalle ergänzen einander in Wortspielen. Wo am rechten Platz nichts ist, ist Ordnung. Ordnung ist, wo nichts ist; Ordnung ist eine Mangelerscheinung.

Der Vergleich

Die von den beiden Flüchtlingen gesprochenen Sätze verführen zum Nachdenken durch Verblüffung. Eine Methode, eine solche Verblüffung zu organisieren, ist der Vergleich. Er ist ein alltäglich gebräuchliches Mittel, etwas zu erklären, das man, wäre es bloß abstrakt gesprochen, nicht so leicht verstehen könnte, eine Erklärung, die gewissermaßen jedem Kind einleuchtet. Der Vergleich ist nicht nur ein didaktisches, er ist auch ein gebräuchliches poetisches Mittel: Ihre Augen leuchten wie zwei Sterne, sind tief wie das Meer und blau wie der Himmel. Die Momente, die zum Vergleich stehen, werden aufeinander bezogen, so dass sie an Ausdruck gewinnen oder überhaupt verständlich werden. Der Baum ist so dick, dass zehn Paar Arme gebraucht werden, um herumzulangen. Der Vergleich erlaubt es, den Durchmesser, der nicht sogleich sichtbar ist, zum Umfang in ein überprüfbares Verhältnis zu setzen. Er erscheint als nützlich und bereichernd, solange das Verglichene das andere nicht herabsetzt. Als König Lear die Liebe seiner Töchter abmessen wollte, verjagte er die Jüngste, die für das Ausmaß ihrer Liebe zum Vergleich das Salz angegeben hatte. Auch verbannte er das Salz aus der Küche am Hofe. Der Vergleich war nicht passend, weil er ihn herabsetzte, so wenigstens erschien es dem König, bis er die Unentbehrlichkeit des gewöhnlichen Salzes durch salzlose Kost erfahren musste. Der Vergleich war also nur auf den ersten Blick unpassend und selbst in dieser Form ein Lehrstück.

Wie setzt Brecht den Vergleich in den Flüchtlingsgesprächen ein?

Die erste Szene beginnt mit einer Denunziation in der Form des Vergleichs: »Das Bier ist kein Bier, was dadurch ausgeglichen wird, dass die Zigarren keine Zigarren sind, aber der Pass muss ein Pass sein, damit sie einen in das Land hereinlassen.« (1383) Der Satz organisiert auf den ersten Blick Unsinn. Etwas ist nicht, was es zu sein vorgibt, was seinen Ausgleich darin findet, dass etwas anderes ebenso wenig ist, was es zu sein beansprucht. Beides sind offenbar Ersatze, deren gleichzeitiges Auftreten die Empörung, die bei einem Ersatz hätte aufkommen können, ›beruhigt‹ zu einem Allgemeinsatz: Nichts hier ist, was es zu sein vorgibt, außer dem polizeilichen Kennzeichen des Menschen. In ihrer Gleichfalschheit werden jene beiden Gebrauchswerte und Genussmittel in einen weiteren Vergleich geschickt:

> [Der] Führer oder Duce [sind] führende Marken […], das Beste, was hier zu haben ist […]. Sie brauchen den Vergleich miteinander nicht zu scheun und können Seit an Seit die ganze Welt herausfordern, keiner von ihnen find einen bessern Freund, und ihre Zusammenkünfte verlaufen harmonisch. Anders, wenn der Kaffee z. B. ein Kaffee und nur das Bier kein Bier wär, möcht die Welt leicht das Bier minderwertig schimpfen (1384).

Der erste Vergleich, das Bier ist so schlecht wie die Zigarren, wird zum Fundament, auf dem eine schwierige politische Lehre gezogen werden kann. Die Warenfälschung, die ein jeder aus eigener Erfahrung kennt und daher leicht versteht, erinnert an zwei Diktatoren, die in ihrer Vergleichbarkeit aus der Kritik geraten. Anders: Wo alles wenig Wert hat, kommt der Anspruch auf Besseres nicht mehr auf. Die Kritik braucht die Erfahrung des nicht Vergleichbaren.

Adorno hat in seiner *Negativen Dialektik* die Identitätslogik als eine Denkweise von Herrschaft vorgeführt, dazu angetan, das Nicht-Gleiche als auszusondernde oder anzupassende Abweichung zu denunzieren. Brecht geht auf dieser Ebene praktisch eingreifend vor. Er nutzt ebendiese Logik, indem er sie nicht leidend beschreibt, sondern subversiv einsetzt, um die Verhältnisse erkennbar zu machen und zugleich in Bewegung zu bringen. Der Vergleich wird also eingesetzt als ein Mittel praktischer Kritik. Wo er herrscht, wo alles Mögliche verglichen werden kann, ist die unterscheidende Kritik außer Kraft gesetzt. Würde es ausreichen, ein Wahres gegen das Falsche zu mobilisieren? »Der Pass muss ein Pass sein, damit sie einen in das Land hereinlassen«. Die neue Aussage steht in einem weiteren Vergleich: Wäre der Pass eine Fälschung wie alle Ess- und Genusswaren, wäre das existenzbedrohend. Er muss dem Vergleich durch Negation entkommen. Die neue Bestimmung der Echtheit ist selbst ein Befehl. Der Befehl erst wird diesen Ausnahmezustand herbeiführen, in dem nicht mehr alles gleich falsch ist. Diese Wendung zwingt in eine neue Denkfigur: Nicht die Aussetzung der Vergleichbarkeit durch Befehl und Ordnung wäre die Lösung für die eingriffs- und kritiklose Lage, das Vergleichen ist vielmehr selbst auch eine Denkpraxis, die mit Lust und Genuss, also mit der Gestaltung der Lebensverhältnisse zu tun hat. Der Vergleich wird zum Mittel, das Vergleichen als Mittel der Erkenntnis der Verhältnisse, in denen verglichen werden kann, zu üben.

Andere Vergleiche: Der Mensch hat selbst keinen Wert, ist aber Halter von einem Pass, wie der Safe Wertgegenstände enthält. Der Vergleich scheint wieder ganz unpassend zu sein. Er gewinnt zunächst Einsichtigkeit, dadurch, dass die zweite Seite einer einfachen bekannten Information gleicht: Ein Safe enthält Wertgegenstände. Dadurch dass dieser Fakt in den Vergleich zum wertlosen Menschen gebracht ist, der als Passhalter erst wahrhaft Mensch wird, breitet sich die Unruhe aus dem ersten Stück des Vergleichs mittels Ansteckung aus. Ein allgemeines Verdachtsklima entsteht: Wieso haben Menschen keinen Wert? Aber sollten sie Wert haben, wenn Wert ein Gegenstand im Safe ist? Wer hat Werte im Safe? Wer sind die wertlosen Menschen ohne Pass? Wie viel Werte braucht man im Safe, um einen wertvollen Pass zu erhalten? Der Vergleich löst eine Lawine an Fragen aus, die allesamt sich auf Verhältnisse richten, in denen nicht nur die Dinge sich über Menschen erheben, sondern in denen es offenbar andere Menschen gibt, die solche Verdinglichung beherrschen und sich zunutze machen können. Selbst Verdinglichung ist kein Zustand, sondern eine Praxis. Der Vergleich wird auch in seinem negativen Einsatz als Unvergleichbarkeit zur eingreifenden Denkpraxis. Er tut dies, indem er eine gewohnte Meinung – »der Mensch hat einen Wert« – mit einer Erfahrung verneinend konfrontiert, die selbst zugleich als Skandal empfunden wird wie in ihrer Naivität überführt werden muss. Er setzt ineins auf das Einverständnis wie auf die Empörung darüber. Die eigene Haltung wird damit als richtig und falsch zugleich vorgeführt, weil etwa die Beruhigung über den guten wertvollen Menschen davon abgehalten hat, sich rechtzeitig über die Verwandlung des Werts in ein Ding und damit die Wendung gegen die Menschen zu empören. Der Vergleich ermöglicht in diesem Fall auch, an etwas festzuhalten und es zugleich loszulassen: dass man weiß, dass der Mensch tatsächlich ohne Pass ohne Wert ist, dass dies ein Beleg von Unmenschlichkeit ist und dass es zugleich eine Lehre über Werte sein kann, die den Menschen nicht innewohnen, sondern in den Praxen sind, mit denen sie sich aufeinander und auf ihre Welt beziehen.

Der Vergleich ist also auch ein Mittler, verkehrte Verhältnisse vorzuführen. »Unpassende« Vergleiche zeigen Abhängigkeiten, die verändert werden müssen.

Der Vergleich dehnt sich aus in die angrenzenden Worte – Gleichheit und Gleichgültigkeit. Warum muss man gerade jetzt genau registrieren und zählen, »als obs nicht völlig gleich wäre, wens verhungern lassen« (1385)? Die Harmlosigkeit des ersten Satzteils – als obs nicht völlig gleich wäre –, als ob es also nicht darauf ankäme, wird konfrontiert mit dem Tod. Die Beliebigkeit gilt dem Leben bzw. seinem Ende. Die Unangemessenheit der Methode des besonderen Registrierens hat selbst Methode. Sie zeigt sich in der Besonderung als bedeutungsvolle Schikane in der Gleichheit des Verhungerns. Dadurch wird zugleich denkbar, dass auch das Denken solcher Zusammenhänge nicht auf gewöhnlichem Wege erfolgen kann, sondern selbst unpassend sein muss wie die Ordnung der Dinge. Indem die herrschende Ordnung zugleich Ordnung und Unordnung ist, muss das Denken Sprünge machen, um solche Ordnung als Bedrohung, als Mord, als Tod zu explizieren. Eine Methode also ist der Vergleich, der zugleich verneint, was er tut.

Der Alltagsverstand arbeitet mit einer Menge von Vergleichen. Als Sprichwörter und Allerweltsweisheiten sind Erfahrungen von unten ebenso eingetragen wir Herrschaftswissen von oben. Da kennt zum Beispiel jeder, der einmal ein Gymnasium besuchte, noch aus dem Lateinunterricht, wo er für die widerstrebenden Schüler besonders von Nöten schien, den Satz: »Nicht für die Schule, für das Leben lernen wir.« Brecht bringt diesen Satz zum Tanzen. Er zwingt ihn in den Vergleich – die damalige Schule gleicht dem Leben –, aus dem er als unbedingte Einsicht in die Notwendigkeit umfassender Veränderung hervorgeht. Ziffel berichtet in lobenden Worten von den Gemeinheiten der Schule und der Lehrer, denen er ausgesetzt war. Besonders eines Lehrers erinnert er sich mit Dankbarkeit:

> Von keinerlei stofflichem Interesse fortgerissen, vermochte er sich darauf zu konzentrieren, die Seelen der jungen Leute auszubilden und ihnen alle Formen des Unterschleifs beizubringen. So bereitete er sie auf den Eintritt in eine Welt vor, wo ihnen gerade solche Leute wie er entgegentreten, verkrüppelte, beschädigte, mit allen Wassern gewaschene. (1404)

Er malt aus, was eine Schulreform, nach der Kinder »gerecht und verständig« behandelt würden, für Folgen hätte.

> Alles, was sie in der Schule, im Verkehr mit den Lehrern, gelernt hätten, müsste sie draußen im Leben, das so sehr anders ist, zu den lächerlichsten Handlungen verleiten […] sie würden ganz und gar unerzogen, ungerüstet, hilflos der Gesellschaft ausgeliefert sein.

Der neue Ausgangspunkt, die Schule ist nicht wie das Leben, aber sie bereitet irgendwie darauf vor, wird vergleichend mit Realität konfrontiert: Wenn Schule vorbereiten soll, muss sie sein wie das Leben. Dies gilt insbesondere dann, wenn das Leben nach ungerechten, üblen Prinzipien verfährt – diese sind so menschenwidrig, dass, um in ihnen zu bestehen, Übelkeit gelernt werden muss von klein an, durch eine Angleichung der Schule zum Beispiel an die Verhältnisse des Lebens.

Brecht interessierte sich für den Behaviorismus, dessen zynische Sequenzen von ihm geradezu mit Lust eingesetzt werden. Da gibt es z. B. das *Lernen am Modell*[7]. Aus dem Munde von Ziffel hört sich das so an:

> Groß tritt dem jungen Menschen in der Schule in unvergesslichen Gestaltungen der *Unmensch* gegenüber. Dieser besitzt eine fast schrankenlose Gewalt. Ausgestattet mit pädagogischen Kenntnissen und langjähriger Erfahrung erzieht er den Schüler zu seinem Ebenbild. – Der Schüler lernt alles, was nötig ist, um im Leben vorwärts zu kommen. Es ist dasselbe, was nötig ist, um in der Schule vorwärts zu kommen. Es handelt sich um Unterschleif, Vortäuschung von Kenntnissen, Fähigkeit, sich ungestraft zu rächen, schnelle Aneignung von Gemeinplätzen, Schmeichelei, Unterwürfigkeit, Bereitschaft, seinesgleichen an die Höherstehenden zu verraten usw. usw. (1402)

Der Vergleich hat hier mehrere Funktionen: Er stellt den Ausgangssatz – »nicht für die Schule, für das Leben« – infrage, bzw. er macht ihm die Rechnung. In einer Gesellschaft, in der man mit den gewöhnlichen Fähigkeiten und Haltungen, die man in einer guten Schule lernen würde, scheitert, muss man eine Schule nach dem Muster des Lebens einrichten, um für das Leben zu lernen. Der Vergleich lässt ein so schreckliches Bild von der Schule entstehen, dass die Lesenden schließlich gezwungen werden, nicht bloß auf die Schule, sondern auf die Gesellschaft mit Verbesserungsaugen zu blicken. Die Lehre, die die Lesenden selbst ziehen: Um eine einigermaßen vertretbare Pädagogik durchzusetzen, braucht es eine andere Gesellschaft. Das ist nicht einfach der Allgemeinsatz von der Notwendigkeit der Veränderung, der immer gilt, sondern er besagt: Eine bessere Schule unter gleichbleibenden Verhältnissen würde aus den Schülern lebensuntüchtige Menschen machen. Aber die Tüchtigkeit, die sie in der für die Gesellschaft passenden Schule lernen, ist die der Unmenschen. Die Bejahung des Vergleichs von Schule und Leben macht ihn wiederum haltlos. Wer dafür ist, muss den Unmenschen bejahen. Der Vergleich hat den Effekt, dass nach einem Ausweg gesucht werden muss, in dem er wieder auf humane Weise stimmen könnte. Auch hier wird das Denken zu größter Lockerheit angehalten, es gibt keine feste Lösung. Es kann der Vergleich, der stimmig war, was die Inhumanität von Schule und Leben anging, unstimmig werden, ohne dass dabei eine Besserung eintritt, z. B. durch Änderung der gesellschaftlichen Bedeutungen dessen, was wertvoll ist. Ziffel sagt:

7 Diese Denkfigur entstand zwar vor dem Behaviorismus, ist jedoch üblicherweise in behavioristische Pädagogik integriert.

> Ich hatte [...] Grund zu der Erwartung, dass ich mit einigen mittleren Untugenden ausgestattet und einige nicht allzu schwere Scheußlichkeiten noch erlernend, halbwegs passabel durchs Leben kommen würde. Das war eine Täuschung. Eines Tages wurden plötzlich Tugenden verlangt. (1405)

Man ahnt, dass das Gleichgewicht der mittleren Schweinereien durch Ausrufung von Tugenden ungleichgewichtig und daher erst wirklich bedrohlich wird. Der Vergleich und seine Bewegung macht zur Denkerfahrung, dass es um komplizierte Wechselverhältnisse geht, die in großen Praxiszusammenhängen gedacht werden müssen, und wo die Änderung eines Moments – selbst wenn sie auf den ersten Blick gut aussieht – eine größere Störung anzeigt.

In diesem Kontext wird auch die für Lehr- und Lernüberlegungen bedenkenswerte Geschichte vom Lehrer Herrnreitter erzählt, der die Schüler am ersten Schultag jeden einen Platz suchen lässt in einem Raum, in dem ein Platz weniger als Schüler vorhanden war. Wer keinen Platz fand, bekam eine Ohrfeige. »Das war für uns alle eine sehr gute Lehre, dass man nicht Pech haben darf.« (1405) Die Leser lernen, dass Pech kein Zustand oder eine Lage, sondern eine Praxis ist.

Dann wird das ständige Vergleichsdenken der Lesenden auf andere Weise beansprucht. Der Lehrer Herrnreitter, mit so genialen erzieherischen Fähigkeiten ausgestattet, indem er nur die Wirklichkeit widerspiegelte, ist einfacher Volksschullehrer geblieben. Als verblüffender, lakonischer Kommentar kommt: »Er muss einen Feind in der Schulverwaltung gehabt haben.« (1406) Die Denkübung setzt wieder auf die durch Erfahrung gespeiste Erwartung, dass eine Lehrpraxis, die den Praxen der gesellschaftlichen Verhältnisse entspricht – sie widerspiegelt –, durch Aufstieg belohnt wird. Wo diese Gleichung nicht aufgeht, ist keinesfalls eine Verbesserung von der Art einer höheren Gerechtigkeit zu mutmaßen, sondern eine andere Schweinerei, gewissermaßen eine innerbetriebliche Störung.

Versuchsweise wird der Vergleich, das Aufstellen von Gleichungen, als literarische Form eingeführt. Ziffel schreibt seine Memoiren als Aneinanderreihung von Aussagen von der Art:

> Singend in den Tod. Die Vöglein im Walde, die sangen so wunderschön. Nie sollst Du mich befragen. Ist Shakespeare Engländer? Wir Deutschen sind das gebildetste Volk. Faust. Der deutsche Schullehrer hat den Siebziger Krieg gewonnen. Gasvergiftung und mens sana [...] Bismarck usw. (1412)

Was zunächst als sinnlose Aufreihung von Satzfetzen erscheint, setzt im Kopf eine ungemütliche Flut von Kontexten frei. Sie beziehen sich auf eine stickige Normalität, Biertischnationalismus, herrschende Sexualmoral, schwülstigen Alltag. Das zieht sich über Seiten hin, zwingt ins Erinnern von Schwierigkeiten des Aufwachsens, zeigt in Redewendungen transportierte Anzüglichkeiten, Möglichkeiten des Einverständnissen mit den Oberen, das Mitmachen am alltäglichen Faschismus in Worten.[8] Der durch Reihung hervorgerufene Vergleich von so Unterschiedlichem wie Volksliedern, Sprüchen, Stammtischmeinungen, Schimpfworten, Befehlen, einfachen Informationen bringt, was als harmlos im Gedächtnis gespeichert sein mag, in einen Kontext sich langsam aufbauenden Unheils, an dem man beteiligt ist. Die Gleichung in der Form der Aneinanderreihung hat den Effekt, sich überhaupt zu erinnern und nichts für bloß so dahergeredet zu halten. Alles gerät unter Verdacht. Die Lesenden werden zu Erinnerungsarbeit verlockt. Daher wird eine so lange Aufzählung von Wort- und Satzfetzen, von Alltagssprüchen auch nicht einfach langweilig wie ein Branchenbuch. Es setzt eine unaufhörliche Gedankenarbeit bei den Lesenden ein, die darum die Geschichte des alltäglichen Faschismus selbst zu schreiben beginnen. Es ist dieses Experiment im Grund eine aufs Sparsamste gebrachte Fortsetzung der aneinandergereihten Geschichten, die die Flüchtlinge einander erzählen.

Kalle und Ziffel unterhalten sich über die Form, Memoiren als Satzfetzen zu schreiben.

> »Meinen Sie, ich soll es doch in Kapitel bringen?« – »Wozu?« – »Es sieht zu modern aus. Modern ist veraltet.« – »Danach können Sie sich nicht richten. Der Mensch als solcher ist auch veraltet. Denken ist veraltet, Leben ist veraltet, Essen ist veraltet. Ich mein, Sie können schreiben, was Sie wollen, weil Drucken auch veraltet ist.« (1413)

Formal ist wieder der Vergleich die Herausforderung, die zum Denken anregt. Er wird gestiftet durch die Reihung einer Menge von Qualitäten, die allesamt unter die Gleichartigkeit des Veraltens fallen: das Moderne, der Mensch, das Denken, das Leben, das Essen, das Drucken. Die Verblüffung über diese Zusammenstellung kommt aus der gleichen Benennung von kulturell Inszeniertem, biologisch eher Faktischem, Produktivkraftabhängigem. Die Gleichsetzung macht, dass eine Aufregung über das Urteil des Veraltens entsteht. Sie verhindert allzu bereitwilliges Einverständnis und stiftet an zum eigensinnigen Nachdenken über die Produktion von kulturellen Bedeutungen.

8 Christa Wolf ist in literarisch ganz anderer Form, in ihrem Roman Kindheitsmuster der Schlüpfrigkeit von Worten und Redewendungen nachgegangen, auch in ihrem Fall als Studium der Einübung des Einverständnisses mit alltäglichem Faschismus.

Der Vergleich ist schließlich noch ein durchgehendes ordnendes Prinzip für eine Reihe von Lehrsätzen über die Verhältnismäßigkeit der Verhältnisse. Wo Adorno von oben diagnostiziert,

> »Es gibt kein richtiges Leben im Falschen« sagt nichts anderes, als dass alle Versuche, inmitten der Realität der Forderung der Gerechtigkeit nachzukommen, notwendig terminieren im Unrecht gegen einzelne andere, oder im Unrecht, das der Einzelne gegen sich selbst begeht (Probleme, 1956, zit. nach Schweppenhäuser 1996, 182),

sagt Ziffel bei der Diskussion um die Gefängnisreform praktisch: »Ich bin gegen geordnete Zustände im Schweinestall.« (1416)

Der Alltagsverstand und die Erfahrung

Brecht überführt die Fragen, ob man aus Erfahrung lernen kann, ob man ohne sie lernen kann oder aus welcher Erfahrung man lernt, in die Untersuchung und Vorführung dessen, wie man aus Erfahrung lernen kann. Maßstab des Lernens ist das Erreichen größerer Handlungsfähigkeit. Eine Ebene, auf welcher der Vergleich sich praktisch entfalten kann, ist der Alltagsverstand. Der Vergleich setzt darauf, dass zumindest eines der beiden verglichenen Elemente bekannt ist, besser noch beide. Die Lesenden müssen Erfahrungen damit gemacht haben. Aber die Erfahrung ist zugleich der Raum, in dem Lehren angeordnet sind, die gegen weiteres Lernen immunisieren. Man weiß, dass etwas so und so ist, es war von jeher so, es wird immer wieder so sein. Der Alltagsverstand sammelt Erfahrungen auf mehreren Ebenen, ja er vermag sie zu tradieren. Antonio Gramsci ging davon aus, dass im Alltagsverstand die Erfahrungen aus verschiedenen Zeiten und Bewusstseinen kritiklos angehäuft werden und je nach Bedarf die eine oder die andere zur Legitimation und Erklärung eigener Handlungen und Entschlüsse hervorgeholt werden können. Der Alltagsverstand ist so zugleich die Basis, von der her die Einzelnen sich die Welt zurechtlegen und zu ihrem Nutzen Handlungen durchzuführen suchen, als auch die Behinderung emanzipierter Handlungsfähigkeit. Der Alltagsverstand ist widersprüchlich, zumindest inkohärent. Je nachdem, zu welchem Kollektiv die einzelnen Praxen und ihre Zurechtlegungen gehören, werden die Begründungen kulturell verankert. So kann einer zugleich abergläubisch sein in vielen Alltagsentscheidungen, eine wissenschaftliche Weltanschauung haben, sich die Dinge zum Wohle aller zurechtlegen und die Abgabe aller Handlungsfähigkeit an einen Führer in einer anderen Dimension seines Alltagsverstandes für richtig halten.

Gramsci zog daraus den Schluss, dass jeder Einzelne sich Rechenschaft ablegen müsse, in welcher Schicht seine Urteile jeweils abgelagert sind, ob er selbst sie mit seinem fortgeschrittensten Bewusstsein für angemessen halten könne; dass er ein Verzeichnis von seinem Alltagsverstand anlegen müsse, dessen Besichtigung und Neuordnung ihm mehr Handlungsfähigkeit in einem von ihm selbst bejahten Sinn ermögliche (*Gef* 6, H 11, § 12, 1376).

Brecht nutzt diese Anlage des Alltagsverstands zu aktiver Lernerfahrung. Er mobilisiert die verschiedenen Erfahrungsebenen und richtet sie gegeneinander, damit sie einander richten.

Nehmen wir einen Satz vom Anfang (der am besten durchgearbeitet ist): »[…] die Hauptsach ist der Führer oder Duce, aber sie brauchen auch Leut zum Führen. Sie sind groß, aber irgendjemand muss dafür aufkommen, sonst gehts nicht.« (1384) Der Satzteil »jemand muss dafür aufkommen« setzt auf alltägliche Erfahrungen im Ökonomischen, der zweite, »sonst gehts nicht«, auf Erfahrung in der Mechanik. Die Zusammenfügung zeigt das Mechanische als ökonomisch, das Ökonomische als mechanisch und vermittelt in vereinter Stärke die Notwendigkeit, die wiederum auch einer möglichen Alltagslogik entspringt: Ohne Geführte gibt es keinen Führer. Es muss nicht mehr ausgesprochen werden, sondern wird von den Lesenden gedacht, dass das Ringen um die Geführten gehen muss und uns dabei einschließt, dass sie sich und wir uns nicht länger führen lassen. In Unruhe gerät das Einverständnis, Worte wie Führer zu sprechen und zu denken, ohne dabei an sich selbst zu denken als jemanden, der geführt wird.

In der oben angeführten längeren Passage über die Höherwertigkeit des Passes und seiner Notwendigkeit und bedeutsamen Wahrheit gegenüber dem Menschen werden wiederum Erfahrungen auf eine Weise ausgesprochen, dass Lehren gezogen werden müssen über die Veränderungsnotwendigkeit der Gesellschaft. In solchem Fall wird eine Erfahrung, die jeder Mensch gemacht hat, da jeder einen Pass besitzt, durch den Bezug auf den unedlen Menschen, den der Pass repräsentiert, in produktive Unruhe gebracht. Mit Stammtischsätzen wie *Es ist wichtig, dass du einen gültigen echten Pass hast* ertappt man sich bei Aussagen, die in den neuen Verhältnissen bedrohlich sind. Die Anordnung der Satzstücke und der Kontext der Worte wird so gewählt, dass man die neue Erfahrung machen muss, dass man selbst ein Wissen besitzt, das unheimlich ist.

Begriffe im Zwielicht

Kalle sagt:

> Das Wort »Volk« ist ein eigentümliches Wort [...] Es hat eine ganz andere Bedeutung nach außen als nach innen. Nach außen, nach den anderen Völkern hin, gehören die Großindustriellen, Junker, höheren Beamten, Generäle, Bischöfe usw. natürlich zum deutschen Volk, zu keinem andern. Aber nach innen hin, wo es sich also um die Herrschaft handelt, werden Sie diese Herrn immer vom Volk reden hören als von »der Masse« oder »den kleinen Leuten« usw.; sie selber gehören nicht dazu. (1479)

Die Passage tut nichts anderes als zwei Aussagen, die ein jeder aus eigener Erfahrung kennt, so aneinanderzurücken, dass selbsttätig Lehren gezogen werden müssen über die Flexibilität des Klassencharakters von Worten und damit über ein Element von Herrschaft.

Ziffel lehrt über Hegels Logik:

> Sie behandelt die Lebensweise der Begriffe, dieser schlüpfrigen, unstabilen, verantwortungslosen Existenzen; wie sie einander beschimpfen und mit dem Messer bekämpfen und sich dann zusammen zum Abendessen setzen, als sei nichts gewesen. Sie treten sozusagen paarweise auf, jeder ist mit seinem Gegensatz verheiratet, und ihre Geschäfte erledigen sie als Paare [...] Sie können weder ohne einander leben noch miteinander. (1461)

Aber die Begriffe »sind die Griffe, mit denen man die Dinge bewegen kann«. Diesen dialektischen Zusammenhang, »den Witz einer Sache«, das Gegeneinander, die unaufhörliche Veränderung und Bewegung für die Erkenntnis und also Veränderbarkeit von Gesellschaft zu nutzen, die versteinerten Auffassungsverhältnisse zum Tanzen, die Worte und Begriffe in Bewegung zu bringen und sie uns in dieser Bewegung zu zeigen, dem dienen die *Flüchtlingsgespräche*.

An anderer Stelle wird Alltagserfahrung in der Form einer einfachen verständlichen Erzählung mit einem ›philosophischen‹ Satz so zusammengebracht, dass Letzterer in seinem Klassencharakter wiederum auch als Herrschaftssatz gedacht werden muss. Ziffel eröffnet: »Alle großen Ideen scheitern an den Leuten.« (1425) Kalle stimmt mit einem Beispiel zu:

> Mein Schwager würd Ihnen beistimmen. Er hat den Arm in die Transmission gekriegt und die Idee gehabt, er könnt einen Zigarrenladen mit Nebenverkauf von Nähzeug, Nadeln, Zwirn und Stopfgarn aufmachen, [...] aber die Idee ist daran gescheitert, dass er die Lizenz nicht gekriegt hat. Es hat nicht so viel gemacht, weil er das Geld doch nie zusammenbekommen hätt.

In Kalles Beispiel wechselt die Bedeutung von den »Leuten« zweimal Kontext und Stellenwert – einmal sind es die, welche die Lizenz nicht geben, also die Oberen, einmal der Schwager, der das Geld nicht zusammenkriegt, also ein Unterer – aber es ist seine eigene Idee, die an seinem Unvermögen (wobei auch dieses Wort seine unheimliche Nähe zum Geldbesitz zeigt) und an den Oberen scheitert. Kalle missversteht also und mogelt in den ganz offensichtlich vom oberen Standpunkt gesprochenen Ziffelsatz eine Lehre über das Unglück der kleinen Leute. Natürlich muss Ziffel widersprechen, doch wieder werden die Leser im Zickzack geführt, d. h. in Bewegung gehalten. »Das ist nicht, was ich eine große Idee nenne«, wendet Ziffel ein und wiegt damit die Lesenden sehr kurz im Einverständnis über ihr vorgängiges Wissen von großen Ideen. »Eine große Idee ist der totale Krieg.« Der mögliche Einspruch, dass es sich hier nicht um eine Idee, schon gar keine große, sondern um blutige Praxis handele, wird als unzureichend von einigen Nachrichten übertroffen, welche die Rolle einer neuen Erfahrung übernehmen. Ziffel berichtet, dass im totalen Krieg die Leute, »die Zivilbevölkerung«, die Pläne der Heeresleitung zunichtemachten, weil sie aus dem Land fliehen und so die Aufmarschwege für Truppen und Material störten, den Soldaten die Vorräte wegäßen und so den »Kriegsschauplatz unsicher machten«. Der Satz über die Störung der großen Ideen durch Leute wird als eine Verkehrung im Dienste von Herrschaft entzifferbar. Die Verkehrung setzt sich geradezu lustvoll fort in den Gebrauch der einzelnen Worte: »Rücksichtslos«, sagt Ziffel, »haben sich die Bewohner zur Flucht gewandt« (1426). Man kann ergänzen, dass dem reibungslosen Funktionieren der Pläne der Heeresleitung als Sachwalterin großer Ideen Rücksicht hätte geschuldet werden müssen, und verfolgt einverständig Ziffels Lösung:

> Man hätt rechtzeitig an die Evakuierung des Kontinents denken müssen. Nur die restlose Entfernung der Völker könnt eine vernünftige Kriegführung mit voller Ausnützung der neuen Waffen ermöglichen.

Die Leser können jetzt ohne große Mühe diese Geschichte weiter mit fortspinnen, in der auch Wörter wie *vernünftig*, aus dem gewohnten Kontext genommen, unter Verdacht geraten und in der Redensarten wie »etwas muss Zukunftsmusik bleiben« ihrer anrüchigen Komplizenschaft überführt werden. Schließlich soll als Entscheidung getroffen werden: »Entweder wird die Bevölkerung abgeschafft, oder Krieg wird unmöglich.« (1428) Da die Lesenden aus Erfahrung wissen, dass die Bevölkerung im Krieg mitmacht, zwingt die nachvollziehbare Logik in dem Gespräch von Kalle und Ziffel zu eingreifendem Denken über die Notwendigkeit, diesen Gegensatz von Krieg und Bevölkerung auf gute Weise praktisch werden zu lassen.

In einem weiteren Stück versuchen Ziffel und Kalle die Erfahrungen, die als solche als ›unschuldig‹ wahrgenommen werden, als praktische Komplizen von Herrschaft vorzuführen und dabei eine Lehre in den Zusammenhang von Wirtschaft und Krieg zu geben, der so radikal wird, dass die kleinen Taten der kleinen Leute als Bestandteil von Kriegen erkennbar werden. Es gibt also keine Lösung, die davon ausgeht, dass sich die Bevölkerung teilen ließe in gute Kriegsgegner und schlechte Mitmachende und man also nur die Menge der Gegner vermehren müsste. Wieder beginnt es mit einem einfachen Beispiel, in dem das ebenso einfache schnelle Urteil als nicht weitreichend genug überführt wird. Kalle berichtet von einem Kriegsgegner, der beruflich Giftgas hergestellt hat und der Auffassung war, dass er mit der Verwendung seines Produkts nichts zu tun habe. Mit knappen Strichen überführt er die Haltung als bigott, die diesen Produzenten von Militärgütern verurteilen und ihm keinen »privaten« Pazifismus zubilligen will. Auch die Fahrradproduzenten arbeiten am Krieg, denn wenn die Fahrräder nicht über die Grenzen können, weil die Märkte besetzt sind, müssen die Tanks über die Grenzen. Wieder werden die einzelnen Wörter wie *besetzt* und *Grenzen* durch den Kontext zum Schlüssel für andere Zusammenhänge. Kalle zeigt, dass die Wirtschaft zum Kriege führt und also die Produzenten etwas mit der Wirtschaft »zu tun haben« müssen, um die Zwangsläufigkeit von Kriegen zu verhindern – der Fahrradhersteller so gut wie der Giftgasproduzent. »Die Barbarei kommt schon von der Barbarei, indem der Krieg von der Wirtschaft kommt.« (1431)

Die Erfahrungen werden so zur Erkenntnis gebracht, dass sie in ungewohnten Zusammenstellungen neue Urteile erlauben. Positive Gefühle in einzelnen Wörtern – wie etwa Zukunftsmusik, human, Vertrauen, vernünftig etc. – blamieren sich durch die Probe aufs Exempel. Die Lesenden müssen in eine Unruhe geraten, die ihnen eine Veränderungshaltung abnötigt, welche zu grundlegenderen Einsichten und Handlungen führt. Nicht den privaten Pazifisten verdammen, nicht die Wirtschaft für human halten und nur den Krieg nicht, nicht einen vernünftigen Plan als solchen gutheißen, in schlechten Verhältnissen nichts ungeprüft lassen usw. Das Lese-Publikum kommt zu dem Ergebnis, dass es aus eigener Erfahrung genug weiß, dass es die eigenen Köpfe endlich zum eingreifenden Denken benutzen könnte.

Tugenden

Die hartnäckigsten Blockierungen gegen Veränderungsdenken finden sich in den Werthaltungen der Menschen. Was sie für gut und richtig halten, was für ablehnens- und bekämpfenswert, wo sie sich zur Ruhe setzen und wo sie zum Aufbruch bereit sind, bestimmt herrschende Moral, in die sie sich einfinden, der zuzugehören zu ihrer Handlungsfähigkeit gehört. Die versteinerten Verhältnisse zum Tanzen zu bringen bedingt daher, die installierte Moral in Bewegung zu bringen. Moral ist Fremdbestimmung gesellschaftlicher Regelungskompetenz. Wo die Menschen nicht aus Einsicht handeln, handeln sie nach Werten. Diese sind darum mit Misstrauen zu betrachten. Daher gehört der Angriff auf die normalen Tugenden, die in Geltung sind, zu den wichtigen Lernarrangements in den *Flüchtlingsgesprächen*. Alle bislang vorgeführten Methoden von Brecht vereinen und entfalten sich in der Auflösung und Zersetzung der Werte. Im Abschnitt über die Alltagserfahrung gehörten zu den vorgeführten Elementen der Darstellung Beispielgeschichten, die so erzählt waren, als hätte man sie selbst erfahren oder könne sie eines Tages erleben. Mitten in den Sätzen finden sich Wörter, die schlecht zu sitzen scheinen und darum zunächst auf einen unfähigen Sprachschneider schließen lassen. Sie aber zeigen, dass auch Wörter nicht einfach unschuldige Satzteile sind, sondern aufladbar mit bestimmter Bedeutung. Dieses Verfahren kommt insbesondere zur Geltung, wo es um die Tugenden geht.

Der Mensch ist gut

Kalle eröffnet das Gespräch mit einer Provokation: »Das Wort ›gut‹ hat einen hässlichen Beigeschmack.« (1434) Soeben noch bereit, uns beim Klang des Wortes *gut* wohlig und beifällig zurückzulehnen, spüren wir ihn sofort auch, den hässlichen Beigeschmack, wie bei einem Essen, in dem ranziges Öl verwendet wurde. Die Störung kommt keinesfalls als Erkenntnis oder als Wissen, vielmehr stellt sie sich ein auf der Ebene der Gefühle, der Unreinheit des Geschmacks. Brecht wählt strategisch das Wort Beigeschmack; es trifft uns in einem Raum, wo wir uns noch erinnern können, aber noch nicht gedacht haben. Wir geraten in eine Forschungshaltung. So lässt er den Ziffel auch keineswegs diese Aussage als falsch hinterfragen oder bezweifeln, sondern Material zusammentragen, das diesen ersten Satz unterstützen kann. Im Amerikanischen heiße ein guter Mensch »sucker«, was einen auf den Leim Gegangenen, einen Hereingefallenen bedeute, »das, was ein Bauernfänger sucht, wenn er Hunger hat«. Die nachgeschobene Ergänzung rückt die Frage in soziale Verhältnisse. Als ein guter Mensch taucht einer auf, der das Opfer derer wird, die nichts zu essen haben. Kalle schlägt als Methode vor, Zusammensetzungen des Wortes ›gut‹ bzw. seiner alltäglichen Bedeutung mit der arbeitenden Klasse zu versuchen, um den Klassencharakter des Wortes zu erkennen: Etwa ein »gütiger Bäckergeselle«, ein »leutseliger Metallarbeiter«. Das Wort *gut* verwandelt sich in eine Tugend der Oberen, wirkt dort aber als eine, die diese zu Opfern macht. Ist

Gutsein also nichts Erstrebenswertes? Kalle entziffert, dass Gutsein keine Eigenschaft oder Tugend ist, sondern in der Wirklichkeit eine Praxis der Unteren: »Die Textilarbeiter kleiden uns, die Bauernknechte nähren uns, die Brauer tränken uns, die Setzer bilden uns«. Aber auch dieser Satz bleibt nicht einfach optimistisch und lehrhaft stehen wie ein Volkslied, in dem er hätte gesungen werden können, sondern wird sogleich verwandelt in eine Empörung über gesellschaftliche Verhältnisse. Sie tun dies nämlich gegen »ein bekannt schäbiges Entgelt«, sie sind selbstloser als in der Bergpredigt. Der Zweifel der Leser, ob das Wort *gut* in Lohnarbeitsverhältnissen angebracht und gut aufgehoben sei, wird sofort von Ziffel aufgenommen und auf eine Weise verneint, dass die mögliche Bejahung als Aufforderung an die Moral, wie sie aus Geschichten, die zur Tugendhaftigkeit erziehen wollen, bekannt ist, ins schiefe Licht gerät. Ziffel sagt nämlich:

> Zum Gutsein fehlt ihnen, dass sie damit einverstanden sind, wenn das Entgelt schäbig ist, und erfreut, dass wir angenehm leben. Das sind sie aber *nicht*.

Der Klassencharakter der Moral vom guten Menschen wird umfassender. Gutsein kann nicht nur eine Eigenschaft der Oberen sein und dort eine fragwürdige, die nur diejenigen trifft, die aus Dummheit gefressen werden; sie ist offenbar eine Praxis der Unteren, aber sobald sie als Aufforderung an deren Moral auftritt, einfach eine Anforderung, nicht gegen schlechte Zustände zu rebellieren. Kalle schlägt noch ermäßigend vor, das Gutsein folgenlos auf den Feierabend zu verschieben, eine Wendung, welche die beiden zur Überlegung anstiftet, ob nicht auch das Leben auf den Feierabend geschoben sei. Ziffel interveniert, dass Menschlichkeit überhaupt, welche jetzt als Synonym für Gutsein auftritt, ein gewaltiges Risiko sei, eben eines, gefressen zu werden, wie das Kalb, das schmackhaft sei.

Am Ende geschieht, was am Anfang behauptet wird: Das Wort *gut* bekommt einen überaus hässlichen Beigeschmack. Das gelingt nicht über seine Konfrontation oder Verbindung mit einer einfachen Negation, etwa durch Parteinahme fürs Hässliche oder Böse, also nicht auf dem Feld der Moral und der entsprechenden Haltungen selbst als mögliche positive Eigenschaften des Menschen. Eine mögliche Suchbewegung, die zu Erkenntnissen führt, ist dagegen eine andere Gegensatzbildung auch auf der Ebene der Sprache. Gut wird der Gegensatz von widerständig und damit zum Synonym für willfährig und unterwürfig. Das Wort wird damit überführt zunächst in einen Klassenkontext, danach in Praxen und ihre gesellschaftliche Nützlichkeit. Diese Bewegung offenbart, dass Gutsein keine passende Bezeichnung für solche guten Praxen ist, sondern nur dann, wenn es gepaart mit einer bestimmten Haltung auftritt. – Hier bereitet Brecht die Thematik aus den *Sieben Todsünden* und aus dem *Guten Menschen von Sezuan* vor. Gutsein heißt, einverstanden sein mit dem Unrecht, mit der ungerechten Verteilung des Reichtums. Das Hin und Her zwischen zugesprochenen Eigenschaften und Tugenden, einsichtigen Praxen, Klassenverhältnissen hat nicht zum Ziel, auf das Gutsein zu verzichten, vielmehr es aus falschen Verhältnissen, schlechtem Umgang zu befreien. Die Sache wird zu dem Schluss getrieben, den in diesem Fall die Lesenden selbst ziehen müssen: Ich bin für ein Land, in dem es einen Sinn hat, gut zu sein.

Das Einverständnis und kleinere Tugenden: Fleiß, Gehorsam, Dankbarkeit, Nächstenliebe, Selbstbeherrschung, Keuschheit, Opfersinn, Würde

Brecht verfolgt also die Methode, Wörter wie Bausteine in ungewohnte Kontexte zu setzen oder mit ebenso ungewohnten Urteilen zu versehen und sie durch die Klassenverhältnisse zu schicken, so dass sie anders zu sprechen beginnen, kantig werden, unpassend etwas über die Verhältnisse sagen, in denen sie passend waren, und also eingreifendes Denken aufzurühren. Daneben setzt er bei der Denunziation der Tugenden auch das Mittel der kleinen Geschichten und Beispiele ein, die selbst in der einfachen Form der Erinnerungs- oder Lehrgeschichte so gebaut sind, dass sie im Ton des Einverständnisses über armselige Verhältnisse berichten. Auf diese Weise stiften sie zum Misstrauen an gegen die zuvor gewohnheitsmäßig als rein und erstrebenswert gedachten Tugenden. Kalle hat den Part, solche Erinnerungen in dieser Form zu berichten. Er beginnt:

> Wir in den ärmeren Vierteln sind viel tugendhafter erzogen worden als Sie. Wie ich sieben Jahr alt gewesen bin, hab ich in der Früh vor der Schul Zeitungen austragen müssen, das ist Fleiß, und das Geld haben wir uns von den Eltern wegnehmen lassen, das ist Gehorsam. Wenn der Vater [...] uns durchgeprügelt hat, so haben wir lernen können, Schmerz zu ertragen, und wenn wir nur Kartoffeln gekriegt haben und zu wenig, haben wir ›danke‹ sagen müssen, der Dankbarkeit wegen glaub ich. (1413f.)

Ziffel hat in den Gesprächen u.a. den Part, die Schlussfolgerungen, die die Lesenden schon gezogen haben, ein weiteres Mal in Bewegung zu bringen durch einen über das bisher Gelernte hinausgehenden Neubeginn, zumeist durch einen überraschenden Terrainwechsel, der in diesem Fall vor dem vorschnellen Einverständnis mit dem Elend der Unteren schützt bzw. dieses gar nicht erst aufkommen lässt. Er spricht hier nicht über die Lage der Unteren und auch nicht über die Tugenden, sondern über die Weise ihres

Zustandekommens: Sie wurden erpresst. »Aber ich bin überzeugt, ihr habt doch immer noch zu wünschen übrig gelassen« (1414). Er leitet sogleich über zur nächsten Geschichte, in der man von den Listen eines Dienstmädchens erfährt, die, obwohl im Rufe, reinlich und fleißig zu sein, dabei ertappt wurde, dass sie mit den Kindern »allerhand Spiele« gespielt hat,

> z. B. dass wir kleine Gegenstände, einen Radiergummi an ihr haben suchen müssen, sie hat ihn irgendwo an sich versteckt, oben, wo der Strumpf anfängt, oder zwischen den Brüsten oder wo die Beine aufhören (1414),

worauf die Mutter ihr die Tugendhaftigkeit absprach und der Vater ihre Unvollkommenheit ihrer Abstammung aus dem Volke zuschrieb. Das Gespräch wird weitergeführt über die Lücken in der Moral, die Abhängigkeit der Unteren von der Tugend und den Transfer der Unkeuschheit in die Kunst bei den Oberen und endet nach einer kurzen Bemerkung über die Schwierigkeiten der Unkeuschheit, wenn die Lebensweise schlecht ist, mit dem Satz, der häufig wie eine Art Kehrreim mit je anderer Eigenschaft gebraucht wird: Ich bin für ein Land, wo es einen Sinn hat, unkeusch zu sein (1417).

Ziffel liest eine unheimliche Geschichte vor, in der es dem Arzt, den wir analog aus anderen Zusammenhängen kennen, als Flüchtling nicht erlaubt ist, sein Wissen und seine Fähigkeiten anzuwenden, kurz, in der einer nützen könnte, es aber nicht darf. Die Erzählung ist so montiert, dass die jeweiligen mit Werthaltungen zusammengedachten Praxen genau verkehrt herum verfahren, dass die moralischen Haltungen jeweils am verkehrten Platz sitzen bzw. Unmoral zur geforderten Moral wird. Verrat wäre es, zu berichten, dass einer einem geholfen hat. Der Arzt hilft nicht, um sich sein Einkommen zu verdienen, sondern er bringt sich um seine Existenz, wenn er heilt. Er tut es dennoch gegen »seine eigenen Interessen« (1472). Er gerät unter weitere Verfolgung und vereinbart immer heimlichere Verstecke, um seine Kunst anzuwenden. Zuletzt treffen sich Arzt und Patient auf einer Hoteltoilette. Ziffel und Kalle bezeichnen das ärztliche Verhalten als *Nächstenliebe*. Die Geschichte liefert den Kontext, dass diese gefährlich ist für den, der sie ausübt, wie für den, der auf sie angewiesen ist. Die Nächstenliebe gerät so zu einer Tugend, die äußerst fragwürdige Verhältnisse zur Grundlage hat. »Sie sind sicherer in einem Lande, wos keine Nächstenliebe braucht, damit sie kuriert werden«, sagt Kalle und rückt wie immer die Notwendigkeit anderer gesellschaftlicher Verhältnisse in den Blick. Heine hat den denkwürdigen Satz formuliert: »Moral ist Zahlungsfähigkeit«. Ziffel benennt als Ausweg: »Wenn sie zahlen können, sind Sie nirgends auf Nächstenliebe angewiesen.« (1472)

Im Zwiegespräch werden immer weitere Tugenden demontiert, aus ihren Halterungen gerissen, in ihr Gegenteil gewendet, in Haltungen überführt, die untragbar sind, aber nicht nur als individuelle, sondern vor allem als Haltungen, die auf eine große Unmoral der Verhältnisse verweisen, die darum ihr jeweiliges Funktionieren als selbstschädigende und unnütze Haltung den Einzelnen abverlangt. Dabei werden unter der Hand Positionen aus der Moralphilosophie in jeweilige Herrschaftsverhältnisse überführt und in unsere Verhältnisse weitergetrieben.

Ziffel führt als eine der bedeutenden Tugenden die *Selbstbeherrschung* vor. Er zitiert antike Philosophen, die er als sorgfältige einverständige Formulierer von Klassenverhältnissen achtet. Wer andere beherrschen will, muss lernen, sich selbst zu beherrschen. Er kritisiert diese Aussage sofort und überführt sie in moderne Klassenverhältnisse: »Es muss heißen: wer andere beherrschen will, muss ihnen lehren, sich selbst zu beherrschen«. Durch die Auseinanderziehung in zwei Gruppen, die im ersten Satz ein wenig verdeckt waren, wird zugleich entzifferbar, dass es in der Frage der Herrschaft eine Art von Zusammenarbeit von Herrschenden und Beherrschten gibt, »was Demokratie genannt wird« (1473f.). In weiteren Beispielen wird mangelnde Selbstbeherrschung als gefährlich, weil als abweichendes Verhalten erkennbar, entziffert und schließlich für eine Verallgemeinerung der Unbeherrschtheit gesprochen, dass sie nicht mehr auffällt. Diese Methode, eine bestimmte Haltung durch allzu viele Beispiele unhaltbar zu machen, um sodann ihr Gegenteil als allgemein vorzuschlagen, wird immer wieder angewandt. Sie dient in allen Fällen dazu, scheinbar individuelles Verhalten in politisch-soziale Verhältnisse einzulassen und diese so vorzuführen, dass sie das Unhaltbare sind. – In dieser Weise erledigt Ziffel im Handumdrehen das *Heldentum*, indem er es als Wirkung eines Drills bei Eingelassenheit in bestimmte Verhältnisse, z. B. im Krieg als Tugend von willenlosen Automaten zeigt (1492f.). Die Methode ist hier, einverständig die Folgen bestimmter Strukturen für die Handlungen und Haltungen der Einzelnen ins Extrem zu treiben.

In ihrer Schrift zur *Krise der Sozialdemokratie* hat Rosa Luxemburg die Verhältnisse so beschrieben, dass »der Schutzmann an der Ecke [...] der einzige Repräsentant der Menschenwürde« blieb; Brecht führt solche verkehrten Verhältnisse weiter und erledigt durch Übertragung die Tugend des *Opfersinns*.

> Die einzigen Geschöpfe, die keinen Opfersinn kennen, sind Tanks, Stukas und überhaupt Motoren [...] sie streiken sofort, wenn es kein Futter gibt [...] Diesen Geschöpfen fällt es am leichtesten im Land, ihre Würde zu bewahren. (1494)

Vielfach geht es um einzelne Wörter, die auf den ersten Blick »einfach« ausgesprochen werden, dann aber als solche erkennbar werden, die an bestimmter Stelle festsitzen. Sie gilt es zu lockern. Das geschieht zum Beispiel so: Kalle »ermannte sich jedoch dann und blieb sitzen« (1385). Durch die unerwartete Konsequenz wird die Haltung im *Ermannen* fragwürdig und im Anschluss verkehrt. Indem gewissermaßen die falsche Schlussfolgerung gezogen wird, wird die Haltung im Wort ›ermannen‹ zugleich lächerlich und auf neue Weise sprechbar. Sie gerät in Bewegung. – Oder es werden die Worte *Sorge* und *sich kümmern* und ein *Interesse am Menschen* so in einen Kontext mit staatlichem Kriegsinteresse gebracht, dass diejenigen sich glücklich schätzen können, um die keine Sorge getragen wird. Man lernt: Als einseitige Beziehungen sind diese Tugenden fragwürdig für die, denen sie gelten. Sie künden von Verhältnissen, in denen die meisten keine handlungsfähigen Akteure sind. Im schlimmsten Fall sind sie Vorbereitungen für ihre Tötung. – Kalle verwandelt das Wort Arbeiterschaft in Bettelschaft (1479). Die Umbenennung drückt eine reale Bewegung aus und zeigt, anders als das Wort *Arbeitslose*, die durch die Rationalisierung der Fabriken erfolgte Verwandlung einer aktiven Kraft in eine Gruppe, die nichts mehr zu erwarten hat. Es ist wirklichkeitsnäher und deutlicher, weil es Akteure benennt, nicht Zustände.

Freiheit

Neben der Ordnung ist die Freiheit eines der Felder, der Freiheitsdurst eine der Tugenden, auf die sich in den *Flüchtlingsgesprächen* vieles zuspitzt. Freiheit ist auch meines Wissens in den historischen Klassenkämpfen am meisten missbraucht, gegen die freiheitsliebenden Kämpfer gewandt worden und gehört immer wieder – etwa in der Perspektive der Befreiung – zu den bewegenden Zielen, zu denen Menschen aufbrechen. Es betrifft sie als Individuen schon von klein an. Wenn sie der Kontrolle und dem Schutz der Älteren entwachsen wollen, wird Freiheit der magische Ort, zu dem es sie zieht. Es betrifft uns als Einzelne und kollektiv, wenn wir uns gegen Unterdrückung und Zwang auflehnen. Freiheit und Befreiung werden zu Synonymen von Menschlichkeit und Glück. Wir wissen aus politischer Erfahrung Freiheit als das am meisten missbrauchte Ziel insbesondere im Kalten Krieg im letzten Jahrhundert, in den kolonialen Unterwerfungen überall auf der Welt. Selbst noch im ›Kampf gegen den Terror‹ geht es den Worten nach um Freiheit. Das Studium der Freiheitskämpfe in der Geschichte gehört zu den atemlos betriebenen Studien; die Literatur, insbesondere die klassische, ist voll von Helden der Befreiung.

Wie also ringt Brecht mit dem Begriff, dem Kontext, den Gefühlen von Freiheit?

Kalle und Ziffel setzen sogleich mitten im medial verstärkten Volksvorurteil an, ziehen uns also an den Ort, wo die Gefühle um das Wort noch eindeutig und sein politischer Einsatz zugleich so offensichtlich wird, wie er allgemein Zustimmung findet: »Sie werden mir zugeben, dass der Kommunismus die Freiheit des Individuums vernichtet.« (1480) Wie immer greift der andere nicht wirklich zur Entgegnung, sondern, da es Kalle ist, zum Einverständnis, wodurch die erste Position vorübergehend gestärkt ist. Das Einverständnis ist allerdings sogleich subversiv und hebelt den anderen an unvermuteter Stelle aus. Kalle fragt einfach: »Fühlen Sie sich besonders frei?« Das erste Urteil wird zur Überprüfung im eigenen bekannten Kontext in eigenen Verhältnissen herausgefordert. Es muss demnach praktisch werden. Ziffel ist ein besonderer Gesprächspartner. Er bleibt niemals auf dem gleichen Niveau, auf dem ein Gespräch anfing, und zwingt damit die Lesenden, ebenfalls ihre Gedanken nach vorn zu bewegen. Er behauptet also nicht, dass es sich im Kapitalismus frei leben lasse, eine Behauptung, die in ein Gezänk aus Beispielen führen würde, sondern bedenkt schon die nächste Anstrengung: »Aber warum soll ich die Unfreiheit im Kapitalismus mit der Unfreiheit im Kommunismus eintauschen?« Der Satz ist so logisch und nüchtern, dass er die Gefühle, die eben noch wie Bleigewichte an der fehlenden Freiheit des Individuums im Kommunismus gehangen haben, freilässt und stattdessen den Lesenden eine vergnügliche Haltung erlaubt, wie bei einem sportlichen Match. Der kurze Dialog ist eine Übung in der Befreiung der Gefühle aus einer Art ideologischem Klebstoff, der mit falschem Mitleid am Schicksal »der anderen« hing, in der Lust am Denken. Man ist jetzt wirklich gespannt, was Kalle antworten wird. Dieser unterwühlt das eben noch sichere Gelände mit unvermuteten Einverständnissen auf allen Ebenen zugleich, in die er lauter Denkwiderhaken einbaut, die den gewöhnlichen Fluss, das gewohnheitsmäßige Denken durch kleine Eingriffe und scheinbare Zugeständnisse aus der Bahn werfen. »Absolut frei ist niemand, der die Herrschaft hat, auch das Volk nicht.« (1480) Die Freiheit wechselt unversehens den Standpunkt, erscheint als eine Dimension von Herrschaft und also der Oberen und wird im gleichen Atemzug wieder allgemein – Freiheit in Gestalt von Volksherrschaft. Noch bevor man den unvermuteten Einsatz und die Verbindung von Herrschaft und Freiheit denkend und gefühlsmäßig entspannt nachvollziehen kann, gibt Kalle als Beispiel für die Unfreiheit der Kapitalisten, dass sie nicht so frei seien, einen Kommunisten zum Präsidenten einzusetzen. Das Beispiel setzt noch auf konsensuelles Vorwissen und deutet auf Mord und Kämpfe aus der Geschichte unterdrückter Völker – da wechselt Kalle beiher ein weiteres Mal die Ebene des Argumentierens und zieht ins Ökonomische. Die Kapitalisten sind nicht so frei, dass sie »so viele Anzüge herstellen können als gebraucht werden, nur so viel als gekauft werden«. Was soeben noch auf der Ebene der politischen Moral hätte nachempfunden werden können, wird so auf die Ebene des ökonomischen Zwangs geschoben. Die einfache Formel ist, man kann nicht zugleich wegen des Profits produzieren lassen und dies ganz vom Gebrauch, also auch dem zahlungsunfähigen, abhängig machen. Die Freiheit und die Unfreiheit der Kapitalisten sind keine Tugenden, es taugt daher nicht, ihnen mit besonderen Gefühlen anzuhängen. Und Kalle schließt seine erklärenden Sätze mit einem Beispiel, das dazu auffordert, Freiheit überhaupt nicht abstrakt und absolut zu betrachten, sondern wiederum als Praxis, deren Ziele eigens zu hinterfragen wären. Im Kommunismus ist die Freiheit, sich ausbeuten zu lassen, gestrichen.

Während Kalle die Verkörperung des subversiven Volksdenkens ist, personifiziert Ziffel die Leidenschaft des Denkens. Und selbst dieses wird im Kontext von Freiheit noch einmal in die dazugehörigen Verhältnisse eingelassen und entkommt so ebenfalls der Verführung, absolut gesetzt zu werden. Ziffel sagt abschließend:

> Scharfes Denken ist schmerzhaft. Der vernünftige Mensch vermeidet es, wo er kann. In Ländern, wo es in solchem Umfang nötig ist wie in den mir bekannten, kann man wirklich einfach nicht leben. Nicht, was ich leben heiße.« (1481)

Aber es ist auch unbequem, sich nicht zu entwickeln (1422).

An anderer Stelle führen Ziffel und Kalle eine Art Kabarett über die Freiheitsliebe der Schweiz auf. Es ist eine Montage subversiver Pointen, die aber nicht mit der gleichen Sorgfalt und provokativen Verrückung und Radikalisierung geschrieben sind wie der Beginn der *Flüchtlingsgespräche*. Die ›einverständigen‹ Sätze reihen sich aneinander, so dass man nachdenkt über die Abhängigkeit der Freiheit vom Leben in einem Hotel oder dem Besteigen von Bergen oder dem sprichwörtlichen Freiheitsdurst in einem Land, das von Eroberermächten umgeben ist. Freiheitsdurst wird so die Antwort auf eine Bedrängnis, also zu einer Mangelanzeige. Die Vorlagen dienen zur erwarteten Sequenz: »Raus aus jedem Land, wo Sie einen starken Freiheitsdurst finden. In einem günstig gelegnen Land ist er überflüssig.« (1444)

Lehren vom Lernen

Fügen wir die einzelnen Schritte und Ergebnisse zusammen. Unter der Voraussetzung, dass Lernen Veränderung meint und seine wesentliche Bedingung also die Fähigkeit ist, Altes loszulassen, um Neuem Raum zu geben, erfahren wir in den *Flüchtlingsgesprächen* eine ganze Reihe von geradezu idealen Anordnungen, die solches Lernen freisetzen. Da ist zunächst die Vorbereitung von Raum und Zeit. Der Versuch, Gewohnheiten aufzulösen, dies im Denken und Fühlen, in den Haltungen, wird erleichtert durch das Experiment, sich selbst an einen Ort zu versetzen, in dem nichts Gewohntes mehr gilt: im Ausland, auf der Flucht, im Krieg, auf dem Bahnhof. Brecht nutzt hier ethnosoziologische Verfahren und treibt sie weiter. In seiner Anordnung wird das Eigene nicht fremd, dadurch dass das Fremde mit eigenen Augen bemessen wird – wie in der Ethnosoziologie –, sondern das Eigene wird als flüchtig, als in Bewegung zur Verfügung gestellt, dadurch dass alle persönliche Sicherheit verloren ist. Gerade weil praktisch nichts mehr festzuhalten ist, ist große Veränderung denkbar.

In solchem Losgerissensein werden zugleich erste Verknüpfungen erkennbar zwischen Werthaltungen und Tätigkeiten, zwischen Gefühlen, Gewohnheiten und dem Denken und Machen von Veränderung, zwischen dem Denken und Wollen der Einzelnen und ihrer Eingebundenheit in soziale Verhältnisse. Kurz, das Denken in Verhältnissen statt in Wesenheiten wird vorbereitet. Dies geschieht auch hier schon durch ein Verfahren, das in dem ganzen Text angewandt wird, durch etwas, das ich Bereichswechsel genannt habe. Die einzelnen Aussagen, Beobachtungen, Denkformen und Gefühle, die Haltungen im Denken werden in einem ersten Bereich erzählt und sodann in einen anderen überführt, in dem sie sich zumeist blamieren. Der Weg geht zurück in die Kritik der Verhältnisse in beiden Bereichen, nicht zu den Individuen, die Akteure in der Geschichte waren.

Die ideale Form für eine solche Lernanordnung scheint das Zwiegespräch zu sein. Das Schwierige an Brechts Lehren ist, dass er dem, was die Lesenden zu wissen meinen, immer eine zusätzliche, eine tiefere, eine viel weitreichendere Bedeutung gibt. Das hat den Effekt, dass man zugleich beruhigt ist, das eigene Wissen so sorgfältig angewandt zu sehen, und zutiefst beunruhigt, die Konsequenzen des selbst Gewussten nicht selbst radikal genug durchdacht zu haben. Die Weiterführung und Revolutionierung des eigenen Wissens geschieht also zumeist durch Überführung des in einem Bereich separiert gehaltenen Wissens in einen anderen Bereich, wo es plötzlich unheimliche Einsichten ermöglicht. Freilich gelingt dieses Verfahren nur, wo überhaupt schon Wissen vorhanden ist. So lässt Brecht Ziffel darüber sprechen, dass in Experiment und Beobachtung der Forscher das Feld, das er untersucht, verändert, dass er also selbst Teil des Forschungsfeldes ist. Er lässt ihn sogar den Namen für diese Erkenntnis nennen: den Heisenberg'schen Unsicherheitsfaktor (1420). Brecht geht es aber nicht einfach um diesen Zusammenhang, sondern sogleich darum, wie er nutzbar zu machen ist für bewusste Veränderung. Er kehrt Frage und Ergebnis gewissermaßen in umgekehrte Richtung. Wenn wir durch Beobachtung ein durch sie »verstörtes Leben« vorfinden, nicht das normale, dann gilt in der sozialen Welt:

> Die Untersuchung der sozialen Vorgänge lässt diese Vorgänge nicht unberührt, sondern wirkt ziemlich stark auf sie ein. Sie wirkt ohne weiteres revolutionierend. (1420)

Es ist nicht möglich, soziale Verhältnisse zu begreifen, ohne sie nicht zugleich infrage zu stellen, sie umzuordnen, sie anders zu denken, da man selbst Teil von ihnen ist, im Denken ihre und die eigene Veränderung beginnend. Die Untersuchung der sozialen Vorgänge ist dabei nicht einfach die Tat einzelner Intellektueller, sondern selbst eine Beschäftigung der vielen (auch Marx hat dies in seiner *Arbeiterumfrage* praktisch und dabei übliche Umfrageforschung zersetzend vorgeführt, indem er gegen die meisten ihrer Regeln verstieß). Die Anordnung von Ziffel, dem Physiker, und Kalle, dem kommunistischen Arbeiter, beide auf der Flucht, führt zugleich vor, wie die Erkenntnisse aus dem normalen Alltag und die aus dem physikalischen Laboratorium und anderer Abstraktion sich wechselseitig infrage stellen, weitertreiben, neue Lichtungen schlagen. Eine der wesentlichen Vorgänge dabei ist der genannte ständige Wechsel von Bereichen, die gewöhnlich getrennt wahrgenommen werden und deren Zusammenführung eine »revolutionierende Wirkung« zeigt. Obwohl sie von Ort und Lage her dies keinesfalls sein können, weil sie nicht oder nicht mehr in Gruppen wirken, sprechen Ziffel und Kalle Erfahrungen so, wie es »organische Intellektuelle« im Gramsci'schen Sinn täten, d. h. sie drücken die Erfahrungen von Gruppen von Menschen in weitergebbaren Lehren aus.[9] Brecht führt diese programmatische Analyse fort, indem er die eingreifende Erkenntnis als Zusammenwirken zweier Denkpraxen zeigt. Der Gesamtzusammenhang lässt weitere Erkenntnisse über die Funktion von Intellektuellen zu bzw. auch über ihre Einbindung in den Staat. Ziffel ergänzt:

> Dies [die revolutionäre Wirkung der Forschung] ist wahrscheinlich der Grund, warum die maßgebenden Kreise tiefer schürfende Untersuchungen auf dem sozialen Gebiet so wenig ermutigen. (1420)

In den gleichen Kontext gehört die herrschende Behauptung einer plötzlichen »Unübersichtlichkeit« der Welt, insbesondere der Wirtschaft, ihrer Krisen, der Unerklärbarkeit plötzlicher Arbeitslosigkeit usw. (1419f.), und die an anderer Stelle von Kalle gegebene Einführung in die Analyse der Intellektuellenfunktion:

> Es ist eine ganze Kaste geschaffen worden, eben die Intellektuellen, die das Denken besorgen müssen und dafür eigens trainiert werden. Sie müssen ihren Kopf ausvermieten an die Unternehmer wie wir unsere Hände. (1482)

9 Insofern sind die *Flüchtlingsgespräche* ein Text, der in Gruppen gelesen und diskutiert werden sollte, um seine Möglichkeiten zu entfalten. Ich habe dies in einem Seminar zum Lernen in Hamburg begonnen. Es war ein großer Erfolg: Verblüffung, Aufregung, Lust am Denken waren fast mit Händen greifbar.

Unter den Bedingungen des Verkaufens ist Denken kein Genuss. Die Sequenz endet mit einem Lob auf die Genusssucht.

Die Konstellation von Intellektuellen, die ihren Verstand verkaufen müssen und dafür ein bestimmtes Training, genannt Bildung, brauchen, führt zu einer Passage über marxistische Bildung. Ziffel versucht, sie dem gängigen Kurs probehalber anzupassen:

> Eine halbwegs komplette Kenntnis des Marxismus kostet heut, wie mir ein Kollege versichert hat, zwanzigtausend bis fünfundzwanzigtausend Goldmark und das ist dann ohne die Schikanen. Drunter kriegen Sie nichts Richtiges, höchstens so einen minderwertigen Marxismus ohne Hegel oder einen, wo der Ricardo fehlt usw. Mein Kollege rechnet übrigens nur die Kosten für die Bücher, die Hochschulgebühren und die Arbeitsstunden und nicht, was Ihnen entgeht durch Schwierigkeiten in Ihrer Karriere oder gelegentliche Inhaftierung, und er lässt weg, dass die Leistungen in bürgerlichen Berufen bedenklich sinken nach einer gründlichen Marxlektüre; in bestimmten Fächern wie Geschichte oder Philosophie werdens nie wieder wirklich gut sein, wenns den Marx durchgegangen sind. (1440)

In dieser Einführung in den Marxismus als Ware wird zugleich beiher darauf angespielt, dass er Ware in verschiedenen Kontexten ist und auch die entsprechenden Macken hat, und ebenso, dass in die Analyse der Verkäuflichkeit von Wissen mehr gehört als die bloße Anklage, dass es verkäuflich sei. Zur Diskussion steht die eigene Position als Intellektuelle in Gesellschaft, bei denen die Frage, ob sie denken nach Auftrag oder aus Lust an befreiender Veränderung, eine existenzielle Entscheidung ist. Selbstverständlich bleibt es nicht bei einer Heroisierung solcher Menschen, die den Auftrag in diesen Verhältnissen zurückweisen. Kalle und Ziffel überführen in Wechselgeschichten die bürgerliche Ethik eines Wissensdrangs, der um seiner selbst willen, also keinesfalls wegen des Geldes sich bilden will, in den Rang einer jener verkehrten schädlichen Tugenden und schließen:

> Wenn der Bildungsdrang in einem Land einen so heroischen und selbstlosen Anstrich kriegt, dass er allgemein auffällt und für eine hohe Tugend gehalten wird, wirft das ein schlechtes Licht auf das Land (1433).

Brechts Kunst ist darauf gerichtet, Anordnungen zu schaffen, in denen die Einzelnen sich verändernd denken müssen, nicht darauf, sie zu belehren. Methodisch geht es um Verrückungen im Alltagsverstand. Daher nehmen die einzelnen Denkmuster hier ihren Ausgang; es werden ganz unterschiedliche Mittel benutzt, das gewohnte Muster zunächst in Unordnung zu bringen, Staunen zu erzeugen, um sodann die spontane Empörung aus ihrer gefühlsmäßig gestützten Haltung moralischer Verurteilung oder Heroisierung in eine kühle Analyse der Verhältnisse zu schicken. Den Zusammenhang zwischen den schlechten Taten der Einzelnen und den sie hervorbringenden Verhältnissen zu denken, ist so entlastend und vergnüglich, wie umgekehrt die Freilassung gefühlsmäßig gestützter Urteile peinigend war. Daher ist das Buch, wo es ernsthaft auf einen Umsturz der Gesellschaft hinausläuft, am humorvollsten.[10]

Das am häufigsten gebrauchte Mittel ist der Vergleich, der ineins seinen herrschaftssichernden Sitz im Verstand preisgibt, wie er subversiv unterlaufen und für Erkenntnis genutzt wird. Ein anderes Mittel ist es, gang und gäbe Denkformen, die zur Erleichterung von Kommunikation im Alltagsgespräch meist nur stichworthaft begonnen werden und auf deren Weiterführung in den Köpfen der Einzelnen ohne weiteres gerechnet werden kann, unverhofft mit der zweiten Hälfte einer anderen sprichwörtlichen Redensart zu konfrontieren – eine Methode, die Karl Valentin meisterhaft einsetzte; dem verblüfften Leser – Mann wie Frau[11] – bleibt nichts anderes, als beide Redensarten, die sie nicht mehr durchdenken mussten, weil sie allzu geläufig waren, neu zu denken, mehrere Ausgänge für möglich zu halten, die alte Aussage infrage zu stellen, kurz, sich in Bewegung zu setzen und die nur halbbewusste Komplizenschaft von Teilen des Alltagsverstands mit Herrschaft und Unterdrückung für sich zu entdecken.

Didaktisch wird das Einverständnis mit dem Unerhörten eingesetzt, wobei die Erzählungen sich auf diese Weise den Eingang bahnen, überhaupt gehört zu werden, wo sonst vorzeitige Abwehr den Verstand auf Blockierung gestellt hätte. Zugleich werden die einverständigen Sätze ins Extrem getrieben, so dass sie dennoch unhaltbar werden – dieses Urteil jedoch ein Leserurteil wird.

Ein allen Ausführungen gemeinsames Prinzip ist es, das Denken dermaßen in Bewegung zu bringen, dass zunächst alles in Zweifel gerät. Das beginnt schon beim Befragen einzelner Wörter, dann ihres Einsatzes in

10 Dies gilt ja auch für die Geschichten Hašeks, der Brecht ein Lehrer war, über *Den braven Soldaten Schweyk* (vgl. dazu W.F. Haug 1973), die hier zu erzählen leider zu weit führen würde; lehrreich auch in unserem Lernkontext Haugs Studie über *Till Eulenspiegel* als einem, der dazulernt, indem er die Formen der Gesellschaft so bestätigt, dass ihre Widersprüche, ihre Unhaltbarkeit sichtbar werden (vgl. W.F. Haug 1976).

11 Man wird feststellen, dass ich mich den übliche Formen politisch korrekten Umgangs mit dem Geschlecht in der Sprache nach rückwärts, hinter den Zeitgeist entzogen habe. Es war in den meisten Fällen nicht möglich, beide Geschlechter mit dem zusammenfassenden großen I zu vermerken, ohne die Aussagen und Thesen unerträglich zu verflachen bzw. sie zu soziologisieren, wo die Botschaft in eine andere Richtung zielte. Ich versuche also, diese neuen Sprachregelungen einfach zu ignorieren, und setze dabei auf Leser und Leserinnen, die mir einen hohen Kredit an praktiziertem und theoretisch erarbeitetem Feminismus einräumen.

einem bestimmten Kontext, ihrer Umkehrung, wiederum des Festhaltens an ihnen, jetzt auf neue Weise. Die losgemachte Energie wird neu einsetzbar, Verhältnisse zu denken, in denen die Wörter passen könnten. (Es ist übrigens diese letzte Dimension, auf die in den postmodernen Destruktionen verzichtet wird, die also Brecht, der ihnen in vielem Anleitung ist oder sein könnte, mit ihnen unvergleichbar macht.)

Eine Anstrengung gilt der Befreiung der Gefühle. Solche Befreiung ist nicht Erziehung als eine Formung und Zurechtstutzung der Gefühle selbst, die als zu groß oder zu klein beurteilt würden, sondern eine Art Umlenkung oder Verschiebung. Die Gefühle sitzen an der falschen Stelle und blockieren Erkenntnis. Sie haben sich mit unserem Gegner verbündet und beruhigen uns im schlechten Hier und Jetzt, dass es gut sei. Zentraler Angriffspunkt wird die Verkoppelung von Gefühl und Vernunft, die Brecht eine Haltung nennt.[12] In die Linie der Kritik gerät die Moral mit allen Tugenden. Sie sollen in ihren Halterungen gelockert und mit dem Gehen zu Zielen verbunden werden, die den Menschen gemäßer sind, mehr Befreiung, Entfaltung, Glück ermöglichen. Dabei ist Brecht nicht gegen Moral an sich, sondern für eine Moral, bei deren Einsatz mehr Menschlichkeit die Folge ist.

So heißt es am Ende, nachdem wir ein Land nach dem anderen hinter uns gelassen haben, in dem die eine oder andere Tugend nötig war und von uns verlangt wurde, nachdem wir sahen, wie uns gerade diese Tugend im geforderten Kontext zum eigenen Schaden geriet und wir gleichwohl Schwierigkeiten hatten, uns mit ihrem Gegenteil so einfach zu verbünden:

> Sie haben mir zu verstehen gegeben, dass Sie auf der Suche nach einem Land sind, wo ein solcher Zustand herrscht, dass solche anstrengenden Tugenden wie Vaterlandsliebe, Freiheitsdurst, Güte, Selbstlosigkeit so wenig nötig sind wie ein Scheißen auf die Heimat, Knechtsseligkeit, Rohheit und Egoismus. (1498)

Nachdem also in der Gegenüberstellung noch einmal deutlich wird, dass die Infragestellung der Tugend nicht ihre einfache Negation meint, sondern ihren falschen Einsatz, fährt Kalle fort:

> Gleichzeitig mach ich Sie darauf aufmerksam, dass für dieses Ziel [des Sozialismus] allerhand nötig sein wird. Nämlich die äußerste Tapferkeit, der tiefste Freiheitsdurst, die größte Selbstlosigkeit und der größte Egoismus.

12 Vergleiche dazu die Studie über die Entkoppelung von Gefühl und Vernunft: Als mich ein Film berührte, den ich schlecht fand. Schlaflos in Seattle, in: F. Haug/Hipfl 1995, 15–51.

Noch in der Schlusssequenz werden die Lesenden nicht aus dem Selberdenken und unaufhörlichen Infragestellen in einfache Zustimmung entlassen, da jetzt noch der Egoismus als eine Art Tugend in gleichem Rang wie die Selbstlosigkeit auftaucht. Nur wer wirklich mit sich selbst im Bündnis ist, sich selbst gut will, kann alle Selbstlosigkeit aufbringen, um dieses Ziel zu erreichen. Nichts geht in einfacher Negation.

Das Lernen bezieht sich auf das Leben in Gesellschaft und die Regelung desselben – darin auf die Haltung der Einzelnen. Es ist individuelles Lernen von der Weise, wie man den Verstand einsetzen kann und muss, und von der daraus gespeisten Haltung zur Welt. – In dieser Weise ist es individuelles Lernen für das Kollektiv der umordnenden Menschen, solcher, die an der Veränderung der Welt ein Interesse haben und dies auch wissen.

Für die Suche nach der Problematik des Lernens lese ich Brecht auch als Kritik an Versuchen, ein Wesen von Lernen festzulegen. Lernen ist menschliche Praxis, nicht Eigenschaft. Menschen lernen als historische Subjekte mit Blockierungen und einem Einsatz der Gefühle aus Gewohnheiten, die sie den Verhältnissen entsprechend handlungsfähig halten. Jeder Versuch, mehr Lernen zu ermöglichen, hat es mit gesellschaftlichen Strukturen und ihrer Verankerung in Verstand und Gefühl der Menschen zu tun. Dies geschieht, sobald Menschen sprechen und handeln. Erfahrung und Erinnerung sind strategische Dimensionen von Lernprozessen. Eine Hauptsache beim Lernen ist demnach, das Denken in Bewegung zu bringen, Selbsttätigkeit zu ermöglichen. Feinde des Lernens sind die herrschende Ordnung, der gleichschaltende und ausgrenzende Vergleich, die Tugenden, also die Moral, vor allem die Freiheitssuche, die Ordnungsliebe, der Alltagsverstand und die Erfahrung. Sie sind zugleich Material und Perspektive, Grundlage des Lernens. In diesem Widerspruch heißt es sich humorvoll und vergnüglich bewegen, so dass Lernen eine Lust und ein Vergnügen wird. Lernen heißt demnach sich in Widersprüchen bewegen, ohne die Balance zu verlieren, ohne zerrissen zu werden, ohne sich bequem auf eine Seite zu schlagen, ja die Widersprüche selbst als Fortbewegungsmittel, als Erkenntnis zu nutzen. Dazu geben uns Brechts *Flüchtlingsgespräche* eine Reihe von Mitteln an die Hand, die immer weiter auszubauen und zu vermehren selbst ein Denkvergnügen und eine Lernbewegung sein kann.

Die Dialektikwoche

Seit zehn Jahren treffen sich auf La Palma, der Insel, auf der ich krankheitshalber das halbe Leben verbringe, praktisch seit ich nicht mehr an der Universität lehre, also keine zwingenden Verpflichtungen mehr habe, in Deutschland zu sein, 20–30 Frauen, um dort dialektisches Denken als die Fähigkeit, mit Widersprüchen zu hantieren, auf vergnügliche Weise zu lernen. Wir lesen gemeinsam aus den Schriften der Klassiker des Marxismus, Marx und Engels selber und vor allem auch Rosa Luxemburg, Antonio Gramsci, Labriola, Ernst Bloch, Klaus Holzkamp, Stuart Hall u.a., und diskutieren so gestärkt politische Fragen der Gegenwart. Es ist leicht, auf der Insel der üblichen Hetze des Alltagslebens zu entkommen, man kann wandern, im Meer baden im Januar, kurz, der ungewöhnliche Ort lädt dazu ein, die Anstrengung des Denkens als die Freiheit eines Vergnügens zu erfahren. Zur Vorbereitung der Köpfe treiben wir eine ganz eigene Gymnastik, wir beginnen jeden Tag mit ein, zwei Sätzen von Brecht. Immer eine andere wählt ein Stück aus, liest es und übersetzt in ihre Sprache, was sie davon hat, mit einem Beispiel aus ihrem politischen Alltag. So verständig zu beginnen glückt immer.

Nachspiel: Esslingen – Stadt der Frauen

Im Jahr 2018 kamen zu mir nach Esslingen drei Frauen, Regisseurin, Schauspielerin, Assistentin aus einem alternativen Theater in Stuttgart, um ihre »Aktion« zu diskutieren, in diesem Jahr Esslingen zur Stadt der Frauen auszurufen. Sie hatten schon alles vorbereitet, Bürgermeister und Kulturamt gewonnen und wollten in dieser Weise eine kulturelle Veränderung organisieren mit Nachwirkung für diese Stadt, in der ich lebe, seit ich nicht mehr im Beruf angekettet bin. Ich war äußerst skeptisch, war es mir doch in mehr als 15 Jahren nicht gelungen, hier wirklich heimisch zu werden, und jetzt wollten sie mich gewinnen, zusammen mit dem Bürgermeister diese Aktion zu eröffnen. Wir redeten sehr lange, sie erzählten von Christine de Pisan, französische Schriftstellerin und Philosophin, die im 14. Jahrhundert in Bologna studiert hatte. Ihr bekanntestes Werk, *Das Buch von der Stadt der Frauen*, wollten sie vorstellen in dieser zufriedenen reichen Stadt, die zwar schon im 12. Jahrhundert gegründet wurde und mit kleinen Straßen und Türmen ganz von fern noch an alte Zeiten erinnert, aber jetzt von der Autoproduktion und von fleißiger mittelständischer Industrie Wohlstand zeigt, nebenbei auch sichtbare Veränderung durch die vielen eingewanderten »neuen Arbeitskräfte«, kaum durch ein so altes Stück, das den Frauen die Regierung übertragen wollte, selbst in Bewegung geraten könnte. So wehrte ich ab. Vermutlich war es gerade meine eigene zweifelnde Absage an dieses Projekt, die ihre Leidenschaft und Überzeugungskraft anfeuerte, und so hatten sie mich nach mehreren Stunden vollständig überzeugt, dass gerade ich die Einführung in die *Stadt der Frauen* machen müsste, beginnend mit Olympe de Gouges, die wegen ihres Griffs nach der Politik auf dem Schafott landete, und weiter mit Virginia Woolf, die eine Universität für Frauen gründen wollte, und ihrem Schicksal – und dass ich so die Esslinger aufrütteln könnte, sich eine alternative Stadt wenigstens im Theater vorzustellen. Ich eröffnete auch das Parlament mit einem *Dialektikcamp*, weil mir dieses gerade in dieser eigenartigen Zusammensetzung eines griechischen Wortes mit einem modischen englischen so trotzig unmöglich schien, dass ich es wagen wollte.

Ich suchte zehn kurze Brechtsätze heraus, die 200 Mal kopiert verteilt wurden, damit die Teilnehmenden im alten Rathaus von Esslingen im großen Sitzungssaal die Dialogform von Ziffel und Kalle aus den *Flüchtlingsgesprächen* für sich ausprobieren konnten, so zugleich ihre Position öffentlich vertretend in Rede und Widerrede, und dabei die Methode, dies in entspannter neuartiger Atmosphäre zu tun, für sich entdeckten. Ein allseitiger Lernprozess und auch ein wagemutiges Experiment für mich. Es wurde folgendermaßen im Programmheft angekündigt:

> Dialektik ist die Lehre von der Veränderung. Manchmal stecken wir fest, so, wenn wir plötzlich erkennen, dass der Mensch, mit dem wir jetzt eine Zeit zusammenleben, absolut unerträglich ist und wir das keinen Tag länger aushalten können, aber mit dem gleichen Leid fühlen, dass wir ohne ihn oder sie nicht leben können. Kurz, wir finden uns in einer Klemme, in einem Widerspruch und werden krank. Aber Widersprüche sind unsere Hoffnung, sie sind so verdichtet, dass man einen Ausweg suchen muss, eine neue Ordnung selber schaffen.

Meine Einführung im vollbesetzten Senatssitzungssaal:

> Im dialektischen Camp wird man nicht belehrt oder gar erzogen, sondern man muss selber denken, sein Denken, das bisherige, verändern, in eine andere Ordnung bringen, man wird erkennen, wo man handeln muss.
> Die theoretische Voraussetzung ist, dass der Alltagsverstand zusammengesetzt ist aus Gewohnheiten, Weisheiten aus Erfahrung, herrschenden Meinungen und Moral und Werten, Vorstellungen, die ungeprüft übernommen sind aus verschiedenen Zeiten und Gruppen, zu denen man gehört, Familie, Freunde, Kollegen, Eltern, Großeltern, den Medien vor allem, also ein buntes Gemisch. Dies also wird in seiner gemütlichen Ruhe in Unordnung gebracht, kann sich so nicht wirklich halten, indem in knappen Sätzen Behauptungen vorgestellt werden, die sich mit dem bisher für richtig Gehaltenen nicht vertragen.

Aber was ist Dialektik? Ganz hochgestochen, scheint es etwas nur für Philosophen, die den Hegel gelesen haben, und keinesfalls ein Vorschlag für Frauen. Aber wir Frauen brauchen Dialektik zum Beispiel, weil wir aus einer Position der Schwäche uns in das Ganze einmischen. Aber wieso Position der Schwäche? Es gibt doch schon immer mehr Frauen an der Regierung. Könnten Frauen etwas anderes als das Bisherige bewirken?

Wenn wir nicht einfach Kopien, Abziehbilder, Puppen des Bisherigen sein wollen als Frauen in der Politik, bewegen wir uns darin mit List, mit Geheimnissen, auf Schleichwegen und mit großem Wissen über das menschliche Miteinander und behaupten jetzt unbescheiden: Wir sind im Kommen, wir sind diejenigen, die für eine menschlichere Gesellschaft sich einsetzen, streiten können und auch müssen. Daher behaupte ich noch nicht ganz verzagt in der gegenwärtigen Krise des Politischen:

Wir können mit eingreifendem dialektischem Denken beginnen mit dem Erzählen von dialektischen Anekdoten. So zum Beispiel über den Richter Azdak, erfunden von Brecht, ein Augsburger Schwabe, der den alltäglichen Streit durch Ratschläge ungewöhnlicher Art schlichtet:

Es ist Krieg, da kommen die Soldaten und die Einwohner fliehen unter Mitnahme einiger Habseligkeiten aus ihren Wohnungen und Häusern. Die Frau aus der reichen Familie schleppt Schmuck und Pelze, ihr Dienstmädchen greift ihre wenigen Sachen. Man sieht schon die herannahenden Soldaten, da hört sie das weinende Kind in der Wiege, das die Frau in ihrer Gier vergessen hat. Das Mädchen lässt ihre Habseligkeiten fallen und ergreift das Kind, nimmt es mit sich in ein Versteck und zieht es in der Folge in großer Not auf. Als der Krieg nach sechs Jahren zu Ende ist, kommen die reichen Menschen zurück und die Frau sucht und findet ihr Kind und verlangt von dem Dienstmädchen die Herausgabe. Dieses weigert sich und behauptet, es sei ihr Kind, weil sie es großgezogen habe. Sie gehen vor den Richter Azdak. Der zieht einen Kreis in der Mitte des Bodens, lässt das Kind sich hineinstellen und sagt den beiden Frauen, eine jede solle einen Arm des Kindes ergreifen und es aus dem Kreis zu sich ziehen, dann wisse man sogleich, wer die Mutter sei, wem also das Kind gehöre. Die biologische Mutter zieht mit aller Kraft an dem Kind und fällt mit ihm auf den Rücken, denn das Dienstmädchen hat sofort losgelassen, damit das Kind keinen Schaden nehme. So wusste der Richter, wer die wahre Mutter ist.

Beim Üben von Dialektik gilt es, auf widersprüchlichem Terrain handlungsfähig zu sein, es ist also der Sinn für Gegensätze im Gegensatz gefragt, es geht um den historischen Witz. So wenn die wahre Mutter – wie alle wissen – nicht die wahre Mutter ist – wie alle erkennen. Für unser kleines Theater geht es in der Darstellung von Kontroversen um die Möglichkeit, »ohne Aufgabe der Parteilichkeit die beiden Parteien völlig zu Wort kommen zu lassen« (GA 22.1,446), dabei muss man Kontroversen so führen, dass Unterschiede daran gehindert werden, sich in Gegensätze zu verwandeln und Gegner sich in Feinde. Feinde des Denkens und Lernens sind die herrschende Ordnung, der gleichschaltende und ausgrenzende Vergleich, die Tugenden, also die Moral vor allem, die Freiheitssuche, die Ordnungsliebe, der Alltagsverstand, die Erfahrung, und sie sind zugleich Material und Perspektive, Grundlage des Lernens.

In diesem Widerspruch heißt es sich humorvoll und vergnüglich bewegen, so dass Lernen eine Lust und ein Vergnügen wird. Lernen heißt demnach, sich in Widersprüchen zu bewegen, ohne die Balance zu verlieren, ohne zerrissen zu werden, ohne sich bequem auf eine Seite zu schlagen, ja die Widersprüche selbst als Fortbewegungsmittel, als Erkenntnis zu nutzen.

Die folgenden Brechtsätze wurden allen ausgehändigt mit der Maßgabe, es mögen sich je zwei auf einander gegenübergestellte hohe Stühle setzen an den Kopf der inzwischen rings um den Sitzungstisch aufgereihten und auf dem Boden lagernden Menschen und einen Satz, der zu ihnen passt, auswählen und den Dialog beginnen:

Dialektik ist eine Lehre, Fragen zu stellen, welche das Handeln ermöglichen.

1. Egoismus
   Wie soll man den Egoismus bekämpfen? Ein Staat muss so eingerichtet sein, dass zwischen dem Nutzen des Einzelnen und dem Nutzen der Allgemeinheit kein Unterschied ist. In schlecht eingerichteten Staatswesen ist der Egoismus etwas Furchtbares. In geordneten Staatswesen nutzt der Egoismus der Allgemeinheit. (GW 12,492)

2. Mitleid
   Me-ti sagte: Mi-en-Leh war nicht mitleidig. Wenn er das Elend der Ausgebeuteten und Unterdrückten sah, entstand in ihm ein Gefühl, das er sogleich in Zorn verwandelte. Das gleiche Gefühl wird bei unwissenden Naturen zu Mitleid. Es ist das eine dumpfe Wehmut, der Verzweiflung ähnlich. Mitleid, sagte Mi-en-Leh, ist das, was man denen nicht versagt, denen man Hilfe versagt. Ich versetze mich in die Leidenden nicht, um zu leiden, sondern um ihre Leiden zu beenden. (GW 12,565)

3. Me-ti sagte: Hunger ist ein schlechter Koch. (GW 12,477)

4. Mi-en-Leh sagt, jede Köchin müsse den Staat lenken können. Er hatte so zugleich eine Veränderung des Staates wie der Köchin im Auge. Aber man kann auch daraus die Lehre ziehen, dass es vorteilhaft ist, den Staat als eine Küche, die Küche aber als einen Staat einzurichten. (GW 12,569)

5. Me-ti sagte: Der Staat hat kein Recht, einen Menschen für die Dauer zum Polizisten zu machen. (GW 12,568)

6. Liebe
   »Was tun Sie«, wurde Herr K. gefragt, »wenn Sie einen Menschen lieben?« – »Ich mache einen Entwurf von ihm«, sagte Herr K., »und sorge, dass er ihm ähnlich wird.« – »Wer? Der Entwurf?« – »Nein«, sagte Herr K., »der Mensch.« (GW 12,386 [Geschichten von Herrn Keuner])

7. Bei gewissen Übelständen erhebt sich der Ruf nach gewissen Tugenden. Werden die Tugenden nicht an die Besiegung der Übelstände geknüpft und bleiben sie allzu lange übrig, nachdem die Übelstände besiegt sind, so werden sie oft die Quellen neuer Übelstände. Das hat man bei der Tapferkeit, Ausdauer, Wahrheitsliebe und Opferbereitschaft oft erlebt. (GW 12,477)

8. Über den Zweifel
   Me-tis Schüler Do verfocht den Standpunkt, man müsse an allem zweifeln, was man nicht mit eigenen Augen sähe. Er wurde wegen dieses negativen Standpunkts beschimpft und verließ das Haus unzufrieden. Nach einer kurzen Zeit kehrte er zurück und sagte auf der Schwelle: Ich muss mich berichtigen. Man muss auch bezweifeln, was man mit eigenen Augen sieht. Gefragt, was denn den Zweifeln eine Grenze setze, sagte Do: Der Wunsch zu handeln. (GW 12,504)

9. Ethiken
   Über den berühmten Satz »Du sollst deinen Nächsten lieben wie dich selbst« sagte Me-ti einmal: Wenn die Arbeiter das tun, werden sie niemals einen Zustand abschaffen, in dem man seinen Nächsten nur lieben kann, wenn man sich selbst nicht liebt. (GW 12,476)

10. Produktionsverhältnisse
    Freiheit, Güte, Gerechtigkeit, Geschmack und Großzügigkeit sind Produktionsfragen, sagte Me-ti zuversichtlich. Unter sittlichem Verhalten kann ich nur ein produktives Verhalten verstehen. Die Produktionsverhältnisse sind die Quellen aller Sittlichkeit und Unsittlichkeit. (GW 12,478)

Als Handwerkszeug für den Beginn bekamen alle das axiomatische Feld:

Fragen an die Sätze:
Wo kommt der Satz her? In welcher Lage wurde er gesprochen?
Wem nützt er, wem zu nutzen gibt er vor?
Welche Sätze folgen ihm?

Ich hatte befürchtet, dass aus dieser Menge von Frauen und Männern verschiedenen Alters und sichtbar aus ganz unterschiedlichen Ländern niemand nach vorne treten und sich hervortun würde. Das Gegenteil war der Fall. Es meldeten sich viele; zwei, ein Mann aus dem Irak und eine Frau aus der Hochschule, setzten sich in Positur und legten los. Das immer größer werdende Auditorium hörte sehr gespannt zu. Der Mann hatte »Hunger ist der beste Koch« gewählt. Das gefiel mir, weil es so kurz war und also keine Zeit mit Vorlesen die Aufmerksamkeit zu stark anspannen würde. Er begründete sofort, der Satz stimme mit seiner Erfahrung überein, denn wenn man richtig Hunger habe und lange nichts gegessen, schmecke alles;

und die Frau widersprach sofort, dass Koch sein doch eine Qualifikation sei und der beste lange gelernt habe, und wenn jetzt das Essen ohne Unterschied hineingeschlungen werde, werde er missachtet. Das Publikum ging sichtlich mit. Man sah, wie sie die einen Argumente ebenso wie die anderen für sich fortsetzten. Und so ging es eine Weile hin und her – bis sie zögernd übereinkamen, dass der Satz in sehr schlechten Zeiten für arme Menschen stimme, aber nicht für die Satten und Zufriedenen zutreffe. So habe er jetzt für sie eine beunruhigende Wirkung, so als ob ihr Hunger durch Sätze gestillt werden sollte, damit sie nicht für Verhältnisse streiten, in denen alle genug zu essen haben, und es so doch einen Unterschied macht, ob einer gut kocht oder nur Essbares herstellt. Beunruhigung blieb dennoch, weil sie offenbar nun auch selber dafür sorgen mussten, dass ein richtiger Satz zustande käme, der wahr wäre, und er könne doch auch nicht heißen: Hunger ist ein schlechter Koch. Man muss mehr Umstände machen. Wir brauchten keine Abstimmung oder Entscheidung, weil schon die nächste Gruppe wartete und die einen Argumente ebenso wie die anderen für sich fortsetzte.

Wir blieben beim Kochen, vielleicht weil alle wussten, worum es da ging. Die nächste Gruppe wählte, Lenin habe gesagt, die Köchin müsse den Staat regieren. Vielleicht auch weil Brecht da gleich ergänzt hatte, dass es dann ein anderer Staat sein müsse und eine andere Köchin, die Veränderungsargumente zugleich ausgedehnt hatte. Es blieb genauso engagiert und begeistert, man probierte Veränderungen in die eine und in die andere Richtung. Der Satz sollte stimmen und zugleich auch wollte man die Hochachtung vor dem Staat und die eigene Ungeeignetheit nicht aufgeben, und doch hatte man ja gerade erst gelernt, dass die Köchin eine qualifizierte Gestalt ist, die fälschlich doch eigentlich gering geachtet war, und auch, dass die Geringschätzung wiederum falsch war. So konnte jeder der beiden in die eine und die andere Richtung die Argumente wälzen und das Publikum blieb dabei, keiner verließ den Raum, ja Neue kamen hinzu. So dass wir Schwierigkeiten hatten, überhaupt irgendwann aufzuhören.

Sie hatten in kürzester Zeit viel gelernt und zu meinem Erstaunen hatte auch ich Neues gelernt, weitere Bezüge, die mir bis dahin gar nicht aufgefallen waren, zum Beispiel, dass die Erwähnung von Lenin in dem Satz mit der Köchin eine mehrfache Wirkung hatte, nämlich die Achtung oder umgekehrt die Verachtung einer Person einzusetzen, die eigenen schnellen Zustimmungen oder Ablehnungen umzubauen in Verantwortung für die Bedeutung eigener Aussagen über Regierung von unten oder von oben, über Qualifikationen und Einschätzung seiner selbst – so lernte ich von den Teilnehmenden, die diskutiert hatten, und ich erfuhr vor allem, wie leicht es war, Begeisterung für das Denken zu wecken.

Ich musste meinen Flug nach Berlin erreichen, zur nächsten Versammlung, und eilte davon. Noch trunken von diesem Erfolg führte ich diese dialogische Weise, Brecht immer zu zweit in Szene zu setzen, auch in der Dialektikwoche ein, was wiederum neues heiteres Leben und eine große Freisetzung von Denkbewegungen wie auch Nachdenken und Nichts-für-allzu-gewiss-Halten in Gang setzte.

Die Theaterleute riefen an und wollten das Dialektikcamp bei sich im Theater fortsetzen. Krankheit und vielfältige andere Verpflichtungen stoppten diesen freigesetzten Hunger bei mir oder aber überließen es der Gruppe, sich selbst weiterzuführen.

Kapitel 6

Frageräume. Lernen von Virginia Woolf

Das Privileg des Wohllebens

Brecht lässt Ziffel in den *Flüchtlingsgesprächen* linken Schriftstellern vorwerfen, dass sie die Empörung der Unteren mit moralischen und philosophischen Lehrsätzen zu erregen suchten, statt ihnen vom Wohlleben der Oberen zu berichten. Ohne sich selbst moralisch über den Lebenswandel der Oberen zu entrüsten, geht es ihm darum, den Überfluss der einen als Mangel der anderen erfahrbar zu machen. In den *Drei Guineen*[13] ([1938], 1978) schreibt Virginia Woolf über die Schwestern und Töchter der »educated men«, der gebildeten Männer. Ihre Lebensweise, ihre Erziehung, ihre Gewohnheiten sind der Luxus, der Überfluss und zugleich die Folie, vor der der Mangel der Frauen aus gleichem Stand erzählt wird. Brechts Beschreibung vom früheren Leben des Physikers Ziffel liest sich wie eine Passage aus Woolfs politischer Erzählung:

> Ich stammte aus einer »guten Familie« und wurde von meinen Eltern durch erhebliche Geldaufwendungen in den Besitz einer Bildung gesetzt, die mir ein ganz anderes Leben verschaffte, als die Millionen armer Teufel um mich herum es führen konnten. Ich war unbestritten ein Herr und konnte als solcher mehrmal am Tag warm essen, dazwischen rauchen, am Abend in ein Theater gehen und so viele Bäder nehmen, als ich Lust hatte. Meine Schuhe waren leicht, meine Hosen keine Mehlsäcke. Ich konnte ein Bild genießen und ein Musikstück brachte mich nicht in Verlegenheit. Wenn ich mit meiner Eingehfrau über das Wetter sprach, wurde es mir als Menschlichkeit angerechnet. (1418f.)

Während Brechts Frage dem Zusammenhang von eingreifendem Denken und der Entwicklung von Gefühlen und von Genuss in Klassenverhältnissen gilt, entgeht ihm die Geschlechtsspezifik der Anordnung ganz. Dagegen fragt Virginia Woolf nicht nur, ob das Geld, das in die Erziehung der Söhne gesteckt wurde, sinnvoll angewandt ist, sondern zeigt auch, dass es die Kehrseite des Mangels ist, dem die Töchter ausgesetzt sind. So schafft sie eine Anordnung, in der die besten Möglichkeiten in einer Gesellschaft, was Bildung, Erziehung, Lebensweise angeht, zugleich an ihren Resultaten

13 Die Übersetzung der Zitate ist von mir. Ich gebe die Seitenzahlen der veröffentlichten deutschen Übersetzung in Klammern an.

gemessen werden und daran, dass sie Vorenthaltungen für andere sind. Es geht um Ungleichheit in der Frage der Lebensmöglichkeiten insbesondere zwischen den Geschlechtern. Der Standpunkt bleibt in der Klasse der Bildungsbürger – das gibt ihr die Möglichkeit, die Ungleichheit der Geschlechter schärfer herauszuarbeiten; er ist zugleich einer, der vom Sinn und Nutzen gesellschaftlicher Mittel spricht – das gibt ihr die Möglichkeit, das Patriarchat als privatförmig eigennützig vorzuführen.

Die Kunst des Fragens

Ich halte *Die drei Guineen* für ein hervorragendes Beispiel eines literarischem Feminismus[14]. Es ist eine lehrreiche Studie, ein Vorschlag, wie politische Aufklärung geschehen könnte, die es den Zuhörenden und Lesenden ermöglicht, ihr bisheriges Denken so zu verändern, dass sie anders handlungsfähig werden. Dabei werden sie nirgends direkt belehrt und ziehen doch dauernd Lehren. Es gibt keine moralischen Verurteilungen und doch arbeitet der Text auf den Ebenen der Moral so gut wie auf denen des Verstandes und der Gefühle. Er ist vor allem ein Werk, welches in Geschlechterverhältnissen für Frauen streitet, dabei aber romantische Zuschreibungen an das weibliche Geschlecht ganz vermeidet. Obwohl viele der gewählten Beispiele, Gesetze, Zustände inzwischen für Frauen bessere sind, bleibt Woolfs Verfahren, die Weise der Argumentation, der Einbindung von Erfahrung und Gefühl gültig. Ich werde daher im Folgenden eine Reihe von Vorgehensweisen in diesem politischen Essay herausarbeiten, die für die Gesamtfrage von Lehren und Lernen relevant sind.

Der Form nach handelt es sich um einen Brief, der zwei weitere Briefe in sich enthält. Alle drei geben Antwort auf eine einfach gestellte Frage: Wie kann man den Krieg verhüten?[15] Die Frage kommt allgemein daher, jedoch erscheint sie als Frage eines gebildeten Mannes an eine Frau, ein Arrangement, das es notwendig macht, von Anfang an über die unterschiedliche Beteiligung der beiden Geschlechter an Krieg, Bildung, Fragen und Antworten, an den Möglichkeiten von Alternativen nachzudenken.

Woolf arbeitet im gesamten Essay an der Kunst, Fragen zu stellen, sie ernst zu nehmen, sie durch Anerkennung zu überwältigen, ihre heimlichen Unterstellungen herauszuarbeiten, sie mit ihrem Gegenteil zu konfrontieren,

14 Man lasse sich nicht dadurch verwirren, dass Virginia Woolf sich in diesem Text gegen die Aktualität von Feminismus äußert; sie verbindet das Wort mit der Erkämpfung des Wahlrechts, das inzwischen errungen sei. In unserem heutigen Verständnis, in dem feministisch ist, was die Einschreibung der Frauen in Geschichte, Gesellschaft, Theorie im Namen eines erst zu erstreitenden Allgemeinen meint, ist ihr Text geradezu der Beginn eines aktuellen Feminismus.

15 Der Text ist im Winter 1936/37 geschrieben.

sie in die Ecke zu drängen, wo sie preisgeben müssen, dass sie andere, weiterreichende Fragen verdecken, um sie dann durch neue Fragen zu ersetzen. Kurz, indem sie eine umfassende Fragensuche eröffnet, lehrt sie Erstaunen, Verwunderung, zeigt, wo man zu kurz gedacht hat, wo man weiterfragen müsste. Dabei gibt es keine Frage, die als zu dumm zurückgewiesen wird, denn in jeder, so lässt sie uns erkennen, steckt ein Stück Alltagsverstand, mit dem es zunächst zu ringen gilt, dem der Spiegel seiner Konsequenzen vorgehalten werden muss, ehe zu neuen Fragen vorangeschritten werden kann. Diese Methode macht, dass der Essay ohne jeden Edukationismus auskommt, obwohl er von Erziehung handelt und lehren will; sie macht ihn undogmatisch, obwohl Woolf ein sehr klares Urteil zu den verschiedenen Punkten hat, mit dem sie auch nicht zurückhält. Und es macht ihn spannend, selbst wo er nur über Zahlen informiert oder Geschichtsdaten, weil die Fakten in einem Modus vorgestellt werden, dass sie Antworten geben können auf längst geahnte Fragen und zu neuen Fragen ermutigen. Auch zeigt er, dass man keine Frage einfach akzeptieren und auf Antwort sinnen sollte, ja dass vorschnelles Antworten Erkenntnisse blockiert. So geht es ihr darum, den gesunden Menschenverstand, der sich bei jeder dahergelaufenen Frage meldet, in Bewegung zu bringen, indem er diese Frage nicht etwa verwirft, sondern zunächst wirklich ernst nimmt, das heißt, an ihre Wurzeln – sie hat meist mehrere – geht.[16]

Die Erzählung beginnt also mit der Frage eines gebildeten Mannes an die Autorin als Frau, ob sie helfen könne, den heraufkommenden Krieg zu verhindern. Woolf nimmt diese Ausgangsfrage und konstruiert daraus zunächst eine Art Fragetreppe, auf deren verschiedenen Stufen je andere Ausschnitte des sozialen Lebens gezeigt werden können. Wieso fragt ein Mann von universitärer Ausbildung, mit einem wohldotierten Beruf, also mit Macht und Einfluss, sie, eine Frau, die in all den Punkten zurückstehen muss? Wieso weiß er nicht weiter, und was wüsste sie, das hier helfen könnte? Welchen Einfluss hat sie, welche Macht, welch andere Möglichkeit als Frau aus der gleichen, aus der gebildeten Klasse? Und ist es nicht ein Fortschritt, von einem Manne mit Bildung um Rat gefragt statt verachtet zu werden? Aber woher kommt eigentlich Krieg, über dessen Ursachen man etwas wissen müsste, wollte man ihm Einhalt gebieten? Dass sie als einzelne Frau gefragt wird, müsste doch bedeuten, dass sie zur Verhinderung beitragen könnte, dass also am Zustandekommen von Kriegen auch alle Einzelnen als selber Handelnde und Denkende beteiligt wären? Sie nutzt alle diese Fragen, um an ihnen weitere Fragen zu entwickeln, die es ermöglichen, solche

16 Man kann Virginia Woolfs Methode mit der ›Hebammenkunst‹ des Sokrates vergleichen, der der Auffassung war, dass es im Alltagsverstand eine Menge an nicht erkanntem Wissen gebe, das es herauszuarbeiten und ans Licht zu bringen gelte.

Problematiken wie die der Bildung und Erziehung von Frauen, die Fragen nach der Rolle von Bildungszielen überhaupt und den dafür verwendeten Ausgaben zu diskutieren, über sie zu informieren und sie in den Kontext einer angenommenen Gleichstellungspolitik zu bringen, die der gesamten Erzählung untergelegt ist.

Die Fragekette rückt sofort unter die Haut. Woolf fragt nämlich nicht nach der Bildung und Stellung von Frauen an sich, als wäre dies etwas, das man fern von sich wohlwollend interessiert oder gleichgültig betrachten könnte. Sie fragt danach, was die gebildeten Väter und Brüder ihren Töchtern und Schwestern zugeteilt haben. Die überraschende Intimisierung einer so allgemeinen Frage, ihre Einbeziehung in Familienangelegenheiten hat keineswegs den Effekt, das Problem weniger allgemein zu machen, als ginge es hier eben bloß um die inneren, privaten Probleme einer Familie; im Gegenteil schafft sie unmittelbar eine Verbindung zwischen der Lage und Stellung, dem Schicksal von Frauen in einer patriarchalen Gesellschaft und dem Verhalten der je einzelnen Männer, die es zu etwas gebracht haben, also der Repräsentanten der herrschenden Kultur. Man erhält den Eindruck: Es ist noch viel schlimmer, als wir gedacht haben. Sie investieren kaum Geld in ihre Töchter, sie lassen ihre Schwestern arm und ungebildet leben, während sie selbst ein herrschaftliches Leben führen; wie wenig erst können wir von ihnen für die Verbesserung der Lage von Frauen überhaupt erwarten, eine Problematik, die im Übrigen noch nicht einmal so groß und allgemein ist wie die Frage nach der Verhinderung von Krieg, die als Leitfrage durch den gesamten Essay erhalten bleibt.

Die Dummheit des Krieges

Woolf beginnt mit der Überprüfung der Frage, ob Kriege in der Psyche der Menschen einen Rückhalt finden. Sie führt als Quellenmaterial Autobiographien vor und kommt zu dem Ergebnis: »Krieg ist ein Beruf; eine Quelle von Glück und Aufregung; und er ist auch ein Tummelplatz für männliche Eigenschaften, ohne die Männer verfallen würden.« (11) An keinem Punkt stellt sie derartige Funde hohnvoll aus; in ihrer Schreibweise wird all solches interessiert und unvoreingenommen betrachtet und zur Kenntnis geboten wie Berichte aus einem fremden Land. Sie beobachtet und ist an dieser Stelle keineswegs zufrieden, ob sie tatsächlich genügend Informationen gesammelt hat. Sie sucht Gegenbeispiele, die sie leicht findet. Ihre vorläufige Antwort führt zur nächsten Frage: Ist das männliche Geschlecht also uneinheitlich und vermutlich ein Produkt von Kämpfen wie vieles? Aber nicht alles ist womöglich entgegengesetzten Bedeutungen und Konstruktionen unterworfen, es gibt etwas, auf dessen objektive Stimmigkeit sich all dies beziehen muss. Dieses ist die Entsetzlichkeit, die Ekelhaftigkeit, die Dummheit des Krieges. Diese klare nicht zu hinterfragende Eindeutigkeit wird durch das gesamte Buch hindurch immer wieder befestigt durch Rekurs auf ein Foto, welches die spanische Regierung damals um die Welt schickte. Woolf beschreibt das Foto, »ein Faktum«, anscheinend ohne Emotionen, peinlich genau, wie man eine Bildbeschreibung macht:

> Die Leiche eines Mannes oder einer Frau; sie ist so verstümmelt, dass es andererseits auch ein totes Schwein [sein könnte,] tote Kinder [...] ohne Zweifel ein Stück von einem Haus [...] Eine Bombe hat die Seite aufgerissen; ein Vogelkäfig hängt noch in dem, was vermutlich das Wohnzimmer war, aber der Rest des Hauses sieht am ehesten aus wie ein Bündel mitten in der Luft stehender Holzstäbe (u. a. 15f.).

Die Bezahlung der Ausbildung

Zwei weitere Daten ziehen sich wie Leitthemen, wie unerledigte Erinnerungen durch den Text. Aus dem Leben einer Tochter aus gutem Hause, dass sie 50 Pfund im Jahr zusätzlich zu Kost und Logis hatte (während ihr Bruder mehr als 1000 Pfund ausgeben konnte), es ihr aber nicht erlaubt war, Unterricht gegen Geld zu geben, um ihrer tatsächlichen Armut (ein löchriger Unterrock z. B.) ein wenig abzuhelfen; und ein Satz, der ebenso für die Töchter und Schwestern gebildeter Männer überhaupt gilt: »Dass mir zugestanden wurde, Deutsch zu lernen, war bereits meine *gesamte* bezahlte Ausbildung« (u. a. 7, 32). – An dieser Stelle setzt Woolf beiläufig ein weiteres Frageverfahren ein, das Verallgemeinerung verdient. Die Rede von der bezahlten Ausbildung lässt vermuten, dass dahinter eine andere, eine unbezahlte ist.[17] Diese gilt es zu einem Forschungsgegenstand zu machen. Die weitere Forschung bezieht sich also nicht nur auf die Resultate der Erziehung der Söhne und Brüder in den Schulen und Universitäten als etwas, das den Töchtern und Schwestern vorenthalten ist, sondern ebenso auf die Ergebnisse eines Daseins in den Elternhäusern des Bildungsbürgertums. – In dieser Weise führt sie auch die Besichtigung differenzierter Berufsstatistiken zu der Frage, wieso eigentlich ein Beruf wie Mutter, der so massenhaft ausgeübt wird, nicht unter den Berufen verzeichnet ist.

17 Diese Methode, hinter dem Gesprochenen das Ungesprochene herauszufinden, also hinter und unter den Zeilen zu lesen, wurde später als Hermeneutik des Verdachts insbesondere in der feministischen Theologie weiterentwickelt. Auch die Diskursanalyse arbeitet mit diesem Verfahren, ebenso Erinnerungsarbeit. Vgl. auch Althussers Rede von der symptomalen Lesweise und Holzkamps Suche nach dem verlorenen Subjekt in den Lerntheorien – vgl. Kapitel 2.

Bildung oder Ausbildung ist nicht bloß ein Wort oder ein Recht, das die Schwestern und Töchter in ihrem Hunger nach Wissen erwerben wollen; Bildung, so zeigt Woolf mit Hilfe von Zahlen, autobiographischen Zeugnissen, Pressemeldungen etc., ist eine Lebensweise, sie eröffnet den beiden Geschlechtern, denen, in deren Bildung unglaublich viel Geld investiert wird, wofern sie aus der gebildeten Klasse kommen – man erhält die genauen Zahlen und Daten für die Universitäten, die Colleges, die Schulen –, und denen, die bestenfalls eine Fremdsprache lernen und im Übrigen zu Hause bleiben müssen, eine vollkommen andere Erfahrung von Gesellschaft und entsprechende Besetzung von Wörtern. Wörter erscheinen so auch als Fühlwörter. Vaterlandsliebe etwa kann für die Schwester, die im Übrigen ihr Vaterland ablegt wie einen Mantel, wenn sie einen Ausländer heiratet, unmöglich das Gleiche bedeuten wie für den Bruder, der zu seiner Verteidigung gerufen wird, weshalb sie die Verpflichtungen, die ihm daraus erwachsen, nicht versteht. (11) Das gilt auch für den Anblick ehrwürdiger Colleges, die den Schwestern wie eine wirre Ansammlung alter Gemäuer, Kapellen, Rasen erscheinen müssen, während die Brüder Schulerfahrungen assoziieren und die entsprechende Lebensweise. Und die staatlichen Gebäude und viereckigen Höfe in London können für eine Frau gleichbedeutend sein mit löchrigen Unterröcken, kalter Hammelkeule und einer Eisenbahn, die im Schiffsbauch ins Ausland abfährt, während der Schaffner ihr die Tür vor der Nase zuschlägt (8). Das Gleiche aber gilt nicht für den Anblick von toten Leibern, zerbombten Häusern, die Tatsache ihres Grauens trifft die Geschlechter gleich. Also ergibt sich als weitere Frage, welche Erfahrungen dazu führten, dass sowohl die Konferenz der gebildeten Männer wie die der Arbeiter jährliche Kriegskredite von 300 Millionen Pfund bewilligten (12). Der Grund kann nur ein ›allgemeiner‹ Patriotismus sein, der sie bei der Idee der Verteidigung Englands an Liebe, an Freiheit, an Demokratie glauben lässt, aber es ist ganz und gar unwahrscheinlich, dass Frauen ähnliche Motive haben, England zu lieben (13f.). Ihre Fragestreifzüge zeigen Zusammenhänge von Bildung und Macht, vor allem von Bildung und Geld, beide verbunden mit einer Lebensweise, zu der Heim, Frau und Kind als zu verteidigende Güter gehören. Es geht also um bemerkenswerte Geschlechterverhältnisse.

Der Wert des Berufs

Zwei neue Frageräume müssen eröffnet werden: Was ist eigentlich Bildung, was ist eine gute Erziehung, so dass wir sie für die Schwestern und Töchter ebenso erstreiten wollten, und was ist ein guter Beruf, mit dem man seinen Lebensunterhalt verdienen kann?

Hundert Jahre brauchten die Frauen, das Wahlrecht zu erkämpfen, seit sechzig Jahren haben sie ein wenig an Bildung teil[18], während die Brüder und Väter auf Jahrhunderte akkumulierten Wissens zurückblicken, welches sie je ererben und weitergeben mit den dazugehörigen Anerkennungen und Lebensweisen; seit fünfzehn Jahren können Frauen in England einen Beruf ergreifen. Was steckt in diesem Zusammenhang von Bildung, Macht und Eigentum, das es verunmöglicht, Kriege zu verhindern, ja vielleicht diese gar befürwortet – und sollten Frauen überhaupt hier gleichziehen wollen, bzw. was könnten sie sonst zur Verhinderung von Krieg beitragen, wollen sie nicht entsprechend ihrem jahrhundertealten Beruf Ehefrau und Mutter ihren Männern, Vätern und Brüdern lediglich Anerkennung und Zuspruch erweisen?

Eine der Erkundungen beginnt mit der Frage: Welches sind die Bedingungen erfolgreicher Berufe, die wir ja akzeptieren müssen, wenn wir das gleiche Einkommen, den gleichen Einfluss in den gleichen Berufen erreichen wollen? Woolf lässt eine Reihe von Männern mit Macht, Bildung, Eigentum darüber sprechen, wie sie dieses Leben erfahren. Das Ergebnis:

> Du wirst das Haus um neun Uhr verlassen müssen und um sechs zurückkehren. Den Vätern lässt das sehr wenig Zeit, um ihre Kinder kennenzulernen. Das wirst du täglich tun müssen, etwa von einundzwanzig Jahren an bis ungefähr zum Alter von fünfundsechzig. So bleibt sehr wenig Zeit für Freundschaften, Reisen oder Kunst (97).

Anstrengende und barbarische Pflichten, Uniformen, Treueeide, ein Medaillon wie ein Hundehalsband tragen. Was ist das für ein Leben? Sie zitiert aus der Biographie eines Rechtsanwalts: »Er nahm Schriftstücke mit nach Hause [...] so dass er sich glücklich schätzte, wenn er gegen ein oder zwei Uhr morgens ins Bett kam.« Das erklärt, warum es so langweilig ist, neben einem erfolgreichen Rechtsanwalt beim Abendessen zu sitzen – er gähnt unaufhörlich. – Aus der Biographie eines Politikers: »Seit 1914 habe ich das Schauspiel der Obstblüte nicht mehr zur Gänze genossen, wenn das kein Opfer ist.« Sie folgert: Ein Opfer, das die Gleichgültigkeit der Regierung gegen die Kunst erklärt und warum diese Gentlemen blind sind. – Aus der Biographie eines Bischofs: »Dies ist ein schreckliches, Geist und Seele zerstörendes Leben [...] wichtige Arbeit bleibt unerledigt« (98); ihr Kommentar: Das bestätigt, dass unsere Bischöfe ohne Seele predigen und ohne Geist schreiben. – Ein Arzt, der sehr viel verdient: Es stört ihn, dass er an Sonntagen und Weihnachten von Weib und Kind getrennt ist, was erklärt, dass er nichts vom ganzen Körper versteht, da er sich zum Sklaven seines

18 Die Zahlen errechnen sich vom Schreibjahr 1937.

Einkommens macht. Ein Journalist, der seine Arbeiten nach Wortmengen zählt, was deutlich macht, warum Lob und Tadel aufgehört haben, eine Bedeutung zu haben (98f.). Ihre Schlussfolgerung: Der Wert des Berufslebens ist, was den Verdienst angeht, in Ordnung, aber nicht sein geistiger, moralischer und intellektueller Wert.

> Sie machen uns glauben, dass Menschen ihre Sinne verlieren, wenn sie beruflich sehr erfolgreich sind. Das Sehvermögen schwindet. Sie haben keine Zeit, sich Bilder anzusehen. Das Gehör schwindet. Sie haben keine Zeit, Musik zu hören. Die Sprache schwindet. Sie haben keine Zeit für Unterhaltung. Sie verlieren den Sinn für das Maß – die Beziehungen werden beliebig. Die Menschlichkeit schwindet. Geld zu machen wird so wichtig, dass sie Tag und Nacht arbeiten müssen. Die Gesundheit schwindet. Und sie werden so ehrgeizig, dass sie ihre Arbeit, von der sie übergenug haben, nicht mit anderen teilen wollen. Was bleibt von einem menschlichen Wesen, das sein Sehvermögen, sein Gehör, sein Maß verloren hat? Nur ein Krüppel in einer Höhle. (100f.)

Sie zitiert Aussagen von einflussreichen Menschen (eine Marquise, Churchill), die eine Beziehung zwischen den eben beobachteten Phänomenen und den Kriegen bzw. der Bewilligung ihrer Kredite herstellen. Es scheint daher ganz unsinnig, solche Lebensbedingungen für die Schwestern und Töchter erstreiten zu wollen. Und doch kann der Anspruch auf gleiche oder wenigstens etwas gerechtere Teilhabe an Bildung, Eigentum, Gesellschaft nicht fallengelassen werden. Wie dann?

Die Beschränktheit des Heims

Trotz scharfer Besichtigung des Patriarchats insbesondere in der herrschenden und gebildeten Klasse und des Unrechts, das diese ihren weiblichen Mitgliedern zufügt, ist Woolf an keiner Stelle versucht, dem weiblichen Geschlecht ein besseres Wesen zuzuschreiben. Bei eindeutiger Parteinahme für die Frauen, gerade im Namen der Verhinderung von weiteren Kriegen, von Konkurrenz, Neid, Machtgier, Eigentum, setzt sie nicht auf das Weibliche schlechterdings. Ihr Weg ist widersprüchlicher, komplizierter. Sie schickt sich an, die Berufsbiographien von Frauen zu studieren mit dem nicht verwunderlichen Resultat, dass es kaum welche gibt, da die Berufstätigkeit nicht zu den Praxen der Frauen zählte. Sie geht nicht in die Falle, die häusliche Tätigkeit der Frauen an dieser Stelle hochzuloben, im Gegenteil. Schonungslos besichtigt sie die Tatsache, dass gerade die Beschränkung auf Ehe und Haus die Frauen keineswegs zu friedfertigen Menschen, sondern zu bewussten und unbewussten Unterstützerinnen des Krieges gemacht hat, so dass sie bei Kriegsbeginn in die Hospitäler eilten, um den Verwundeten zu sagen, ihr Kampf sei heroisch, und zuvor den einflussreichen Männern in Uniform und Robe nach dem Munde redeten, um womöglich einen Ehepartner zu finden. Noch schlimmer fällt ihre Beurteilung der weiblichen Lebensweise aus: Hier ist »das private Heim, mit seiner Nichtigkeit, seiner Unmoral, seiner Heuchelei, seiner Unterwürfigkeit« (103), und zur Wahl steht stattdessen seit kurzer Zeit auch für Frauen:

> Die Welt der Öffentlichkeit, das Berufssystem, mit seiner Besitzgier, seiner Eifersucht, seiner Feindseligkeit und Habsucht. Das eine sperrt uns ein [...] das andere zwingt dazu, uns wie Raupen Kopf an Schwanz [rund um] den heiligen Baum des Eigentums zu winden (103f.).

Selbstmord scheint der einzige Ausweg aus zwei solchen Übeln. Mit dieser Verzweiflung wird die Frage dringlicher: »Wie können wir einen Beruf ergreifen und doch anständige menschliche Wesen sein«? (103)

Diese Übel werden begleitet von zwei weiteren, zwischen denen die Frauen ebenfalls gefangen sind: Bildung und Erziehung führen ganz offensichtlich nicht zur Verhinderung von Kriegen, ihre Resultate scheinen im Gegenteil Konkurrenz, Eifersucht, Gewalt und Besitzgier. Aber ohne Bildung und Erziehung ist das Leben der Frauen nichtig, vertan, sinnlos. Der Kampf um Gleichberechtigung führt in jedem Punkt, der geprüft wird, in eine ausweglose Klemme. Frauen können nicht die gleichen Vorteile, Privilegien, Macht erringen wollen, die dieses kriegerische System hervorbringen, welches sie ebenso stützen, wenn sie es nicht tun, wenn sie unterwürfig in Abhängigkeit bleiben.

Der Nutzen des Frauencolleges

Für die Entfaltung und Weiterführung dieser Widersprüche erfindet sie zwei neue Briefe, Bitten um Geld für den Wiederaufbau eines Frauencolleges und für einen Verein zur Förderung weiblicher Berufstätigkeit, beides Ziele, die in einem ganz unzweifelhaft bejaht und ebenso heftig verneint werden müssen. Sie stellt Frage um Frage an die Bittstellerinnen, die gleichzeitig dazu dienen, die fertigen Urteile im gesunden Menschenverstand zu lockern und eine gnadenlose Skizze der herrschenden Zustände zu zeichnen mit belegenden Zahlen, Zeitungsinformationen (»die Tagespresse – Geschichte im Rohzustand«) (10), Nachrichten, die, eingespannt in solch dringliche Gesamtfrage, ein ganz ungewohntes Leben bekommen.

Beispielsweise klagt sie die »ehrenamtliche Schatzmeisterin«, die Geld für die Renovierung des Colleges sammelt, an, außerordentlich töricht und außerhalb der Zeit zu sein, wenn sie dafür 100 000 Pfund erzielen möchte. Das Einverständnis, dass dies tatsächlich ein wenig unverschämt sei angesichts der Unbedeutendheit des Vorhabens und der schwierigen Zeiten, wird verurteilt mit einer Information: Das Land gibt jährlich 300 Millionen Pfund für Heer und Marine aus; Cambridge verfügt über 212 000 Pfund jährlich. Die Frage verschiebt sich: Wie will die Schatzmeisterin mit so wenig etwas ausrichten? Die Frage wird durch weitere Informationen gestützt und zugleich unterlaufen: Cambridge bekommt viele Schenkungen von reichen Fabrikanten, weil es »nützliche Resultate« erbringt. Und das Frauencollege? Probeweise nimmt Woolf den Standpunkt der Fabrikanten ein, um deren Geldbörse für die Schenkung es ja geht: Nimmt das College »eine führende Rolle in der Erfindung von Kriegsgeräten ein? Wie erfolgreich sind Ihre Studenten in ihren Geschäften als Kapitalisten?« (45) Die Arbeit mit den sich immer rascher vermehrenden Fragen wird radikalisiert. Würde das College in gleicher Weise verfahren wie Cambridge u. a., gehörte es vom Standpunkt der Ausgangsfrage nach der Verhinderung von Kriegen nicht wiederaufgebaut, sondern abgebrannt. Auf der Leerstelle gedeiht der Traum von einer anderen Erziehung: Nicht für Kapitalismus, Markt, Krieg soll ausgebildet werden, sondern zur Vervollkommnung von Geist und Körper, Leben und Gesellschaft. Die Durchführung ergibt sich zunächst aus einfacher Negation des Bisherigen, vor allem aus der Zurückweisung von Eigentum, Macht und Herrschaft, Gewalt, ritualisierter Ehrerbietung, Zwang usw. (46ff.). Konfrontiert mit dem Foto aus dem Krieg und der harten Frage, ob die so alternativ Gebildeten den Krieg verhindern könnten, bleibt die unbarmherzige Antwort: Sie würden keine Anstellung finden, sie würden abhängig bleiben von Vätern und Brüdern, Ehemännern, d. h. diese Form würde sie *für* den Krieg, nicht *gegen* ihn erziehen. Angesichts dieses Ergebnisses bleibt dennoch: Wir müssen uns für die Frauencolleges entscheiden, denn ohne sie geht nichts, aber wir können wenig von ihnen für die Vermenschlichung der Gesellschaft erwarten. Das bescheidene Ergebnis ist zugleich eine Lehre gegen zu hohe Erwartungen.

Die Förderung weiblicher Berufstätigkeit

Entsprechend führt die Beantwortung/Infragestellung der zweiten Bittschrift für die Förderung weiblicher Berufstätigkeit in schwieriges Gelände. Es beginnt wieder mit der Infragestellung der Frage, die dieses Mal, da es um Berufstätigkeit geht, noch viel armseliger begründet ist: Die Spende schließt Gaben ein wie »Bücher, Obst oder abgelegte Kleider, die auf einem Bazar verkauft werden können« (57). Diese Bescheidenheit führt für Woolf keineswegs zu dem naheliegenden Ergebnis, solches Verlangen sogleich zu befriedigen, zumal sie dem Ergebnis von vornherein zustimmen könnte, denn sie stimmt niemals von vornherein zu. Sie fragt: Warum ist die Vertreterin berufstätiger Frauen so arm, dass sie betteln muss? Schließen wir aus diesem Umstand, dass diese Frauen ohne Macht sind und also gegen den Krieg gar nicht helfen können? Andererseits hat große Armut für den um Spenden Gebetenen Vorteile, er kann Bedingungen stellen. Zuvor gilt es zu prüfen, ob diese Armut auch wahr ist. Sie nutzt dies, um weitere Informationen über die Lage von Männern und Frauen zu geben und die der Frauen zugleich als Verletzung der allgemeinen Menschlichkeit zu skandalisieren. Wieder wird dies nicht einfach in eine anklagende und daher wenig wirksame Aussage verwandelt, sondern es kann nur wahr sein, wenn der gesunde Menschenverstand zugleich ins Unrecht gesetzt wird. Sie selbst macht sich zum Sprachrohr dieses Philisters und ruft:

> Sicher liegt da ein grobes Versehen in der allgemeinen Menschlichkeit, der allgemeinen Rechtsprechung oder im gesunden Menschenverstand. Oder ist es nur so, dass Sie ein langes Gesicht ziehen und uns eine phantastische Geschichte auftischen wie die Bettlerin an der Straßenecke, die zu Hause unter ihrem Bett in einem Sparstrumpf viele Guineen gehortet hat? (58)

Sie nutzt den Zweifel an der Rechtmäßigkeit solch gewöhnlichen Verdachts zur Dechiffrierung von Politikerreden und Sätzen von Philosophen und namhaften Romanschriftstellern (etwa H. G. Wells), die den Frauen empfehlen, lieber eine Gesellschaft für den Frieden zu gründen und das viele Geld dafür zu nutzen, das sie noch aus dem Kampf ums Wahlrecht hätten, das auch den Krieg nicht abgeschafft, also nichts Rechtes gebracht hätte, woraus folge, dass die Frauen besser zu Hause bleiben und die Männer wenigstens beköstigen sollten, bevor sie in den Krieg gingen. Ihr Verfahren ist die Übernahme der haarsträubendsten und widersinnigsten Unterstellungen und ihre Zuspitzung als eigene Anklage an die Frauen, ein Verfahren, das den winzigen literarischen Vorteil nutzt, den Leserinnen nicht zu sagen, was sie davon halten sollen, sondern noch die Chance eignen Urteils in der Form des Gelächters gibt. Die Frage nach der Rechtmäßigkeit der Armutsklage endet wie zu erwarten in ihrer Bestätigung, dient noch dazu, einen Vergleich zwischen dem Vermögen der Frauenbewegung zu ihren Hoch-Zeiten und dem Rüstungsetat vorzulegen und die Höchsteinkommen der qualifiziertesten berufstätigen Frauen zu verzeichnen, um sie den Einkommen der verschiedenen Regierungsangestellten gegenüberzustellen, (ein Verfahren, welches wir viel zu selten anwenden; könnten wir doch die weiblichen Durchschnittsrenten mit den Abfindungen von vorzeitig ausgeschiedenen Regierungsvertretern oder gar Vorständen von Unternehmen wie der Telecom vergleichen). Woolf zeigt uns zugleich noch die Lüge der Gleichberechtigung in der Sprache, wenn die Regierungsvertreter höchst demokratisch immer Damen und Herren heißen, aber in der Praxis nur aus Herren bestehen, bzw. wo wirklich Frauen – hier noch Fräulein genannt – auftreten, dies gleichbedeutend mit einer niedrigen Stellung sein muss. Dieser Befund führt wieder nicht einfach zu einer Kenntnisnahme ungleicher Behandlung der Geschlechter, sondern wird ausgeweitet auf die Frage, ob eigentlich Intelligenz und Qualifikation und Stellung im Beruf tatsächlich einen Zusammenhang haben, mit dem erwarteten Ergebnis – das wiederum eine Menge Informationen über das Wirken von Seilschaften gibt –, dass dies keineswegs der Fall ist. Woolf folgert ironisch, dass es unter diesen Umständen ein Glück sei, dass die Fehlbarkeit von Unpersönlichem (wie Bürokratien) durch so Persönliches wie Freundschaften und Sympathien ausgeglichen werde (70)[19]. Immer noch auf der Suche nach Frauen in gut bezahlten Berufen, deren Abwesenheit nicht mit der Qualität ihrer Leistungen begründet werden kann – diese wird zuvor dokumentiert –, geht sie den Konnotationen des Wortes Fräulein in den öffentlichen Berufen im Spiegel der Presse nach. Wir erfahren vom täglichen ideologischen Geschlechterkampf, der wie der Klassenkampf geführt wird. Frauen haben zu viel Freiheit, sie nehmen Männern die Arbeitsplätze weg und damit ihre Heiratsmöglichkeiten usw. Das Resultat: Die Feinde der Berufstätigkeit der Frauen und ihrer entsprechenden Bezahlung sind viel schwieriger zu bekämpfen als jeder handfeste materielle Gegner, sie sind gleichsam atmosphärisch.

Die Verteidigung der Kultur

Der so wenig greifbare Grund des täglichen ideologischen Geschlechterkampfes ist ihre neue Ausgangsbasis, diese »Atmosphäre« als totalitär, als allgegenwärtig, als diktatorisch, als aus dem gleichen Geist wie der faschistische Krieg geformt zu begreifen: aus der Anmaßung, über das Leben anderer zu verfügen (74). Aus dieser überraschenden allgemeinen Totalitarismuskritik folgen politische Strategien und eine Wendung in der Methode der fragenden Analyse.

In einer Tageszeitung liest sie: »Gestern wurde auf der Direktorenkonferenz beschlossen, dass Frauen keine geeigneten Lehrerinnen für Knaben über vierzehn Jahren sind.« (122) Man könnte hier eine Klage gegen immer weiter vorenthaltene Gleichberechtigung erheben; man könnte die Aussage als bigott bezeichnen und voller Hohn in andere Bereiche ziehen und fragen, ob Frauen denn dort geeignet seien für die Pflege der

19 Brecht bedenkt in den *Flüchtlingsgesprächen*, geschrieben etwa zur gleichen Zeit und ebenfalls im Kontext von Faschismus und Krieg, den Zusammenhang von Fehlverhalten in der Bürokratie und wachsender Überlebenswahrscheinlichkeit.

Knaben; man könnte eine Recherche über die Versammlung und ihre geschlechtliche Zusammensetzung machen. Was tut Woolf? Sie nimmt diesen Satz als eine realitätsnahe Auskunft über die unterschiedlichen Kulturen und Welten der Männer und Frauen und schlussfolgert als eine aktuelle politische Lehre: »Wir können [...] Kultur und geistige Freiheit« nur »verteidigen« – dies war der Wortlaut aus dem Brief des gebildeten Mannes, der zur Verhinderung des Krieges aufrief –, »wenn wir unsere eigene Kultur und unsere eigene geistige Freiheit verteidigen« (123)[20]. Die Erkundung der Möglichkeiten von Frauen, Schwestern, Töchtern, solche Unterstützung zur Rettung von Kultur und geistiger Freiheit zu erbringen, hat die Frage ihres Glanzes beraubt und in die notwendige Bescheidenheit gestellt. Die Töchter können ihren Brüdern nicht raten, wie geistige Freiheit zu schützen ist, sie müssen allererst lernen, ihre eigene Sprache so zu lesen und zu schreiben, »dass sie durch ihren Sprachgebrauch jene recht abstrakten Göttinnen selbst schützen können« (123f.). – An anderer Stelle warnt sie die »Töchter der gebildeten Männer« davor, die Sache der Arbeiter zu der ihren zu machen; nicht weil diese Sache nichts Gerechtes hätte, sondern weil es bloßes Gerede ist, solange sie nicht für ihre eigene Sache kämpfen. – Die Frauen, die also im eigenen Land für ihr Recht auf Berufstätigkeit, auf Bildung usw. streiten, arbeiten so auch an der Verhütung des Krieges; sie tun zugleich das Gegenteil, weil das einzig Mögliche, das Ergreifen der gleichen Berufe, wie sie die Männer haben, die bestehenden Verhältnisse reproduziert.

Die Funktion der Kleider

Der Blick, den Woolf auf die von den gebildeten Männern besetzten Berufe und ihre Ausübung wirft, ist ethnologisch geschult. Sie beschreibt die Kleidung, die Zeremonien, die Orden, die Titel, wie man Stammesriten erzählt. Da ist ein Richter, der eine Ladendiebin verurteilt und sie dabei ermahnt, nicht so viel auf Äußerlichkeiten wie Kleidung zu geben. Dabei trägt er ein rotes Samtgewand mit einem weißen Hermelinkragen, auf dem Kopf eine Perücke mit langen weißen Locken, um den Hals eine große goldene Kette. Vor der Tür marschieren Männer mit Jacken, auf denen unterschiedlich breite goldbunte Streifen angebracht sind, auf dem Kopf tragen sie eine Art »Messingeimer« usw.

Sie sieht die Funktion solcher Kleider im Zusammenhang des Marktes, von Kauf und Verkauf:

20 Es ist in ganz ähnlichen Worten die Lehre, die aus den Aufrufen der Zapatisten, im je eigenen Land gegen den Neoliberalismus zu kämpfen, zu hören ist.

> Eure Gewänder erfüllen, wenn Sie das bescheidene Bild entschuldigen wollen, den gleichen Zweck wie die Schildchen zum Auszeichnen der Waren in einem Lebensmittelgeschäft. Nur heißt es hier nicht »das ist Margarine; das reine Butter; das beste Markenbutter«, sondern »das ist ein gescheiter Mann – er ist Magister Artium; dieser Mann ist sehr gescheit – er ist Doktor der Literatur; dieser Mann ist über die Maßen gescheit – er ist Träger des Verdienstordens«. Es ist diese Funktion – die Reklamefunktion – Eurer Kleidung (29).

Der fremde Blick geht zurück ins Vertraute und verfremdet dort: »Eine Frau, die ihre Mutterschaft durch ein Büschel Pferdehaar auf der linken Schulter kundtun würde, gälte wohl kaum [...] als Gegenstand der Verehrung.« (Ebd.)

Wiewohl die Zeremonien und Rituale, die Insignien der Macht in den meisten Ländern an Pracht und Aufdringlichkeit verloren haben, bleibt der ethnologische Blick eine nachahmenswerte Methode. Er eignet sich besonders in Geschlechterverhältnissen, weil die Geschlechter aus einer Art sekundärer Natürlichkeit einen fremden Blick füreinander haben. Dieser ist nicht zu beklagen, sondern als Erkenntnismittel zu nutzen.

Die Eigenarten der Frauen

Wenn die Berufe der Männer und ihre Ausübung nicht die erhoffte Freiheit, nicht Menschlichkeit, nicht die Sehnsucht nach Frieden, sondern im Gegenteil Hass, Neid, Eifersucht, Besitzgier usw. bringen, gäbe es dann die Möglichkeit, auf diese Art Gleichstellung zu verzichten und doch auf die Eigenschaften, welche die Frauen im Laufe ihrer häuslichen Erziehung, ihres Ehelebens, in ehrenamtlicher Pflege von Alten und ähnlichen Tätigkeiten erwerben, zu hoffen? Woolf beschreibt ›männliche Eigenarten‹, ihre Lebensweise, ihre Privilegien als vormenschlich; wenn sie zu den Eigenarten und Tätigkeiten der Töchter und Schwestern der gebildeten Männer kommt, spricht sie keineswegs mit Nachsicht und Hoffnung, sondern mit Zorn und Verachtung – dies im Namen ihres Rechtes, menschlich zu leben. Sie zitiert aus einem Tagebuch einer solchen Tochter, die ihre Zeit vertreibt mit Warten, Langeweile, Versuchen, der Einengung durch Beschwerden und Ressentiments zu entkommen[21], und kommt zu dem Resultat, dass »die

21 Woolf arbeitet diese Gestalt zu einem der tragenden Charaktere in ihrem großen Roman *The Years* aus (1937, dt. Die Jahre, Frankfurt 1959). Das Leben dieser Figur wird preisgegeben und zugleich als tragisch vorgeführt. Es scheint verfehlt, weil der mühsam eroberte Ehemann ihr das mit ihm erhoffte Leben nicht gewähren kann, wenn er seinen Arztberuf seinen Hoffnungen entsprechend ausübt, statt bloß um ein möglichst hohes Einkommen zu erzielen. Am Ende verliert er seinen Lebenssinn und stirbt; mit seinem Tod gewinnt sie durch die Heirat mit einem anderen Mann den ihr ›zustehenden‹ Lebensstandard.

Töchter der gebildeten Männer eine unbezahlte Ausbildung erhielten durch Armut, Keuschheit, Geringschätzung und Freiheit von hohen Verpflichtungen« (109), also nichts, aus dem Hoffnung zu schöpfen wäre. Und das Zusammenspiel dieser beiden, die Erziehung aus den Lebensgeschichten beider Geschlechter, die ständigen Schwangerschaften der unbezahlten Ehefrauen und das ständige Geldverdienen der Ehemänner, bringen schreckliche Resultate für Geist und Körper; nämlich »Sinnlosigkeit, Kleinlichkeit, Bosheit, Tyrannei, Heuchelei, Unmoral« (110).

Der Streifzug durch die unterschiedlichen Zeugnisse, Lebensgeschichten, Statistiken, Zeitungen und die Durcharbeitung der sich auf diesem Wege auf je neuen Ebenen stellenden Fragen brachte einen Blick in die Zivilisation der englischen ›besseren‹ Gesellschaft kurz vor Beginn des Zweiten Weltkriegs, der, vom Standpunkt der gebildeten Klasse und ihres Potenzials an Menschlichkeit geschrieben, ein vernichtendes Urteil über die Bourgeoisie insgesamt und damit das Schicksal solcher Länder fällt. Der Blick ist zugleich auf den abhängigen Teil dieser herrschenden Klasse gerichtet, die Ehefrauen, Töchter, Schwestern, und ermöglicht es daher, die Problematik der Geschlechterverhältnisse als Produktion beider Geschlechter, wenn auch mit ungleichen Machtmitteln, Besitz und Möglichkeiten, vorzuführen. Indem die Erkundung in den Fluchtpunkt der Frage nach der Verhinderung des Krieges gestellt ist, rücken die Geschlechterverhältnisse in die Grundlagen dieser profitgierigen, gewalttätigen, nicht-menschlichen Gesellschaft ein. Ohne ihre Bearbeitung und Veränderung wird es keine nachhaltige Veränderung von Gesellschaft geben. Gleichstellung und gleiche Vorteile und Privilegien, die selbst ja schon als verantwortlich für diese kapitalistische Gesellschaft erkannt sind, für Frauen zu erstreiten, kann nicht der Weg sein. Dennoch muss die Gleichberechtigung der Frauen erkämpft werden, um überhaupt eine Möglichkeit zu eröffnen, dass sie anders handeln, denken, fühlen könnten denn als Abhängige dieser Herren aus der Bourgeoisie. Die Chancen sind gering, aber es sind die einzigen, und sie sind erst ein Anfang. Am Ende prüft Woolf, ob nicht diese verächtlichen Lehrmeister der unbezahlten Erziehung – die Armut, die Keuschheit, die Geringschätzung, die Freiheit von hohen Verpflichtungen – in den Dienst der notwendigen Veränderung der Gesellschaft gestellt werden könnten.

Von der Armut zu lernen hieße, nicht den Reichtum um seiner selbst willen anzuhäufen; eine ermäßigte Armut zu leben, gerade so viel zu besitzen, dass man unabhängig ist, davon leben und ein Mindestmaß an Gesundheit, Vergnügen, Wissen erwerben kann, ausreichend, dass Körper und Geist sich voll entfalten können. »Schüttelt den Baum [des Eigentums] mit Gelächter« (112).

Keuschheit – nicht die kleinliche, die sich auf den Körper bezieht, aber angewandt auf den Geist – hieße, seine Fähigkeiten nicht zu verkaufen, sondern sie um der für sie möglichen Ziele willen, wegen der Forschung, der Kunst, des Gebrauchswertes von Wissen (115) einzusetzen, keine »geistige Korruption« zu betreiben (130).

Geringschätzung – kann auch eine Haltung ermöglichen, die sich nicht mit Ehrenzeichen, Orden, Titeln brüstet und auf diese Weise nicht durch äußeres Ansehen bestechlich ist.

Schließlich kann die Freiheit von hohen Verpflichtungen meinen, zu nichts sich bereitzufinden, das aus jenen feindseligen Haltungen des Stolzes kommt, auf die Nation, die Familie, das Geschlecht usw.

Die Töchter der gebildeten Männer haben immer nur »von der Hand in den Mund gedacht [...] während sie im Kochtopf rührten, während sie die Wiege schaukelten« (87), jetzt geht es darum weiterzudenken, in Büros, in Omnibussen, eingekeilt in der Menge: »Wir wollen nie aufhören zu denken – in welcher Art von ›Kultur‹ leben wir?« (87)

Frauen haben über Jahrhunderte von ihren Brüdern Geringschätzung, Tadel und Verachtung erfahren, so bleiben ihnen noch für Jahrhunderte die großen Sünden »Überheblichkeit, Egoismus und Größenwahn« (114) erspart; sie sind aus Tradition gefeit gegen den mächtigsten Verführer, das Geld (115), das sie nie hatten bzw. über das sie nicht verfügen konnten, nicht einmal, wenn sie es gekonnt hätten, wegen der Abhängigkeit ihres Willens vom Ehemann. So könnten sie ihre unter jetzigen Verhältnissen so kläglichen Eigenarten einsetzen, um Veränderung im Ganzen zu beginnen. Wie ihre Zeitgenossin Alexandra Kollontai besteht Woolf auf der Möglichkeit und Fähigkeit, unabhängig zu leben, d. h. den eigenen Lebensunterhalt zu verdienen, dem die psychische und geistige Unabhängigkeit folgt. Dass sie also überhaupt »Kritik üben kann« (24), ist unabdingbare Voraussetzung der Sprengung jener unheilvollen Geschlechterverhältnisse, nicht aber das Ziel selbst. Noch geht es um das Erkämpfen des »Vorraumes«, den wir für die Aushandlung und Durchsetzung der notwendigen Veränderungen, eines neuen Projektes brauchen.

Die Lehren der Literatur

Eingreifende Literatur als Lernanordnung, als Lehre zu studieren sollte die Frage nach dem Lernen weitertreiben. Literarische Werke berichten in der Form der Kunst u. a. über gelingende Lernprozesse. Darin kann Lehren als Kunst entziffert werden, die aus Lernvorgängen selbst Lehren zieht. Das Studium von Virginia Woolf zeigt wie das von Brecht die Notwendigkeit, den Alltagsverstand ernst zu nehmen, mit ihm zusammenzuarbeiten, in ihm Möglichkeiten der Erkenntnis freizusetzen. Insofern kann bei beiden Autoren nicht die Rede davon sein, dass sie etwa von oben, aus besserem

Wissen, die Unteren als Unwissende belehrten. Der Prozess ist komplizierter. Es geht in beiden Fällen darum, die Einzelnen zum Bündnis mit sich selbst zu bringen. Einsichten, die man schon hat, Erfahrungen, die man machen kann, so auszusprechen, dass die Einzelnen bereit sind, die täglichen Begebenheiten widersprüchlicher und zusammenhängender zu sehen, so dass sie überhaupt die Möglichkeit für Eingriffe gewinnen, die ihnen nicht selbst bloß zum Schaden gereichen. Insofern geht es um die Vorbereitung des Bodens, auf dem geglücktes Lernen beginnt, das Handlungsfähigkeit erweitert. Es geht damit zugleich um Haltungen, um Verlernen des Gewohnten, um einen neuen Blick.

Die Arbeit mit den literarischen Zeugnissen lehrt, das Lehr-Lernen nicht (wie Holzkamp) für einen Sonderfall von Lernen zu halten, das hauptsächlich nicht selbstbestimmt »kurzschlüssig« ist, und es aus der Analyse auszuklammern, sondern es als notwendigen und genuinen Bestandteil von Lernen zu studieren. Es verbindet die Einzelnen mit Geschichte und ist als Ermöglichung von Lernprozessen zu analysieren, was freilich schlechte Lehrmeister und Misslingen nicht ausschließt.

Teil III

Die lernenden Subjekte

Kapitel 7

Das lernende Subjekt

Zweite Holzkamp-Diskussion

Kritische Psychologie

In diesem Kapitel beginne ich, meine Überlegungen und meine Praxen zum Lernen innerhalb der Kritischen Psychologie zu verankern. Ich muss dafür zunächst die Überlegungen und Entwürfe in der Kritischen Psychologie, insbesondere das grundlegende Buch von Klaus Holzkamp zum Lernen selbst kritisch aneignen und dabei in dieser Kritik meine eigenen Vorschläge weiterentwickeln. Es geht also auch um die Darstellung eines Entwicklungsprozesses und zugleich will ich sie um meine Forschungen ergänzen, was ich für eine Bereicherung halte, nicht für eine Verdrängung. Holzkamp hat nicht nur andere Fragen als ich, er nähert sich auch seinem Gegenstand auf vollkommen andere Weise. Dieser, nämlich das Lernen, stellt sich für ihn als umgeben von einer dichten Hecke von Theorien aus bürgerlicher Psychologie dar, die die Wirklichkeit des Lernens der Menschen in der bürgerlichen Gesellschaft selbst unerkennbar machen. Sie sind daher als Erstes beiseite zu räumen. Meine Fragen zum gleichen Gegenstand kommen aus dem tätigen Leben der Menschen in der gleichen Gesellschaft, aus dem Studium, wie sie sich alltäglich bewegen oder stehen bleiben, widerständig sind oder sich einordnen, kurz, aus ihren Erfahrungen, aus denen sie nichts lernen oder doch aus ihnen lernen. Sie ringen mit dem Alltagsverstand kritisch – und kritisch auch mit meinem eigenen Eingelassensein in diesen. Daraus folgen andere Methoden der Erkenntnisgewinnung, von denen im nächsten Kapitel die Rede sein wird.

Klaus Holzkamps Verfahren, kritisch mit den gebräuchlichen Annahmen bürgerlicher Psychologie umzugehen, ist dabei in sich selbst ein sehr neuartiger und experimenteller Versuch, Theoriekritik zu üben, den nachzuvollziehen zwar etwas langwierig ist, bis man endlich den ganzen Schutt abgetragen hat, aber auch kurzweilig und vergnüglich zu lesen, weil man in das Experiment, honorige, eingesessene und allenthalben psychologische Praxis begründende Theorien als unwissenschaftlich zu erfahren, bis in alle Einzelheiten einbezogen wird. Da ich zugleich schon in der Darstellung von Holzkamps Referat sowohl zustimme als auch ihn kritisch hinterfrage und dabei Elemente für mein eigenes Lernbuch gewinne, wird auch verständlich, wieso meine Veröffentlichung eine Kontroverse innerhalb des Instituts für Kritische Psychologie auslöste. Diese gipfelte schließlich in einer institutsöffentlichen großen Konferenz mit vielen Vorträgen zur Nützlichkeit der Kritischen Psychologie in Fragen des Lernens und der Pädagogik von entsprechenden Praktikern und Institutsmitgliedern auf der einen Seite und einem längeren Vortrag von mir, in dem ich noch einmal mein Buch und sein Vorhaben erklären konnte – gleichsam wie bei einem Tribunal, an dessen Ende jemand ausgeschlossen werden soll oder nicht. Mein Vortrag folgt am Schluss des Kapitels, anders als in den bisherigen drei Auflagen dieses Buches. Klaus Holzkamp konnte wegen seines frühen Todes leider selbst nicht mehr teilnehmen.

Erste Schritte

Ute Osterkamp gibt in ihrem einführenden Buch zur Motivationsforschung (1975) eine knappe Fassung kritisch-psychologischer Annahmen zum Lernen. Sie beginnt mit der Unterscheidung von tierischem und menschlichem Lernen, wobei sie die Annahmen zu den gängigen Vorstellungen von angeborenem vs. gelerntem Verhalten verschiebt. Der Gegensatz ist nicht der zwischen gelernt und angeboren, sondern angeboren ist, dass ein Wesen überhaupt lernfähig ist. Diese Möglichkeit, auf geänderte Umwelten mit Erfahrung zu reagieren und entsprechend das Verhalten zu ändern, erhöht die Überlebenswahrscheinlichkeit der lernenden Wesen ebenso, wie sie sie verringert. Wo die Festigkeit automatischer Verknüpfungen fehlt, wird Lernen zur Notwendigkeit. Es schließt immer die Möglichkeit der Verfehlung ein. Auf der anderen Seite erhöht sich die Möglichkeit, auf geänderte Umwelten durch Verhaltensänderung zu antworten. Mit dem Wechsel zum Menschen, der Geschichte hat und also sein ›menschliches Wesen‹ außerhalb, in den gesellschaftlichen Verhältnissen findet und sich aneignen muss (Marx, Feuerbachthesen, MEW 3), gewinnt Lernverhalten eine dringlichere Dimension von viel tieferen Ausmaßen. Wieweit man sein menschliches Wesen entfaltet, hängt nahezu ausschließlich von Lernprozessen ab, die allerdings in bestimmten gesellschaftlichen Verhältnissen stattfinden, gefördert oder behindert werden. Ins Zentrum rücken Überlegungen zum Verhältnis von subjektiver Ausstattung und sozialer Umgebung. Lernen setzt die Bereitschaft zur Verhaltensänderung voraus, die wiederum eine bewusst in Kauf genommene Verunsicherung bedeutet. Wie auf einer Treppe, bei der jeder Stufenwechsel ein Moment des Aus-der-Balance-Seins bedeutet, bis man auf höherer Ebene neue Festigkeit erzielt, verlangt auch der Lernprozess die Einwilligung in die Preisgabe bisheriger Sicherheit unter dem vagen Versprechen, auf neuer Stufe eine größere, weil den Raum von Handlungsfähigkeit erweiternde Sicherheit zu erlangen. Dieser Prozess ist ein gesellschaftlicher, ein sozialer. Insbesondere beim kindlichen Lernen wird vorausgesetzt, dass Elterninstanzen die aufkommende Unsicherheit emotional absichern. In späteren Stadien sind es gesellschaftliche Anerkennungen vielfältiger Art, welche die emotionale Seite des stets immer weiter verunsichernden Lernprozesses begleiten. Das Szenario ist m. E. so gebaut, dass das Misslingen, das nur Unzulängliche auf der Subjektseite und das Verhindernde in den gesellschaftlichen Strukturen jeweils in eine Untersuchung zum Lernen eingebracht werden kann; zugleich sind die möglichen Lernstörungen vom Standpunkt der Subjekte modellhaft vorstellbar: als Fehlinterpretation, als emotionales Bedürfnis, das nicht befriedigt wird, als Zurückschrecken, da der Vorteil größerer Handlungsfähigkeit nicht einsehbar ist bzw. erreichte Handlungsfähigkeit aus erklärbaren Gründen nicht aufgegeben werden möchte.

Die Untersuchung von Lernprozessen braucht also beides, eine Kenntnis der objektiven Lernbedingungen sowie eine Vorstellung von subjektiver Befindlichkeit.

Klaus Holzkamp hat sechs Jahre vor dem Grundlagenwerk zum Lernen (1993) erste Skizzen zu einer subjektwissenschaftlichen Lerntheorie (1987) veröffentlicht. Hier entwickelt er u. a. die These, dass die familiäre Situation, die Anordnung von überwachenden Eltern und lernenden Kindern, so verfahren gebaut ist, dass Lernwiderstand das Normalverhalten Heranwachsender darstellen muss. Lernwiderstand ist daher keine Problematik, die nur selten oder gar als eine Art Krankheit auftritt und ›geheilt‹ werden kann. Die Eltern-Kind-Konstellation ist per se eine Entwicklungsbehinderung; entsprechend ist Widerstand eine gewöhnliche Form, wie Entwicklung dennoch stattfinden kann. Dies wiederum bringt die Eltern, die ja nicht notwendig auch als Gegner der Kinder gedacht werden müssen, in eine schwierige Situation. Je mehr sie intentional den Kindern etwas Wichtiges und Voranbringendes ›beibringen‹ wollen, desto wahrscheinlicher, dass sie gerade das Gegenteil erreichen. Umgekehrt wird man ihnen kaum zumuten können, genau das Gegenteil dessen vorzutragen und als Erziehungsprogramm durchzuführen, was sie für gut halten, um wie in einer Lotterie unter Umständen über einfache Negation durch ihre Kinder das gewünschte Resultat zu erreichen.

Von Anfang an beschäftigt sich Kritische Psychologie mit den vielfältigen Tücken und Fallen, die die gesellschaftlichen Subjekte in ihren Lernprozessen behindern, voranbringen, verleiten. Lernen wird zugleich als Lebensnotwendigkeit und als unwahrscheinlicher Prozess konzipiert. Die Psychologie ist gehalten, die vielfältigen Widerstände subjektiver und objektiver Art zu beleuchten und eingreifend tätig zu werden.

Die subjektwissenschaftliche Grundlegung

In der Einsicht, dass Lernen ein Gegenstand so vielzähliger theoretischer Bemühungen ist, dass es fast als erschöpfend behandelt gelten kann, positioniert Klaus Holzkamp seinen Forschungsgegenstand im Lernbuch von 1993 zunächst in einige Vorannahmen des gesunden Menschenverstands, die, ins Erstaunliche gehoben, eine neuerliche Untersuchung zum Lernen begründbar machen. Lernen nämlich gilt allgemein als eine Praxis von Kindern und Heranwachsenden, ist institutionell verankert (etwa in der Schule) und kommt irgendwann zum Abschluss, man hat ausgelernt. Insofern, so schließt er, erscheint Lernen für Erwachsene als Zumutung, ist negativ besetzt; ausgelöscht ist,

> dass Lernen keine Beeinträchtigung, sondern im Gegenteil eine Form der Realisierung meiner Selbständigkeit als Erwachsener und deswegen in meinem genuinen Lebensinteresse sein könnte (12).

Diese negative Besetzung des Lernens nötigt zur Untersuchung der Prozesse, in denen gelernt wurde, zur nochmaligen Lektüre der Theorien, die sich mit Lernen befassen, und begründet, dass die Lernsubjekte auf jeden Fall Eingang finden müssen in das Studium vom Lernen. Holzkamp skizziert eingangs als Rahmen der Lernuntersuchung die Instanzen, die dafür als zuständig angenommen werden müssen; als solche Instanzen nennt er die Familie, die Medien, die Schule. Die in diesen und durch sie stattfindenden Lernprozesse nennt er »kontrolliertes Lernen« (12) und schafft sich damit die Möglichkeit der Unterscheidung im Lernen selbst. Zugleich begründet sich so der Verdacht einer großangelegten institutionalisierten Zurichtung der Lernenden – diesen Prozess nennt er »Beschulung«. Er nimmt entsprechend an, hier schon den ersten Schlüssel für die Haltung, Lernen als Zumutung zu empfinden, ausgemacht zu haben:

> Durch die ideologische Verquickung von Lernen und Beschulung, Zwang, Reglementierung, Vereinnahmung ›von oben‹ enthält der Protest gegen Gängelung, Entmündigung, Fremdbestimmung des Lernens häufig auch einen Protest gegen das Ansinnen zu lernen überhaupt (12).

Diese Anordnung verlegt die Widersprüche in den Lernprozessen von vornherein in die Außenwelt, die mit Begriffen wie Fremdbestimmung, Gängelung, Kontrolle sich den Subjekten gegenüber verfügend, »herrschaftssichernd« verhält, und verstellt auf diese Weise die bedeutend kompliziertere Frage, durch welche kulturellen historischen Prozesse solche Lernwidersprüche u. U. in die Individuen selbst gelangten, ihre Weise gesellschaftlicher

Aneignung durchkreuzen, ja blockieren. Es wären dies Untersuchungen zur subjektiven Lernerfahrung, zur Erinnerung, zum Unbewussten, zum Spannungsverhältnis von Gefühl und Verstand, zu Kultur und Ideologie und damit nicht zuletzt zur Frage der Geschlechtsspezifik von Lernprozessen. Aber machen wir uns die Sache nicht zu leicht, sondern überprüfen wir, inwieweit dieses Fragenbündel oder Dimensionen davon dennoch Eingang in Holzkamps Untersuchung finden, bzw. auch umgekehrt, wo sie hätten eingetragen werden müssen, wie sie umgangen wurden.

Schließlich geht es bei Holzkamps Lernbuch ausdrücklich um eine »subjektwissenschaftliche Grundlegung« und dabei zunächst um den gegen bisherige Lerntheorien gerichteten Verdacht, dass sie wiederum in ihren Begründungen die Subjekte, welche lernen, nicht explizit einbezogen, weil sie den Widerspruch »von Lernen und Verschulung« nicht zur Kenntnis nähmen. Holzkamp hat sich die Aufgabe gestellt, das »Lernsubjekt« wieder »diskursfähig [...] zu machen« (15). Nach seiner Auffassung ist der Standpunkt der traditionellen Lerntheorien selbst der fremdbestimmte der Lerninstitutionen; die Einführung des Standpunkts der Lernsubjekte als wissenschaftlicher Standpunkt müsste demgegenüber einen Umsturz in der wissenschaftlichen Grundlegung von Lernen erbringen und die Enteignung des Lernens zu fassen erlauben.

Unter solchen Voraussetzungen erwartet man, dass subjektive Lernerfahrungen das zentrale Forschungsmaterial werden. Dies geschieht jedoch höchst eingeschränkt: Lernerfahrungen werden weitgehend aus eigenen theoretisch gewonnenen Vorannahmen abgeleitet, teilweise selbst erinnert. Hierfür kann Holzkamp auf zuvor Erarbeitetes zurückgreifen (1983, 1986 u. 1987).

> Die Menschen machen ihre eigene Geschichte, aber sie machen sie nicht aus freien Stücken, nicht unter selbstgewählten, sondern unter unmittelbar vorgefundenen, gegebenen und überlieferten Umständen, aber sie machen sie selbst. (Marx, MEW 8, 115)

Diese Bestimmung gibt uns eine Anordnung, in der eine kritische Psychologie sich als marxistische Subjektwissenschaft entfalten kann. Marx spricht antideterministisch und zeigt doch die gesellschaftlichen Verhältnisse als Bedingungen, in denen sich die Menschen selbsttätig zurechtfinden müssen. Sie machen ihre eigene Geschichte, die darum selbst als der Prozess der Entfaltung menschlicher Wesenskräfte gelesen werden muss, wie die Geschichte der Einzelnen in einem je historisch konkret zu untersuchenden Verhältnis dazu sich ereignet.

Wiewohl er dies nicht explizit tut, kann man annehmen, Holzkamp entfalte aus solchen Bestimmungen einige Grundannahmen für eine kritische Subjektwissenschaft. Gegenstand seiner Lernuntersuchung wird das Subjekt, das sich bewusst auf Welt bezieht (21), das Möglichkeiten des Verhaltens zu seinen Bedingungen hat; damit wird es gefasst als Intentionalitätszentrum, ein sinnlich-körperliches, bedürftiges, interessiertes Subjekt mit Absichten, Plänen, Vorsätzen, Stellungnahmen, Handlungsentwürfen vom Standpunkt seiner Lebensinteressen: »Entsprechend nehme ich den anderen als intentionales Zentrum seiner Lebensinteressen, die zu den meinen in einem bestimmten Verhältnis stehen, wahr.« (21) – Welt wird – dies ist schon in seiner frühen Schrift (1973) entwickelt – als objektiv bedeutungsvoll entzifferbar, dies wegen der in den Arbeitsprodukten erkennbaren »sachlich-sozialen Gegenstandsbedeutungen, auf die sich sprachlich-symbolische Bedeutungen verallgemeinernd und verdichtend beziehen« (22). Das ›Subjekt‹ bezieht sich aktiv-gestaltend auf Welt als seine Lebensbedingungen. Damit wird deren Bedeutung für es Teil seiner Handlungsbegründungen. Erfahrungen, so folgert Holzkamp, werden also in der Sprache subjektiver Handlungsbegründungen artikuliert und kommuniziert. Der Einbezug subjektiver Begründungen wird folglich grundlegend für jede Lerntheorie – sie muss vom Standpunkt des begründenden Subjekts konzipiert sein. Das macht subjektive Begründungen zugleich intersubjektiv verständlich und nachvollziehbar als »vernünftig«, soweit die jeweiligen Prämissen nachvollziehbar angegeben werden. Diese Setzung eines subjektiv begründbaren Handlungsmusters argumentiert gegen die gewöhnliche Verurteilung von Verhalten als irrational, sowie es einem selbst fremd ist und man es nur von einem Außenstandpunkt betrachtet. Holzkamp führt vor, dass auch in den freudschen Annahmen des Unbewussten der Subjektstandpunkt der vernünftigen Begründung vorausgesetzt ist:

> Freuds Theorie ist […] gerade indem sie die Widersprüche und Brüche des Bemühens um ihre Verwirklichung begreifbar und […] überwindbar machen will – der menschlichen Vernunft als zentralem Lebenswert unauflösbar verpflichtet: »Die Stimme des Intellekts ist leise, aber sie ruht nicht, ehe sie sich Gehör verschafft hat […] auf die Dauer kann der Vernunft und der Erfahrung nichts widerstehen«. (Freud, GW 14, 377f.; Holzkamp 1993, 30)

Holzkamp versucht, sein Theorem gegen mögliche Kritik, sie sei rationalistisch, abzusichern, indem er einschärft, die Vernünftigkeit des Handelns nicht normativ, sondern bloß subjektiv aufzufassen, und kommt zu dem kategorischen Imperativ: »Dass niemand bewusst seinen eigenen Interessen zuwiderhandelt« (27). Mit diesem Apriori kann er den Standpunkt der dritten Person, der üblichen psychologischen Theorien eignet, ebenso zurückweisen wie die Darstellung und Beobachtung von Personen und ihren Beziehungen von außen und oben. Der Standpunkt der subjektiven Begründung braucht eine eigene Wissenschaftssprache, nur von ihm aus und in dieser kann sinnvoll subjektwissenschaftlich geforscht werden. Diese Sprache nennt er eine »Sprache auf der Diskursebene der Handlungsbegründungen« (27).

> Schließlich lässt sich der benannte standpunktbezogene intersubjektive Beziehungsmodus von »Intentionalitätszentrum« zu »Intentionalitätszentrum« im Kontext der subjektiven Handlungsbegründungen kategorial konkretisieren als *intersubjektive Begründetheit/Verständlichkeit* von Handlungsintentionen: Ich mache mich einem anderen dadurch verständlich, dass ich ihm die Gründe für mein Handeln, genauer: Prämissen, unter denen für mich mein jeweiliger Handlungsansatz begründet (d. h. in meinem Interesse »vernünftig«) ist, nachvollziehbar mache; und entsprechend »verstehe« ich den anderen, soweit ich nachvollziehen kann, aufgrund welcher Prämissen, wie sie für *ihn* gegeben sind bzw. von *ihm* wahrgenommen werden, sein Handlungsvorsatz für ihn aus seinem Interesse begründet, d. h. vernünftig ist. (Vgl. dazu etwa Grundlegung 1983, 349ff. und 1986, 218ff.). (25)

Aus den bislang zitierten Textstellen konnte man folgende Begriffe als tragend entnehmen: Subjekt und Subjektstandpunkt, Interesse, Begründung und begründetes Handeln, der »gute Grund«, vernünftig, verständlich, bewusstes Handeln, Absicht, Intentionalität, Intentionalitätszentrum, Handlungsvorsatz, Bedeutung. Diese Begriffe stammen teils aus der Bewusstseinsphilosophie, aus Vernunftdenken, aus der Phänomenologie, zu einem weiteren Teil aus Theorien über den Homo oeconomicus, teils aus dem juridischen Diskurs, aus der Staatsrechtslehre. D. h., diese Begriffe sind allesamt theoretisch außerordentlich aufgeladen. Holzkamp benutzt sie, als seien sie unschuldige und eindeutige Worte, die man in einen beliebigen Kontext einsetzen und belasten kann. Keiner der Begriffe wird diskutiert. Dabei haben ja die meisten Begriffe auch noch eine alltägliche Besetzung – wie etwa insbesondere »einen guten Grund haben« oder »vernünftigerweise so oder so handeln« usw. –, die ebenfalls von Holzkamp nicht nur nicht kritisch aufgenommen, sondern auf eine fragwürdige Weise in Dienst genommen wird für die Kritik bürgerlicher Theorien. Seine Darstellung springt auf diese Weise hin und her zwischen der Ebene von Kategorien, die aus diesen theoretisch umstrittenen Begriffen kommen (wie Interesse, Intentionalität, bewusst, Begründung), und Alltagssätzen wie »ich mache mich verständlich« – oder zur Bestimmung von Handlungsgründen, indem »ich permanent mit mir aushandle, was ich in meiner jetzigen Lage tun oder lassen sollte, wenn ich mir nützen, wenigstens aber nicht schaden will« (25). Dies erschwert es außerordentlich, Holzkamp nicht misszuverstehen. Lange Zeit muss man annehmen, dass seine Redeweisen vom vernünftigen Handeln, vom guten Grund, vom Subjekt als Intentionalitätszentrum usw. ein überaus rationalistisches Denken repräsentieren. Dagegen sollen aber auch die Begründungen nur kategorial zu verstehen sein – »die von uns kategorial herausgehobene Theoriesprache der ›subjektiven Handlungsgründe‹« (28); »reale Verhältnisse sind also kein irgendwie gearteter Prüfstein für die Begründungsannahmen, sondern eben mögliche *Anwendungsfälle* oder *Beispiele*« (29). Die Kritik am Rationalitätskonzept scheint mithin kategoriale und phänomenale Ebene zu verwechseln. Das Vertrauen in das ›bloß‹ Kategoriale der Begründungen wird hart auf die Probe gestellt, wenn man den kritischen Einsatz dieses »Begründungsmusteransatzes« bei der Überprüfung der bürgerlichen Psychologie jeweils nach den »vernünftigen Gründen« in den geschilderten Experimenten fragen sieht, was in jedem Fall auf der phänomenalen Ebene verhandelt wird (dazu später). Aber es nützt für das Verständnis des holzkampschen Entwurfs, zu dem marxschen Ausgangssatz über die Menschen, die ihre Geschichte selber machen, wenn auch nicht aus freien Stücken, zurückzukehren. In diesem Raum scheint Holzkamp Kritische Psychologie entfalten zu wollen, ein Vorhaben, das auch meinen Studien zum Lernen zugrunde liegt. Also verschiebe ich die Kritik der Begriffe in eine grundsätzliche Auseinandersetzung mit Begriffsbildungen und -verwendungen in der Kritischen Psychologie auf später und versuche im Folgenden Holzkamps Kritik der Mainstream-Psychologie so nachzuvollziehen, dass aus ihr gelernt werden kann.

Holzkamps Vorannahmen führen ihn zu einer geradezu paradoxen Fragestellung in Bezug auf gängige Lerntheorien: Sie sind a) ohne subjektive Begründungen quasi mechanisch-kausal verfasst; sie können b) aber zugleich so gar nicht operieren; also ist c) anzunehmen, dass sie diesen subjektiven Begründungsstandpunkt zugleich implizit enthalten und verdecken. Er nennt dies ein »Selbstmissverständnis«, welches das eigene Vorgehen mystifiziere (31). Sein Projekt ist es, in einem ersten Schritt diese Verstellung rückgängig zu machen, das Handlungssubjekt in die jeweiligen Theorien einzuschreiben und auf diese Weise zusätzliche Informationen über den Herrschaftscharakter der bürgerlichen Psychologie zu gewinnen. Methodisch wird so das Unausgesprochene sprechbar und sichtbar gemacht und in einen Funktionszusammenhang gestellt. Forschungstechnisch werden in die vorhandenen üblichen Wenn-dann-Hypothesen, die eine Verbindung zwischen Bedingungen und Ereignissen schaffen, implizite subjektive Begründungen eingetragen, beispielsweise durch Einschiebung des Wortes »vernünftigerweise« in eine solche Wenn-dann-Hypothese oder durch deren einfache Negation, ein Verfahren, das offenbar macht, dass immer dann Vernunft implizit unterstellt war, wo die Negation unsinnig wird – etwa: Wenn es kalt wird, zieht man sich nicht warm an usw. Die Außenperspektive, die jeder Wenn-dann-Überlegung zugrunde liegt, soll grundsätzlich durch eine Subjektperspektive als Forschungsstandpunkt ersetzt werden. Mit dieser Wendung will er zugleich gegen das bekannte Phänomen arbeiten, dass Subjekthaftes jeweils nur als Beispiel auftritt, dem andere Beispiele entgegengehalten werden können. Vom Standpunkt subjektiver Begründung gibt es keine Beispiele und Anwendungen, sondern je verschiedene Begründungszusammenhänge.

Auf knapp hundertfünfzig Seiten werden die vier relevanten lerntheoretischen Grundkonzepte, die behavioristischen, die kognitiv erweiterten, gleichsam moralisch argumentierenden aktuelleren behavioristischen, die kognitiven und schließlich die dem Computerzeitalter angepassten handlungstheoretisch erweiterten Lernmodelle, in der angegebenen Weise reinterpretiert. Diese Ausführungen können zugleich als eine stringente Einführung in Lerntheorien gelesen und genutzt werden, wie auch die einfache Anwendbarkeit der Forschungsprämisse, dass nämlich in allen Theorien, die von einem Außenstandpunkt sprechen, ein heimlicher Subjektstandpunkt implizit ist, einleuchtend vorgeführt wird.

Im Folgenden gebe ich die holzkampsche Darstellung sehr verknappt wieder, dies nicht so sehr, um auch diesem Buch einen Exkurs in übliche Lerntheorien zu verschaffen und so seinen Gebrauchswert zu erhöhen, sondern in der Hauptsache, um die holzkampsche Darstellung und Methode zu prüfen und meine Fragen in seine Kritik einzutragen sowie die später folgenden eigenen Untersuchungen zum Lernen vom Subjektstandpunkt vorzubereiten. Zugleich sind der Standpunkt von Holzkamps Kritik und sein einfallsreiches Fragen und Vorgehen auch vergnüglich zu lesen und für eigenes Umgehen mit Theorien und ihrer Kritik so etwas wie eine Denkgymnastik, die das Denken selbst als spielerische Praxis übt.

Behavioristische Lerntheorien

Holzkamps Referat zu den behavioristischen Lerntheorien, die seit den fünfziger Jahren die Theorien vom Lernen überhaupt bestimmten, ist auf zweifache Weise kritisch. Er geht von vornherein der Frage nach impliziten begründungstheoretischen Annahmen nach, und er beleuchtet die vorhandenen Theorien unter ihrem eigenen Entwicklungsaspekt. So macht er den Bericht über die inneren Brüche und Korrekturen zum Darstellungsprinzip. Das macht das Referat zum Argument und die Lektüre zu einer Art Diskussion. Man erfährt die Grundannahme, »die Gesetze des Lernens seien universell-organismischer Natur« (41) – eine Annahme, die es erlaubte, die Entwicklung lerntheoretischer Konzepte auf der Basis von Tierexperimenten im Labor mit kontrollierten Bedingungen durchzuführen, um sie im Anschluss als für alle Lebewesen gültig zu behaupten –, zugleich als eine Annahme, welche die von Holzkamp vorgesehene Suche nach impliziten

Begründungsmustern von vornherein als aussichtslos zurückweisen könnte. Da diese universelle Gültigkeit von Lerngesetzen als für alle Lebewesen gleiche aber ohnehin »brüchig« geworden sei, insbesondere durch ethnologische Untersuchungen die Schlussfolgerung einer Artspezifik des Lernens gezogen werden musste, kann auch Holzkamp im Folgenden sich auf die (etwa seit 1984) allgemein anerkannten modifizierten Konzepte beziehen, die unter die Hegemonie der kognitiven Psychologie gerieten und Begriffe wie den des Gedächtnisses ins Zentrum rückten. Er stützt sich auf die zusammenfassende Kritik von Brewer (1974), nach der die allgemeinen Konditionierungsgesetze bei Menschen nur dann funktionieren, wenn sie sich ihrer »bewusst« sind, ihrer »gewahr« werden. Holzkamp schließt daraus, dass u. U. die Gleichheit von tierischem und menschlichem Lernen eher als eine Ähnlichkeit »oberflächlicher« Art aufzufassen sei, und dreht die Frage kurzerhand um: »Dass menschliches Lernen unter bestimmten experimentellen Bedingungen als ›Konditionierung‹ erscheint, wäre umgekehrt selber erklärungsbedürftig« (45). Diese Fragestellung erlaubt es ohne weiteres, das vorgesehene Prüfverfahren einleuchtend einzutragen. Die Kritik an der universellen Gleichheit tierischen und menschlichen Lernens erbringt so zugleich die Möglichkeit, die Frage nach der Begründbarkeit zu legitimieren und ihre Anwendbarkeit auf S-R-(stimulus-response)-theoretische Ansätze, die anscheinend ohne Annahmen von Vernunft und Bewusstsein auskommen, vorzuführen. Die Reformulierung der Frage lautet jetzt:

> Unter welchen Prämissen [lernen] Individuen mit »guten Gründen«, also »vernünftigerweise« in einer Weise […] die von außen, also vom Drittstandpunkt, als Konditionierung erscheint (46).

Diese Frage kommt unmittelbar aufklärerisch daher. Sie bezieht ihre Plausibilität aus dem angenommenen Subjektstandpunkt ebenso wie aus dem gesunden Menschenverstand. Sie verhilft gleichzeitig dazu, noch einmal zurück in die Grundannahmen klassischer S-R-Theorie zu gehen, um selbst diese mit der impliziten Annahme eines menschlichen Bewusstseins zu konfrontieren. Der Nachvollziehbarkeit halber seien hier ebenso die einfachen Grundlagen wiedergegeben.

Grundannahme ist, dass kleinste Einheiten des Verhaltens als Reize (stimuli) und Reaktionen (responses) angenommen werden; wichtig wird die Art der Verknüpfung zwischen diesen beiden Elementen, die als Konditionieren (klassisches und instrumentelles) gefasst ist. Klassisches Konditionieren (Watson aufbauend auf Pawlow) geht auf das Konzept des bedingten Reflexes zurück. Man ersetzt einen Reiz, auf den ein unbedingter Reflex folgt, durch einen anderen, den man so mit dem ursprünglichen verknüpft, dass er, wiewohl er eigentlich mit der Reaktion nichts zu tun hat, diese ebenfalls auslöst – im pawlowschen Experiment war es die Ersetzung des Hundefutters durch einen Glockenton, der dann ebenfalls zur Speichelabsonderung führte. Es werden Begriffe der *Verstärkung* (abhängig von der Häufigkeit der gleichzeitigen Darbietung etwa von Futter und Glockenton), der *Löschung*, wenn die gleichzeitige Darbietung mehrfach wegbleibt, und des *Signallernens* gebildet. Anlage, Experiment und Ergebnis sind so plausibel, dass man sich ohne weiteres eine Menge von solchen Konditionierungen, etwa als Dressurnummern im Zirkus, vorstellen kann, wie auch der Phantasie, solches im Strafvollzug und in Pädagogik und Therapie einzusetzen, kaum Grenzen gesetzt sind. – Als eine gelungene Veranschaulichung sei der Film *Clockwork Orange* empfohlen, in dem ein krimineller Jugendlicher vorgeführt wird, dem vermittels S-R-Lernen der Geschmack an Frauen, an Musik, an Alkohol abdressiert wird.

Holzkamp reformuliert das S-R-Muster zunächst in eine Wenn-dann-Hypothese: Wenn auf einen bestimmten Reiz ein unspezifischer folgt, dann folgt Reaktion x; die in der Versuchsanordnung enthaltene Annahme einer Versuchsperson, die auf die Ankündigung, das Signal reagiert, lässt ihn ein unvermeidliches, wenngleich minimales Zugeständnis an den Subjektstandpunkt des »konditionierten« Individuums annehmen. Die sich daraus ergebende Frage nach den »guten Gründen«, die das Individuum hat, in solcher Weise zu reagieren, zeigt ihm, dass die Hinweise nicht ausreichend sind, nicht alle Bestimmungen expliziert bzw. nicht alle theoretisch abgebildet sind. Es wird also notwendig, eine solche »Geschichte« einer Konditionierung nachzuzeichnen, um die entsprechenden Leerstellen aufzuspüren. Die Wiedergabe an dieser Stelle verdeutlicht sein methodisches Vorgehen. Er erzählt die Geschichte einer »Angst vor weißen Schürzen« als eine Abwandlung einer watsonschen Konditionierung, in der ein eineinhalbjähriges Kind bei einem Arztbesuch, auf dem Schoß seiner Mutter festgehalten, vom behandelnden Art eine schmerzhafte Injektion bekommt und von da an beim Anblick einer weißen Schürze in einem Arztzimmer auch dann zu schreien und zu strampeln beginnt, wenn gar keine Spritze ansteht. Das Experiment gilt als Fallbeispiel klassischen Konditionierens, eben weil ja die Schürze ›neutral‹ ist und zudem, da eine Wiederholung der Behandlung nicht ansteht, die Angst und die dazugehörige Reaktion irrational scheint. Holzkamp expliziert, dass bei einem so kleinen Kind die Suche nach Begründungen eher einfach sei und es erlaube, die Bedingungen zu kennzeichnen, unter denen Menschen sich anscheinend wie konditioniert verhalten. Das Kind hatte nämlich keine Handlungsalternative, war nicht sprachmächtig, wurde bewegungsunfähig auf dem Schoß und in Unwissenheit gehalten. Folglich treten Konditionierungserscheinungen auf als letzte Handlung unter »extrem eingeschränktem Realitätszugang« (51). Vernünftigerweise würde sich Kritik richten auf Bedingungen, die derart einschnürend sind, und nicht eine Erfolgsmeldung in Sachen Konditionierung gemeldet werden können. Geglückte Verhaltenskonditionierung ist mithin als Alarmzustand zu betrachten.

Die Suche nach der Leerstelle, wo von Begründungen hätte gesprochen werden müssen, erweist sich als heuristisches Kritikmittel; freilich, so könnte man auch hier einwenden, liegen diese Entdeckungen noch auf der Ebene des gesunden Menschenverstands, dem selbst in quasi automatischen Handlungen – etwa wenn jemand ein Kind ohrfeigt, damit es nicht ein zweites Mal das Essen herunterschmeißt – klar ist, dass von diesem Zeitpunkt an die erhobene Hand ausreicht, das Kind in Schrecken zu versetzen, und dass dieser Schrecken begründet ist. Verwunderlich bleibt eher umgekehrt, wie sogenanntes klassisches Konditionieren so lange Zeit (über dreißig Jahre) als eine Art gelungene Programmierung theoretisch begründet und praktisch angewandt werden konnte, ohne nennenswert Empörung hervorzurufen, während eben die Alltagshandlungen, aus denen sie Plausibilität bezieht, lange schon in Verruf geraten waren (etwa die Prügelstrafe, die Folter).

Das holzkampsche Prüfverfahren der nachzutragenden Begründungsmuster scheint zu überallgemein, als dass es genauere Differenzierungen, gar Widersprüche oder wirkliche Ungereimtheiten herausarbeiten könnte, und es scheint auf der anderen Seite zu selbstverständlich und gefestigt, als dass es durch Krisen in der Wirklichkeit zu neuen Entdeckungen, Belehrungen, Kritik an den eigenen Grundannahmen geführt werden könnte. Kategorisch formuliert, wie es ist, scheint es geeignet, die Rolle eines Naturgesetzes anzunehmen, nicht die einer kritischen Sonde, die für Veränderung auch im Theoriebereich gebraucht wird. Holzkamp nennt sein Projekt jetzt: eine »umfassende Begründungstheorie des Lernens« (54) ausarbeiten zu wollen, eine Formulierung, die selbst in dieser vorläufigen Form an die Errichtung eines Monuments erinnert, nicht an eine Bewegung, an Kritik, an einen Prozess.

In einem zweiten Schritt überprüft Holzkamp die in Pädagogik und Therapie häufiger eingesetzten erfolgreichen Formen des »operanten bzw. instrumentellen Konditionierens«. Diese Formen, die wir alltäglich etwa in der Erteilung von Noten für schulische Leistungen kennen[22] oder selbst einsetzen und die zusammenfassend als Lernen am Erfolg gekennzeichnet werden, sind ebenso in umfangreichen Tierversuchen ausprobiert und geeignet zu zeigen, wie alle möglichen Tiere auf allen möglichen Erfolg oder auf Belohnung hin ihr Verhalten korrigieren.

22 Zwar gab es vor dem Behaviorismus Schulnoten usw., gleichwohl gehören diese Praxen zu den Grundlagen behavioristischer Theorie und verhaltensmodifizierender Praxis, so dass sie hier erwähnt werden sollen.

Kritisch ist von mir hier sogleich einzuwenden: Wiewohl vom klassischen Konditionieren getrennt durch eine Bewegung hin zu gütlichen Formen und auch zur Möglichkeit des Individuums, sich zur Belohnung aktiv zu verhalten, bleibt das zugrunde liegende Menschenbild zynisch und entspricht zugleich tatsächlichem Verhalten bzw. seinen Änderungen massenhaft. Es ist, als ob das gewöhnliche Verhalten von Konsumenten in einer reizvollen Warenwelt einfach verdoppelt und dann als Theorie des Lernens verallgemeinert würde. Dies nicht in der scharfen, in der Beobachtung zugleich kritischen Form, wie etwa Brecht ein Freudenmädchen davon sprechen lässt, dass »Geld sinnlich macht«, dass beim Anblick von Geld die Knie schwach werden und von Liebe die Rede ist, sondern affirmativ, dass Menschsein heißt, auf Reize mit einem Verhalten zu reagieren, dass eine möglichst häufige Wiederkehr ebendieser Belohnungen gegeben ist.

Aber es ist nicht Holzkamps Anliegen, seine Kritik an den behavioristischen Lerntheorien auf dieser Ebene zu führen; vielmehr geht er wieder den umständlichen Weg, gewissermaßen von unten die vergessenen Begründungsmuster nachzutragen. Er reformuliert die unterlegte Wenn-dann-Hypothese mit dem vorher angekündigten Wort »vernünftigerweise« und formuliert: »Wenn jemand für eine bestimmte Handlung mehrfach eine Belohnung erhalten hat, [...] dann führt er vernünftigerweise diese Handlung« wegen der neuerlichen Belohnungen wieder aus. Die Gegenprobe als einfache Negation – wenn jemand eine Belohnung erhält, dann unterlässt er in der Folge diese Handlung (55) – soll zeigen, dass die behavioristischen Sätze in jedem Fall Annahmen zur Begründetheit von Handlungen enthalten, weil etwa in diesem negativen Fall »Gründe für das abwegige Verhalten« (55) gesucht werden. Allerdings wird in der Folge der Begründungsbegriff auf eine so kleine Größe heruntergebracht, dass die Möglichkeit, eine Lerntheorie zu kritisieren, weil sie mit so einfachen Begründungen als existenziellen Aussagen über ›den‹ Menschen arbeitet, auf diese Weise verschenkt, wenn nicht gar unterlaufen wird.

Holzkamp wendet sich den komplizierteren Formen der »intermittierenden Verstärkung« und den entsprechenden Verstärkerplänen zu, die aus der wiederholten Beobachtung, dass die unregelmäßig verabreichte Belohnung das Verhalten nachhaltiger verändert und befestigt als die stete, eine eigene Theorie und entsprechende Anleitung für die pädagogische Praxis macht. Er erzählt ein Beispiel aus einem entsprechenden Lehrbuch (Lefrançois 1986) von zwei Anglern, bei denen der eine, von stetem Erfolg gekrönt, plötzlich bei zunehmender Verschmutzung keinen Fisch mehr fing und also das Angeln aufsteckte, während der andere zweiundzwanzig Jahre fischte, mal mit mal ohne Erfolg, bei zunehmender Verschmutzung auch keine Fische mehr fing, aber mit Angeln fortfuhr (56). Holzkamp zeigt, dass dieses Beispiel keineswegs als Schulexempel für den Erfolg intermittierender

Verstärker genutzt werden kann, sondern im Gegenteil Veranschaulichung ›vernünftigen‹ Verhaltens bei residualer Prämissenlage ist. Der stets erfolgreiche Angler musste annehmen, dass etwas geschehen war, das die Fische vertrieb, der andere war an Unregelmäßigkeit gewöhnt und konnte daher am Wegbleiben der Fische nichts Besonderes finden. Beide haben alltäglich ›vernünftig‹ gehandelt, und für beide gilt, dass der Experimentator ihnen nicht einmal einräumt, beim Fischereiamt nachzufragen, kurz, die Unzulänglichkeit des »Weltaufschlusses« zum theoretischen System macht. Als allgemeine These kann Holzkamp formulieren, dass Menschen immer dann ein Verhalten zeigen, welches konditioniert scheint, wenn sie über eingeschränkte Denk- und Handlungsmöglichkeiten verfügen. In den Experimenten der behavioristischen Lerntheorie sind sie zudem ein Produkt der Forschungsanordnung selbst. Diese Beobachtung führt ihn zur abschließenden Einsicht: dass die Reduzierung des Bedeutungszusammenhanges der Welt in den Experimenten des Behaviorismus dazu dient, Bedeutungen als zufällige Gegebenheiten und willkürliche Verknüpfungen künstlich herzustellen. Sie scheinen zwar aus dem Alltag gewonnen, stellen aber für diesen selbst höchstens Grenzfälle dar und wurden sogar zumeist in dieser Reduziertheit eigens konstruiert. So etwa die Vorstellung, dass das Bremslicht eines vor einem fahrenden Autos durch häufiges unregelmäßiges Auftauchen die Bremshandlung konditioniere, statt einfach davon auszugehen, dass der Autofahrer weiß, dass ein Bremslicht bedeutet, dass der vorausfahrende Fahrer bremst, und also die entsprechende Handlung vernünftig durchführt. Problem werde hier die rechtzeitige Umsetzung des Handlungsvorsatzes, was wiederum nicht in den Bereich der Konditionierung, sondern der Automatisierung von Handlungen gehöre.

Erst an dieser Stelle kommt Holzkamp zu der Kritik, dass die Reduzierung der Bedeutungen in der Welt auf Gegebenheitszufälle durch die behavioristischen Lerntheorien auch bedeutet, Handlungen als determiniert statt als möglich und vielfältig zu fassen. Wofern die Versuchspersonen einwilligen, entsprechend der Versuchsanordnung zu lernen, sei dies zudem unter der Rubrik »Lernen unter äußerem Zwang« (62) abzuhandeln und könne keinen wirklichen Aufschluss über menschliches Lernen und vor allem nicht über die emotionalen Wertungen, die beim Lernen im Spiel sind, bringen. Die Anweisung an die Praktiker im Sinne der Behavioristen wäre es, solche Zwangslagen herzustellen, in denen entsprechendes Verhalten gelernt wird. Er nennt verarmte Umgebungen, Schulräume, in denen nichts Befriedigendes »ablenkt«, so dass alles und jedes zur Verstärkung genutzt werden kann. Implizit werde von einem Widerspruch zwischen Lehrer und Schüler, Experimentator und Versuchsperson ausgegangen, in dem der eine die anderen überlistet, »Strategien«, »Taktiken« anwendet und den anderen seinen Zielen unterwirft. Demnach, so schlussfolgert Holzkamp, ist im Begriff der Verstärkung enthalten, dass das Individuum gegen seine Interessen und gemäß den Plänen eines Gegners handelt. Für die Einsetzung von allerlei Süßigkeiten bis hin zu den später umtauschbaren »Tokens« sieht er jetzt den Begriff der Bestechung vor (66).

Sein methodisches Vorgehen brachte Holzkamp zu der Erkenntnis, dass Verhaltensänderungen, die wie Konditionierungen aussehen, auf ihre subjektiv ›vernünftige‹ Begründung untersucht werden müssen und sich dabei als Ausnahme, als Lernen unter Zwang, als Lernen unter residualen Weltaufschlüssen, u. U. als manipulative Maßnahme des Experimentators aufschlüsseln lassen. Es brachte die Einsicht, dass Selbstmissverständnisse in Bezug auf die verschwiegenen Begründungen allgemein vorhanden sind. Das Verfahren verhalf also zur Kritik der behavioristischen Theorien, verschloss sich aber dem Verdacht, dass u. U. diese Anlage, die der Experimentator nachbaut, ihren Grund in der Welt selbst hat, mithin real ist, und dass sich also Menschen tatsächlich auch im wirklichen Leben nach den unterstellten Maßgaben verhalten. Anders gesprochen, dass dieses ihr Verhalten für sie selbst begründet ist, soll hier nicht bezweifelt werden, vielmehr gilt der Zweifel dem »Weltaufschluss«, den uns diese Annahme erlaubt. Schließlich können wir davon ausgehen, dass die über Konsumreize funktionierende Warengesellschaft ein Verhalten verstärkt, wie es im Behaviorismus als allgemein menschlich vorausgesetzt ist. Das Problem scheint mir dabei nicht, dass Menschen sich entsprechend wie dressiert oder besser programmiert verhalten können, sondern dass der realitätsverdoppelnde behavioristische Ansatz den Blick versperrt auf die kritische Alternative, unter welchen Umständen nämlich Menschen nicht funktionieren wie dressierte Tiere. Diese Frage wird nach meinem Dafürhalten im holzkampschen Entzifferungsverfahren durch Überallgemeinheit des Begründungsmusteransatzes zugedeckt.

Kognitive Erweiterungen des S-R-Konzepts

Die Durchsetzung kognitiver Vorstellungen seit den 1960er Jahren ließ auch das klassische S-R-Konzept vom Lernen nicht unverändert. Holzkamp referiert den in den 1930er Jahren nicht einflussreichen, aber in den 1980er und 1990er Jahren wieder aufgegriffenen Tolman (1932), der zwar ausschließlich mit Ratten experimentierte, aber auch diesen schon Handlungsalternativen einräumte, auf diese Weise nicht zu einer unbedingten Determination von Lernhandlungen durch Verstärker kam und die Begriffe »latentes Lernen« bzw. »inzidentelles Lernen« prägte (70). Darunter versteht Tolman ein bei einer anderen Aktivität beiläufig Gelerntes, für dessen Motiv er ein allgemeines »Explorationsverhalten« denkt. Wichtig wird es in diesem Konzept, Lernen von der üblichen Ausführung von Handlungen zu trennen. Dies wurde später von Bandura (1979) für menschliches Lernen spezifiziert. Unter der Voraussetzung eines allgemeinen Neugier- und Explorationsverhaltens wird Lernmotivation als äußerlich (extrinsisch) und innerlich (intrinsisch) gegeben unterscheidbar. Die Konzepte werden ausdifferenziert. So führt etwa Heckhausen (1989) folgende Zusatzbestimmungen ein: Intrinsisch motiviertes Lernen könne aus Neugier, aus Zweckfreiheit (spielerisch), selbstbestimmt, aus Freude an eigner Handlung geschehen (Holzkamp 1993, 72). Man sieht hier ohne weiteres, dass die für jedermann auf der Hand liegenden, also leicht beobachtbaren wirklichen Verhaltensweisen dem lerntheoretischen Konzept einfach hinzuaddiert wurden. Heckhausen fügt noch ein intrinsisch motiviertes Handeln hinzu, welches aus der »Gleichthematik« von Mittel und Zweck herrühre, wobei er ausgerechnet Leistungshandeln darunter zählt, weil hier kein Mittel im Dienst eines anderen Zweckes erfolge, wie etwa »einem anderen zu helfen oder ihm zu imponieren oder um eine Geldsumme für einen bestimmten Zweck zu verdienen« (1989, 459), so dass hier – wie kritisch einzuwenden ist – die mögliche Sinnlosigkeit einer Leistungshandlung als intrinsisch motivierte Tugend solchen Verhaltens interpretierbar wird.[23] Holzkamp schließt aus den bei Heckhausen weiterentwickelten Bestimmungen, dass hier offenbar gezeigt werde, dass außengesetzte »Belohnungen nur dann leistungs- bzw. lernfördernd wirken, wenn die jeweiligen Aktivitäten eben nicht schon in sich belohnend« (73) sind. Konsequent heiße das, dass Belohnungen bei interessanten Aufgaben sogar hinderlich sein könnten (73) (vgl. auch McGraw 1978). Holzkamps Prüfverfahren, die »begründungstheoretischen« Voraussetzungen nachzutragen, erbringt: Er hebt die Einführung des Lernens als eigene Handlung hervor und damit die mögliche Unterscheidung der Lernhandlungen von anderen Handlungen und im Lernen die von beiläufigem und intentionalem Lernen, kritisiert aber zugleich, dass die Überlegungen zur eigenen Lernmotivation wiederum in Trieb und Natur verlegen, was einen Frageraum zu den menschlichen Begründungen hätte eröffnen müssen (75); die Unterscheidung in extrinsisch und intrinsisch gar die Frage nach den jeweiligen Gründen des Handelns versperre. Er nutzt diese Kritik zur Zurückweisung des gängigen Begriffs der Lernmotivation:

> Der analytische Begriff, durch welchen unserer Auffassung nach im gegenwärtigen Kontext der Deckbegriff der »Lernmotivation« ersetzt werden muss, ist das Konzept der »Lernbegründungen«, in welchem die Notwendigkeit immer weitergehender Prämissen- bzw. Intentionsaufklärung und -differenzierung impliziert ist. (78)

23 Zur Kritik am Leistungsbegriff vgl. F. Haug/Wollmann 1993.

Damit sind die im Begriff der Lernmotivation unterstellten inneren Haltungen, die auch im Volksvorurteil und in der Pädagogik allgegenwärtig sind, aufgegeben zugunsten der Vorstellung eines vielschichtigen Prozesses, in den die Bedeutungen der Lebensbedingungen und deren subjektive Verarbeitung/Verrechnung eingehen. Lernmotive bekommen so ihren Sitz gewissermaßen außerhalb und wohnen den Einzelnen nicht von vornherein inne. Freilich handelt man sich so auch einen unendlichen Suchprozess ein, der letztlich doch vor die Frage kommt, warum unter bestimmten Bedingungen die einen lernen, die anderen nicht, warum Erfahrungen den einen nützen, den anderen nicht, und was das schließlich für eingreifendes Handeln bedeutet.

Holzkamp prüft die unter der Hegemonie der kognitiven Lerntheorien erweiterten behavioristischen Ansätze und diskutiert die neu hinzugekommenen Begriffe: Erwartung, Modelllernen und Selbst, die allesamt von der Auffassung einer bloßen Außendetermination wegkommen und so die Einfügung von subjektiven Begründungen erlauben müssten.

Erwartungen: Nach der kognitiven Wende in den frühen 1970er Jahren wurde bei einigen Behavioristen das Verstärkungs- durch das Erwartungskonzept ersetzt. Erwartung als elementare Einheit des Orientierungslernens (Tolman). Damit wurden kognitive Aktivitäten grundlegend und analog zu wissenschaftlichen Verfahren als das Bilden und Testen von Hypothesen bei Explorationsaktivitäten angenommen. In dieser Weise werden die einzelnen Gegebenheiten nicht länger als zufällige gleichzeitig auftretende Reize angenommen, sondern wichtig wird, dass sie Information sind über die zukünftigen Effekte des Verhaltens. Grundlegend ist der Gedanke, dass die Einzelnen handeln, weil sie sich von den Wirkungen ihrer Handlungen einen ›Wert‹ erhoffen. Dieser einfache, wiederum aus dem Alltag stammende Grundsatz wird Grundlage für Motivationsstudien. Unter der Annahme, dass die Einzelnen den Erfolg suchen und Misserfolg zu vermeiden trachten, werden umfangreiche Experimente durchgeführt mit dem Resultat, dass eine mittlere Erfolgswahrscheinlichkeit am meisten motiviert oder anders: dass es günstig ist, die Einzelnen weder zu über- noch zu unterfordern. Dieser schlichte Gedanke wird aufgebaut zu einer Theorie der Leistungsmotivation (vgl. etwa McClelland 1953, Heckhausen 1989). Heckhausen prägt hierfür in dieser an marktgängigen Begrifflichkeiten erfinderischen Theorieschule zusätzlich den Begriff der »Nettohoffnung« (1989, 82).

Da aber diese Theoreme – der Erwartung, des sozialen Kontexts (Modelllernen), des Selbst –, die allesamt geeignet scheinen, interpretierende Überlegungen des Subjekts in einer Welt voller sozialer Bedeutungen aufzunehmen, in den alten Theorierahmen von Reiz und Reaktion eingebaut und daher als objektive, gesetzmäßige in Experimenten verifiziert werden, bleiben die Vorstellungen von Determination und Außensteuerung im Prinzip erhalten. Die Vorstellung, es sei möglich, ein Verhalten unbedingt vorherzusagen, wenn man die Fragen der Erwartung nur differenziert genug an den Wert des Verstärkers binde, führt in den vielen Fällen, in denen dieses misslingt, zur gewohnten Einführung von immer weiteren zusätzlichen Variablen, bis schließlich die Aussage wiederum flach wird wie eine bloße Binsenweisheit. Holzkamp fasst zusammen: Die konsequente Durchhaltung des Erwartungskonzepts als objektivierbar eliminiert es praktisch im gleichen Zug (85). Wieder versucht er die Theoreme durch Einführung von Begründungsmustern (»mit gutem Grund«, »vernünftigerweise«) zu reartikulieren mit dem Resultat, dass die gleichen Begründungsmuster, die schon beim klassischen Konditionieren implizit vorhanden waren, unangetastet wieder zugrunde liegen, dass, kurz gesprochen, alles beim Alten geblieben ist. Für diese Prüfung folgt er den Lerntheoretikern auf ihre Alltagsebene und – dies entspricht ja seinem Prüfverfahren – stellt so fest, dass dieser Commonsense des »guten Grundes« in jedem Fall zu allseits geteilten Aussagen kommt, eben jenen, dass man eine Handlung mit »gutem Grund« oder »vernünftigerweise« beginnt und durchführt, wenn man sich einen Erfolg davon verspricht, und je mehr Erfahrung man mit sich und den Ergebnissen seines Handelns hat, umso sicherer Entsprechendes tut. Und umgekehrt: Vor zu hohen Zielen wird man zurückschrecken aus gutem Grund. Die Plausibilität der Beispiele bzw. der Sequenzen, die bis zu Stichwörtern heruntergekocht scheinen, verdeckt, dass die schwierigen Fragen jetzt erst anfangen. Verschenkt wird von Holzkamp in dieser Weise, das unheimliche Terrain des massenhaften Gegenhandelns überhaupt zur Kenntnis zu nehmen. Wie weise muss man sein, dass man das »Gehen zu Zielen, die man zu Fuß nicht erreichen kann, aufgibt« (Brecht, Meti)? Und wie erklären wir uns das massenhafte Jagen nach einem Glück, das hinterherläuft? Warum wird die Geschichte vom Tellerwäscher, der Millionär wird oder Präsident der Vereinigten Staaten, geglaubt und für eine Möglichkeit gehalten, das eigene Leben zu orientieren? Und was ist mit den vielen, die die Veränderung der Gesellschaft weiter für möglich halten und ihre Leben dem unterwerfen? Warum lernt man aus vielen Erfahrungen nichts und doch auch aus Erfahrung? Zu sagen, dass die Rolle des Ideologischen im Begründungsmusterdenken unterbestimmt ist, bleibt selbst zu vage. (Ich komme darauf zurück.) Aber die Annahme, man könne ja für alle solchen Fälle von Handlungsorientierungen, die nicht der einfachen Formel folgen, dass die Ziele als erreichbar angesehen werden müssen, wiederum leicht Gründe finden, die eben das Erreichbare ins Imaginäre und Geträumte verschieben, würde selbst die Frage der Begründungsmuster dermaßen ausdehnen, dass alle interessanten und lebenspraktisch wichtigen Unterschiede davor verschwinden. Kurz: Wir hätten es mit einer Theorie zu tun, mit der zu wenig begreifbar würde. Da Holzkamp selbst die Fragen nach dem massenhaften Verhalten nicht stellt, sondern sie in den sprichwörtlichen Antworten der verhaltenstheoretisch inspirierten Beispiele für inexistent halten muss, wissen wir allerdings nicht, ob er so weit gegangen wäre, die Begründetheit allen Verhaltens auch in diesen Fällen selbst für vernünftig zu halten.

Es ist gleichwohl gerade wegen der Alltagsevidenzen interessant, den Wendungen der Lerntheorien und auch der holzkampschen Kritik zu folgen. Alltagsrelevant ist, d. h. zum Bestand eines allgemeinen Volksvorurteils gehört die Vorstellung, die Einzelnen lernten am Modell, kurz, sie übernähmen die Verhaltensweisen von anderen. Solche Annahmen sind wieder so überallgemein, dass sie gleichermaßen für die gegenteiligen Wirkungen stehen können. Jemand ist, wie er ist, weil schon sein Vater so war, oder er ist gerade umgekehrt, weil der Vater ein so schlechtes Beispiel bot. Brecht schrieb die zu seiner Zeit gängige Theorie in die Überlegungen zum Lehrer als Unmenschen, der im heraufkommenden Faschismus darum ideal für die Schüler war, weil sie so am Modell lernten, ebenfalls Unmenschen zu werden (vgl. dazu Kapitel 5). In der S-R-Lerntheorie wird der Grundgedanke als Sachverhalt experimentell ausgebaut und, mit entsprechenden Begriffen versehen, weniger angreifbar gemacht. Miller & Dollard formulierten (1941) Vorstellungen von Lernen als Imitationshandlung. Mit der Einbeziehung von Kategorien der Wahrnehmung wird der Zusammenhang differenzierter: Nicht nur die direkte eigene Verstärkung zählt, sondern auch die Wahrnehmung der positiven oder negativen Verstärkung anderer (etwa wenn sie gefoltert werden) bestimmt die Bereitschaft, das eigene Verhalten dem der anderen anzugleichen. Holzkamp bringt das Beispiel eines Experiments, in dem drei Kindergruppen je anfänglich gleiche, in den Konsequenzen unterschiedene Filme gezeigt wurden. Eine Puppe wurde verhauen und das schlagende Kind in einem Fall belohnt, im anderen bestraft, im dritten wurde gar kein Bezug auf die Tat genommen. Experimentprüfung war, zu zeigen, dass die jeweiligen Folgen relevant für das anschließende Verhalten beim wirklichen Spiel mit einer gleich aussehenden Puppe waren. Holzkamp kritisiert, dass die Prämissen, die im Experiment gemacht wurden, keineswegs alle geklärt waren, so dass überhaupt nicht ausmachbar sei, warum die Kinder für sich verständlich handelten. Er führt als zusätzlichen Gedanken ein, dass die Handlungen anderer verstanden und das heißt auch die eigenen Gründe verständlich sein müssen, bevor aus solchen Interaktionen Schlussfolgerungen gezogen werden können. Eigenartigerweise erkennt und hinterfragt er nicht, dass die Kinder sich nicht einzeln, sondern in der Gruppe verhalten, ein Umstand, der sicher zu einer gewissen Gleichförmigkeit eines nachahmenden Spiels beiträgt.

Die dritte Kategorie, das Selbst, kam mit der kognitiven Wende in zahlreichen Zusammensetzungen ebenfalls wieder in die Diskussion – etwa: Selbstverstärkung, Selbstkontrolle oder Banduras Selbstwirksamkeitserwartungen (99). Aber selbst dieser Bezug, der Bewusstsein voraussetzt, wird in den verschiedenen Lernexperimenten und theoretischen Begründungen so in eine außengesteuerte Determinante definiert, dass Holzkamp mit Recht von einer Aufforderung zur »Selbstmanipulation« spricht (95). Vorstellungen vom Selbst werden wichtig in therapeutischen Kontexten, in denen weggelernt werden soll, was als fehlgelernt angenommen wird: Schlangenphobien etwa bzw. Phobien überhaupt, gelernte Hilflosigkeit usw. Holzkamp berichtet ausführlich von den verschiedenen Experimenten, in denen Hilflosigkeit z. B. eingeübt/gelernt wird dadurch, dass die Experimentalsituation ausdrücklich so ist, dass die sozial-bedeutungsvolle Welt als unbeeinflussbare Umwelt erscheint, in der man nichts ausrichten kann. Seine Kritik aus dem Begründungsmusteransatz läuft darauf hinaus, dass die Experimentalbedingungen gewissermaßen nicht weltförmig sind, sondern extrem, unterbestimmt, residual und also darauf abzielen, Vorurteile einfach zu verdoppeln, und im Falle von Phobien die Symptome mit psychischen Schwierigkeiten, die ihnen zugrunde liegen, undiskutiert gleichsetzen. Das Resultat:

> In keiner dieser durch das »Selbst«-Konzept erweiterten »Erwartungstheorien« sind begriffliche Möglichkeiten enthalten, die jeweilige *Lernbehinderung durch eigene Lernaktivitäten zu überwinden,* d. h. die Prämissen, unter denen die dargestellten Verkürzungen des Realitätszugangs als einzig verbleibende, also »vernünftige« Urteilsbildung erscheinen, zu verändern. (110)

Er formuliert beiher als wesentliche Dimension eigener Lerntheorie, dass Lernen heiße, die Ebene von Zufällen und Wahrscheinlichkeiten in Richtung sachlich-sozialer Zusammenhangseinsicht zu überschreiten (113). Noch ist nicht einsichtig, wieweit dieser Gedanke mit der Theorie der Begründungsmuster zusammenzubringen ist, da er eine Entwicklungsrichtung gesellschaftlicher Aneignung voraussetzt, die in der Frage der subjektiven Begründungen bislang zumindest auf liberale und sehr allgemeine Weise ausgeklammert scheint.

Entsprechend seiner Vorstellung vom Lernen kommt er zu der zusammenfassenden Kritik, dass alle drei Erweiterungen des S-R-Konzepts sachlich-soziale Weltzusammenhänge ausklammern und damit menschliches Handeln kategorial verfehlen (113). Fehlorientierungen, Vorurteile und Realitätsverkennungen und damit die Auslieferung der Subjekte an fremdgesetzte Bedingungen seien praktisch Grundlage der S-R-Lerntheorien geblieben.

> Die Mächtigkeit des Subjekts als Ursprung seiner eigenen Handlungen ist hier zurückgestutzt auf die subjektive Veränderbarkeit von *Erwartungen* hinsichtlich dieser Mächtigkeit. (116)

Als beunruhigende Frage an Holzkamp erhebt sich die nach der Begründung des Erfolgs der behavioristischen Lerntheorie nicht nur als Theorieschule, sondern auch als pädagogische und therapeutische Praxis. Darüber hinaus bleibt die schon zuvor formulierte Problematik, dass Menschen ja nicht nur in Sondersituationen (110) so handeln, dass es den Anschein hat, ihr Lernen sei konditioniert, sondern dass den behavioristischen Annahmen eine Massenpraxis[24] entspricht, die freilich hinter unseren Vorstellungen vom »Menschlichen« zurückbleibt.

Müsste eine Auseinandersetzung mit dem Behaviorismus, statt den Blick im Wesentlichen auf die Theorien und ihre Konstruktion zurückzulenken, nicht auch ausschreiten in die Analyse der Gesellschaft, die den Stoff abgibt, dass Behaviorismus als Weltanschauung und als Theorie und eingreifende Praxis Erfolg hat? Nehmen wir den vom Behaviorismus inspirierten knappen Satz, dass »Geld sinnlich macht, wie uns die Erfahrung lehrt«, den Brecht dem Freudenmädchen in den Mund legt. Da ist massenhaftes Vorkommen ausgesprochen (durch die Erfahrung) und ein offenbar widersinniger Zusammenhang, der sich auch dem gesunden Menschenverstand als ›falsche‹ Verknüpfung preisgibt. Sinnlichkeit hat, wie jedermann weiß, mit Geld nichts zu tun. Dieses ›Wissen‹ beginnt schon bei seiner selbstbewussten Behauptung erste Risse zu zeigen. Schließlich kann man Sinnlichkeit kaufen, wenigstens die Befriedigung derselben durch andere. Man nennt das dann Prostitution, wenn es um den Ankauf von Liebesdiensten geht, Feinschmeckertum, wenn man sich in einem Viel-Sterne-Restaurant bekochen lässt, oder Hörvergnügen, wenn man in ein Konzert geht. Die ganz ungleichen Befriedigungen der Sinne verweisen noch ungenau auf Klassenverhältnisse. Allen ist gemein, dass man Geld haben muss, um seine Sinne zu befriedigen. Dies gilt nicht immer und überall, jedoch gibt es einen erklärungswürdigen Zusammen-

24 Der Behaviorismus stiftet auch zu literarischen Verdichtungen an, die man einverständig und mit Genuss lesen kann. Eines der frühen humorvollen Stücke über einen Jongleur behavioristischer Strategien ist *Tom Sawyer* von Mark Twain, der sich bei der Arbeitsstrafaufgabe, einen Zaun zu streichen, angesichts der Demütigung, die dies vor seinen Freunden bedeutet hätte, bei ihrem Herannahen schnell in einen hingebungsvollen und begeisterten Anstreicher verwandelt, der als Privileg ausgibt, was Strafe war. So gelingt es ihm, einen schwunghaften Tauschhandel zu beginnen. Während er sich zur Ruhe setzt, vermietet er das Recht, einige Bretter streichen zu dürfen, und erwirbt so alle Schätze, die seine Freunde in ihren Taschen tragen. Verblüfft entdeckt die Tante am Abend, dass der Zaun nicht einfach, sondern gleich viele Male gestrichen ist.

hang zwischen Geld und Sinnesgenuss. Die sinnliche Haltung braucht also zu ihrer Entfaltung Bedingungen, die u.a. käuflich, d.h. mit Geld zu haben sind. Selbst wenn man den Zusammenhang so auseinanderlegt, bleibt der Stachel, dass die Käuflichkeit von Sinnlichkeit nicht das von uns angestrebte Ziel menschlicher Entwicklung ist. Zugleich wird man einräumen, dass in unseren Gesellschaften elementaren Bedürfnissen ihre Befriedigung in der Form von Waren zuteilwird und dass darüber hinwegzusehen einer Ausblendung von Realität gleichkommt, was in der Folge zu bloßen Moralsätzen über ›richtiges‹ Verhalten auffordert. Diese Einsicht, dass die Menschen ihr Leben in bestimmten Formen realisieren, die etwa das Gegenteil des Angezielten annehmen können – so wenn Tauschwert zum Vehikel des Gebrauchswerts wird –, lässt sich auf menschliches Verhalten durchweg anwenden. So können wir den Lohn als Form der Anerkennung gesellschaftlicher Nützlichkeit, die Familie als Form, in der solidarische Gemeinschaft gelebt wird, wie das neuerlich Karriere machende Selbst-Unternehmertum als Form entziffern, in der produktives Handeln und Verändern der eigenen Lebensbedingungen zusammenwächst, wobei in allen Formen zerreißend Widersprüchliches zusammengebunden ist. Das erklärt die Wirkmächtigkeit behavioristischer Theorien und Praxen, und es zeigt, dass eine Kritik solcher Annahmen ohne eine Formanalyse nicht wirklich eingreift. Diese öffnet das Feld, in dem erfahren und rekonstruiert werden kann, wie das Sich-Einfinden in den jeweiligen Formen Gewohnheiten herausbildet, deren auch selbsttätiges Aufbrechen ein eigener Verlernprozess ist, der das Rückgreifen auf Geschichte wie das Voranschreiten in gewünschte Zukunft braucht, was ebenso wenig einzeln leistbar ist wie ohne Lehrer – die wiederum nicht ausschließlich als Schullehrer, sondern auch als Bücher, kulturelle Traditionen usw. erfahren werden.

Wenngleich ein linkes Projekt wie die Kritische Psychologie kaum entwickelt werden kann, ohne die schon bei Aristoteles vorhandene Voraussetzung mitzumachen, dass Menschen vernünftige Wesen sind, die auch entsprechend zu handeln vermögen, scheint mir der Ausgangspunkt, Lernen unter Voraussetzung eines erwachsenen Einzelnen in seiner begründeten Handlungsweise zu rekonstruieren, geradezu mit Notwendigkeit das Historische in den Lernprozessen selbst, die vielfältigen Schichten von Lernvorgängen sowie die gesellschaftliche Eingelassenheit der Formen, in denen sich menschliches Leben vollzieht, zu verfehlen.

Das Gedächtniskonzept als kognitive Fassung des Lernproblems

Die Anforderungen der Computerentwicklung treiben die Ablösung der behavioristischen Lerntheorie durch Forschungen zur Informationsverarbeitung voran. Nicht nur die Begriffe der neu belebten kognitiven Theorie entstammen der Computerlogik – wie Input, Output, Encodierung, Abruf, Speicher –, auch die Forschungen richten sich auf künstliche Intelligenz, also auf leistungsfähige Hilfsmittel zur Problemlösung und Wissensakkumulation. Holzkamp berichtet, dass die liegengebliebenen Ansätze – etwa von Ebbinghaus (1885) – wieder aufgenommen und mit dem zusätzlichen Bonus einer womöglich exakten Naturwissenschaft versehen werden. So treten kognitive Prozesse ins Zentrum der Psychologie. Dabei ging es zunächst nicht um Lernprozesse, ja es scheint, als ob die Besetzung des Lernkonzepts durch die S-R-Psychologie dieses zumindest zunächst uninteressant für die kognitive Wende gemacht habe:

> Dies ging so weit, dass in dem […] Manifest der kognitiven Wende von Neisser (1967) der Terminus »Lernen« als in irgendeinem Sinne systematischer Begriff praktisch nicht mehr vorkommt. (119)

Dafür gerät ein relevanter Begriff für jedes Lernen, der des Gedächtnisses, ins Zentrum kognitivistischer Forschung; Holzkamp fasst dies als »Spezifizierung des S-R-theoretischen Lernkonzeptes« (120). Er skizziert die verschiedenen durch Experimente gestützten Stufen und Annahmen zur Frage des Gedächtnisses. Der Phase der Untersuchung von Gedächtniselementen, um dessen Funktion und Aufbau zu erforschen, durch das Experimentieren mit »sinnlosen Silben« (zunächst durch Ebbinghaus) und der dabei entwickelten Methoden von Erlernen, Behalten und Vergessen, folgten theoretische Konzepte, die das Vorhandensein unterschiedlicher Speicher annahmen (Kurz- und Langzeitspeicher etwa bei Atkinson & Shiffrin 1968). Allen ist der Bezug zum symbolischen Material (Sprache) gemeinsam. Wichtig werden Fragen des unterschiedlichen Wiedererinnerns (des Abrufs), die später (etwa von Bredenkamp & Wippich 1977) als Kontext-bezogen, also vom Prozess der Einübung/Speicherung abhängig, ausgemacht werden. Die Unterscheidung der Gedächtnisarten wird verfeinert. Holzkamp hält die von Tulving (1972) gemachte Differenzierung zwischen episodischem und semantischem Gedächtnis für die relevanteste (124). Sie erlaube es, Gedächtnisteile, die an bestimmte Ereignisse/Orte gekoppelt sind, von solchen zu unterscheiden, die sich semantischen Netzwerken (sprachlichen, logischen und axiomatischen Ordnungen) verdanken. In dieser Weise sollen unterschiedliche Wissenssysteme in ihrer Bindung an Gedächtnisleistungen erforschbar sein.

Die Bezüge zur Linguistik schließlich brachten die Unterscheidung in propositionales (gewusst, dass) und prozedurales (gewusst, wie) Gedächtnis, eine Differenz, die es schließlich erlaubte, die Gedächtnisarten nicht nur hierarchisch anzuordnen, sondern auch das Erlernen von Bewegungen wenigstens ansatzweise in das Gedächtniskonzept aufzunehmen. Eine weitere Forschungsannahme, die »der alternativen Modellierung von Gedächtnisprozessen« (126f.) (durch Craik & Lockhart 1972), schlug schließlich vor, die Gedächtnisleistung als abhängig vom Verarbeitungsprozess zu untersuchen. Die Art, wie der Gegenstand ins Gedächtnis kam (sensorisch, phonetisch, semantisch und wie intensiv), und nicht, in welchem Behälter er landete (Kurzzeit oder Langzeit), soll die Gedächtnisleistung bestimmen.

> Demnach wäre die Verarbeitungstiefe eher ein Kontinuum mit qualitativen Umschlägen von einer Ebene zur nächst höheren. Generell wird dabei angenommen, dass es von der so gefassten Tiefe der Informationsverarbeitung abhängig sei, wie stark sich die jeweilige Gedächtnisspur ausprägt, wie lange also die entsprechende Information behalten wird. (128)

Wichtig wird in diesem Kontext schließlich auch der Faktor der Aufmerksamkeit und ihrer Zuwendung fürs Behalten sowie die Frage der Wiederholung. Craik schlägt 1985 vor, das Gedächtnis nicht als strukturelles System, sondern als Prozess des Sich-Erinnerns aufzufassen, der von Reiz, Kontext und Vorwissen geleitet sei.

> Dieser Erinnerungsprozess sei als eine Rekapitulation der ursprünglichen Erfahrung aufzufassen, wobei es von der Art der *jeweiligen Erinnerungsaufgabe* abhänge, wieweit sich diese Rekapitulation in einem relativ ›wörtlichen‹ Durchgang durch die erfahrenen Ereignisse oder als Rekonstruktion aufgrund von Information höherer Ordnung, die aus der Erfahrung abstrahiert worden ist, vollziehe. (130)

Sich-Erinnern sei aktiver Vollzug mit Rekonstruktionsstrategien zur Bewältigung der Erinnerungsaufgabe. Diese Forschungsannahmen zeigten sich als den Mehrspeichermodellen zunächst überlegen. Da aber die Versuche, das Gedächtnis in Schichten der Verarbeitung zu denken, wiederum die Probleme der Mehrspeichertheorie insofern nicht überwinden konnten, als sie ebenso wie dieses die immer differenzierter werdenden Datenmengen wenig einheitlich erklären konnten, wurde seit Beginn der achtziger Jahre praktisch das Mehrspeichermodell aktualisiert (vgl. etwa Anderson 1983).

Im Zusammenhang mit der Computersimulation psychischer Prozesse entstand eine neue Arbeitsrichtung– der Konnektionismus (vgl. etwa McClelland & Rumelhart 1986). Der Grundgedanke ist die Annahme von Netzwerken, welche Daten empfangen, und anderen, die sie aussenden, also eine Interaktion mit jeweiligen Umgebungen. Fehlerminimierung wird in diesem Kontext als Lernen bezeichnet (132).

Holzkamp überprüft die kognitivistischen Gedächtnistheorien mit seinem »Begründungsmuster-Konzept« und kommt zu dem ersten Ergebnis, dass alle diskutierten Ansätze, da sie zur Bewältigung bestimmter Aufgaben konstruiert wurden, entsprechend über Begründungsmuster verfügen; andererseits eine Überprüfung schwerfalle, da sie allesamt ohne Subjekte (Akteure) formuliert seien. Dies nachzutragen wird erster Kritikschritt. Er entdeckt, dass Lösungen, die Subjekte in das System zu denken, das »wirkliche individuelle Subjekt mystifizieren« (135). Er zitiert die Eliminierung des Handlungssubjekts aus der Wissenschaftssprache bei Bower (1984): »So ist das kognitive System in der Lage, *sich selbst* für erfolgreiche Anpassungen und Handlungen in seiner Umwelt zu *programmieren*« (1984, 227; Holzkamp, 135). Wichtig werde (nach Herrmann 1982), ob man den Kognizierenden als System (mit Speichern etc.) fasse oder als handelndes Individuum, welches interpretiere, Ziele setze und bewerte (136). Sein Vorhaben, den »realen Subjektstandpunkt« zu rekonstruieren, führt Holzkamp zu dem Ergebnis, dass zum einen in der Entwicklung der Theorien selbst – vom Mehrspeicher zur Verarbeitungsebenentheorie – eine Wendung zum Subjekt vollzogen worden sei, wodurch die konzeptuelle Überlegenheit Letzterer erklärbar sei, zugleich die Computer-Analogie und die neueren Versuche der Wiedereinsetzung von Homunkuli in die kognitivistische Sprache als Rollback einzustufen wären. Entsprechend wird auch der Begriff *Lernen* für Fehlerminimierung und Optimierung im System von ihm als »animistischer Etikettenschwindel« zurückgewiesen (138).

Nach den diskutierten Schwierigkeiten, das denkende Subjekt in der kognitivistischen Theorieebene einzuführen, fährt Holzkamp fort, die implizite Einbeziehung der Subjekte in die kognitivistische Sprache herauszuarbeiten, und kommt zu dem Ergebnis, dass hier ähnlich wie in der S-R-Theorie die verdinglichenden Bezeichnungen der Alltagssprache in die Theoriebildung eingegangen sind. Etwa wenn das Gedächtnis als Ursache der Behaltensleistung behauptet wird (ich habe ein schlechtes Gedächtnis, 139). Damit werden die Begründungszusammenhänge der Gedächtnisleistungen selbst verstellt. Er weist darauf hin, dass ebendiese Unterlassung bzw. Verstellung die Hinzufügung immer weiterer Zusatzannahmen nötig machte (Kurzzeitspeicher, Ultrakurzspeicher, prozeduraler und deklarativer Speicher etc.). Nimmt man diese Mystifizierungen des Handlungssubjekts zurück, werde klar, dass die genannten Konzepte in Wahrheit von unterschiedlichen Suchstrategien der Subjekte handeln, deren diese sich »vernünftigerweise« bedienen. Soweit es sich um quasi automatische Prozesse ohne Bewusstheit handele, gelte der gleiche Einwand wie bei den Konditionierungsprozessen im S-R-psychologischen Experiment, womit aber die beabsichtigte Rehabilitation des Bewusstseins, mit dem die kognitive Psychologie angetreten ist, wieder zurückgenommen sei. Aufgrund der Nähe des Gedächtnisbegriffs zu Vorstellungen von Behältnis oder Speicher schlägt Holzkamp vor, von Behalten und Erinnern als menschlichen Handlungen zu sprechen (141). In der traditionellen Gedächtnisforschung werden Behalten und Erinnern als voneinander abhängig gefasst – wobei das Behalten an erste Stelle, das Erinnern, Abrufen in die davon abhängige Position rückt (142). Behalten und Erinnern treten als Wenn-dann-Komponenten in einem kontingenten Zusammenhang auf. Die Prozesse sind also zugleich unabhängig voneinander; dies werde z. B. deutlich in Konzepten des Lernens bzw. Einprägens mit Wiederholung, wobei die Wiederholung als Maß des Lernens genommen wird. (Man erinnere das Experiment mit den sinnlosen Silben, die so oft wiederholt werden, bis man sie fehlerfrei nachsagen kann.) Der allgemeine theoretische Rahmen ist die Spurenbildung im Gehirn. »Die jeweiligen Assoziationen bzw. Spuren bilden sich unabhängig vom Erinnerungsprozess« (143). Holzkamp hingegen fügt den Prozess des Behaltens in den Begründungsdiskurs und kommt zu dem Resultat, dass die Behaltensaktivitäten darin begründet sind, ob man sie erinnern will, es sich also um eine »inferenziell-implikative Beziehung« handele.

> Behaltensintentionen ohne antizipierte Erinnerungsanforderung sind vom Subjektstandpunkt offensichtlich sinnlos; bzw., noch weiter zugespitzt, die Behaltensintention ist in gewisser Weise mit der Intention, mich später an das Behaltene erinnern zu wollen, identisch. (143)

Das Subjekt braucht Gründe fürs Lernen. Miller, Galanter & Pribram (1960) haben die Diskrepanz zwischen dem, was der Experimentator annimmt, und dem, was die Versuchsperson tut, vorgewiesen, indem sie selbst von einer Intentionalität bzw. einem Plan ausgehen, Annahmen, die zur Formulierung vom Standpunkt des Subjekts befähigen. In ihren Experimenten stellen sie die Forderung, die Intentionalität der Versuchspersonen beim Erinnern zu berücksichtigen. Diese sei dadurch zu ermitteln, dass man die Versuchsperson frage – (z. B. bekommt man dann heraus, dass die Vpn die Versuchsanordnung der sinnlosen Silben durchkreuzen, indem sie einen Sinn hineinbringen, um sie überhaupt zu behalten). »Unless a person has some kind of plan for learning, nothing happens.« (144) Die Einzelnen brauchen eine Lernabsicht. In diesem Zusammenhang ermögliche die Wiederholung die Entwicklung einer angemessenen Strategie zur Erfüllung der Erinnerungsanforderung. Diese Reinterpretation erlaubt es Holzkamp, die Diskussionen um den Nutzen von Wiederholungen für Gedächtnisleistungen als unentscheidbar, weil in Bezug auf die Begründung der Vpn rein spekulativ zurückzuweisen.

Aus der Kritik der S-R-Theorien ergab sich für Holzkamp u.a. die Notwendigkeit der Unterscheidung von Lernen und Ausführen und die Unterscheidung von intendiertem und inzidentellem Lernen. Das Konzept der Behaltens-Erinnerns-Aktivitäten gehört gewiss zum Lernen; aber es wird ein bestimmter Aspekt des Lernens hervorgehoben, die Dauerhaftigkeit des Lernresultats.

> Bei Akzentuierung der Unterscheidung inzidentell-intendiert verdeutlicht sich, dass im inzidentellen Lernen die Permanenz sich irgendwie von selbst, als Nebeneffekt der Erfahrensbildung herstellen muss. (147)

Bei intentionalem Lernen gibt es die Möglichkeit, dass die Lernintention auf das Behalten selbst oder auf andere Dimensionen (etwa Können oder Verstehen) gerichtet ist. Damit wäre Gedächtnisforschung ein Spezialfall der Lernforschung, was faktisch in der Forschungstradition nicht gesehen werde. Holzkamps weitere Kritik gilt der Nicht-Einlassung der Gedächtnisstrategien in sachlich-soziale Bedeutungszusammenhänge, mithin ihrer ausschließlichen Zentrierung auf mentale Prozesse. An die Stelle von Welt trete Weltwissen und statt Praxiszusammenhängen gebe es Wissensdomänen (148f.). Das Subjekt ist in sprachlicher Bedeutung gefangen, es führt kein Weg in die praktische Lebenswelt. Es gibt nur Informationen, ihre Einspeisung und ihren Abruf durch entsprechende Hirne. Die Welt erscheint als Inbegriff von Gegebenheitszufällen, deren Verknüpfung wie schon in der S-R-Theorie dem Individuum obliegt. Das verbindende Theorem ist das Assoziationsprinzip als strukturbildender Faktor. Das findet seinen zusammenfassenden Ausdruck in der Fassung des Gedächtnisses als »associative memory« durch Kohonen (1984).

> Aus der Erörterung der kognitivistischen Gedächtnisforschung ließ sich verallgemeinern, dass hier der »input« und der »output«, also die Eingabe- und Ausgabefunktion des »Systems«, an die Stelle der unabhängigen Lebenswelt tritt, und dass dabei die Sprache (i.w.S.) quasi als undurchdringliche Mauer zwischen dem Subjekt und der Außenwelt steht. (151)

Die Frage bleibt: Wie ist die Weltlosigkeit der traditionellen Lerntheorien zu überwinden?

Holzkamp stößt bei seiner Suche nach dem Subjekt auch in den kognitivistischen Lerntheorien, wie erwartet, auf eine Leerstelle. Dort, wo durch die Einführung der Bewusstseinskategorie denkende Akteure hätten auftauchen müssen, findet stattdessen eine Art Substitutionsprozess statt. Dinge, Speicher, Behältnisse, Systeme übernehmen Akteursaufgaben. Wie bei der S-R-Theorie erscheint Welt als Zufallsgegebenheit. Die Schwierigkeit, unter diesen Umständen Gedächtnisleistungen einigermaßen konsistent denken zu wollen, treibt die Theoriebildung zu immer neuen Zusatzannahmen. Dabei geraten sie auch von mehr dinglichen zu mehr aktivitäts- und prozessorientierten Vorstellungen, ohne jedoch grundlegend vom Standpunkt des Subjekts zu formulieren bzw. den aus dem Subjektstandpunkt folgenden Zusammenhang zur Welt zu fassen. Dies stellt Holzkamp als dritte Kritik seines Analyseverfahrens vor: Dem Subjektverlust entspricht ein ebensolcher Verlust an Welt.

So überzeugend die drei Kritiken scheinen, so werden sie zugleich mit einer Vernachlässigung der Dimensionen erkauft, die im Zentrum der diskutierten traditionellen Theorien stehen. Der Abwehr der Auffassung von Sprache als Barriere zwischen Individuum und Welt fällt die Untersuchung von Sprache als eben ein solches Hindernis zum Opfer und damit die tatsächliche Verkehrung, dass Sprache selbst als eine Art sekundäres Subjekt Politik mit uns macht. Mit dieser Auslassung aber ist der Komplex von Ideologie, Kultur, sozialer Konstruktion gewissermaßen außer Analyse gesetzt. Zumindest wird der Umstand aus dem Brennpunkt gerückt, dass die Individuen eben nicht einfach sich erinnern, behalten, vergessen – je nach subjektivem Sinn –, sondern dass diese Praxen selbst einem eigenen Konstruktionsprozess unterliegen, der auf die Verdinglichungen und Verkehrungen in der Welt antwortet. Dabei steht sicher außer Frage, dass es die Einzelnen selber sind, die sich eine Geschichte geben, dies allerdings in vorgefundenen Strukturen und Bedeutungen und nicht aus freien Stücken. Beim Bezug auf den »guten oder ›vernünftigen‹ Grund« bleibt also wie schon zuvor das Problem, dass die subjektive Zurechtlegung auf so viele Widersprüche stößt und sie verarbeiten muss, dass es zwingend scheint, den Standpunkt des Subjekts durch die Analyse von Strukturen des Politischen, des Kulturellen, des Ideologischen zu ergänzen bzw. diese in Wechselwirkung zu untersuchen. Ein solcher Ansatz wiederum wird den »guten Grund« des Handelns vielleicht als zu beliebig entdecken bzw. seine kritische Funktion in Zweifel ziehen.

Tagung über mein Buch »Lernverhältnisse« im Institut für Kritische Psychologie

Mein Vortrag auf der öffentlichen Tagung des gesamten Instituts für Kritische Psychologie:

I Vorbemerkung

Lernen war eine Quelle der Beunruhigung für mich, solange ich zurückdenken kann. Immer wieder studierte ich eigene und fremde Lernprozesse, Lerntheorien und Erfahrungen, ohne zu einer schlüssigen Verdichtung zu kommen. Lernen interessierte mich vor allem auf vier Ebenen:

1. als Problematik wie und warum aus ursprünglicher Lernlust bei Kindern Unlust, Widerstand, Verweigerung werden.
2. in der Automationsforschung, welche ich fünfzehn Jahre gemacht habe, als dringende Frage zu den Möglichkeiten und Behinderungen der Arbeitenden, sich die neuen Produktivkräfte anzueignen.
3. als politische Frage: Wie lässt sich der Panzer aus Gewohnheiten und Verknöcherungen durchdringen, der die Einzelnen hindert, ihr Leben in eigne Hände zu nehmen, oder in kritisch-psychologischen Worten: kollektiv die Verfügung über ihre Bedingungen zu erstreiten?
4. schließlich als besondere Frage in der Frauenbewegung: Wie werden speziell wir Frauen zu den Erwachsenen, als die wir uns erfahren: unterworfen, widerständig, zerrissen, aber auch aufbrechend? (Ich habe zu diesem Komplex zusammen mit anderen 11 Bücher veröffentlicht.)

Die Fragen haben sich ein wenig verschoben, aber sie bohren weiter und wollen sich nicht zusammenschließen.

Als Klaus Holzkamp dann sein Buch über Lernen vorlegte (1993), war ich äußerst gespannt, weil ich hoffte, die verschiedenen Fragen, die unterschiedlichen Ebenen, die Gesamtgeschichte dadurch endlich zusammenfügen zu können. Das Buch stürzte mich stattdessen in Verwirrung. Wie war es eigentlich möglich, dass meine allgemeinste Frage, wie man in dieser Gesellschaft ein Mensch wird, sich die menschlichen Wesenskräfte aneignet unter Bedingungen von Herrschaft und Unterdrückung und dies je verschieden nach Geschlecht, in dem Buch eigentlich gar nicht verhandelt wurde.

Ich wollte das unbedingt und sogleich diskutieren, und zwar mit Klaus. Er war für mich Freund und Lehrer, Kollege und Schüler. Wir haben über 20 Jahre zusammengearbeitet, mal enger, mal distanzierter. Wir haben über viele Punkte gestritten, heftig, aber immer produktiv. Über die Bedeutung von Automation zum Beispiel; über dialektische Theorie und empirische Methode – das war mein Habilitationsvortrag, der ihm nicht gefiel; über Frauenbewegung und meine Intervention zu Opfer/Täter, über

Erinnerungsarbeit im Sexualisierungsbuch, über Geschlechterverhältnisse und ihre Bedeutung für Denken und Praxis, über die spezifische Angst von Frauen und wie sie extra artikuliert werden muss, auf einer der kritisch-psychologischen Tagungen in Fulda; über sexuellen Missbrauch und die Polemik von Katharina Rutschky … Immer haben wir beide aus den Auseinandersetzungen gelernt, und die Problematik Lernen hätte dazugehört. Ich hatte eine Kritik an seinem Buch schon versprochen. Schrecklicherweise wurde diese Diskussion durch seinen frühen Tod abgebrochen. Aber ich diskutiere in meinem Buch[25] weiter mit ihm, so dass die Frage: Hat Frigga Haug Holzkamp richtig verstanden oder muss sie als eine, die die Sache verfehlt, nicht begreift, gar verfälscht, in ihre Schranken gewiesen werden, mir unsinnig scheint. Für mich und meine Weise, mich politisch-wissenschaftlich zu bewegen, gehört die Offenheit von Konzepten dazu: Da sie solcherart niemals abgeschlossen sind, wird es überlebenswichtig auch für eine Kritische Psychologie, immer über die Grenzen hinauszugehen, das einmal Erreichte erneut infrage zu stellen. Dies habe ich zeitlebens getan, so dass man von mir auch eine Biographie als ständige Abweichlerin schreiben könnte, wenn man Kritische Psychologie als Kanon versteht. Ich aber lasse mir das Selber-Denken nicht verbieten oder frei nach Edward Said: Was in vorfindlichen Texten steht, ist immer nur ein Teil der Welt. Anderes erhellt sich erst durch den Gebrauch des eigenen Verstandes und eigne Deutung. Und auch wenn dies ständig Reibereien mit sich bringt, brennt durch die Reibungsenergie dafür das Streichholz der Erkenntnis umso heller.

Wir wollen auf dieser Tagung über Konzepte sprechen – davor noch eine Vorbemerkung zur Frage der Haltung. In dieser Diskussion vermisse ich Klaus Holzkamp am meisten auch wegen seiner Haltung. Ich habe vor, für ihn zum 10. Todestag im nächsten Jahr im *Argument* einige Überlegungen zu seiner Haltung zu notieren, die die Erinnerung daran wachhalten.

II Jetzt zum Anliegen des Buches

Im Vorfeld dieser Tagung hatten wir in der Redaktion des *Forums Kritische Psychologie* einige Diskussionen zum Lernbuch begonnen, erste Texte wurden geschrieben, die mich dazu drängten, zunächst darum zu bitten, ausführen zu können, was ich eigentlich mit diesem Buch wollte. Seit ich die hier vorliegenden Referate kenne, scheint mir das umso dringlicher, denn die meisten sprechen gar nicht zu meinem Buch und seiner Argumentationsführung, sondern ausschließlich zu meiner Kritik an Klaus Holzkamp, die im Buch selbst aber nur zwei von 14 Kapiteln umfasst. Insofern werde ich im Folgenden die Darstellung meines »Anliegens« mit Teilantworten

25 *Lernverhältnisse – Selbstbewegungen und Selbstblockierungen*, Hamburg 2003.

auf die Referate vermischen, wo es sich ergibt. Dass ich nicht alle einbeziehe hat nur den Grund, dass ich hier den Fluss des Gedankens einhalten und zu den einzelnen Positionen ja noch in der nachfolgenden Diskussion sprechen kann. Es ist also keine Wertung, wenn jemand jetzt nicht vorkommt von den Referentinnen und Referenten.

Also, was wollte ich mit diesem meinem Lernbuch? Zunächst ist es keine Grundlegung des Lernens und entsprechend keine Holzkampkritik. Insofern verfehlt mich die Kritik von Christina Kaindl vollständig, die Holzkamp in seinem Vorgehen rekonstruiert, um mir dann vorzuwerfen, wie sehr ich davon abweiche. Auch kann ich mit dem Vorwurf, meine ziemlich vernichtende Kritik an Ulla Bracht als Reformpädagogin sei wohlwollend, während die aufhebende an Holzkamp vernichtend sei, wenig anfangen. Man müsste das im Buch nachlesen (53ff.), was hier zu weit führt. Auch die Kritik, ich glaube von Gisela Ulmann, ich zeigte Holzkamp nicht vollständig, fange gar einfach in der Mitte an, trifft mich nicht, weil es zwar stimmt, ich aber auch anderes vorhatte. Ich wollte vielmehr die vielfältigen Versuche meiner mehr als 20-jährigen Beschäftigung mit dem Lernen zusammenfassen, womöglich dabei zu einer Gesamtsicht über das Feld gelangen, die ich abschließend im Buch wie folgt ausdrücke:

> Der lang währende Prozess der Aneignung von Welt, dabei die Produktion wie die Reproduktion der Verhältnisse, gestaltender Eingriff wie Unterwerfung sind Bewegungen, die wir als Lernen erfahren, wenngleich sie häufig nicht so trennscharf dingfest gemacht werden können. Zu lernen, ein Mensch zu werden, sich also die menschlichen Wesenskräfte anzueignen, dies, so denke ich, untersuche ich, wenn ich Lernen studiere. Das schließt Formierung und Selbstformung ein, und es kann auf verschiedenen Ebenen je unterschiedliche Strategien erfordern, andere, wenn ich Ordnung lerne oder eine Sprache, andere, wenn ich mit anderen forschend tätig bin oder ein politisches Projekt verfolge, wieder andere, wenn ich lerne, Fahrrad zu fahren oder Geige zu spielen. Lernen also ist als widersprüchlicher Prozess zu fassen, es gibt darin nicht bloß eine ›richtige‹ Strategie. Und es gibt nicht bloß Zuwachs. Lernen ist Selbstkritik. Lernen ist als Bewegung unabgeschlossen und zwiespältig.
> Dass ich auf diese Weise Lernen als eine Bewegung fasse, die ständig geschieht, vermeidet die holzkampsche Einschränkung auf einen bewussten Vollzug in einer aus einer Gesamthandlung herausgelösten Zeit und damit auch die Auffassung, dass danach, also wenn die Lernhandlung abgeschlossen ist, die Gesamthandlung weiter ohne Lernen durchgeführt wird. (288)

Insofern hat Morus Markard in seinem Beitrag völlig recht, wenn er davon ausgeht, dass zwischen Holzkamp und mir ganz unterschiedliche Gegenstandsbestimmungen von Lernen vorliegen. – »Meine Bestimmung vermeidet die eben genannte Einschränkung auf das intentionale Lernen um den Preis, sehr allgemein zu sein, und muss damit die nötigen analytischen Unterscheidungen im Nachhinein, also als Analyse der Lerneffekte machen. Dies gemäß der Vorstellung, dass die wirklichen Menschen in ihrem alltäglichen Leben ebenso verfahren, also wahrnehmen, dass sie etwas gelernt haben und nicht im Vollzug Lernerlebnisse abhaken können. In diese Richtung sprechen alle Lerngeschichten, und dieses Vorgehen erst schließt die Kritik des Ideologischen und des Kulturellen, schließt die Analyse der Reproduktion der Verhältnisse auch als Tat der vielen ein.« (313) Diesem Resultat gingen eine Reihe von Suchbewegungen voraus, unterschiedliche Zugänge, Lernen zu bearbeiten, mich dem Gegenstand zu nähern. In der Forschung habe ich immer, wenn ich an einer Stelle nicht weiterkam, das Terrain gewechselt und von woanders her weitergearbeitet. Einer der Zugänge war es, vom Lehren her aufs Lernen zu blicken, nicht meine allgemeine Herangehensweise, wie einige der Referenten hier annehmen. Es war ein Versuch unter mehreren. Wie gesagt, diskutiere ich im Buch mit Klaus Holzkamp – auf eine Weise durchgängig, konkret nur in den besagten zwei Kapiteln. Ich versuche, von ihm zu lernen, ich bin uneinverstanden, ich übe Kritik. Das Buch zu schreiben war meine Trauerarbeit; es war damit auch so etwas wie eine Befreiung.

Im Feld der Lerntheorien hat mir Holzkamp eine Menge Arbeit abgenommen. Er arbeitete sich durch den Theorieberg hindurch, der das Feld einzementiert hat; so brauchte ich dies nicht noch einmal von vorn zu tun, sondern konnte sogleich mit leichterem Gepäck weiterschreiten. Ich muss an dieser Stelle hier unter uns sicher nicht begründen, dass ich auf seinen Arbeiten auch aufbaute, weil sie die fortgeschrittensten Überlegungen zu Theorie und Praxis des Lernens darstellen. Wieso aber dann Kritik?

Meine Einwände greifen auf ganz unterschiedlichen Ebenen; sie haben auch je verschiedenes Gewicht. Das macht eine Beschäftigung damit für diejenigen, die sozusagen einen Holzkamp-Haug-Vergleich versuchen, schwierig. Wie gesagt, schreibe ich gar keine Grundlegung, sondern ich schreibe über Lernverhältnisse, so dass Ute Osterkamp, die die einzelnen Kapitel mit mir zum Teil äußerst kritisch diskutierte, sogar der Auffassung war, ich könnte das Buch ganz ohne diese Auseinandersetzung mit Klaus herausbringen. Es würde besser sein. Aber meine Kritik hat doch auch systematischen Stellenwert; sie bedeutet mir Weiterentwicklung. Sie beinhaltet: mal ein striktes Nein, Ablehnung, mal Zweifel, Fragen nach Erweiterung, Probleme mit dem methodischen Zugang, der Gegenstandsbestimmung und erstaunte Suchfragen.

Das Nein gilt dem Einsatz des Begriffs Kategorie als eine Art oberster Regierungsinstanz, die unter sich Begriffe versammelt, darunter die Worte des Alltagslebens. Ich folge Holzkamp in keinem Punkt in dieses Gedankengebäude, sondern halte es stattdessen immer weiter mit Marx, den Holzkamp leider in diesem Punkt nicht mehr durchgearbeitet hat. Marx macht einen scharfen Schnitt zwischen Begriffen der Theorie vs. Kategorien, die er als »Daseinsformen, Existenzweisen, oft nur einzelne Seiten dieser bestimmten Gesellschaft« (13, 637) fasst wie Ware, Wert, Geld, Kapital. »Im Ausdruck ›Wert der Arbeit‹ ist der Wertbegriff nicht nur völlig ausgelöscht, sondern in sein Gegenteil verkehrt. Es ist ein imaginärer Ausdruck, wie etwa Wert der Erde. Diese imaginären Ausdrücke entspringen jedoch aus den Produktionsverhältnissen selbst. Sie sind Kategorien für Erscheinungsformen wesentlicher Verhältnisse [...] Die klassische politische Ökonomie entlehnte dem Alltagsleben ohne weitere Kritik die Kategorie ›Preis der Arbeit‹, um sich dann hinterher zu fragen, wie wird dieser Preis bestimmt?« (23, 559f.) Die Kritik der politischen Ökonomie zielt auf letzte adäquate Ausdrücke des behandelten Wertverhältnisses (562), in diesem Fall nach Verwandlung der Kategorie Wert in den Wertbegriff, in den Begriff Wert der Ware Arbeitskraft usw. Die kritische wissenschaftliche Arbeit wird also vorfindliche Kategorien in dieser Gesellschaft analytisch auseinandernehmen, um die eingeschlossenen Verhältnisse begrifflich herauszuarbeiten. Das gilt auch für die Kategorien Begründung, Grund, Vernunft oder vernünftig, die allesamt solche Existenziale sind. Insofern wird in einigen Referaten zu Recht behauptet, ich wolle den kategorialen Status des Vernünftigen, der Begründung und Bedeutung etc. einfach nicht richtig verstehen. Ich bin im Dissens und verstehe damit auch nicht den Einsatz des Begriffs kategorialanalytisch, wie er auch in diesem Programm auftritt und offenbar nicht darauf aus ist, die gefundenen Kategorien analytisch auseinanderzunehmen. Ich weiß natürlich aus der *Grundlegung*, dass Holzkamp diese methodisch-theoretische Struktur behauptet hat. Ich bin nicht so sicher, ob er sie tatsächlich bis zuletzt auch anwandte, sich also selbst daran hielt. – Dies zu diskutieren verlangt aber eine andere Vorarbeit, für die die geplante Herausgabe der Holzkamp-Schriften sicher eine unentbehrliche und gute Grundlage wird.

Aber der mit solchen Vorannahmen für die Erkenntnis strukturierte Weg von oben nach unten bringt einen weiteren Dissens. Dieser betrifft den Stellenwert von Beispielen und damit im Grunde den Umgang mit Alltag, das empirische Vorgehen.

Ich habe mich mit der Frage seines und meines und Marx' Einsatzes von Beispielen im Lernbuch sehr knapp auseinandergesetzt (189ff.); die Sache ist kompliziert und bräuchte ein eigenes Seminar und genaue Lektüre. Hier nur so viel, dass Holzkamp in seiner nachvollziehbaren Kritik am bloß illustrativen und beweisenden Einsatz von Beispielen in der Forschung (die wir im Projekt Automation und Qualifikation schon früh, 1980, 54ff., ebenso ausführten) umgekehrt vorschlägt, selbst theorieförmige Beispiele einzusetzen, also solche, die die zuvor erarbeiteten Bestimmungen aus der Theoriearbeit auch erfüllen. Er denkt sich hier einig mit Marx und W. F. Haug und dem Beispiel der Ware im Kapital. Aber die Ware ist kein Beispiel, sondern eine Abstraktion, die ins Alltagsleben hineinreicht. Insofern wird man sich bei solcher holzkampschen Bestimmung über die Auswahl von Beispielen vermutlich einhandeln, dass man aus Wirklichkeit, aus alltäglichen Beispielen, deren Zusammengesetztheit man nicht vorher analysiert, nichts lernen kann. Vielleicht braucht Holzkamp diesen Zugang, vom wirklichen Leben und wirklichen Menschen in ihrem alltäglichen Dasein auszugehen (wie Marx sein Vorgehen ansonsten bestimmt), für sein Vorhaben nicht; obwohl ich ihn in einigen kritischen Betrachtungen von Wirklichkeit zu abgeleitet, zu voreingenommen, zu wenig die wirklichen Widersprüche erkundend erfahre. – So etwa in der Annahme, die Schüler als Block verschworen sich gegen den Lehrer, statt die Schulklasse als Kräfte- und Machtverhältnisse mit Ausgrenzungen und Elitebildung, Mobbing usw. zu erforschen, wie man den Staat analysiert. – Ich jedenfalls würde bei einer solchen Vorannahme mein gesamtes Forschungsfeld verfehlen, welches eben darin besteht, die vielfältigen Alltagsszenen analytisch zu durchdringen, aus ihnen zu lernen und Lehren zu ziehen und auf diese Weise Welt erkennbarer zu machen für die, die darin leben. Ich nenne das Materialanalyse. Das ist etwas ganz anderes als theorieförmige Beispiele. Man sollte diskutieren, inwiefern das dennoch kompatibel sein könnte.

Zuvor ein weiterer Zweifel an Holzkamps Lernbuch. Ich teile den Anspruch und die Begründung, subjektwissenschaftlich vorzugehen. Von daher habe ich mit Vergnügen den theoriekritischen Einsatz verfolgt, jeweils in den vorgestellten Lerntheorien das verlorene Subjekt zu suchen und von daher das eigne Vorgehen zu schärfen. Aber müsste nicht der eigene Anspruch durch die Kritik gestärkt jetzt darangehen, die lernenden Subjekte selbst sprechen zu lassen, d. h. empirisch vorgehen oder, wenn man diesen Begriff Empirie an bürgerliche Sozialforschung verloren glaubt, mit lernenden Individuen, Gruppen, Kollektiven zusammen erforschen, wie gelernt wurde? Zu meinem Erstaunen tut Holzkamp dies nicht, sondern er gleicht im Grunde die theoretischen Ableitungen mit dem eingeschobenen »je mein« in gewisser Weise mit der Wirklichkeit ab oder an sie an. Ich habe den subjektwissenschaftlichen Auftrag anders verstanden bzw. auch schon zuvor praktiziert. Dies bildet den Hauptteil meines Buches, nämlich die vier größten der 14 Kapitel, und durchzieht die übrigen zusätzlich. Zählt man die Seiten, so sind es mehr als die Hälfte, die solchen Studien gewidmet sind. 80 Lerntagebücher, 100 Erinnerungsgeschichten ans Lernen sind das Material, an dem erarbeitet wird, wie die Einzelnen sich lernend bewegen, wie sie Widerstände erfahren und aufbauen, mit welchen Schwierigkeiten sie kämpfen, sich in herrschaftlicher Gesellschaft herauszubilden, sich formen, geformt werden usw. Man müsste das, glaube ich, als kritischer Referent zur Kenntnis nehmen. Es sind Materialstudien, aus denen selbst gelernt werden will. Solche

Arbeit mit Alltag läuft immer Gefahr, banal zu wirken oder Widerstand und Streit über Bedeutungen hervorzurufen – dies ist selbst Teil der eingesetzten Methode, soweit es um Erinnerungsgeschichten geht. Aber es entgeht mir der Sinn des Vorgehens von Ines Langemeyer, die sich immerhin als Einzige diesen Teil des Buches vornimmt – nein, Lorenz Huck zieht auch ein kleines Stück davon heran –, einfach den Charakter der Materialanalysen beiseite zu legen und mir stattdessen jeweils Ratschläge zu geben, wie biographisch oder sozialkritisch oder historisch in den einzelnen Fällen hätte vorgegangen werden müssen. Mal abgesehen davon, dass ihre Vorschläge undurchführbar sind, weil sie jahrzehntelange Forschung um die kleinen einzelnen Geschichten herumlegen, ist es in den Analysen gar nicht mein Ziel, genaue Gründe, Vorgeschichte, soziale Verortung, Hierarchiestrukturen usw. für die erzählten Lernhandlungen zu erforschen, sondern ich mache eine Materialanalyse, die es den Einzelnen erlaubt, sich selbst in den von ihnen wahrgenommenen Kräfteverhältnissen genauer, voll Staunen und mit nüchternen Augen zu sehen. Es sind in gewisser Weise Momentaufnahmen von Widersprüchen, von Schweigen, von Selbstherabsetzung und -überhöhungen, von Ideologiefallen und von Aufbruch. Ich erteile nirgends Ratschläge, sondern übergebe im Grunde die Analysen den beteiligten Subjekten, dass sie sich klarsichtiger und fähiger bewegen könnten. Man kann die zum Teil geradezu kathartische Wirkung solcher Prozesse im Buch nachlesen und eigentlich zumeist nachdenken – wenn man nicht, voreingenommen für eine andere Methode, die Augen vor dem materialanalytischen Vorgang verschließt.

Jeder kritische Zugang fokussiert den analytischen Blick und lässt eine Menge von möglichen anderen Zugängen beiseite. Hier kann bei Holzkamps Umgang mit den Lerntheorien das Verfahren, nach dem verlorenen Subjekt zu suchen und dabei die Theorien anders zu rekonstruieren, die Methode als solche nicht abgewiesen werden, vor allem nicht, weil sie eine Menge an Weltaufschlüssen bringt. Gleichwohl habe ich in diesem Bereich Zweifel, deren Äußerung einige der Referenten beschäftigen und die es auch wert sind, weiterverfolgt zu werden. Meine Frage lautet: Ist von den Lerntheorien nicht mehr zu holen, als es dieses Verfahren der spezifischen Rekonstruktion erbringt? Und diskutiert am Beispiel des Behaviorismus: Müssen wir nicht davon ausgehen, dass diese Theorien nicht bloß Gedankenformen sind, sondern selbst Praxisformen und daher mit den Einzelnen verwachsen? Holzkamp schlägt in dieser Richtung vor, dass das tatsächlich vorfindliche Lernen oder Verhalten nach behavioristischen Annahmen – also zunächst das einfache Reiz-Reaktions-Modell, später dann Belohnung und Strafe oder auch nach Maßgabe von Lust und Unlust – als Alarmzeichen zu werten ist und die Diagnose hervorbringt, dass es sich um besonders reduzierte Lernumgebungen handle – also künstlich verarmte Laborsituationen z. B. Meine Frage an dieser Stelle sucht nach Erweiterung.

Verkürzt gesprochen denke ich, dass es nicht nur um reduzierte Bedingungen geht und um «Einsichtsverkürzung«, sondern darum, wie Menschen, ihre Wünsche, Hoffnungen, ihr Begehren in Dienst genommen werden für die Reproduktion der Verhältnisse und wie sich selbst dabei formen.

Wenn wir dann davon ausgehen, dass die Theorien Teil der Persönlichkeiten sind, müssen wir dem nicht dadurch Rechnung tragen, dass wir allgemein davon ausgehen, dass die Einzelnen spezifische Lernhaltungen, Widerstände, Gewohnheiten nachhaltig erworben haben, und dies in unsere eigene Vorstellung, unser praktisches Eingreifen, in die Analyse aufnehmen? Ich nenne das im Buch die Wirkmächtigkeit der Theorien und schlage u. a. vor: das Verlernen als ein Grundelement des Lernens anzusehen und in eine Theorie vom Lernen Gewohnheiten, Gewordenheiten als Widerstände aufzunehmen. Dabei wären die behavioristischen Theorien u. a. zu nutzen als Berichte über den Alltag in der Entfremdung.

Dieser Vorschlag hat eine Reihe theoriepolitischer und praktischer Konsequenzen. Er denkt nämlich auch nicht, wie dies in einigen der vorliegenden Referate wiederholt wird, dass wir die Bedingungen unseres Handelns in kollektive Verfügung bringen – oder ähnlich –, sondern dass, da wir selbst zu den Bedingungen gehören, die zur Veränderung anstehen, die Einzelnen sich in eine Kritik des Lernens selbst als Unterworfene und Herrschaft Reproduzierende einbringen müssen. Hier denke ich nicht, dass solche Aufforderung Holzkamp diametral zuwiderlaufen würde, aber dass dies eine eigne Forschungsanstrengung ist, eigene Methoden braucht, die in seinem Lernbuch nicht da sind. Diese Kritik setzt voraus, dass das Ziel der Vorhaben gleich ist, und stellt Ergänzungsfragen an den Weg. Zugleich müsste weiterdiskutiert werden, was es bedeutet, dass wir den Bedingungen nicht äußerlich gegenüberstehen, sondern selbst dazugehören. Dies ist der Einsatzpunkt von Ideologietheorie und kulturtheoretischen Analysen, die darum nicht bloß vor die Lernanalysen geschaltet sein können, sondern ein steter Bestandteil in den Lernuntersuchungen sein müssen und also das methodische Vorgehen mitbestimmen.

Zwei weitere Komplexe möchte ich abschließend nur sehr kurz anreißen, weil sie in den verschiedenen kommenden Diskussionen weiter ausgeführt werden können: die Fragen des Lehrlernens und die der Gegenstandsbestimmung.

Wie eingangs erwähnt, nähere ich mich dem Lernen auch durch die Diskussion des Lehrens. Dies lag für mich nahe, weil ich, irritiert durch Holzkamps, wie ich finde, vollständige Verwerfung des Lehr-Lernens, meine eigenen Erfahrungen mit dem Lehren dagegenhalten will. Obwohl mir einige Kollegen in der Diskussion entgegenhielten, dass er das Lehr-Lernen keineswegs vollkommen verwerfe, bleibt dieser Eindruck bei mir und beunruhigt mich. Dies weil ich ihm einerseits spontan folgen kann. Auch ich denke Lehrer als Lernbehinderer und plädiere für ihre Abschaffung. Auf der anderen Seite erscheint mir dieser Gedanke fast bigott. Schließlich lehre ich lange Jahre und voller Begeisterung. Ich finde mich also mit mir selbst in einem Widerspruch. Das ist ein guter Ausgangspunkt für weitere Forschung. Meine Überlegungen zum Lehren gehen weit zurück, finden aber ihren Höhepunkt in der Analyse anderer Lehrer – dies in der Literatur: Brecht und Virginia Woolf. Das sind zwei umfangreiche Kapitel, die zugleich ein Vorschlag sind, Literaturanalysen in die Weiterentwicklung Kritischer Psychologie aufzunehmen. Ich finde beide Texte sehr gelungen und schön zu lesen. Man kommt zu neuen Problemen – Woolf etwa gibt u. a. weitere Auskünfte zum Problem der Frage, die auch Holzkamp beschäftigt. Brecht lehrt einen anderen, subversiven Umgang mit dem Behaviorismus und vor allem den Umgang mit Widersprüchen, also Dialektik. Zudem lernen wir, wie wichtig Vergnügen, Humor, Poesie fürs Lernen, für die Veränderung von Lernhaltungen sind. Ich entfalte im Lernbuch immer wieder, wie und wo diese Widerspruchsorientierung fruchtbar bis notwendig ist. Ich vermisse die Widersprüche in Holzkamps Lernbuch. Nur im Beitrag von Lorenz Huck fand ich dankbar den Versuch, diese Bewegungsform des Lernens durch das Beispiel, das in meinem Buch gegen das holzkampsche Lernbeispiel gestellt ist, anzueignen und zu diskutieren. Umgekehrt bin ich wiederum erstaunt, dass mein Buch zwar überall sonst in den Zusammenhängen, in denen über Lernen gedacht wird, ein großes Echo findet – es war nach vier Monaten vergriffen, auch die zweite Auflage ist schon zur Hälfte weg – und diskutiert und benutzt wird. Aber ganz offensichtlich weckt es nicht die Neugier Kritischer Psychologen, die sich mit wenigen Ausnahmen nur in dem engen Raum bewegen, in dem tatsächlich kritisch mit Klaus Holzkamp gesprochen wird, und nicht, wie auch überall sonst, die Welt mit ihm vermessen wird und die Köpfe heiß geredet werden in ihrer Erkundung.

In einigen Referaten wird noch einmal sorgfältig erklärt, welches die holzkampsche Vorstellung vom Lernen ist. Ich kann in diesen Texten keine Fehler finden, nur dass sie meine Intention einfach wegschalten. Ich bin im Dissens mit Holzkamps Festlegung der Lernhandlungen auf intentionale Handlungen mit Plan, Strategien und Durchführung, mit Lernschleife usw. – wobei dieses Konzept durchaus von der Handlungsstrukturtheorie lernt bis hin in die Begriffsbildung (dort geht es um eine Problemschleife). Ich halte diese Einengung des Lernbegriffs auf diese bestimmten Lernhandlungen für den Hauptgrund, die widersprüchliche Aneignung des gesellschaftlichen Wesens des Menschen nicht zu denken.

Mein Lernbuch ist nicht abgeschlossen. Es gibt keine Gewissheiten darin. Dies halte ich für angemessen für eine Kritische Psychologie, die lebendig bleiben will.

Kapitel 8

Die lernenden Subjekte – Lehren und Lernen

Lerntagebücher 1

In seiner Kritik gängiger Lerntheorien fasst Holzkamp diese als mehr oder weniger fehlerhafte Gedankenkonstruktionen. Seine zentrale Suche nach den verlorenen Subjekten in diesen Systemen versperrt ihm den Weg, diese Theorien, gerade indem sie die Subjekte nicht selbst sprechen lassen, als eine wirklichkeitsnahe Abbildung spezifischer gesellschaftlicher Verhältnisse zu erkennen und damit auch als Dimension der Subjekte selbst, die auf diese Weise nicht einfach abwesend oder nur implizit anwesend sind, sondern auch selbst Antwort und Bestätigung ebendieser Theorien sein können. Freilich nicht ihrer Durchdringung. Aus der Kritik an Holzkamps Umgang mit den Lerntheorien schärfe ich mein Augenmerk für die Bereiche des Ideologischen, des Kulturellen, der Sprache, des Klassen- und Geschlechtsspezifischen, des Historischen und des Biographischen im Zusammenhang mit Lernen; zugleich prüfe ich den gesellschaftlichen Grund, auf dem die skizzierten Lerntheorien aufbauen und Erfolg haben – Letzteres gilt vor allem für den Behaviorismus. So nütze ich die von Holzkamp getane Arbeit und verschiebe sie, wo es nötig scheint. Dabei folge ich ihm in der grundlegenden Voraussetzung, dass Lernen nur studiert werden kann, wenn der Standpunkt der Theorie die Lernsubjekte selber sind. Das gilt auch für die Forschungspraxis. Aber so hartnäckig Holzkamp die Suche nach den verlorenen Subjekten in den Lerntheorien vorantreibt, so merkwürdig, dass dies nicht irgendwann zu dem Resultat führt, selbst ebendiese Subjekte einzubeziehen, d.h., eine empirische Untersuchung zum Lernen zu wagen. Lassen wir also die Lernenden selber zu Wort kommen.

Dies geschieht in den folgenden Kapiteln auf zwei unterschiedliche Weisen. Ich habe fast zwei Jahrzehnte lang in Gruppen – aus der Frauenbewegung, im Kontext gewerkschaftlicher oder kirchlicher Bildungsarbeit, in Universitätsseminaren, in Gruppen von Lehrenden – Geschichten zum Lernen schreiben lassen und sie zumeist innerhalb der Gruppen mit der Methode der Erinnerungsarbeit[26] diskutiert und zugespitzt, so dass Lehren

26 Zur Methode vgl. meine *Vorlesungen zur Einführung in die Erinnerungsarbeit* 1999.

gezogen werden konnten, die erste Einblicke in Lernen vom Standpunkt der lernenden Subjekte ermöglichen. Ausschnitte aus der Arbeit mit etwa hundert Lerngeschichten aus unterschiedlichen sozialen Gruppen verschiedenen Alters und Geschlechts[27], wobei Frauen deutlich überwiegen, werden in den Kapiteln 10 bis 12 vorgestellt.

Im Jahre 1992 lernte ich als Gastprofessorin in Toronto Lerntagebücher kennen, die die dortigen Studierenden als Teil ihrer Seminarleistungen bei Dorothy Smith (vgl. Smith 1995) schrieben. Ich hielt dies zunächst für ein gutes Werkzeug für die Studierenden, ihr eigenes Lernen zu überprüfen, sich quasi in einem reflektierten Protokoll Rechenschaft abzulegen, und zugleich für nützlich für die Lehrenden, auf diese Weise zu erfahren, was von ihren Lehrbemühungen überhaupt ein Echo bei den Studierenden fand. So erzählte ich, an meine Hamburger Universität zurückgekehrt, den Studierenden davon und gewann die Teilnehmenden in einem Seminar dafür, ebenfalls solche Reflexionen niederzuschreiben. Diese Tagebücher waren ein so eingreifender Schritt für meine Lehre und zugleich Kritik an meinen Vorstellungen über die Studierenden, ihr Lernen, ihre Blockierungen und Erfolge, dass ich dies in weiteren Seminaren anregte, zuletzt 2002, so dass mir für den folgenden Bericht achtzig Tagebücher vorliegen.

Als ich im Februar 2001 die Universität verließ, stellte ich als Abschiedsvorlesung meine Arbeit mit den Tagebüchern von Studierenden aus zwei aufeinanderfolgenden Seminaren (drittes und viertes Semester) vor. Es ist dies eine Idealsituation, weil man im Laufe von zwei Semestern erheblich andere Lernbedingungen erarbeiten kann, die Studierenden sich selbst besser beobachten, reflektieren und darstellen lernen und Lernende und Lehrende sich gemeinsam ein für sie produktives Lernklima schaffen können. Ich beginne die Vorstellung meiner empirischen Texte zum Lernen mit der überarbeiteten Fassung dieser Abschiedsvorlesung[28]; soweit für die Argumentation der Vorlesung notwendige Thematiken schon in anderen Kapiteln ausgeführt sind, habe ich die entsprechenden Passagen für dieses Buch auf bloße Informationen verkürzt.

27 Soweit mir dies möglich war, sind auch Lerngeschichten aus anderen Kulturen, zumeist von Studierenden aus Immigrantenfamilien, einbezogen.

28 Die Vorlesung wurde in der Originalfassung abgedruckt in der Veröffentlichung zur Tagung zum Neoliberalismus, die von den Studierenden zu meiner Verabschiedung in Hamburg veranstaltet wurde: Meyer-Siebert u.a. (Hg.) 2002; eine ausführlichere Fassung erschien in *Das Argument* 240, 2001.

Die Aufgabe

Vor meinem ersten eigenen Seminar als Lehrende an einer Universität war ich erwartungsgemäß schrecklich nervös. Ich ging vorzeitig hin, um mir den Schock des Hereinkommens zu ersparen, und handelte mir die Unmöglichkeit eines Übergangs ein. D.h., ich saß unter den Studierenden und konnte, als ich hätte beginnen müssen, nicht mehr harmlos aufstehen und nach vorne gehen, ohne als eine Art Spitzel zu erscheinen. Ich habe vergessen, wie ich es dann doch schaffte, erinnere aber diesen Übergang vom Lernen zum Lehren als besonders schwierig, erfuhr meine Aufgabe gewissermaßen als Anmaßung, die mir zu groß war.

Dabei war der Anfang wiederum auch ganz leicht. Ich lehrte Bildungsökonomie zur Zeit der Studentenbewegung, und das heißt, dass die Seminare brechend voll und die Studierenden voller Neugier und Tatendrang waren, wirkliches Wissen an die Stelle von Mutmaßungen zu setzen.

Das änderte sich Mitte der siebziger Jahre fast über Nacht. Es hatte sich herumgesprochen, dass in einer Phase geringeren Wachstums und weitgehend vollzogener Automatisierung die Chancen für die stark angewachsene Zahl an Studierenden, eine ihrer Ausbildung entsprechende Stelle zu bekommen, gering waren; entsprechend zynisch und inhaltlich uninteressiert gebärdeten sie sich. Für mich als Lehrende bedeutete dies, immer mehr Anstrengung darauf zu verwenden, irgendein Interesse hervorzulocken, in Spannung und Darbietung mit dem Fernsehen zu konkurrieren, d.h. Lehren als schwierige Kunst zu erlernen, statt mich einfach auf die Inhalte zu konzentrieren. Aber die Mutlosigkeit der Studierenden war auch ansteckend.

1978 kam ich an die Hochschule für Wirtschaft und Politik (HWP) und fand, so nahm ich das jedenfalls wahr, ein völlig anderes Lernklima vor. Die Studierenden waren älter, kamen damals noch zum größeren Teil aus dem Berufs-Arbeitsleben und hatten wenig Zeit – im Tag als auch im verbleibenden Leben. Sie saßen ganz pünktlich in dichtgedrängten Reihen auch schon um acht Uhr morgens dort und wollten, dass sie jetzt ihre ›Lernchance‹ bekämen. Ich erinnere noch wie heute den empörten Satz eines Studenten: »Jetzt studiere ich schon vier Wochen Soziologie und weiß immer noch nicht, was das ist.« Für mich war das eine glückliche Herausforderung. Ich übersetzte die Anforderungen der HWP – zweiter Bildungsweg, Interdisziplinarität – in die Illusion, ein Kollektiv[29] vor mir zu haben, das mit Begeisterung hohe Anforderungen an mich stellte, wie das Lernen zu lernen, Zusammenhänge zu erkennen usw.

29 Der Begriff des Kollektivs scheint unangebracht, weil er durch Projekte aus Arbeitskontexten der staatssozialistischen Länder verbraucht ist. Dagegen sind für mich Begriffe wie Gruppe zu vage und unterbestimmt, Gemeinschaft wiederum anders belastet. Da zudem der Begriff des kollektiven Lernens im lernsoziologischen Kontext gebraucht wird (vgl. dazu Miller 1986), bleibe ich beim Kollektiv.

Lerntheorien

Lernen als Problematik hat mich, solange ich zurückerinnern kann, immer wieder beschäftigt. Zunächst als eigene Schwierigkeit, das Lesen zu lernen – es gelang mir eine in der Erinnerung sehr lange Zeit nicht, die Buchstaben zu Wörtern zusammenzufügen –, dann im Kampf, die Weigerung meiner ersten Nachhilfeschülerin zu überwinden, sich zur Aneignung des Schulstoffes bewegen zu lassen (vgl. auch Kapitel 3), viel später als Problem, meine Tochter, die das Lesen im Spiel lernte, aber zur Schule in einen Fundamentalwiderstand ging, dafür zu gewinnen, die Klassenziele zu erreichen; und wieder später als Studium der Theorien über das Lernen.

Am meisten faszinierten mich dabei die Behavioristen, die mit ihrer einfachen Grundvorstellung, Belohnung und Strafe würden die geeigneten Verstärker sein, den erfolgreichen Lernprozess zu garantieren, zugleich einen hohen Sinn für Realitäten zeigten wie einen mindestens ebenso hohen Zynismus in Bezug auf die Vorstellung vom Menschen. Beides hatte offenbar auch Bertolt Brecht angezogen, der immer wieder behavioristische Sequenzen in seine Stücke schrieb (vgl. Kapitel 5). Die behavioristischen Lerntheorien sind eine paradoxe Herausforderung: Einmal durchaus geeignet, die gewünschten Ergebnisse zu erzielen, zeigen sie in schonungsloser Offenheit zugleich, dass, wer so funktioniert, das Menschsein im Grunde schon aufgegeben hat zugunsten geschmeidiger Anpassung an Verhältnisse, in denen man Sieger sein muss, um nicht unterzugehen. Aber die kritische Frage: Lernen Menschen überhaupt so, wie im Behaviorismus angenommen?, stößt unvermittelt auf viele Beweise, dass sie dies genau so tun.

Die bleibende Unruhe versucht die Frage zu verschieben: Müssen wir uns alle Lernprozesse nach dem Muster von Reiz und Reaktion, von Belohnung und Strafe, von Imitation und Konkurrenz vorstellen, so dass ein Paradigma für Lernprozesse in der Werbebranche, in der Verführung zum Kaufen am besten studiert werden könnte?

Die im weiteren Sinne kognitiven Lerntheorien sind natürlich viel komplexer und in ihren Annahmen und Erklärungen weniger umstandslos auf Menschen in einer erbarmungslosen Marktgesellschaft bezogen. Gleichwohl mühen sie sich ab, das Lernen als eine ganz außergewöhnliche Handlung zu durchdringen, wo doch eigentlich Lernen eine geradezu natürliche Praxis von Menschen ist, ohne die sie keine Menschen sein könnten, da sie – wie Marx das in den *Feuerbachthesen* formuliert – ihr menschliches Wesen außerhalb, im »Ensemble der gesellschaftlichen Verhältnisse« finden und sich aneignen müssen. So erinnere ich auch als eine wirkliche Erleichterung die von Ute Holzkamp-Osterkamp (1975) formulierte Erkenntnis, dass die lange diskutierte These, es sei wesentlich, zwischen angeborenen und erlernten Verhaltensweisen zu unterscheiden, ersetzt werden müsse durch den Gedanken, dass auch Lernen eine Verhaltensweise ist, die entweder angeboren sei oder nicht, dass die Frage also verschoben werden müsse zu der Problematik, welche Zusammensetzung von Lernhandlungen angeboren sei – dies im Übrigen bei Tieren und Menschen (vgl. auch Kapitel 7). Die Verschiebung zeigt eine paradoxe Konstellation: Die Fähigkeit zu lernen erleichtert das Überleben und erschwert es zugleich. Das Problem: Lernen enthält die Möglichkeit, nicht zu lernen.

Sind wir an dieser Stelle wieder bei den Bemühungen von Lerntheorien unterschiedlicher Richtungen, den Lernprozess zu begreifen, um ihn zu befördern? Und sind wir daher wieder bei der Frage, wie lehrt man eigentlich, dass z. B. Studierende etwas lernen?

In Holzkamps Grundlagenwerk über Lernen sind für meine Frage von Lehren und Lernen die Ausführungen über die Lehrerfrage besonders wichtig. Er liefert eine radikale Kritik am gewöhnlichen schulischen Lernen, in deren Zentrum das Fragemonopol der Lehrer steht, wobei die Fragen im Übrigen selbst schon zuvor stumpf gemacht sind, da sie nicht wirklich Fragen, sondern alle Antworten schon da sind, so dass die Schüler sich abzappeln müssen, die vom Lehrer gewusste Antwort zu erahnen und zu apportieren. Da aber das Stellen von Fragen den Anfang von Erkenntnis darstellt, lassen sich Anordnungen, die das Fragen einzelnen Autoritätspersonen in die Hand geben und alle Übrigen ausschließen, ohne weiteres als Lernbehinderungen abbilden (dazu Kapitel 10).

Lernerinnerungen

Die Subjekte selbst sprechen zu lassen ist eine leicht gesprochene Aufforderung, die schwer zu machen ist. Empirische Untersuchungen sind ein zähes Pflaster. Je mehr man sich an die Erhebung alltäglichen Verhaltens macht, desto schwieriger wird es, auf die Ebene verallgemeinerbarer Erkenntnisse zu kommen. Zudem ist die Wahrscheinlichkeit, dass man sich interpretierend und Erkenntnisse setzend, also besserwisserisch selbst ins Zentrum solcher Untersuchungen stellt, ebenso groß wie umgekehrt die Gefahr, aus vielen Einzelphänomenen überhaupt nichts zu gewinnen.

Ich habe im Laufe meines Lehrlebens auf verschiedene Weise und immer wieder versucht, Lernerfahrungen zu ermitteln. Ich habe selbstreflexiv begonnen, eigenes Lernen zu erinnern, und andere dazu bewegt, solche Erinnerungsszenen ebenfalls zu notieren. Dabei habe ich auch darauf geachtet, Personen nach Klasse und Alter verschieden, aus unterschiedlichen Kulturen, verschiedenen Geschlechts einzubeziehen. Diese Szenen sind interessant zu lesen und könnten sicher die folgende Darstellung auch erheiternd beleben. An dieser Stelle möchte ich aber nur resümierend[30] hervorheben, dass mein vorherrschender Eindruck war, die Sache nicht in den Griff zu bekommen. Irgendwie scheint Lernen keine Praxis zu sein, deren Bewegung so einfach aufgezeichnet werden kann und die dann abrufbar ist. In der Erinnerung finden sich frustrierende Erfahrungen, wenn es nicht klappen will, und solche, die den Lernerfolg als schon erreicht zeigen, kaum aber der Vollzug selbst – kaum eine Auskunft zu Lernen als Prozess, als Bewegung.

Lerntagebücher

Für das Schreiben der Lerntagebücher stellte ich einige wenige Fragen nach dem Lerninhalt mit der Hoffnung, die Aha-Erlebnisse auf diese Weise zu begreifen, wie auch einen Zusammenhang zwischen spezifischen Inhalten – hier Texten – und der Weise, wie sie die Studenten voranbrachten, zu entdecken; nach den emotionalen Einbindungen in die Gruppe und nach der Kooperation, um meine erste Annahme über das Lernkollektiv kritisch zu prüfen; nach der Form der Lehre, um auf diese Weise auch die Frage der richtigen Didaktik grundlegend neu zu denken. Es war mir klar, dass die Studierenden auf diese letzte Frage, gerade wenn sie mir freundlich gesonnen waren, nicht so ohne weiteres wahrheitsgemäß antworten würden, jedoch steckte ich zunehmend in der Klemme, um das Autoritäre frontalen Monologs zu wissen und zugleich zu erfahren, dass studentische Referate und mehr noch die Diskussionen – also die Einbeziehung vieler – meist als Zeitvergeudung erlebt wurden, die man sich durch Fernbleiben hätte sparen können.

Die Tagebücher wurden begleitend zu meinen Kursen[31] geschrieben, so dass ich in der Vorzugsrolle bin zu wissen, wovon sie handeln, als auch die Möglichkeit zur korrigierenden Selbstkritik als Lehrende hatte. – In allen Seminaren waren mehr weibliche Studierende als männliche, was vermutlich mit der speziell unter Studierenden des zweiten Bildungswegs aus ihrer Berufserfahrung kommenden Geringschätzung weiblicher Dozenten zu erklären ist. Aus der Gewohnheit, Frauen in untergeordneten Bereichen zu sehen, speist sich ein ›Wissen‹, dass man von ihnen ohnehin nichts lernen kann. Gleichwohl habe ich versucht, die verschiedenen Tagebücher mit aller

30 Einzelne Erinnerungsszenen werden ausführlich in den Kapiteln 10–12 vorgestellt und bearbeitet.

31 An der HWP heißen die Seminare auch Kurse, so kommt dieses Wort Kurs in den Texten synonym und abwechselnd mit Seminar vor.

Vorsicht nach Geschlecht zu unterscheiden, da es sehr wahrscheinlich ist, dass Frauen kulturell anders lernen als Männer.

Die Seminare hatten ganz verschiedene Thematiken – so u.a. Sexismus und Rassismus, Kulturtheorien, Politische Soziologie und Geschichte der sozialen Bewegungen, Geschlechterverhältnisse; drei hatten das Lernen selbst zum Gegenstand.

Nur fünf der an dieser Stelle (in diesem Kapitel) ausgewerteten zweiunddreißig Lerntagebücher wurden von männlichen Studierenden geschrieben, eine so kleine Zahl, dass nicht wirklich geschlechtstypisch bearbeitet werden kann. Gleichwohl gibt es bemerkenswerte Gemeinsamkeiten in den Tagebüchern der Frauen, die bei den von Männern geschriebenen nicht vorkommen und von mir in aller Vorläufigkeit als Dimensionen weiblichen Lernens herausgestellt werden. Alle Lerntagebücher äußerten sich zu den drei genannten Fragestellungen – Lernstoff, die anderen Studierenden, die Form der Lehre –, so dass eine Vergleichbarkeit möglich ist. – Die Tagebücher sind durchschnittlich etwa dreißig Schreibmaschinenseiten lang, so lang wie die erste Diplomarbeit an der HWP – eine Studentin verfasste hundertundfünfzig Seiten. Sie wurden freiwillig geschrieben. Alle beginnen mit einer Vorfreude auf den Kurs, die binnen kurzem gestört wird.

Das Lernarrangement

Natürlich hatte ich mir darüber Gedanken gemacht, wie didaktisch, inhaltlich und thematisch vorzugehen sei bei Studierenden des zweiten Bildungswegs. Ich hatte angenommen, dass es wesentlich sei, die Berufserfahrungen einzubeziehen, sie als eine Brücke zur Aneignung von Theorien zu nutzen, in dieser Weise theoretisches Lernen und praktisches Gelernthaben so miteinander zu verbinden, dass Theorien zum Begreifen von Praxis dienen und so Handlungsfähigkeit erweitern können.

Womit ich nicht gerechnet hatte, war das *Lernparadox*, aus dem die Studierenden kamen. Aus der Schulvergangenheit brachten sie eine Haltung mit, die einerseits auf Lehrerlob angewiesen war, andererseits ›wusste‹, dass die Anerkennung der anderen, der Klasse davon abhing, nicht allzu sehr den Lehrern zu Gefallen zu sein. Diese Lernhaltung, sich der Klassengemeinschaft zu versichern und daher kein ›Strebertum‹ an den Tag zu legen, lässt sich in den Berufsalltag übernehmen, weil sie durch die Teilung in Vorgesetzte und Kollegen noch unterstützt wird. Was aber geschieht, wenn man zurück auf die Schulbank kommt, auch wenn dies eine Universität ist?

Bei den weiblichen Tagebuchschreibern werden die anderen durchweg als problematisch erfahren und dies mit der Auseinandersetzung um die eigene Person verbunden.

> Ich fühlte mich von der Macht der Kritiker eingeschüchtert, traute mich nicht, laut zu sagen, hört mal, ich seh das anders […]. Merkwürdige widersprüchliche Gedanken waren mir zuerst nur peinlich; – Ich will nicht als Streber dastehen – und, ich will mich nicht blamieren. Als ich sie als ›Gepäck‹ aus meiner Schulzeit entlarvte, war mir das nun wieder peinlich. Irgendwie stand ich mir selbst im Wege. (12,1)[32]

Oder so: »Mit einem Seitenblick auf die Dozentin, dem anderen auf die Kommilitoninnen, ist es kein Wunder, dass man schielt und keinen geraden Blick auf die Sache werfen kann.« (1,6) Diese Zwickmühle zwischen gewollter Anerkennung von oben und dem Bewusstsein, dass von der Gruppe dagegen Widerstand oder Unbotmäßigkeit erwartet wurde, also Klassenlob gegen Lehrerlob, bestimmt die meisten Lerntagebücher und macht die Studentinnen praktisch handlungsunfähig. Sie sind nicht wirklich der Schule mit ihren widersprüchlichen Anordnungen entwachsen. Langsam schält sich ein Verhältnis zu den anderen heraus, das weitgehend bestimmt ist von der Erwartung, als unpassend, falsch, dumm, allzu sehr betroffen, »pubertär, besserwisserisch« (1,6) beurteilt zu werden. Selbst eine Studentin (aus der Ex-DDR), die nicht ganz so zaghaft und eingeschüchtert ins Seminar kommt, schreibt:

> Ich traue mich nicht, meine positiven Leseerfahrungen in die Diskussion einzubringen, da ich Angst davor habe, auch als mittelständig, chauvinistisch, diskriminierend bezeichnet zu werden. Auch der Vorschlag, das gesamte Buch [gegen das eine diffuse Stimmung herrschte] doch mal zu lesen, kommt mir streberhaft vor und so äußere ich ihn nicht. (8,3)

Die anderen Studierenden wirken so als Hemmschwelle, die nicht oder nur um den Preis, von ihnen missachtet zu werden, überschritten werden kann. Zugleich werden diese antizipierten Anderen selbstverständlich auch als problematische Feinde angenommen. »Woher nimmt man da eigentlich den Mut zu meinen, ausgerechnet der eigene Diskussionsbeitrag träfe genau den Nagel auf den Kopf.« (1,6) Oder so: »Wenn ich etwas sage, halten mich die anderen womöglich für doof und begriffsstutzig, oder, noch schlimmer, ich könnte womöglich die ›falschen Ansichten‹ haben.« (6,3) Und wieder eine andere meldet sich »erst, wenn ich eines positiven Echos sicher bin«. Sie durchdenkt diese Zurückhaltung: »Andererseits […] wäre es doch förderlicher, wenn sich das Diskussionsklima in ein Arbeitsklima verwandeln

32 Die Zahlen in Klammern geben für die Möglichkeit einer Überprüfung die von mir den Tagebüchern gegebenen Nummern an und die jeweilige Seite.

würde. Und warum ist das Gefühl so wichtig, dass die Dozenten mich nicht für blöd halten.« (9,15) Der Prozess der wechselseitigen Aburteilung und der behindernden Antizipation wird auch auf die Lehrenden ausgedehnt. Es kommt darauf an, ihnen etwas vorzumachen, aber »woher soll ich eigentlich wissen, dass die Dozenten nicht blöd sind?« (9,15) Der Rest der Studienbemühung geht in dem Versuch unter, interessiert auszusehen und nicht einzuschlafen.

Die Formulierungen gleichen einander so sehr, als hätten sich die Studierenden abgesprochen. Das erhoffte Lernkollektiv existiert nicht nur nicht[33], im geraden Gegenteil kann man davon ausgehen, dass so eine Seminargruppe aus einander behindernden und blockierenden Einzelnen besteht. Diese ängstliche Haltung in Bezug auf die anderen braucht ein starkes Selbstwertgefühl, wenn unter solcher Voraussetzung überhaupt gelernt werden will. In den Lerntagebüchern der Frauen wird schnell offenkundig, dass dies keineswegs vorhanden ist, sondern solche Wahrnehmung der anderen sich auf die eigene Person und ihre Selbstwahrnehmung, ihr Selbstwertgefühl erstreckt.

Die anderen und das Ich – Angst und Täuschung

Die meisten Lerntagebücher beginnen mit der Versicherung, »zu blöd« zu sein, »den Text nicht zu verstehen«, und mit dem Vergleich »alle anderen wissen bereits viel mehr als ich«. Man kann wohl davon ausgehen, dass der Beginn des Studiums ganz von dem Zweifel überschattet ist, ob man es überhaupt schaffen kann. Dieser tritt zunächst gepaart mit einer Überschätzung aller anderen auf, so dass ein Kollektiv sich auch nicht bilden kann. Die Unsicherheiten, wer man ist und ob man zu Recht in dieser Universität ist, sind ganz elementar und hindern das für Lernen und wissenschaftliches Arbeiten ganz unabdingbare *Fragen*.[34] Dem Tagebuch wird anvertraut: »Ich weiß, ich hätte dies laut in der Vorlesung fragen sollen, aber ich trau mich nicht. Wie stehe ich da, wenn ich wirklich die Einzige bin?« (11,7) – Solche grundlegende Schwierigkeit wird übrigens in diesem Fall nach der dreizehnten Seminarsitzung notiert. – Das heißt auch, die Unsicherheit über die eigne Person kämpft mit der Unsicherheit, wer die anderen sind. Dabei gilt: Man sollte das Schlimmste über sich annehmen. Doch gewinnt man im Semesterverlauf Kenntnisse über sich und andere. Diese aber werden zumeist gleichermaßen in das Raster »Ich bin ein ›Nichts in einer Welt von Feinden‹« eingebaut. So werden studentische Referate

33 Vgl. auch Kapitel 10 in diesem Buch.

34 Zur Dimension der Frage folgt eine ausführliche Diskussion mit Holzkamps Ausführungen zur Lehrerfrage und eine Erinnerungsgeschichte in Kapitel 10.

entweder als langweilig erfahren – man schaltet ab; oder als wirklich gut, dann sind sie geeignet, eigene Unfähigkeit zu bestätigen. Als herausragende Gefühle werden notiert: Neid und Minderwertigkeit. – Der Vergleich[35] scheint überhaupt in diesem Zusammenhang ein entscheidendes Mittel der Selbstwertschätzung zu sein. Bin ich so gut wie andere? – eine ständige Bemühung, nicht als schlechter aufzufallen. Insofern wird die jeweilige Vergangenheit, die Position, die man hatte, was man tat, nicht etwa ein Baustein von Wissen, Erfahrung, kein Beitrag, der mit anderen sich verbinden könnte, sondern ein Makel, etwas, das man schamhaft verschweigen sollte, um nicht aufzufallen. Die allgemeine Strategie wird die Täuschung über sich oder das Verschwinden in der Menge. Auf die Frage nach der ›Arbeit‹ vor der HWP schreibt eine:

> Ich musste sagen »verkaufen«! Die anderen gingen zur Schule, sammelten Bildung oder waren Krankenschwester oder gar Bankangestellter – und ich »verkaufe« schlicht.« (1,8)

Dabei durchdenken die Einzelnen beim Schreiben ihrer Lerntagebücher auch, was sie sich antun. Das heißt, das Tagebuch ist unter solchen Bedingungen selbst ein geradezu notwendiges Lerninstrument. Es gehen die Gedanken nicht ungedacht verloren. So entziffert eine Studentin ihre Regungen beim Anhören der Referate von anderen als Ergebnisse von »Konkurrenzdenken« und kann sie doch nicht ablegen trotz guter Erfahrungen mit Kollektivarbeit. Indem sich die Einzelnen so prekär in eine Lernsituation begeben, herrscht im Grunde immer ein Ausnahmezustand, der Lernen verhindert. So gibt es schließlich auch das Problem, dass, wenn die Vorträge nicht schlecht sind, es keine Diskussion gibt. Die Sache erscheint aussichtslos.

Und selbst wenn die Selbsteinschätzung nicht um den Nullpunkt herum kreist, gibt es die Möglichkeit, die anderen so abzubilden, dass man mit ihnen nichts zu tun haben muss. So schreibt eine über das Referat eines Kommilitonen, dass es »plätschernd« war. Ihre Aktivität: »Ich schalte ab«. Die eigne Haltung wird beschrieben als eine der Enttäuschung. Die referierenden Studis haben versagt. Die Abbildung zwischen Versagen und Enttäuschung entschuldigt die eigene Nichthandlung als gerechtfertigt.

Natürlich merkt man als Dozentin die verschiedenen Blockierungen, wenn auch nur atmosphärisch, als Nachlassen von Spannung, als Unruhe, im Mienenspiel, als fehlende Hoffnung. Eine meiner Strategien war,

35 Diese Alltagspraxis rückt die brechtsche Arbeit mit dem Vergleich (vgl. Kap. 5) als politische Strategie in ein zusätzliches Licht. Es zeigt die Kritik am Vergleich als dringlich, auch um ihm die Funktion zu nehmen, Ressentiments zu schüren und eigene Minderwertigkeit zu stützen.

möglichst alle zu einem kollektiv erarbeiteten Beitrag für das Seminar zu bewegen. Wie aber kann man unter solchen Bedingungen von gegen andere gelebter Selbstpositionierung dies bewerkstelligen? Da findet sich folgende Notiz:

> Während unseres gesamten Beitrags [...] spürte ich weder Leistungsdruck noch Angst vor Blamage oder Kritik. Ich war sicher, weil ich überzeugt war, dass wir als Gruppe und ich innerhalb der Gruppe gelernt haben, was Diskursanalyse ist und wie sie funktioniert. (12,13)

Aber die Hochstimmung ist schon in der nächsten Sitzung verflogen. Zum allseitigen Lob notiert sie:

> Du weißt nie, ob sie das auch wirklich meinen, was sie positiv zu dir oder über dich sprechen, sicher ist nur, dass das negativ Gesprochene stimmt. (12,15)

Wie ist es möglich, ohne ein Aufbrechen dieser verworrenen Lernhaltungen zurechtzukommen? Welche Strategie gegen alle Konkurrenz, Erniedrigung, Minderwertigkeitsgefühle gibt es – außer dem Versuch, Kollektive zu bilden?

Angst entsteht vor eigenem Versagen, aber es gibt die Möglichkeit, den Kurs zu wechseln. »Die Universität«, schreibt eine, »bietet anders als die Schule die Möglichkeit, in Anonymität zu versinken.« (10,3) Am Ende des Seminars, bei der Kurskritik, schreibt eine andere:

> Wir wollten es nicht zugeben, dass in uns Chaos ist. Denn wir kennen nur das absolute Wissen oder das absolute Nichtwissen. Hätten wir uns offenbart, dann hätten wir unsere Unfähigkeit entblößt. Welch ein Schwachsinn! Doch nur in der Diskussion mit anderen lässt sich das Chaos ordnen und klären. (8,10)

Kritik und Selbst

Wissenschaftliches Arbeiten ist wesentlich Kritik. Sie setzt Verständnis eines Textes, einer Theorie voraus; die Überprüfung als unterscheidende Beurteilung von Vorstellungen und Vorgestelltem; eigenes Denken, auch als Fähigkeit, Unterschiede zu machen; den Vergleich; Aufheben, was wichtig ist; weitergehen, wo nicht weit genug gegangen wurde, und Korrektur. Kritik verbindet Erkenntnis mit Praxis, Denken mit Handeln.

Aus dem bisher aus den Tagebüchern Vorgestellten wird schon erahnbar, dass diese Studentinnen Kritik rundherum ablehnen. Es nützt nichts, ihnen das elementare Durchdenken als Kritikfähigkeit vorzustellen, zu sagen, dass

Kritik und Herumnörgeln nicht das Gleiche sind. Gegen die Bereitschaft, Kritik auch nur zuzulassen, steht der Wunsch, einfach das Richtige gesagt zu bekommen und aufzunehmen, steht die Erfahrung, dass Kritik existenzielle Bedrohung bedeutet, soweit sie einen selbst betrifft. Das wird ganz direkt geäußert: »Ich möchte zunächst alles kennenlernen, stehen lassen, einordnen, nicht Kritik üben« (8,3). Diese Unmöglichkeit, ein positives Verhältnis zur Kritik zu entwickeln, hängt auch mit der Selbsteinschätzung zusammen, wird selbst als unverarbeitete Schulerfahrung reflektiert. Da kommentiert eine ihr eigenes Tagebuch:

> Der Schreibstil klang so unglaublich naiv, er stimmte überhaupt nicht mit meinem Selbstbild überein. Er klang wie der von Hedwig Courths-Mahler, dabei hätte ich gern den Stil einer Beauvoir. Dann wieder entdeckte ich unerträgliche Beweihräucherung der Dozentin, die nur als Anbiederung verstanden werden kann. Dinge, die eigentlich seit meiner Schulzeit hinter mir liegen sollten. (13,2)

Da Schule nicht verarbeitet, sondern einfach verlassen wurde, ist man unvorbereitet: Der übergroßen Erwartung entspricht keine konkrete Füllung. Das Beste, was geschieht, ist eine Art Spaltung der Personen in ein erhofftes Selbst und das Problem, das wirkliche Selbst nicht achten und nicht stützen zu können. Das Gegeneinander macht, dass trotz aller Vorbereitung, Freude, Erwartung, Begeisterung ein Rückzug angetreten werden will. Nach einer Kritik am Protokoll ist einer, die ein Lob brauchte wie Wasser zum Leben, der Boden entzogen, der Studienabbruch rückt in große Nähe:

> Aber die ganzen Vorbereitungen, der Spaß an der Diskursanalyse, die enttäuschten Tränen und die Wut wegen des »missratenen Protokolls« umsonst? (13,2)

Kritik wird nicht als Hilfe und Ratschlag für anderes Arbeiten begriffen, sondern immer als Vernichtung, Herabsetzung, Verlust des Arbeitsplatzes, der dann in diesem freiwilligen Fall lieber vorher geräumt wird.

> Völlig verzweifelt, heulend, gedemütigt, vernichtet, […] unfähig, den Verriss der Dozentin nicht als persönliches Versagen zu sehen, folgten richtig schlimme Selbstzerfleischungstage. (13,3)

Die Einordnung durch eine Freundin, die Dozentin, also ich, sei für diese Art der Kritik bekannt und gut als Lehrerin für noch nicht ausbalancierte Studentinnen ohne Selbstsicherheit, weil die das dann lernen, gibt schließlich Hoffnung, doch eines Tages erwachsen genug zu werden für Kritik. Dies aber stellt sich nicht als konkrete Verarbeitung, sondern es scheint eine Naturgabe zu sein, die einem begegnet wie das Schicksal bzw. das Älterwerden.

In der Haltung zur Kritik verdichtet sich die Schwierigkeit für die Studentinnen, aus der Menge herauszutreten. Eine Sitzung mit weniger Studenten, weil viele zur Demonstration gingen, gibt einer die Möglichkeit, »gelöst« sich für ein Protokoll zu melden. Die Aufgabe, die sie sich selbst stellt: Es muss sehr gut werden. Sie braucht ein Lob. In dieser erstrebten Anerkennung versucht sie sich aus der passiven Rolle in ein aktives Mitglied der Gruppe zu verwandeln. Lob taucht so nicht bloß als eine äußerliche Belohnung auf, sondern als Mittel für einen Übergang. Dazwischen steht nicht einfach die Anstrengung, sich hervorzuwagen, sondern auch die Selbsteinschätzung, es nicht zu können. Mittel, dies für sich zu leisten, ist der Vergleich mit einem vorhergehenden Protokoll in einem anderen Seminar, das als schlecht beurteilt wurde, weil zu konkret. Sie bemüht sich tagelang um Abstraktion. Die neuerliche Kritik (meine) »zu abstrakt und daher nicht nachvollziehbar« wirft sie aus der Bahn. Gerade weil »gelernt« wurde, kann nicht gelernt werden, da alles an eigenem Selbstwert auf diese eine Karte – »das gute Protokoll« – mit äußeren, selbst nicht verstandenen Kriterien gesetzt wurde.

Eine andere schreibt: »Obwohl oder weil ich jetzt auch einen Vortrag gehalten habe, kann ich den Seminarkolleginnen jetzt ins Gesicht sehen, ohne rot zu werden« (15,1). – Aber schon meldet sich neue Unruhe und äußert sich als Mangel. Die Dozentin soll eine sorgfältige Beurteilung formulieren, aber dies keinesfalls als Kritik, sondern als Lob, das man zugleich nicht verdient zu haben glaubt. In diesem Paradox beginnen immerhin erste Zweifel an der eignen Abbildung seiner selbst, die aber noch weiter in Verurteilung münden: »Ich bin lachhaft und bloß emotional« (15,2). Die Haltung zur Kritik, auch als eigene Fähigkeit, bleibt zwiespältig, Bewegung wird stillgestellt. Kritik wird nicht äußerbar: »Ich habe Angst, meine Zweifel und Einwände innerhalb des Seminars zu äußern, dies auch wegen des Risikos, ›lehrergerechte Antworten‹ zu suchen.« (15,2) Neue Schwierigkeiten tauchen auf, die wiederum das sich erst langsam herausbildende Ich betreffen: Wie kann man die theoretischen Vorgaben der Dozentin richtig finden, ohne einfach die Schulhaltung – der Lehrer hat immer recht – zu übertragen? Die Zustimmung zu einer Theorie erscheint so als passiv-autoritäres Verhalten. An dieser Stelle gibt die Studentin (15) ihr Lerntagebuch auf.

Im Ganzen erscheint die Aufforderung zur Kritik immer als zu hoch, weil sie Verständnis voraussetzt, das erst erarbeitet werden will, und zwar nicht über Kritik, sondern geradlinig als Aufwärtsgang (so etwa 4,7). Gegen Kritikfähigkeit steht auch, dass man selbst nicht kritisiert werden möchte (vgl. ausführlich dazu das folgende Kapitel 9).

Die anderen Tagebücher als Schlüsselerlebnis

Bis hierher scheint die Lage ausweglos zu sein, der Bericht eine Skizze über die Unmöglichkeit zu lernen. Aber das Seminar schreitet voran, die Studierenden besuchen es weiter, es wird auf Dauer unmöglich, in den Blockaden einfach stecken zu bleiben. Ein erstes Schlüsselerlebnis betrifft alle. Ein Entkommen aus den vielfältigen Widersprüchen wird möglich, wenn man erkennt, dass mehr oder minder alle in den gleichen Sackgassen stecken. Dies geschieht durch das Vortragen des ersten Lerntagebuchs im Seminar. Wie beim eisernen Heinrich, dessen Bänder um sein Herz mit lautem Krachen herunterfallen, als der Frosch in den Prinzen zurückverwandelt ist, gibt es ein allgemeines Aufatmen, eine spürbare Gelöstheit. Die Gleichartigkeit, die jetzt den Vergleich nicht mehr zu eignen Ungunsten ausfallen lässt, wird eine Bedingung und ein Schritt ins Lernkollektiv. Fast alle notieren in ihren Tagebüchern Ähnliches:

> Ich stelle fest, mir geht es genauso wie anderen und anderen wie mir. Ich denke, ich verstehe gar nichts, traue mich nicht zu fragen, was gemeint ist, geschweige denn zu diskutieren, und fühle mich dann sehr schlecht. (2,3)

Die sich wiederholenden Probleme, die individuell gespürten Mängel scheinen allgemein zu sein. Angst, Unfähigkeit, Fragen zu stellen – »Ein Glück, dass es den anderen genauso geht« (9,15). »Die Angst sich zu blamieren, die Angst, zuzugeben, dass man fast nichts verstanden hat«, gilt für die anderen auch! (10,4) Ein Wir-Gefühl entsteht und wird als positiv empfunden: »hatte das Gefühl, dass der Bann im Kurs gebrochen« ist. Eine Studentin notiert: »Habe mich in den bisherigen Vorlesungen unwohl, überfordert, fremd gefühlt – das erste Lerntagebuch hilft« (11,3).

Der Stoff – Begriff und Begreifen

Man kann bis jetzt annehmen, diese Studierenden hätten überhaupt nichts gelernt, meine Seminare seien eine Katastrophe gewesen. Ich hoffe, es wird zugleich deutlich, dass dieser Eindruck möglich wird, weil die Studierenden überhaupt Lerntagebücher schrieben, und ferner aus der scharfen Beleuchtung, in die ich diese Eingangsschwierigkeiten, die allerdings über mehrere Semester andauern, gerückt habe. In den Tagebüchern gibt es auch Notizen über geglücktes Lernen. Dies wird immer dann empfunden und niedergeschrieben, wenn es gelingt, etwas, das man im Grunde weiß, überraschend hervorzuholen und mit anderer Bedeutung zu versehen, die wiederum mit anderem vorher Gewussten sich verbinden kann. Es kommt in diesen Lerntagebüchern häufig vor, wenn Begriffe wirklich begreifend auf Alltagsphänomene gezogen werden und beides dadurch klarer wird – der Begriff und der Alltag bzw. die Erfahrungen in ihm. In dem Seminar über Rassismus und Sexismus waren es im Grunde drei Erfahrungen, die immer wieder als wichtig notiert wurden: die Problematisierung des Begriffs »Ausländerfeindlichkeit« durch eine einfache Aufzählung möglicher Ausländer – etwa Schweden, Kanadier, Amerikaner, Türken, Jugoslawen usw. –, die, anders als die gekannte politisch korrekte Zensur am Wort »Ausländer« selbst, unmittelbar die Erkenntnis brachte, dass gar nicht alle unter das Verdikt »Feindlichkeit« fielen, sondern unter ihnen nur diejenigen, die aus armen Ländern kamen, der zusammenfassende Begriff *Ausländerfeindlichkeit* also eine verdeckende, ablenkende Funktion hat.

Deutlicher noch wird Lernzuwachs notiert bei der Frage nach Normalisierungsstrategien und der damit verbundenen Ausschließung von anderen, die nicht »normal« sind. Die Studierenden lesen Erving Goffman, *Stigma. Über Techniken der Bewältigung beschädigter Identität.* Die Überprüfung seiner Ausführungen an eigener Selbstwahrnehmung und Orientierung ergibt zur allgemeinen Überraschung, dass die Sicherheit, selbst antirassistisch zu sein, aufruht auf der Vorstellung, selbst nicht zu den Normalen zu gehören, dass dies aber alle im Kurs so empfinden. Der Schritt zu der Erkenntnis, dass der herrschende Normalitätsdiskurs gestärkt wird, wenn die Einzelnen sich jeweils als Ausnahme, also nicht betroffen stilisieren, war von da ab eher leicht, wenngleich auch schmerzhaft. »Die Normalitätsdiskussion rückt auf den Leib. Man hätte die Gesellschaft gern außerhalb und sich nicht als mittragend«, schreibt eine, und: »Ich sehe jetzt, dass Normalitätsmaßstäbe damit arbeiten, dass alle sich als Ausnahmen empfinden und wahrnehmen« (5). Zugleich aber stürzt die Anerkennung des herrschenden Normalitätsdiskurses in Selbstzweifel, so dass die Studierenden an sich selbst lernen können, dass sie beides tun: Normalität als Ziel akzeptieren und sich daher nicht achten und mit Trotz auf der eigenen Abweichung als nicht-normal beharren. Das Bindeglied ist in jedem Fall die Aussetzung von Kritik am Normalisierungsdiskurs und seinem Wirken.

> Mann/Frau will auf keinen Fall dieser Normalität entsprechen und ist stolz auf jede Abweichung davon. Dies empfinde ich als »umgekehrte Stigmatisierung«. Wenn ich gesellschaftlich normal bin, werde ich von HWPlern abgelehnt. Die Lehre: Normalität ist eine Disziplinierungsfalle in jeder Weise. (11,5)

Die Lehren werden umso intensiver, je mehr man selbst betroffen ist, also tatsächlich aus einer anderen Gruppe kommt als die meisten anderen. So schreibt eine Studentin aus der DDR fast ethnomethodologisch zur Normalitätsdiskussion: »Die Gruppe möchte als ›unnormal‹ gelten, bzw. jeder dort möchte das, nur ich nicht.« Und als Erkenntnis wird formuliert:

> Es ist heute normal, als unnormal zu gelten, sich von der Masse zu unterscheiden, das stützt Normalität und behindert zugleich Kritik an den herrschenden Normalitätsvorstellungen und die Lektüre Erving Goffmans.

Diese Irritation, geboren aus den Auseinandersetzungen in der Gruppe und den erfahrenen Widerständen, ist ein starker Beleg für den Nutzen des Kollektivs für Lernen und Aneignung. Und für diese Studentin bedeutet es, dass sie beginnt, die theoretischen Vorschläge jetzt doch auf Alltagsleben zu beziehen, was sie zunächst, ebenso wie Kritik, ablehnte. Sie durchdenkt dies und entziffert für sich selbst überraschend:

> [Ich komme eigentlich aus] autoritär organisierten Lernverhältnissen [...]. Der Satz, dass Wissenschaftlerinnen die Aufgabe haben, den Menschen ihre Erfahrungen in ihrem Zusammenhang zu verdeutlichen, spricht mich an. Unter diesem Grundsatz hätte ich doch auch Lust, Wissenschaftlerin zu werden. (8,8)

Die dritte einhellig positiv verbuchte Lernerfahrung betrifft die Diskursanalyse. Sie wird von fast allen Studierenden als Zuwachs an Einsicht und Handlungsfähigkeit erfahren, als »Öffnen von Scheuklappen« (3,14), gerade weil sie mit den vorhandenen Emotionen, Bewertungen, Meinungen arbeitet, diese aber ins Bewusstsein holt und als Baustein für Einverständnis wie Widerstand entzifferbar macht. Sie ergreift die Studierenden beiden Geschlechts und wird, da sie geteilte Kultur benutzt, als unmittelbar kollektivbildend erfahren. Alle lernen schnell, wie Hegemonie erstritten wird und welche Rolle sie selbst bei der Produktion von Bedeutungen spielen. So kann man vielleicht sagen, dass Lernerlebnisse möglich werden als Bewegung, etwas Halbgewusstes mit eigener Anstrengung ins Bewusstsein zu heben. »Man kann sich selbst belehren.« (5) Dies wird von vielen notiert, aber von den weiblichen Studierenden als Erkenntnis eigenen Verwickeltseins in Verhältnisse erfahren, die sie außer sich dachten, also wiederum als Krise, von den männlichen Studierenden eher mit Genugtuung und Freude notiert. »Vieles, was ich geahnt habe, ist jetzt in Worte gefasst.« (3)

Überhaupt kann man aus den wenigen von männlichen Studierenden geschriebenen Tagebüchern den Schluss ziehen, dass sie weniger unter Selbstwertzweifel leiden, dass sie also neugieriger und lernbereiter in die Hochschule eintreten bzw. dies so notieren, wie auch mit Staunen auf die Schwierigkeiten der Kommilitoninnen blicken. Einer erfährt sie als

> ängstlich, unsicher, kritikscheu [...]. Mir scheint, dass Frauen eine andere Art Zugang zum abstrakten Denken haben. Es steht immer ihre eigene Emotion und ihr eigener Bezug im Vordergrund und blockiert sie beim Umgang mit wissenschaftlichen Texten oder Diskussionen. (3,12)

Diese Beobachtung zeigt, dass Lernblockaden nicht auftreten müssen, wenn der Höhenflug hoch genug ansetzt. Und wenn er etwas nicht versteht, notiert der gleiche Student: »Für mich sind solche Situationen eher herausfordernd als deprimierend. Ich werde neugierig auf neue Zusammenhänge und sauge begierig neuen Stoff auf«. (3,10) Und heiter: »Wo ist das Problem, zuzugeben, dass andere besser sind?« (3,11) Probleme tauchen nicht auf als persönliches Versagen, sondern als Fragen von Zeitmangel, Überlastung. Aus dem ersten studentischen Referat wird Kritik sogleich umgesetzt in eigene Anforderung an das noch zu Erarbeitende. Dabei begreift er die Heranziehung von Alltagsbeispielen als Gefahr und als Zumutung. Sein Weg ist der, über die Theorie und ihre Begriffe Verständnis zu erarbeiten und das Alltagsleben dabei hinter sich zu lassen. Entsprechend kann er wenig mit dem Vorschlag anfangen, Lernen als Krise aufzufassen, da sich die Lernbewegung für ihn als kontinuierlicher Aufbau abbildet, nicht als Bruch. – Genau umgekehrt notieren mehrere Frauen mit »Erstaunen und Erleichterung« ihr Einverständnis mit der Vorstellung der Krisenhaftigkeit von Lernen: »Lernen hat etwas zu tun mit eignen Blockierungen, Angst, Krise und Verunsicherung. Ich habe dies immer schon geahnt, aber jetzt ist es offiziell.« (6,3)

Dabei sind die meisten Tagebücher auch Zeugnis davon, dass es bei allen Schwierigkeiten und Blockierungen kaum Probleme gibt, den tatsächlichen Stoff zu notieren, wie man etwa ein Referat schreiben würde. Das Problem beginnt dort, wo Erkenntnis praktisch werden will. Und an diesem Punkt scheiden sich die Geschlechter erneut. Sehr grob zusammengefasst kann man vielleicht sagen, dass es den Männern leichter gelingt, sich das Denken buchstäblich vom Leibe zu halten, es als bloß abstrakten Vorgang zu üben und sich darin zu betätigen, während die weiblichen Studierenden so etwas wie einen Unmittelbarkeitsbezug zwischen Denken und Handeln haben, ein Verhältnis, das wiederum blockierend wirken kann und das von mir ohne Zweifel unterstützt wurde.

Die Unruhe der Frauen wird verstärkt dadurch, dass sich immer wieder Kinder in das Tagebuchschreiben mischen oder der Gedanke an sie im Kurs die Konzentration durchkreuzt. Dies geschieht bei keinem der Männer.

Selbstveränderung

Man kann aus theoretischen Erkenntnissen leicht nichts über den Alltag lernen, man kann umgekehrt versuchen, sie direkt in ihn zu übersetzen. So notiert eine nach der Lektüre und Diskussion des Gedankens, dass Familie vielleicht nicht die optimale Form des Zusammenlebens sei: »Wenn das so ist, müsste man dann in einer Kommune wohnen?« Dies wird mit Angst zurückgewiesen. Angst vor den Folgen kritischen Denkens fürs eigne Handeln zieht die analytische Kraft zurück:

> Dagegen die Familie: dieser Hort vertrauter Menschen, der Wärme, der Zuversicht und kraftspendender Zufluchtsort, in dem Schutz vor den Widrigkeiten der Welt und des Lebens zu finden ist. Diesen Ort zerstören? Niemals!

Die Reaktion erscheint ihr selbst als so extrem, dass sie erkennt, dass hier auch ohne Erfahrung auf Erfahrung rekurriert wird, dass es mithin eine Erfahrung aus einer wie auch immer hergestellten erfahrenen Meinung gibt und eine aus dem eignen praktischen Erleben kommt, die seltsamerweise schwächer ist als die erste.

> Und schwuppdi, hast du nicht gesehen, ist mir entfallen, dass acht Jahre meiner Sozialisation in einem Kinderheim stattfanden und dass die familiären Ereignisse (vorher und nachher) ein einziger Alptraum waren. (1,4)

Es gelingt ihr, sich als gespaltene Person zu erkennen, die bestrebt ist, neue Anstöße in alte Gleise abzudrängen, und dabei gleichzeitig zu bemerken, dass sie auch eine andere Erfahrung als die herrschende Meinung hat. Dieser Lernprozess gilt nicht bestimmtem nützlichem Wissen, sondern dem Angebot, gegen die herrschende Meinung auch in sich selbst kritisch theoretisch zu arbeiten.

Eine äußert

> Ängste, da mir klar wird, dass ein wirklicher Lernprozess dann harte Arbeit ist, nicht im Sinn von Auswendiglernen, sondern im Sinne von mich auf was einlassen. Inwieweit kann ich und will ich das? (6,3)

Alle Theorieteile werden wieder unmittelbar persönlich aufgefasst und je nach Zulassung zum eignen Erfahrungsschatz gelebt. Herrschaft – ich fühlte mich bisher nicht beherrscht – es ist wie ein Blitz, (6,4); das eigene Ich als produziert – eine zerreißende Erkenntnis.

Der ständige Bezug auf eigene Erfahrung kann auch als Störung erlebt werden, die man nicht will:

> Ergebnis: Ich bin so mit mir beschäftigt, dass ich den Sitzungsfaden verliere und irgendwann frustriert abschalte […]. Daraus lerne ich: Zuhören ganz ohne Mitmachen bringt mir keinen Spaß. Das kontrollierte Maß an Beteiligung habe ich noch nicht gelernt. (1,6)

Nehmen wir dies als eine Auskunft auf die Frage nach der Form der Lehrveranstaltung, so lässt sich ein komplizierter Vorgang entschlüsseln: Je mehr die eigene Person in die Lernhandlung einbezogen ist, desto schwieriger wird die Aneignung des Stoffes. Oder anders: Sobald etwas gelernt wird, stört dies auch das weitere Lernen. Lernen braucht Zeit. Und lernen hat mit Lust zu tun.

Vorurteile

Eine Studentin durchdenkt die eignen Lernerfahrungen als Geschichte, zunächst von Vorurteilen, die die weitere Rezeption oder gar das Vermeiden von bestimmten Lernerfahrungen bestimmen. Da war z. B. Marx, der im Geruch stand, ein schlechter Mensch und ein politischer Terrorist und als Wissenschaftler unlesbar zu sein, so dass so etwas wie ein Tabu auf der sich annähernden Lektüre liegt. Entsprechend werden erste Begegnungen als »wohliges, verruchtes Schauern« (1,3) abgebildet. Obwohl man aus eigener Erfahrung weiß, dass die Kenntnis der Biographie eines Autors wenig zum Verständnis seiner Theorie beiträgt, ja diese u. U. verhindert, wird immer wieder gehofft, etwas Einblick in sein Leben würde das Lesen erleichtern, weil sein Alltag helfen mag, wenn es schon der eigene nicht tut. Insofern dienen die Biographien und auch Denunziationen über das Leben von Theoretikern als ein weiterer Schutz gegen die Gefahr, sich auf die Gedanken allzu sehr einzulassen.

Aber die Themen gehen über in eigenes Leben. Normalität – Sexismus – Rassismus – überall sorgt emotionale Beteiligung für Unruhe, die zugleich als Lernstörung abgebildet werden kann wie als Lernen. Dabei gibt es gerade in Bezug auf Vorurteile überraschende Einsichten. Eine äußert: »Ein positives Vorurteil gegenüber einem Text hindert genauso wie ein negatives. Die Zuordnung von Autoren zu gut und schlecht legt eigene Kritik lahm.« Theorie als Streit erleben zu sollen, erscheint als erster Lernerfolg.

> Auf jeden Fall bin ich völlig fertig. In meinem Kopf schwirren massenhaft neue Fragen und ich ärgere mich, dass ich in der Vergangenheit beim Marxlesen keine neuen Fragen im Kopf hatte. (9,15)

Eine bilanziert am Ende ihres Tagebuchs den unbedingten Wunsch, Vorurteile, die sie bei sich auf allen Ebenen entdeckt, zu überwinden, da sie sie als schuldig für ein »schiefgelaufenes Leben« entziffert (12).

Eine andere ist begeistert von der Diskussion um Normalisierung. (7,12). Sie beobachtet alltägliches, andere stigmatisierendes Verhalten an sich – sie gerät mit ihrer Familie aneinander, mit Vertrauten und Freunden, und notiert: »was mich persönlich in eine enorme Krise bringt« (7,13). Sie überträgt die Arbeit an Diskriminierungen auf die Beobachtung solcher Prozesse im Kurs und erkennt, dass sie sich verändert hat – auch was ihre Eingriffe angeht. Aber das Ganze, also ihre Selbstveränderung, erscheint ihr als problematisch, weil ihr Selbstwertgefühl für »solche Experimente« zu klein ist (7,14). Hinzu kommt ein persönlicher Trennungsprozess und eine »Mattigkeit gegen Veränderung«. Lernen tritt auf als persönliche Überforderung. Das Tagebuch endet: »Ich fühle mich furchtbar.«

Und wieder eine andere: »Die aufgeladene und emotionale Atmosphäre macht mir sehr zu schaffen und belastet mich.« (4,11) Sie hätte auch schreiben können: Die Tatsache, dass gelernt wird mit allen Sinnen und also auch Aggressivität aufkommt, belastet mich. Dahinter ein Anspruch, es möge unberührt zugehen, Lernen als allmählicher Zuwachs geschehen. Gleichwohl schließt sie: »Die innere Unruhe muss wohl mit dem Lernen zusammenhängen.«

Der Versuch, einen theoretischen Text zu lesen, trifft auf die Haltung, er solle eingängig sein, ohne Anspruch. Dabei wird eingeräumt, dass das Schwierige auch spannend ist, aber »der Kopf raucht«. – Lernen wird physisch erlebt, bevor es begrifflich auftritt. Dies führt zur Erkenntnis, dass es eine Angst vor Veränderung gibt – als eine erste eigene Einsicht in Lernprozesse (5,2).

Wissenschaft auch als Anleitung zum Handeln – dies kehrt als Wunsch, als Bedrohung, als Verwirrung, als Nähe wieder und reibt sich an der festen und zugleich ungefestigten Persönlichkeit. Dies scheint mir das Schlüsselwort zu sein: die ungefestigte Festigkeit, die Lernen behindert, Minderwertigkeitsgefühle erbringt und zugleich aufgebrochen und anders rekonstruiert werden muss.

Weitere Blockaden – Political Correctness

Beim Seminarthema Rassismus war zu erwarten, dass diese HWP-Studierenden wussten, wie sie dazu zu denken hatten, und vor allem auch, wie dies sprachlich auszudrücken sei. Insofern war der Text von Goffman, den wir dazu lasen, zunächst ein Gegenstand der Empörung, weil er ebendie Worte benutzte – wie Neger, Behinderter –, von denen man sich schon abgewandt hatte. Political Correctness dominierte im Kurs und ließ nicht mehr zu, dass die einfachsten Strategien der Sicherung des Status Quo durch Normalisierungsdiskurse wahrgenommen, geschweige denn analysiert wurden. So will eine (4) keine harten Ausdrücke, die im Alltag selbstverständlich benutzt werden, da sie sie für sich schon wegzensiert hat. Leider bleiben sie auf diese Weise doch in der Welt. Die Zensur erweist sich so als ein Mechanismus gegen Lernen, da das Wahrnehmen der Wirklichkeit zum Lernen unabdingbar ist. Die politisch korrekte Wut scheint allgemein zu sein – Beispiele von Goffman zu Stigmatisierungsprozessen werden als übel empfunden, aber seiner Sprachverwendung zugeschrieben in der Hoffnung, sie seien dann auch nicht real. »Ich habe erwartet, dass in dem Buch Integration hergestellt werden sollte« (5,3). Das Aussprechen der Wirklichkeit macht wütend, dagegen steht das Recht, blind zu sein. Aber was mich anfangs wirklich verzweifeln machte, dass sich nämlich Political Correctness wie eine undurchsichtige Wand vor Zurkenntnisnahme legte, war am Ende ein Glücksfall. Die Studierenden erarbeiteten sich nicht nur eine Kenntnis über alltägliche Stigmatisierungen, sondern darüber hinaus eine Kritik an Political Correctness, und erkannten ihre eigene vorgängige Zufriedenheit darin als Mittel, sich nicht selbst als eingelassen und betroffen zu erfahren. Allerdings machte sie dies noch unruhiger.

> Vielleicht ist es auch einfach so, dass »man/frau« weiß, was sich moralisch im Hinblick auf Rassismus und Ausländerfeindlichkeit für »unsereins« gehört und was man halt nicht zu denken, geschweige denn auszusprechen oder aufzuschreiben hat – obwohl es vorhanden ist. (2,25)

Der Kurs ist über den Goffman-Text gespalten. Es gibt die Gruppe der politisch Korrekten, die rassistische und sexistische Worte nicht lesen mag, und diejenige, die sieht, dass Goffman der bürgerlichen normalen Gesellschaft den Spiegel vorhält. In dieser Situation ließe sich trefflich streiten. Was schreibt da eine Studentin, die ebendiese Spaltung sorgfältig notiert? (12) »Mein Unbehagen und die Angst vor Konfrontation hemmten und behinderten meine Aufnahmefähigkeit.« (12,5) Es werden nicht einmal Notizen gemacht. Aber Unruhe steckt im Gedanken.

Das ganze Semester arbeiten die Studierenden mit einem Gefühl der Überforderung. Die Wissenswelt erscheint wie ein großes Warenhaus, man selbst als kriterienloser Käufer – dies also auch eines der Probleme des Anfangs.

Das nächste Semester: Cultural Studies

Während dieses dritte Semester in großem emotionalem Aufruhr endete, fanden sich gleichwohl oder deswegen im Folgesemester fast die gleichen Studenten wieder ein. Wir erarbeiteten einen Klassiker der Cultural Studies: Paul Willis, *Spaß am Widerstand*, als Vorbereitung für ein Praktikum zu Rechtsextremismus bei Jugendlichen. Dieses Semester und die entsprechenden Lerntagebücher waren so grundsätzlich anders, berichteten durchweg von geradezu stürmischen Lernprozessen, dass ich Mühe habe zu begreifen, warum so plötzlich gelang, was so lange schwierig war, wie also Lernblockaden abgebaut werden konnten. Es bieten sich mehrere Möglichkeiten an:

1. Die Studierenden haben nach einer problematischen Eingangsphase, die über ein ganzes Semester dauerte, gelernt, selbstreflexiv zu arbeiten, aus ihren Erfahrungen zu lernen und beides, Erfahrung und Theorien, kritisch zu nutzen. Angenommen ist der Vorschlag, den Alltagsverstand einzusetzen, zu überprüfen, sich lernend zu verändern.

> Der Kurs hat den Kursrahmen gewissermaßen gesprengt. Ich konnte kaum abschalten. Irgendetwas im Kurs oder um ihn herum Aufgebrochenes schwirrte ständig in meinem Kopf rum. Altes wurde regelmäßig über den Haufen geworfen, neue Fragen entstanden. Grundsätzliche Fragen, wie z.B. nach dem Objekt oder Subjekt, haben sich oft gleichzeitig, fast strahlenförmig auf andere Bereiche ausgewirkt, sorgten bis in Freundschaften hinein für Aufruhr. Das widersprüchliche Denken […] konnte nicht mehr abgeschaltet werden. (19,1)

Das kann zwar immer noch hauptsächlich als große Unruhe entziffert werden, allerdings kann man sich doch wohl kaum einen Lernprozess als harmlos, spiegelglatt und ruhiges Erleben denken. Eine erste These ist demnach: Lernen braucht selbst eine längere Einarbeitungs- und Lebenszeit, ehe es möglich wird. Aber dann kann Unruhe als Glück erfahren werden und Aufruhr als gewollte Bewegung. So schreibt einer:

> Es ist ein tolles Gefühl, wie sich im Laufe der Stunde das ganze Puzzle der letzten Wochen ganz plötzlich einfach zusammenfügt […]. Und dieses Bewusstsein erzeugt einfach Zufriedenheit und ein breites Grinsen. Das Verstehen des Zusammenhangs hat ein sehr aktives Moment bei mir erzeugt. Es endet nicht beim Zuklappen des Buches, denn jetzt regt es das Weiterdenken erst richtig an. Es hat mich angeregt, […] Lust und Sinn in der weiteren wissenschaftlichen Arbeit zu finden. (20,32)

Und ein anderer:

> Jedes Mal nach der Vorlesung ist mir mindestens ein sehr wichtiger Gedanke klar geworden, den ich schon lange unklar dachte [...]. Das ist überhaupt das Wichtigste am Lernen, alte Fragen, die ich nicht allein beantworten konnte, in der Gruppe zu klären. (22,18)

Lernen also als gemeinschaftliche Selbstentfaltung.

2. Eine der wesentlichen Blockaden gegen die Möglichkeit zu lernen waren die anderen Studenten, war die Unmöglichkeit des Lernkollektivs. Dies war eine zweite überraschende Entwicklung in dem neuen Seminar. Es wird ausdrücklich kommentiert, dass mit den anderen zu lernen schön und bereichernd ist, und keine notiert mehr, dass sie sich vor anderen fürchtet oder Ähnliches. Hatte am Ende des vorhergehenden Seminars eine noch geschrieben: »War es nicht ein zu hoher Anspruch an ein Seminar von circa fünfzig sich fast fremden Menschen, einen kollektiven Lernprozess zu organisieren?« (16,9) – eine Bemerkung, die von mir die resignierte Randbemerkung erhielt, »vermutlich hat sie recht« –, scheinen alle Probleme in diesem Zusammenhang über die Semesterferien weggeschmolzen zu sein. Eine mit besonderen Schwierigkeiten im Semester davor schreibt:

> Ich bin sicherer geworden, habe meinen Platz in der Gruppe. Die Fixierung auf Anerkennung durch gute Zensuren ist dem Interesse an Kritik, um zu lernen, ein Stück gewichen. (19,28)

Und als Bewegung aus dem Konkurrrenz- und Darstellungsnetz heraus: »Mir war die Wirkung, die ich hervorrufe, nicht mehr so wichtig.« (19,29) Notizen zu dem Phänomen, dass sich die Studenten unglaublich verändert haben, zu einem Kollektiv geworden sind, das sich stützt und nicht behindert, finden sich in vielen Tagebüchern, allerdings hat dies ein hohen Preis. Der Zusammenschluss gelingt auch durch Ausschließung von neu Hinzugekommenen. In den Worten einer Studentin: »Aber die Gruppe verhält sich abgrenzend gegen Neue, falls sie es gewagt haben, etwas zu fragen, was wir schon wussten.« (19,29) Und ein Student notiert besorgt,

> dass die Neuen im Kurs durch Gesten und Raunen ausgegrenzt werden. Aber das liegt auch daran, dass alle aus dem letzten Semester hart an sich arbeiten mussten, weil die Ansprüche im Kurs eben so hoch sind. Aber obwohl wir so viel über Lernschwierigkeiten, Prozesse und Schwächen geredet und geschrieben und reflektiert haben, wird den Neuen jede Chance genommen und sich abgegrenzt [...] Die meisten Neuen sind geflüchtet, ich fürchte, dass wir uns gegenseitig zu einem elitären Kurs hochschaukeln. (20,27)

Die These aus diesem Prozess lautet, dass die Bildung eines Kollektivs dem Lernen und der Selbstentfaltung seiner Mitglieder zwar förderlich ist, jedoch mit der ausschließenden Grenzziehung gegen andere einhergeht. Ohne Schwierigkeit können wir eine solche Entwicklung schlechtheißen, auch Erklärungen aus der Gruppendynamik anbieten und die Dozentin auffordern, hier einzugreifen. Allerdings wird man andererseits auch verstehen, dass ein tatsächlich stattgefundener Lernprozess in einer Gruppe, der es erlaubt, die anderen als Bereicherung zu erfahren, nicht einfach annulliert werden kann und sollte. Vielleicht wäre es aus solchen Erfahrungen angemessener, Lehrveranstaltungen auf wenigstens zwei Semester auszudehnen und sie solcherart tatsächlich gegen Neue zu schließen.

3. Die dritte Überlegung gilt dem Stoff, dem Thema und Text, den wir studiert haben und der für diese Gruppe zu diesem Zeitpunkt sicher ein Glücksfall war. In Paul Willis' *Spaß am Widerstand* geht es nämlich um eine Gruppe von Arbeiterjugendlichen – die den schulischen Lernprozess durchkreuzen. Willis stellt dies auf eine Weise vor, dass alle Sympathie diesen Jungen gilt. Aber zugleich wird es unmöglich, sich mit ihnen ganz und gar zu identifizieren, weil in ihren Handlungen und in ihrem alltäglichen Verhalten und mit dem sympathischen Widerstand verbunden sich Sexismus und Rassismus in extremer Weise entfalten. Die Widersprüche gehen durch die Jungen hindurch, aber ebenso durch die Studierenden. Kurz: Die Erarbeitung dieses Textes erzwingt eine Auseinandersetzung mit sich selbst, aus der man nicht unverändert hervorgeht.

> Eigentlich sind mir die Jungen bei Willis fast ausschließlich im Zusammenhang mit Erinnerungen an meine Schulzeit sympathisch, und zwar weil ich mir wünsche, ich hätte die Fähigkeit besessen, mich kreativ zur Wehr zu setzen und mich nicht als Opfer zu erleben. (23,5)

Später fragt sich diese Studentin, ob »das Wissen um logische Gegensätze genutzt werden kann, praktische Widerstände als Subversion zu erkennen« (23,6). Altes Verhalten, Träume, Sehnsüchte, Unmöglichkeiten werden neu belichtet und zugleich werden Rassismus, Sexismus, ja Gewalt auf eine hautnahe Weise als Dimensionen in den Gesamtverhältnissen entzifferbar, nicht als Absonderlichkeiten einiger weniger.

> Die Fragen zeigen deutlich, wie sehr unser Denken von Werturteilen und Normvorstellungen geprägt ist. Das finde ich nicht schlimm, wenn es denn möglichst oft dazu kommt, entweder ertappt zu werden oder es sogar selbst zu bemerken. Ist dann doch ein humorvoller Umgang damit möglich, kann es eigentlich nur besser werden. (23,5)

Dies ist eine angenommene Herausforderung an Veränderung des orientierenden Alltagsbewusstseins. Und weiter wird als Erleichterung gelernt, dass Theorien, die Schuldzuweisungen an Einzelne enthalten, kritisiert werden müssen. Es geht um den Zusammenhang von subjektiver Handlung und Struktur, auf die hin gehandelt wird. Dies ist durch und durch angekommen. (23,12)

Dass die Studenten in so engagierter Weise mit diesem Buch schnell dazulernten bis hin zu Kritik, Theorie, Methode, ja dass eine ihr gesamtes Leben in die Willisfiguren projizierte, um handlungsfähiger zu werden, andere neue Formen des Referats erprobten, wie etwa das Theaterspielen, lässt als Schluss zu, dass, anders als ich nach der Lektüre der Tagebücher aus dem vorhergehenden Semester glaubte, Lernen doch viel mit dem gewählten Stoff und seiner Durchführung zu tun hat. Als These ließe sich daraus formulieren, dass es klug ist, einen Text zu suchen, der die Erfahrungen der Einzelnen als Gruppe einbezieht, der nicht in Gut und Böse aufteilt, sondern reale Widersprüche in ihrer Verankerung in uns selbst zu erkennen erlaubt, der Problematiken aus unserer Zeit aufgreift. Allerdings ist auch dies keine einfache Wahrheit, die übertragbar wäre. Ich habe einige Semester später das gleiche Buch noch einmal in einem anderen Kurs einzubeziehen versucht, allerdings, da es ein höheren Semester war, nicht mit der gleichen Zeit für Aneignung und Diskussion, und stieß auf weitgehende Abwehr. – So kann man vielleicht schlussfolgern, dass ein solches Buch dann lustvolles Lernen ermöglicht, wenn der Boden, auf den es fällt, bereits in zeitgemäße Unruhe versetzt ist. Und hinzu kommt vielleicht so etwas wie Zufall und Glück.

Noch ein Wort zur Geschlechtsspezifik bzw. zu den männlichen Studierenden. Hatte ich im vorhergehenden Semester den Eindruck, dass universitäres Lernen, das ja wesentlich als Aneignung auf höherem Abstraktionsniveau geschieht, von den Studentinnen nicht ohne Existenzkrisen gemeistert werden kann oder sie zum abgehobenen Auswendiglernen verurteilt, während die anders kulturell und also anders in ihrem auch intellektuellen Verhalten sozialisierten Männer sehr wohl damit leben können, wenn Theorien keine praktischen Folgen haben, werden diese Differenzen jetzt eigentümlich verrückt. Sehr verkürzt gesprochen kann man sagen, dass es den Studentinnen gelingt, sich in der theoretischen Arbeit kritisch zu gewinnen, und umgekehrt, dass die männlichen Studierenden beginnen, einen Mangel zu spüren und einer nach dem anderen für sich notieren, in Zukunft »emotionaler herangehen zu wollen« (20,1). Der Einbezug des Alltagsbewusstseins, »mit dem ich immer meine Schwierigkeiten hatte, ermöglicht eine viel tiefere persönliche Einbindung und damit auch Motivation« (20,27). »Das hat mich auch persönlich weitergebracht, weil es Licht in ein paar dunkle Löcher brachte.« (20,31) Oder:

> Gleichgewicht zwischen Theorie und Praxis/Empirie ist genau mein Ding […] Ich kann die Betroffenheit auch nachvollziehen, weil das Zulassen auch voraussetzt, dass man mit alten festgefügten Denkmustern bricht. (20,29)

Und einer schließlich äußert nach der Vorstellung eines Lerntagebuchs durch eine Studentin: »Ich habe das Gefühl, dass sie genau das schrieb, was ich immer schreiben wollte, aber nicht konnte. Ich muss ihr das in der Pause sagen.«

Zur Form und zur Didaktik: Die Kritik an der Dozentin hält sich, wie zu erwarten war, in allen Tagebüchern in höflichen Grenzen. Manchmal sind Worte problematisch, häufig das Tempo. Manchmal ist zu viel angeboten, manchmal wird zu kompliziert gesprochen. Dagegen überwiegen anerkennende Worte über Klarheit, Einsatz, Durcharbeiten von Stoff usw. – wer wäre ich, wenn ich dies nicht glücklich lesen würde. Allerdings gibt es nirgends einen Hinweis, dass die eigentliche Methode der Verbindung von Theorie und Erfahrung eine sinnvolle und fürs Lernen wichtige, ja unbedingte Dimension ist – sie wird im Großen und Ganzen als Herausforderung schwieriger Art gelebt und als fast natürlich wahrgenommen, nicht als eigene auch didaktische Anstrengung der Lehrenden, die ja auch hätte anders vorgehen können. Ich selbst lerne aus den Tagebüchern u.a. auch, dass das Lerngeschehen in den Köpfen mir im Kurs weitgehend vorenthalten war. Das längste Tagebuch mit sorgfältigen Diskussionen zu den einzelnen Stunden stammt z.B. von einem Studenten, der niemals etwas gesagt hat.

Verlernen

Ich komme abschließend auf meine Eingangsfrage zum Lehren und Lernen zurück und möchte sie jetzt verschieben. Nach der Arbeit mit den Tagebüchern scheint mir die wesentliche Frage zum Lernen die nach dem Verlernen zu sein. Hauptanstrengung muss sein, die vielfältigen Blockaden, die die Aneignung von Neuem, das Lernen mit anderen, die Erkenntnis von Brauchbarem verhindern, abzubauen, zu sprengen. Daher wird es für Lehrende wie für Lernende notwendig, um die Lernblockaden zu wissen. Eine der wesentlichen Hürden ist dabei die Gewohnheit, die bescheidene Handlungsfähigkeit erlaubt. Aus Gewohnheit ›wissen‹ wir um uns, um andere, um Welt und erlauben uns so, selbst die dringlichste Veränderungsnotwendigkeit nicht wahrzunehmen. Eine Hilfe finden wir in der ebenfalls als Gewohnheit benennbaren Praxis, uns nicht zu erinnern und also einen der wichtigsten Stützpunkte für die Aneignung von Welt zu entmachten. Zu den eingeübten Gewohnheiten gehört auch, andere bloß als Konkurrenz wahrzunehmen und nicht als Menschen, auf die wir angewiesen sind, mit denen zusammen allein Verbesserung von Gesellschaft und daher auch für uns möglich ist. Zu dieser Gewohnheit gesellt sich die Angst. In dieser Weise gehören der Abbau von Angst, das Misstrauen gegen Meinungen und Vorurteile bei sich selbst zu den Voraussetzungen von Kritikfähigkeit, von Lernen.

Soweit wir als Lehrende gefragt sind, scheint mir eine der wichtigsten Anforderungen, Anordnungen zu schaffen, in denen Gewohnheiten infrage gestellt werden können, in denen Wissen produziert und nicht reproduziert wird, in denen vergessene Geschichte aufgearbeitet und umgeformt werden kann, in denen die anderen als Gleiche und Ungleiche zugleich erkannt werden können. Das geht nicht, ohne die Studierenden als Kooperierende für sich selbst zu gewinnen. Das ist eine große Zumutung, so dass ich im Rückblick auf meine Lehrtätigkeit vielleicht zusammenfassend sagen kann, ich habe den Studierenden Unruhe und auch Unglück gebracht, aber auch die Unbequemlichkeit des Denkens und insofern vielleicht auch ein wenig Glück.

Kapitel 9

Erfahrung und Theorie

Lerntagebücher 2

Am Ende meiner Lehre an der Universität suchte mich die Arbeit mit den Lerntagebüchern nachts heim. Ich träumte, ich würde selbst noch einmal anfangen zu studieren. Ich wählte zwei Lehrveranstaltungen zur Einführung in die Volkswirtschaftslehre aus und begab mich in die Universität. Die eine Vorlesung fand, wie schon damals vor mehr als vier Jahrzehnten, als ich anfing zu studieren, gar nicht statt, bei der anderen gab es seltsame Einlasskontrollen, man musste irgendeinen Code bedienen, sich ausweisen, um überhaupt da sein zu dürfen – ganz wie in den Filmen, in denen es um Wirtschaftskriminalität geht. Kaum saß ich, ergossen sich Worte über mich, die eine so entsetzliche Langeweile verströmten, dass ich schnell reumütig kehrtmachte, um diesen Plan zu überdenken, ob ich tatsächlich in meinem Alter, denn ich war auch im Traum so alt, eben im Rentenalter, noch einmal studieren wollte.

Beim Aufwachen hatte ich Schuldgefühle, dass ich in meiner Lehre die Probleme, ein Studium zu beginnen, nicht wirklich durchdacht hatte, nicht, wie schwierig der Einlass ist und wie weit sich die Vorlesungen und Seminare von den wirklichen Menschen und ihren Nöten entfernen. Es schien mir ganz unabdingbar, dass für den Anfang eines Studiums eine Brücke gebaut werden müsste, so dass Sinn und Möglichkeiten direkt bei den Menschen und ihrem Alltagsverstand anknüpfen. Und wieder denke ich, dass Lernen eine Arbeit mit Gewohnheiten und also Ver- oder Entlernen ist, und dass auch dies erfahren werden muss.

Daher stelle ich die – im vorhergehenden Kapitel nicht bearbeiteten – größeren Lerntagebücher zunächst unter der Frage vor, wie sich die Studierenden selbst durch das Schreiben der Tagebücher verändert haben, wie sehr ihnen also dieser zusätzliche Reflexionsprozess genützt hat.[36] Um diesen vielfältigen Zeugnissen von Lebensführung und persönlichen Problemen,

36 Diese siebzehn Tagebücher aus einem Zeitraum von sechs Jahren unterscheiden sich von den früheren in mehrfacher Hinsicht. Sie stammen aus ganz verschiedenen Seminaren, davon drei zum Lernen selbst; sie wurden nicht von einer größeren Gruppe im Seminar geschrieben und selbst ein Teil der Diskussion dort, sondern sie wurden von besonders engagierten und von der Wichtigkeit, ein Lerntagebuch zu führen, überzeugten Studierenden verfasst, während die Mehrzahl im Seminar keine Lerntagebücher schrieb. Daher sind sie auch sehr viel länger

zerstörten und wieder aufgenommenen Hoffnungen nicht zu verfallen, folge ich den im vorhergehenden Kapitel aufgeworfenen Fragen, die dringlich weiterer Forschung bedurften: dem Verhältnis von Erfahrung und Theorie; der Rolle der anderen bzw. Möglichkeit und Unmöglichkeit eines Lernkollektivs; und der Frage der Kritik.[37] Zu diesen drei Fragen ziehe ich weitere kurze Tagebücher und studentische Notizen aus dem Postseminar 2002 heran[38]. Das Kapitel zeigt also einen doppelten Lernprozess, den der Studierenden und meiner selbst, in der Analyse und Darstellung der studentischen Reflexion über Lernen und gleichzeitig das Gewinnen von weiteren Elementen, Bausteinen für eine Theorie des Lernens, die das Begreifen seines Misslingens produktiv einsetzt. Er setzt also bei den Lesern ein genuines Forschungsinteresse sowohl an den Studierenden als auch an eigener Lehre voraus. Dabei sind die Darstellung und die Lehren, die daraus gezogen werden, so detailliert und auch überraschend, dass man vielleicht Lust bekommt, solche Experimente selbst durchzuführen.

Das Lerntagebuch als Medium selbstbestimmten Lernens

Sich Rechenschaft über eigenes Lernverhalten abzulegen führt geradezu unausweichlich zu neuen Erkenntnissen über sich selbst, dies in unserem Fall in Bezug auf Form und Inhalt einer Lehrveranstaltung. Es gibt z. B. ganz allgemein die Haltung der Langeweile beim Anhören oder auch Lesen von Theorien, ohne dass man sie deshalb für unzutreffend hielte. Das versperrt die Möglichkeit, kritisch zu prüfen, wieweit sie ein irreführendes Bild von der wirklichen Welt entwerfen oder umgekehrt Welt tatsächlich aufschließen. Dies geschieht umso mehr, je naheliegender die Theorien formuliert sind, wie sehr sie also der herrschenden Meinung folgen. Die Langeweile sollte beunruhigen und also ernst genommen werden: ein Stachel, dass etwas nicht stimmt. Eine Studentin tut dies, weil und indem sie ein anderes Seminar mit einem Lerntagebuch begleitet. Es geht um zunehmende Individualisierung in der Gesellschaft, wovon sie schon gehört hat und dem sie eigentlich ›aus Erfahrung‹ zustimmen möchte. Sie wundert sich aber zugleich, dass sie dies als Erfahrung von anderen denkt, sich selbst also außerhalb von Gesellschaft verortet. Sie probiert eine Reihe von Fragen:

als die aus den ersten Seminaren (bis zu 70 oder gar 150 Manuskriptseiten) und bewegen sich zum Teil in einem breiten narrativen Feld der Selbsterkundung.

37 Diese Auswahl verdankt sich den Studierenden aus dem nach meinem Abschied von der HWP durch sie organisierten Blockseminar zum Lernen, in dem sie diese drei Probleme als die für sie relevantesten herauslösten und gezielt dazu zusätzlich kleine Lerntagebücher verfassten.

38 23 zu Kritik; 17 zu Ich und die anderen; 15 zu Theorie und Erfahrung.

Vielleicht ist die These von der Individualisierung nicht so brandneu, wie die Autoren glauben machen wollen, und weckt daher aus einer Art Gewöhnung kein Interesse – geht einfach glatt herunter? Vielleicht aber bildet sie Gesellschaft scharf ab, lässt sich aber nicht kritisch aufnehmen, da man nicht gleichzeitig Teil von Gesellschaft sein kann und diese kritisieren? Verlangt also Kritik einen Außenstandpunkt? An dieser Stelle bewegt sich die Studentin tastend in das Feld des Zusammenhangs von Erfahrung und Theorie und überschreitet zugleich das bisher Gedachte. Es geht gar nicht nur um eine Anknüpfung im Alltag, sondern der Weg aus den Ohnmachtsstrukturen braucht eine Möglichkeit umfassender Kritik und zugleich Selbstveränderung, da die gesellschaftlichen Verhältnisse als auch ›von mir‹ gemacht und also veränderbar erfasst werden müssen. Der wahrgenommene Außenstandpunkt bezieht sich vielleicht zu Recht auf die Theorie, und also muss man die Grenzen, die eine Theorie steckt, überschreiten, um sie zu durchdringen? Wie kann man solche Grenzüberschreitungen vollziehen, wenn der Lehrende sich zum Hüter ebendieser Grenzen macht? Die Fragen werden probeweis formuliert, so wird gleichzeitig Fragen gelernt; damit werden erste Schritte in eigenständige Forschung getan. Die Studentin resümiert, dass, was sie lernte, im Niederschreiben und Protokollieren bzw. Durchdenken lag – »habe mich durch den Schreibprozess zu wichtigen Fragen geführt« (37,4).

Die Aufregung, im Schreiben und im Umgang mit Wissen ebenso wie mit Nichtwissen denken zu lernen, setzt sich fort. Die *Feuerbachthesen* von Marx erweisen sich für die meisten Studierenden als schwierig, weil sie die Befreiung von Jahrhunderten metaphysischen Denkens nicht nachvollziehen können, da ihnen die Denkschulen nicht vertraut sind. Aber etwas bleibt. Wichtig war der Studentin die »Auseinandersetzung mit der theoriekritischen Bedeutung über ›das menschliche Wesen‹«. Es gelingt ihr zu sehen, dass die Verortung des menschlichen Wesens im »Ensemble der gesellschaftlichen Verhältnisse« statt in jedem Einzelnen ein Vorschlag ist, der sich zur »Ideologie des Sozialisationssystems«, durch das sie gegangen ist, aber auch zum »Lernort HWP«, wo »das menschliche Wesen als im Einzelnen befindlich gedacht wird«, geradezu gegenläufig verhält. Sie schließt: »Ich ahne, dass hier meine Lernwiderstände zu finden sind« (37,4). Was hier noch als Ahnung, gewissermaßen probeweis gedacht wird, ist ein Versuch, Lebenswirklichkeit so zu denken, dass der Zusammenhang von Welt und Einzelnem auf eine Weise gefasst wird, dass eigene Schritte der Welterkundung gegangen werden können. Dies durchaus eigensinnig als Recht und umgekehrt als Begründung für Lernwiderstand. Es geht darum, dass Lernprobleme auftauchen, soweit gesellschaftliche Orientierungen als Leistungslernen von Einzelnen auftritt – man also etwa Verantwortung lernen soll, ohne sie umfassend zu haben. Sie nimmt jetzt an, dass »defensives Lernen« (wie bei Holzkamp ausgeführt) zum Verschleiß von Energie führt, diese also frei wird, sobald man ausgreifend lernt. – An anderer Stelle durchdenkt sie das fehlende Echo der Gruppe auf einen eingreifenden Forschungsvorschlag, den sie machte. Wieder kann man sie beim Denken im Schreibprozess beobachten, in dem sie schließlich zu dem Ergebnis zu kommt, dass es ein allgemeines »Gefühl der Abwesenheit in den Lernverhältnissen« gibt, das zu »defensivem Lernen« führt und nicht übersprungen werden kann, ohne dass man sich selbst positioniert.

Dies ist überhaupt eine Veränderung, die in mehreren Tagebüchern notiert wird: die plötzliche Erkenntnis beim Schreiben, dass »Ich es bin, die etwas tun müsste«, die Erkenntnis also, dass die bloß zuschauende Kritik nichts bewegt, dass diese Einsicht aber bedeutet, dass man selbst eingreifen muss.

> Warum sagt niemand (ich) etwas, wenn es wie in diesem Fall deutlich Kritik zu äußern gibt? Warum schleppen wir (ich) uns dann durch die Situation hindurch und schweigen? (37,6).
>
> Plötzlich durchfährt es mich, ICH SELBST muss es zur Sprache bringen, wenn ich es für so wichtig und gut halte und es mir auch weiterhin wünsche. (39,1)

Der Einsicht kann dennoch die Tat nicht sogleich folgen, da die Zumutung Angst erzeugt. Eine andere notiert, dass sie eingreifen wollte, sich aber nicht »getraut hat, es öffentlich zum Ausdruck zu bringen« (38,2). Selbst die verschiedenen Gefühlsebenen beim Lernen werden von den Studentinnen sorgfältig notiert und u. U. als vorschnell zurückgewiesen bzw. weiter ergründet, als widersprüchlich entziffert und zum weiteren Erforschen bewegt. Zugleich meldet sich Zweifel, ob das Maß an Selbstreflexion, das offenbar das Lernen begleiten müsste, nicht zu groß und zu unruhig ist.

Eine andere entdeckt an sich eine »wahre Schreibwut«, nachdem sie erst mal angefangen hat, obwohl »Schreiben für mich etwas ist, das ich gern vermeide« (38,1). Sie resümiert: »Das Schreiben von Lerntagebüchern hat dazu geführt, dass ich mich mehr mit meinem Lernverhalten auseinandersetze.« Und als kennte sie die Forderung von Benjamin, »keinen Gedanken incognito passieren zu lassen«, klagt sie: »es fällt so schwer, was durch den Kopf schießt, aufs Papier zu bannen« (38,1). In solchen Sätzen, die ja keineswegs von gelungenen Lernprozessen berichten, spürt man die Bewegung, die Veränderung, das Lernen fast wie einen physischen Vorgang. Diese Studentin, der es gelungen war, fünf Semester ohne nennenswerte Theorielektüre oder gar Theoriekritik durchzukommen, beginnt in ihrem Lerntagebuch theoretische Aussagen zu hinterfragen, sie verständlich und gar interessant zu finden, was in diesem Zusammenhang ebenfalls eine Selbstveränderung ist, da sie sich dafür anders in der Welt positionieren muss. Es geht sie etwas an.

> Nach diesem Seminarblock war ich richtig traurig, weil ich erkannt habe, dass ich mich nicht anders verhalte als früher in der Schule. Dabei wollte ich unbedingt zur Uni […] diffuse Vorstellung von Lusthaben, sich mit bestimmten Themen und Theorien auseinanderzusetzen. Die Welt anschließend besser verstehen. […] Die Theorien sind mir ehrlich gesagt noch nie so auf den Leib gerückt wie jetzt in diesem Kurs (38,2f.).

Man kann schließen, dass die Veränderung durch die Anlage des Seminars ausgelöst wurde, jedoch wird der Studentin erst durch Selberschreiben bewusst, dass sie sich in dem Paradox bewegt, sich selbst für zu »blöd« zu halten für Theorie und theoretisch arbeiten doch einst gewollt zu haben. Die mehrfache Nennung des Wortes »blöd« für sich selbst wird ihr problematisch, was sie wiederum in ein Gelände führt, das von Begabungstheoretikern verwaltet ist. Jetzt sucht sie nach Wegen, diesen zu widersprechen: »Bin ich denn weniger begabt, weil ich zur Hauptschule gegangen bin? Ich bin wütend. Ich bin doch nicht blöder als andere.« (38,2) Im Eigensinn, das Wort »blöd« weiter einzusetzen, wird die vorhergehende Selbstverurteilung in eine trotzige Gleichstellung gebracht: Entweder sind alle Menschen blöd oder ich bin es auch nicht. Die Egalisierung bereitet den Boden, Theorien nicht bloß zur Kenntnis nehmen zu können, sondern dies zu tun, indem man sie als Orientierungen auch für sich selbst und damit als Zuarbeiter bei der Positionierung und Selbstpositionierung in der Welt der Ungleichheit entdeckt.

Eine andere protokolliert explizit einen Lernprozess als Selbstveränderungsprozess auf verschiedenen Ebenen und zeigt so auch, dass, wenn tatsächlich gelernt wird, nicht nur vorher für selbstverständlich Gehaltenes aufgegeben und zuvor als solches bewusst werden muss, sondern auch, dass die neue Haltung theoretisch schon gewonnen sein kann und gleichwohl, um praktisch zu werden, noch ein mühsamer Weg zurückzulegen ist. In diesem Tagebuch (41, aus einem Praktikum zum Lernen) wird deutlich, dass es nicht ausreicht, Lernen als Prozess zu sehen statt als direktes Handeln, sondern dass es immer darum geht, dass die Person in ihrem gesamten Lebenszusammenhang zur Diskussion steht. Diese Studentin muss wegen Krankheit aus dem Seminar aussteigen und nutzt an dessen Stelle die Zusammenarbeit in einer Arbeitsgruppe und ihr Lerntagebuch, das sie wie einen Forschungsauftrag führt. So entdeckt sie gleich zu Beginn widersprüchliche Gefühle, die einander das Feld streitig machen und von denen sie politisch korrekt nur die weniger starken zugelassen hätte, die Mitleid

z. B. zeigten, nicht aber das Empfinden von Zeit- und Geldknappheit, von Lust auf Selbständigkeit, die aber dominant ihre Motivlage bestimmen. (Es geht darum, dass die Dozentin wegen Krankheit das angekündigte Seminar nicht durchführen konnte und sie dies sogar freut.) Sie erfährt die Diskussion um den Lernbegriff immer auch als Urteil über sich, gegen das sie trotzig aufzubegehren sucht. So etwa, dass ›Nicht-lernen‹ doch Versagen heiße und ›ungelernt‹ auf dem Arbeitsmarkt eine Einordnung ihrer Person sei, obwohl »ich in Erziehungsarbeit sehr viel gelernt habe« (1). Das Tagebuch entfaltet sich nach solchen Ausgangsüberlegungen als Kampf um den Lernbegriff, um die Hausarbeit, mit der Gruppe und mit sich selbst. Dabei greifen die einzelnen üblicherweise getrennten Dimensionen dergestalt ineinander, dass auf eine Weise gelernt werden kann, die Umordnung des eigenen Lebens, Umwertung des bislang getrennt Gehaltenen und schließlich größere Handlungsfähigkeit erbringt. Hausarbeit und Kinder stellen im Leben dieser Studentin einen widersprüchlichen Pol von Selbstbehauptung, Müdigkeit, Rückzug und Entschuldigung dar, eine Basis also, auf der schlecht weiterzubauen ist. Sie notiert ein einschneidendes Erlebnis, bei dem ein Durchbruch gelang, der zugleich theoretisch und praktisch begründet war. Als Seminarlektüre langweilt sie Jacques Donzelots Werk über die *Ordnung der Familie*. Sie kann mit seinen Ausführungen über die Indienstnahme der Mutterperson für die Reproduktion der Gesellschaft, indem die Mutter zugleich mit Macht und Wissen ausgestattet wird, nichts anfangen. Es interessiert sie nicht. Als alleinerziehende Mutter erfährt sie aus der Vaterfamilie wenig Unterstützung, aber von einem beliebten Schwager ein Lob über ihre großen Tugenden als Mutter, das ihr gefällt und zugleich Unbehagen verursacht.

> Plötzlich fiel es mir wie Schuppen von den Augen. Die Anerkennung galt nicht meiner Person. Er hat mich funktionalisiert und in sein Familiensystem eingebaut, welches nur zu Weihnachten herausgeholt und geputzt wird, ansonsten in der Einbauküche verstaubt. Ich bin Teil seines Systems und stütze es. Mich sieht er nicht als eigenständige Person.

Es ist ihr plötzlich, als ob Donzelots Analysen direkt aus ihrem Leben kommen und ihre Langeweile und ihr Desinteresse im Grunde nicht ihm galten, sondern etwas mit ihrer Verweigerung, ihre Situation wirklich wahrzunehmen, zu tun hatten.

> Schon immer verspürte ich Unbehagen, wenn diese Familie von FAMILIE sprach. Irgendwie ist das immer so eine leere Hülle. Familie über alles, aber seit wir uns getrennt haben, existieren die Enkelkinder nur noch als Fotos an der Wand (7).

Sie überträgt diese Einsicht auf die Stellung von Müttern in Gesellschaft, sieht Anerkennung und Verantwortungsdiskurs als eine Art ›token‹ und versucht das Spannungsfeld Kinder und Studium anders zu organisieren. Am Ende stellt sie fest, dass sie das Hin und Her zwischen Familie und Universität im Grunde auf Kosten von beidem gelebt hat. »Schon wieder ist es 16 Uhr, bevor ich mich an den Computer setze, alles andere war wichtiger, musste sofort erledigt werden« (13). Sie kann mit den Kindern nicht spielen, wenn sie zugleich in der Gegenwart anderer die Mutterrolle der Überanstrengten und Unbeteiligten übernimmt und repräsentiert, ohne dass dabei tatsächlich Zeit fürs Studieren frei würde. »Ich will die Rolle der Familienfrau und Mutter in ihrer Ausschließlichkeit, wie sie hier stattfindet, nicht mehr, auch nicht für eine Woche.« Sie erkennt, dass Frauen mit Kindern insbesondere Gefahr laufen, sich im Wortsinn zu ›zerstreuen‹, und in der erwarteten Rolle ein Leben zwischen den Stühlen führen, das sie hindert, sich Welt wirklich anzueignen. Sie begreift, dass sie die Gründe für ihre Lernlähmung selbst in die entsprechende Stellung bringt – etwa Zeitknappheit, Geldmangel, eigene Unfähigkeit. Sie überführt die neuen Wahrnehmungen auf ihre Seminarlektüre zu Holzkamp und kritisiert ihn, dass er es verabsäumte, den Weg vom ›defensiven‹ zu ›expansivem‹ Lernen wirklich eingreifend vorzuführen. Es genügt nicht, dass man Machtstrukturen erkennt und die Kurzschlüssigkeit defensiven Lernens einsieht. Die offene Austragung von Konflikten setzt die Fähigkeit zur Reflexion ebenso voraus wie die des Umgangs mit Konflikten. Aber woher sollen die kommen, wenn in Schule und Familie defensives Lernen die Norm ist? Außerdem kritisiert sie, dass das Lernen selbst bei Holzkamp in der Verantwortung der Einzelnen gelassen und nicht diskutiert wird, ob u. U. das gemeinsame, kollektive Lernen wirkliche Voraussetzung für die Möglichkeit umfassender Lernprozesse ist. (15)

Wenngleich dieses einerseits eine Lerngeschichte ist, in der die Studentin sich selbst durch Schreiben und Hinterfragen belehrt, ist es auch eine aus einem Arbeitszusammenhang, also kooperatives oder kollektives Lernen. Die Lernerfahrungen entstehen aus der Gruppe und aus dem Seminar, reiben sich an dieser Wirklichkeit und werden genau in diesem Zusammenhang als notwendiger Schritt aus einer zunehmende Lähmung erzeugenden Lebensführung entwickelt. So scheinen Lerntagebücher, geschrieben in Kontexten institutionalisierten Lernens, daher aus kollektivem Lernen, eine Möglichkeit zu eröffnen, Fragen des individuellen Lernens in gesellschaftliche Zusammenhänge und solche der Produktion von Wissen über den institutionellen Rahmen, in dem sie sich stellten, hinauszutreiben.

Erfahrung und Theorie

Das Thema stellt sich in einem Zusammenhang, in dem schon auseinandergerissen und auf entgegengesetzten Polen zu stehen scheint, was unterschiedlichen Wissensarten entspringt. Es geht darum, dass begreifendes und daher von den Einzelphänomenen abgezogenes Denken sich u.U. so weit von den Lebenspraxen der Einzelnen entfernt, dass diese den Zugriff auf ihr Dasein nicht mehr entdecken können und als Neulinge in theoretischer Arbeit Theorien daher erfahren und studieren, als seien sie aus einem fernen Land, exotisch, sprächen eine fremde Sprache und gehörten bestenfalls zu einem Wissensstock, der auswendig zu lernen und bei Prüfungen wiederzugeben ist. Theorien zu lesen verlangt eigene Anstrengung, diese Tätigkeit eignet einer eigenen Gruppe in Gesellschaft, den Intellektuellen. Solche Arbeitsteilung macht, dass die ständige Prüfung theoretisch formulierten Wissens auf seine Brauchbarkeit für gesellschaftliches Eingreifen nicht zur gewöhnlichen Praxis von Menschen gehört. Daher sind sie den Intellektuellen der verschiedenen Parteien weitgehend ausgeliefert, bzw. die Parteinahme für die eine oder andere Theorie wird eine Frage von Meinung, Geschmack, Vertrauen statt von kritischer Diskussion, eigenem Urteil und eigener Prüfung. Für die Studierenden an einer Universität des zweiten Bildungswegs kann die Beschäftigung mit Theorien durch das gesamte Studium hindurch exotisch bleiben, obwohl die wissenschaftliche Arbeit zu ihrem Alltag gehört. Die Abgehobenheit begreifenden Denkens von den gewöhnlichen Alltagspraxen der vielen macht, dass alltägliche Erfahrung als ein Gelände erscheint, das mit Theorien an sich nichts zu tun hat. Der Versuch, die Studierenden für Theorieerfahrung zu begeistern, findet sich, wenn er dafür an alltägliche Praxen anknüpft, um sie in ein Wechselverhältnis zum theoretisch Erfassten zu bringen, in einem überdeterminierten Paradox. Die sorgfältige Trennung von Theorie und Erfahrung war auch entlastend; man musste seinen Alltag und sich selbst nicht fortwährend kritischer Auseinandersetzung unterziehen, weil dies das Privatleben war, was vom Studium getrennt gelebt wurde. Der Einbezug der eigenen Person in Theoriekritik macht zunächst Angst, ist überfordernd. Zugleich mit der Infragestellung eigener Lebensführung werden auch die theoretischen Gebäude entheiligt. Indem sie auf den Prüfstein wirklichen Lebens gelegt werden, verlieren sie den bequemen Status, einfache Wahrheit zu sein, können nicht bloß gelernt und reproduziert werden, sondern bleiben in ständiger Bewegung, beunruhigend auch sie. Das »Erkenne dich selbst«, das der theoretischen Bearbeitung von Alltag – etwa durch Lerntagebücher, durch Erinnerungsarbeit – vorangeht, ist selbst eine Bewegung, die die alltäglichen Handlungen berührt wie die Theoriearbeit. Insofern die Aufgabe sich in der Formulierung stellt, Erfahrung und Theorie aneinanderzurücken oder das eine für das andere fruchtbar zu machen, ist der innere Zusammenhang der beiden auch verstellt. Es geht um die Überwindung der Trennung von beidem, wenn es um die Aneignung von Wissenschaft, um das Begreifen von Lernen z. B. geht. Insofern sind die drei Fragen, die im Folgenden zur Diskussion stehen, die nach der Kritik, die nach den Anderen im Verhältnis zum Ich und eben die nach Erfahrung und Theorie, auch nicht wirklich getrennt zu bearbeiten. So liest sich das oben angeführte Tagebuch (41), in dem die Studentin ihr Verhältnis zum Lernen, zur Gruppe und zur Familie bzw. ihrem ›Privatleben‹ zunächst getrennt – als Räume, die in ihrem Getrenntsein einigermaßen störungsfrei zu leben erlauben – zu bearbeiten sucht, während sich die Dimensionen zunehmend ineinander verschlingen, exemplarisch für die Gewinnung von Alltag, von sich selbst, von anderer Lebensführung, von Gruppenarbeit gerade, indem Theoriekritik durch Erfahrung möglich wurde.

Eine Studentin schreibt definitorisch, wie sie das im Studium lernte:

> Erfahrungen macht man […] durch Erlebnisse, die einen bleibenden Eindruck hinterlassen. Dadurch gewinne ich eine Vorstellung, wie bestimmte Dinge funktionieren. Es ist wichtig, Erfahrungen zu machen, um im Leben zurechtzukommen […], nur durch Erfahrungen kann man sich ein Bild von der Welt machen und sich eine eigene Meinung bilden (B10)[39].

Bleiben hier die Erfahrungen ganz unwidersprüchlich und ohne Zweideutigkeit gewissermaßen als ein Arsenal positiven Wissens stehen, die dann zudem Weltaufschluss bieten können und müssen, würde die Erfahrungssicherheit schon auf der gleichen Ebene erschütterbar sein, nämlich etwa durch Vorführen von zu Lebensweisheit geronnenen Sprichwörtern, die jeweils das Gegenteil anraten. Man erinnere etwa: Gleich und Gleich gesellt sich gern/Gegensätze ziehen sich an. Es ist noch kein Meister vom Himmel gefallen/Den Seinen gibt's der Herr im Schlaf. Unrecht Gut gedeiht nicht/Der Teufel scheißt immer auf den größten Haufen usw. Die Studentin trifft auf der Suche nach einem Theorieerlebnis, das etwas mit Erfahrung zu tun hatte, auf das überraschende Ergebnis, dass sie den Unwillen gegen Theorie dadurch überwinden konnte, dass sie »selbst kritisieren« konnte bzw. damit anfing, indem sie aus der Erfahrung für die Theorie unpassende Momente auch theoretisch zu bearbeiten begann. Noch fehlt die Erschütterung der Annahme, Theorien seien Gedankengebäude, die aus theoretischen Grundannahmen alle Erklärungen ableiten, und sie seien auf diese Weise aus dem Raum der Überprüfbarkeit und Diskussion zu entlassen. Zugleich fehlt noch

39 Die im Blockseminar zusätzlich geschriebenen kleinen Tagebücher haben eine eigene Zählung B und eine Ziffer.

der Zweifel, ob die Erfahrungen, die man macht und irgendwie speichert, selbst auch einfache Belege sind, die man in die Bilanz von Theoriearbeit und Erfahrungswirklichkeit einbringen kann, und nicht selbst schärfster Eigenarbeit bedürfen, eben weil sie in widersprüchlichen Verhältnissen und Interessen sich im Gedächtnis niederließen. Es ist mithin noch der weite Weg zur Erkenntnis zu gehen, dass es keine einfachen wahren Abbilder von Wirklichkeit im Gedächtnis geben kann, weil diese Wirklichkeit eine Bewegung komplexer Kämpfe ist, an denen man selbst beteiligt ist. Die Lexika mit solchen oben wiedergegebenen Definitionen, die die Studierenden als Hilfe für ihr Studium lesen, erweisen sich daher eher als Hindernisse, an denen gleichwohl kritisch zu lernen ist.

Ein Student, dem Theorie und Praxis lange unbefragt Gleichartiges bedeuteten, bis ihm beim Studium Theorien fragwürdig wurden, ohne dass er wusste, wie damit umzugehen sei, zitiert ebenfalls Lexika und lernt dabei, dass Theorien Erkenntnisse ordnen und Tatbestände erklären und vorhersagen (B11). Solcherart doppelt abgehoben von den Erkenntniskämpfen ebenso wie von jeglicher Kritik durch das »wirkliche Leben«, steht er gewissermaßen außen vor einem Studium, in dem Theorie/Praxis-Fragen überhaupt sich der Diskussion erst stellen müssten. Eher hoffnungsfroh »erkennt« dagegen eine Studentin, dass theoretische Begriffe dazu verhelfen, die eigene Betroffenheit nicht den Blick trüben zu lassen, und ist also bereit, »Welterkenntnis« zu erlangen.

Soweit sich diese Studierenden mit dem Feld Theorie und Erfahrung auseinandersetzen bzw. ihnen diese Spannung selbst begegnet ist, scheint dies vorwiegend ein Problem einer empirischen Soziologie, die den Durchschnitt gegen den Einzelfall geltend machen will, wodurch die je eigene Erfahrung das Recht verliert, etwas Relevantes auszusagen. Diese Konstellation verschenkt nicht nur die Möglichkeit, die Studierenden tatsächlich in die Erkenntnis von Welt zu involvieren, sie eignet sich auch, vorgefasste Meinungen in Stammtischmanier beizubehalten und dies, da man an der Universität ist, ebenfalls für Wissenschaft zu halten. So etwa bezweifelt ein Student den Gedanken, dass sich Theorien in der Praxis bewähren müssen, und damit, dass das, was praktisch wirklich ist, auch gegenüber dem Gedankenkonstrukt Realität hat (in der Diskussion der marxschen Thesen zu Feuerbach). Er führt reale Ungleichheitsbelege an, wie dass es wenige Frauen unter den Professoren gibt, und behauptet, dass die marxsche These darauf angewandt zu dem Schluss führen müsse, dass Frauen dümmer sind; und sieht sich doppelt im Recht und erhaben, da er dies nicht glaube. Kurz, er bezieht sich gerade nicht auf gesellschaftliche Praxis – Ausgrenzung von Frauen –, sondern schiebt Wesensaussagen vor. Dies wird die Auftreffstruktur, auf der postmoderne Denkangebote Unheil anrichten können. Er notiert, dass er selbst Schwierigkeiten habe, Wirklichkeit als wirklich zu sehen und nicht bloß als Einbildung. In der Folge eignet er sich ein Rezeptionsverhalten an, das es ihm ermöglicht, nur die Stücke aus dem Seminar aufzunehmen, die er in anderen Seminaren anwenden kann. Das Studium wird zu einem Legokasten, und vor jedem möglichen Zusammenhang von Erfahrung und Theorie bleibt der Student staunend draußen. Dies ist übrigens die Haltung mehrerer männlicher Studierender, die das Seminar *Feministische Soziologie* besuchten wie einen Zoo und zumeist hauptsächlich »körperlich anwesend«, gleichwohl aber der Auffassung waren, sie lernten hier wissenschaftlich arbeiten, weil der Dozentin dieser Ruf vorausging (25; 26,3). Wie schon bei den ersten Lerntagebüchern (Kapitel 8) berichten dagegen die Studentinnen von Krisen. »Etwas rüttelt an meinem Weltbild [...] und an meiner bisherigen Taktik ›Augen zu und durch‹. Und wenn das so weitergeht, stürzt noch viel mehr ein.« (31, 11)

Exkurs: Zur Rolle von Beispielen in der Theoriearbeit

Das Zueinander von Beispielen und theoretischen Aussagen muss geklärt werden, wenn man sich zum Zusammenhang von Erfahrung und Theorie äußert, erst recht noch, wenn man wie im vorliegenden Buch sich an Beispielen abarbeitet oder wie in Holzkamps Lernbuch Beispiele einführt, um an ihnen theoretische Grundannahmen zu zeigen. Aus der Kritik an der traditionellen Psychologie, die Beispiele bloß einführt, um ihre Thesen zu veranschaulichen, prüft Holzkamp die Funktion von Beispielen in der psychologischen Forschung der kulturhistorischen Schule und in seiner eigenen Forschung und fasst zusammen:

> Dabei sind diese Beispiele [Jäger und Treiber etwa oder das Löffelbeispiel bei Leontjew] keineswegs bloß beliebige Veranschaulichungen davon unabhängiger theoretischer Aussagen, sondern gehören zur ›Theorie‹ selbst: Erst aufgrund der Beispiele wird hinreichend deutlich, was mit der Theorie gemeint ist, ja wird die theoretische Botschaft erst eigentlich überzeugend, so dass man nicht daran vorbeigehen kann. [...] In unserem Darstellungszusammenhang hat das gesuchte Beispiel darüber hinaus [zusätzlich dazu, dass es treffend sein muss, F.H.] sogar eine bestimmte, aus dem Gesamtzusammenhang der Argumentation sich ergebende Funktion: Es muss zur Veranschaulichung der begrifflichen Ausdifferenzierung von Lernproblematiken mit Bezug auf einen möglichst entwickelten gesellschaftlichen Lerngegenstand taugen, um von da aus später immer konkretere Züge des Lernens bis hin zur Explikation der Lebenspraxis des wirklichen Lernsubjekts rekonstruieren zu können. (1993, 195f.)

Holzkamp bezieht aus der Diskussion um das Problem des Anfangs in der Kritik der Politischen Ökonomie die von W.F. Haug (1974, [5]1989, 16ff.)

gegebenen Bestimmungsmomente, »dass die Aspektvielfalt unseres Gegenstandes so zu berücksichtigen [sei], dass dabei gewisse Aspekte nicht einseitig vordergründig werden, andere jedoch vernachlässigt oder ausgeschlossen sind, und dass so die Momente schließlich in ihrem Verhältnis zueinander transparent werden« (Holzkamp 1993, 177), zunächst auf die Problematik des eigenen Anfangs. In diesem Kontext kann er für sein Vorhaben eine individualgeschichtliche Rekonstruktion von Lernen zurückweisen, weil in der individuellen Biographie jeweils schon besondere Konstellationen von Lernen als Belehrt-, als Beschützt-, als Angeleitetwerden vorliegen.

Die Suche nach dem geeigneten Beispiel für diesen Anfang setzt also voraus, dass theoretisch gewusst wird, was an diesem Beispiel gezeigt werden soll und wie es die theoretischen Aussagen exemplifiziert. Man muss also davon ausgehen, dass das Beispiel selbst theorieförmig sein muss; dass das, was es abbildet, zuvor als Vorstellung im denkenden Kopf vorhanden ist. Holzkamp fügt ebendies als weitere Bestimmung für sein Beispiel (der Orchestervariationen, vgl. Kapitel 2) an:

> Zunächst muss die als Beispiel gesuchte Lernproblematik auf eine Bedeutungsstruktur beziehbar sein, an welcher das höchste Entwicklungsniveau gesellschaftlicher Symbolwelten in ihren komplexen und vielschichtigen Verweisungen auf primäre sachlich-soziale Bedeutungen eindeutig ausmachbar ist: Deswegen wären scheinbar elementare Lernformen, wie sensumotorisches oder soziales Lernen, da deren Bedeutungskontext erst von der entwickeltsten Form aus rekonstruierbar werden kann, an dieser Stelle als Beispiel noch ungeeignet. (196)

Das Beispiel, welches in unserem Kontext also am Anfang steht, ist zugleich entwickeltste Form, aus der sich später die unterschiedlichen anderen Formen in ihren Kontexten erklären lassen. Die Bestimmungen lesen sich wie diejenigen, die die Analyse der Ware am Anfang des *Kapital* diskutieren. Die Analyse der Ware in ihren Bestimmungsmomenten, hier als »ökonomische Zellenform der bürgerlichen Gesellschaft«, ist eine Leistung der Abstraktionskraft (vgl. W.F. Haug 1974, [5]1989, 36ff.). Sie filtert heraus, in welcher Form die weiteren Entwicklungsmomente enthalten sind, und benötigt sodann für ihre Darstellung ein Beispiel, welches »allen bekannt ist«, damit die weitere Analyse überprüfbar bleibt, »ein verbindlicher Fortgang möglich ist« (ebd., 39); welches »logisch elementar« ist und so den »kompletten Satz aller Anlagen« enthält (41) (vgl. auch Marx' Überlegungen zur *Methode der politischen Ökonomie* [1857], 1983, 40ff.).

Man könnte mit solchen Bestimmungen fortfahren, da dies aber den Gang der Darstellung über die Lerntagebücher gänzlich zerstören würde, sei an dieser Stelle die eigene Lektüre der beiden genannten Schriften empfohlen. Für meine Diskussion mit Holzkamp folgt aus diesen Vorschlägen zunächst, dass, was allgemein »Beispiel« genannt werden kann, bei Marx, bei Holzkamp, bei W. F. Haug, bei mir und alltäglich keinesfalls auf der gleichen Konkretions- und Erfahrungsebene spielt. Die Ware ist kein Beispiel, sondern die Zellenform der bürgerlichen Gesellschaft. Ein Beispiel, welches die oben behaupteten theorieförmigen Eigenschaften enthält, ist selbst Produkt einer Abstraktionsleistung und findet in dieser Form überhaupt nicht im Erleben der Einzelnen statt. Die Menschen haben jedoch Erfahrungen mit dieser Form, die jeweils konkret zu entschlüsseln wären.

Holzkamp hat sein Beispiel des *Lernens von Schönbergs Orchestervariationen* in den Kontext solch logischen Beispielgebrauchs in der Theoriebildung gestellt, eben um aus ihm die Bestimmungsmomente von Lernen auf entwickelter Stufe herauszuarbeiten. Nach den obigen Bestimmungen kann sein Beispiel, welches eine individuelle Erfahrung ist, kein solch anfängliches Elementares sein, da in jedes individuelle Erleben die ideologischen, kulturellen, historisch-moralischen Bestimmungen schon eingehen und herausgefiltert werden müssten. Neben dem Problem, dass sein Beispiel nicht bei dem beginnt, was alle wissen, und daher nicht für alle überprüfbar voranschreitet, können individuelle Erfahrungen niemals direkt Ausgangspunkt von Theorie sein, wiewohl sie die theoretische Arbeit voranbringen. Insofern scheinen die aus der Aneignung von Schönberg gewonnenen Entwicklungsmomente von Lernen entweder willkürlich gesetzt zu sein oder aber ihre eigenen Grundlagen zu verbergen. Dabei bleibt der allgemeine Satz, dass die Logik, der Aufbau solcher »gesellschaftlicher Symbolwelten« (wie der Orchestervariationen) nachvollzogen werden muss, um verstanden/gelernt zu werden, theoretisch haltbar, wurde allerdings aus dem Beispiel selbst nicht entwickelt, sondern stand vor seinem Gebrauch fest. (Die weitere Diskussion der Rolle von erfahrenen Beispielen für die Theorie erfolgt in den Kapiteln 10 – 12 und 14.)

Lehren fürs Lehren

Es gibt eine Reihe von Tagebüchern, in denen die Studentinnen die Gelegenheit nutzen, der Dozentin näherzukommen. Dafür bleiben sie als lernende Personen weitgehend unberührt, lediglich Zuschauer, die wohlwollend oder anerkennend oder kritisch beurteilen, wie die Dozentin sich abmüht, wie die anderen Studierenden auftreten. Eine Studentin tut dies vor dem Hintergrund einer geradezu allwissenden Vorstellung, wie lehrend vorzugehen sei, und vergleicht alle Äußerungen der Dozentin mit ihren Vorannahmen. Es ist nicht sehr wahrscheinlich, dass eine solche Studentin (etwa Tagebuch 40) beim Schreiben des Tagebuchs sehr viel im Sinne eigener Entwicklung gelernt hat, wiewohl es auch einzelne kluge Bemerkungen zu diskutierten Autoren (wie Brecht oder Gramsci) gibt. Die Leserin eines solchen sehr langen Tagebuchs aber lernt, dass zu feste Weltanschauungen vor der Welt und damit auch vor dem Lernen abschirmen. – Eine andere Studentin schreibt assoziativ um das Seminar herum zu ihren Gedanken, Gefühlen, zum Leben als Rausch und Sehnsucht; nur ganz selten kommen Stücke der Diskussion – es geht um Lernen – aufs Papier. Stattdessen »innige Sehnsucht, die Erde gemeinsam zu bewohnen« (33, 1). Solche Lerntagebücher wecken Zweifel in mir, ob es nicht doch waghalsig ist, überhaupt zu lehren. So schreibt auch diese Studentin ein sehr langes Tagebuch, in dem einzelne Dimensionen des Seminars dazu genutzt werden, Erinnerungen wachzurufen. Praktisch wird jeder Versuch, sich etwa in einer Lerntheorie zu bewegen, zernichtet, dadurch dass die Begriffe sich selbständig machen und so bloßer Ausgangspunkt für Erzählungen werden. Ich muss also damit rechnen, dass manche Kurse, sorgfältig von mir vorbereitet, inhaltlich und methodisch durchdacht und geplant, am Ende für Studierende als eine Art Katalysator dienen, und muss doch unter dem Gesichtspunkt des Lernens auch einverstanden sein. Die assoziierende Studentin notiert zum Abschluss des Seminars, also als Kurskritik:

> Lustvolles Lernen, Lust definiert als anregend gleichsam auch aufregend trifft zu – wie in der Verliebtheit, ein Taumeln zwischen unerwarteter Neubelebung und plötzlicher Zerrüttung, wobei ungewöhnlicherweise mit der Zerrüttung ein sehr menschlicher Umgang gepflegt wurde. (33,15)

Sie nennt es »Denkanschläge«. Ich lerne aus solchen Tagebüchern, dass ich immer wieder davon ausgehe, es gäbe als mögliche Lehrveranstaltung so etwas wie einen kristallklaren Raum und nicht ein Chaotisches, aus dem sich herausgearbeitet werden will, immer wieder und immer wieder von vorn.

Aus nicht wirklich entscheidbaren Gründen forderten die Tagebücher aus dem ersten Seminar über Lernen die Studentinnen heraus, über sich auf eine Weise zu schreiben, als hätten sie lange auf eine solche Gelegenheit gewartet. »Seltsam, was mit dem Lerntagebuch geschieht: Ich reflektiere nicht den Stoff als solchen, sondern das, was er bei mir auslöst an Gedanken« (35,12). Die Berichte gehen unruhig hin und her zwischen eigenen Erfahrungen und den Posten in den zur Diskussion stehenden Theorien, an die man sie andocken könnte. So führen die Tagebücher doch zumeist dazu, dass eigene Erfahrungen und Entscheidungen, Gefühle und Gedanken nicht mehr »incognito passieren«, sondern bewusster werden. Dies wäre dann der spezifische Lernprozess, die Selbstveränderung aus dem Schreiben selbst.

Ich und die anderen – Kollektives Lernen und Selbstzweifel

Wichtig ist für mich auch, von Ausnahmen zu lernen. Da die Studierenden – wie leicht aus den meisten Tagebüchern erschließbar – einander nicht achten, aber fürchten, und dies also eine Blockierung gegen kollektives Lernen ist, gingen meine bisherigen Überlegungen dahin, das Gegenteil, also das ›Zuhause im Wir‹ für eine gute und glückliche Ausgangslage fürs Lernen zu halten. Freilich ist auch dies zu einfach gedacht, wie ein weiteres Tagebuch mich belehrt. Die Studentin (36) berichtet sorgfältig und ausführlich von den vielen Sitzungen, in denen der »Stoff unverständlich vorgetragen wurde«, in denen etwa behauptet wurde, der Vergleich sei ein Mittel der Kritik bei Brecht, der zugleich für eine große Ordnung und gegen Ordnung schriebe (vgl. Kapitel 5). Sie hält dies für eine Verwirrung der Dozentin (»sie war heute schlecht drauf«) und notiert dazu, dass sie sich unter den Kommilitonen »heimisch fühlt«, da diese »auch nichts verstanden haben und erschöpft sind« (36,6). Und obwohl die Studierenden sich darauf einigen, dass sie weitere Vorlesungen zu Brecht haben wollen, »mit dem ich nicht viel anfangen kann«, ja den sie eigentlich ganz unverständlich findet, denkt sie, »die anderen sind ähnlich unsicher wie ich«, deshalb wollen sie mehr Vorlesungen zu Brecht (36,7). Selbstbewusstes Vertrauen verbindet sich mit der Unmöglichkeit, etwa zu verstehen, dass eine Theoriekritik selbst kritisch vorgetragen wird. Die Studentin setzt, immun gegen jeden Zweifel, fest, dass eine einfache Kritik genug sei. So lehrt mich diese Studentin, dass der Zweifel an sich und anderen nicht bloß den Lernprozess stören kann, sondern ihn überhaupt erst ermöglicht. Es braucht Bewegung, um sich fortzubewegen. Lernen meldet sich als Störung.

Und dennoch gilt es auch, aus der wechselseitigen Negativität aufzubrechen, dies jedoch nicht bewusstlos und nicht durch einfachen Zusammenschluss, sondern als bewusste Erkenntnis der Vorteile von Zusammenarbeit und dessen, was gemeinsam möglich ist. Einige zuversichtliche Notizen in dieser Richtung finden sich in Tagebüchern zum Postseminar, in denen zugleich begründet wird, dass es die Problematisierung des Lernverhaltens und der Lernvorstellungen in der Praxis der Studierenden wie in den ihnen zugänglichen Theorien war, die ein Gefühl des Wir entstehen ließen,

> ein bisschen Gemeinschaftsgefühl (39,1); ich sofort ein Verständnis von Gruppe hatte. Eben nicht vereinzelte Individuen, die sich treffen und in Erwartung auf das nun Folgende verharren, sondern als Gemeinschaft. (37,2)

Es entsteht Vertrauen in die gemeinsame Arbeit und erstmalig das Gefühl, nicht wegen einer Zensur oder zum Schein vorgetragen zu haben, sondern weil sie es in diesem Projekt den anderen sagen wollte. Die Studentin nennt das »absichtslos« (37,2). Vor dieser fragilen Basis gemeinsamen Lernens steht allerdings, dass dieses Seminar einschließlich des Themas von Studierenden selbst gewählt, durchgesetzt und organisiert wurde. Freilich kamen eine ganze Reihe, die an der Vorbereitung nicht beteiligt waren und zum »kollektiven Lernen« eher »eine Verweigerungshaltung einnahmen« (B14). Eine dem kollektiven Lernen eher kritisch gesonnene Tagebucheintragung führt die Überlegung weiter, dass es äußerliche, »eher bigotte« Zwangskollektive gebe, die einem die »persönlichen/kreativen Freiräume« nähmen. Er postuliert dagegen, dass auch kollektives Lernen als »wahres Sich-Einlassen und Sich-Auseinandersetzen mit sich und anderen« Fähigkeiten braucht, also gelernt werden muss (B13). Eine andere Studentin reflektiert ihre negative Haltung zu Lernkollektiven, belegt sie als berechtigt aus Schulerfahrungen mit »Zwangskollektiven«, in denen man doppelt für die Mitläufer arbeiten musste, und schließt: »Man kann sich Lernkollektive wünschen wie verrückt. Wenn es sich nicht ergibt, ist es kaum zu erzwingen« (B15). Vor dem gemeinsam lernenden und arbeitenden Projekt stehen die gewordenen Persönlichkeiten, die Lernverhältnisse und das Projekt selbst, das seine inhaltliche Füllung durch alle ständig auf die Probe stellen muss.

In der Wahrnehmung der anderen gibt es eine ganze Reihe von Äußerungen, die aus dem vorhergehenden Kapitel bekannt sind. Um Wiederholungen zu vermeiden, werden an dieser Stelle lediglich überraschende Wendungen, neue Einsichten wiedergegeben. Dabei sind die langen Lerntagebücher, die mehr wie tatsächliche Tagebücher von innen heraus geschrieben sind und sich weniger auf das Lernen im Seminar beziehen, eher aus eigener ›Selbstsicherheit‹ abwertend gegen die anderen geschrieben.

> Hier sitzen Studierende aufgereiht und die schönen Worte der angefertigten Protokolle scheinen an den Rücken zwischen den Vorlesenden und mir abzuprallen, sie springen durch den Raum wie ein Gummiball – angekommen in meinen Ohren sind sie abgestoßen, entstellt, verbildet. (33,6)

Später bezeichnet sie männliche Studierende als »Platzhirsche und Salonlöwen« (33,14). Eine andere nimmt die Aufgabe, im Lerntagebuch über die anderen im Lernkollektiv zu schreiben, so wahr, dass sie gewissermaßen Noten an sie vergibt: »Aha, BWLerin [Studentin der Betriebswirtschaftslehre], war sogleich mein Gedanke, sofort das vermeintliche Nutzenkalkül für den eigenen Verbleib im Kurs für sich abklopfend« (40,1); immerhin erkennt sie bald darauf, dass sie ein »Schubladendenken und Toleranzgrenzen« hat (40,2). Eine fühlt sich, als würde die Welt in der Vorlesung gemeinsam bewohnbar gemacht, und sendet Hass auf einen Studenten, der solche Art von Andacht stört:

> Gesuhlt hat er sich wie ein Gockel in endlosen Monologen, sich immer wieder in den Mittelpunkt gestellt und dennoch wurde er nicht disqualifiziert [...] und ich schweige (33,4f.).

Im großen Feld der Misstrauischen und Ängstlichen notiert eine Studentin:

> Überhaupt habe ich das Gefühl, einige aus dem Kurs können total gut fragen, und ich traue mich nicht, aus Angst, nicht mal in der Lage zu sein, meine Frage ordentlich zu formulieren. (28,1)

In diesem Kontext tritt als ein neues Element die Gewöhnung auf. Sie hat sich daran gewöhnt, langsamer zu sein im Verstehen als die anderen, so kann sie auch Fragen verschieben auf später. – In dieser Weise nutzt sie die Zeit zwischen den Vorlesungen, ihre Frage zu notieren, um sie mit Verzögerung einzubringen. Dafür braucht sie das Lerntagebuch, indem sie die Frage, die nicht schnell genug war, sorgfältig ausarbeitet und begründet. Langsamkeit und Schnelligkeit sind überhaupt wichtige Dimensionen der Zeit, in denen sich die Studierenden bewegen. »Vom schnellen Lesen bekomme ich Kopfschmerzen«, notiert eine, und: »Ich denke zu langsam und werde daher immer unterbrochen« (29,11). Sie kämpft durch das gesamte Lerntagebuch mit der Angst vor den anderen und sich selbst. Sie versucht ihre Angst, Fragen zu stellen, zu begründen: fühle mich »nicht ernst genommen, als würde ich blöde Fragen stellen« (29,2). Sie sinnt dieser Aussage nach und schreibt schließlich ihre Angst vor anderen ihrem Wesen zu: »fühle mich manchmal als dumm hingestellt [...] bin ich aber auch [...] Ich glaube, ich bin nicht kritikfähig« (29,2). Aber selbst diese Unsicherheit ist begleitet von heftiger Kritik an anderen: »Manche reden nur Blech [...] manchmal geht die Dozentin auch auf Blech ein, das wundert mich dann.« (29,3) Das Verlesen eines Lerntagebuchs, das von der Schwierigkeit, Fragen zu stellen, handelt, schafft vorübergehend Erleichterung. Es gelingt ihr jetzt, eigene Erfahrungen als Krankenschwester auf die Diskussion von »Lean production« (dieses Seminar handelt von der Geschichte der Arbeit) zu beziehen: »ich merke, ich lerne wieder, wie schön« (29,12); aber auch dies gelangt nicht über das Lerntagebuch hinaus in die allgemeine Diskussion, weil ihr rechtzeitig einfällt, dass sie »zu blöd« sei. Beim Anhören eines Referats stellt sie fest, dass sie nicht weiß, was der Widerspruch zwischen Kapital und Arbeit ist – sie versucht es vergeblich im Tagebuch zu denken, zu schreiben, aber immer stellen sich im Kopf so etwas wie Regierungsverlautbarungen ein – es braucht mehr Kapital, damit es mehr Arbeitsplätze gibt, an denen ja Arbeiter arbeiten wollen usw. Sie beschließt am Ende, in der nächsten Woche im Kurs zu fragen, tut es nicht, denn »man würde mich auspfeifen« (29,13).

Zwei Studierende aus dem Postseminar 2002 schreiben eine Hausarbeit zum Thema *Ich und die anderen* auf der Basis von siebzehn Tagebuchnotizen. Neuartige und weiterführende Überlegungen nehme ich hier auf (Schmitt & Körper 2002). Auffällig ist ihnen, dass die Wahrnehmung der anderen jeweils dazu genutzt wird, sich selbst als unterlegen oder überlegen darzustellen, niemals aber als Mitglied in einer Gruppe von gemeinsam Lernenden, so dass die anderen in diesen Lernbewegungen zwar bedeutsam sind, aber nicht als gleiche Subjekte, sondern als solche, von denen man sich positiv oder negativ unterscheidet. Sie werden damit praktisch so etwas wie eine Kulisse, vor der sich das Ich positioniert.

> Die anderen gab es faktisch nicht als eine Vielzahl von Einzelnen, die anderen waren schwabbelige Masse, Konkurrenten, bedrohlich, manchmal Stütze, manchmal sogar beides. (SK, 3)

Sie zitieren belegend eine Tagebuchnotiz: »Die anderen habe ich während meiner Zeit an der [Uni] als Konkurrenten, als ›Bedrohung‹ und als hemmend und zugleich als Stütze und Bereicherung empfunden.«

Dieser wiederholt vorkommenden Einschätzung entspricht keine differenzierte Darstellung der anderen, sie erscheinen vielmehr als monolithischer Block und sind als Einzelne unsichtbar.

Dabei gibt es natürlich noch die Dozentin als herausgehobene andere, zu der sich eigens in Beziehung gesetzt werden will. Das geschieht in fast allen Texten und wurde von mir selbst kaum beachtet. Aber auch hier gibt es eine bemerkenswerte Eigentümlichkeit. Die Dozentin, vor der man mehr Angst hat als vor anderen, bzw. die die Blamage vor anderen erst richtig inszenieren kann, wird zugleich die Möglichkeit, keine Angst zu haben. Sie kann Angst ›zerstreuen‹ und enthebt damit das lernende ängstliche Subjekt eigener Taten. Angst scheint von außerhalb zu kommen. Resümierend schreiben die Autoren:

> Die Dozentin ist einer Vielzahl studentischer Erwartungen ausgesetzt, die teilweise als nicht vereinbar erscheinen. Einerseits wird Lernen meistens als Einhämmern von Wahrheiten verstanden und beschrieben, als die bereitwillige Übernahme des von den DozentInnen feilgebotenen Wissens in unsere unterschiedlich aufnahmebereiten Köpfe. Gleichzeitig wird erwartet, dass die DozentInnen Lernkollektive geradezu für uns entstehen lassen, nie treten diese als das Ergebnis eigener Anstrengungen auf, manchmal erscheinen sie immerhin zufällig, ergeben sich. Oder aber, ganz emanzipativ, sollen die Dozierenden uns den Raum zur Verfügung stellen, in dem wir uns entfalten, großartige WissenschaftlerInnen werden können. (SK, 6)

Schmitt und Körper kommen zu dem Schluss, dass die Bildung von Lernkollektiven die Aufarbeitung der Unterschiede in den Lernmotiven und Studienerwartungen voraussetzt (9). Dies wäre zu ergänzen um die Einsicht, dass es tatsächlich Vorwissen braucht, um in wissenschaftliche Diskussionen einzusteigen, dieses ›Vorwissen‹ aber so ungleich vorhanden ist, dass waghalsige Zumutungen auf der einen Seite als weitschweifige Wiederholung auf der anderen erfahren werden. Auch hierfür wären Arbeitsgruppen, die die ›Lücken‹ selbstbestimmt schließen, eine notwendige Ergänzung. Sie stoßen sich freilich an dem zusätzlichen Problem äußerst prekärer Zeithaushalte, insbesondere bei Frauen mit Kindern. So bleiben Lernkollektive unverzichtbares, ja notwendiges Ziel und gefährdete Utopie, da sie ein tatsächlich allen gemeinsames Projekt voraussetzen.

Kritik

Im vorhergehenden Kapitel ist das weitgehend ablehnende Verhältnis der Studierenden zu Kritik als ein Problem gefasst, das sie am wissenschaftlichen Arbeiten hindert. Diese negative Einstellung zu Kritik wiederholt sich in den Tagebüchern aus den späteren Seminaren. Dabei wird zudem deutlich, dass ein schlechtes Gewissen, weil man das Seminar nicht gut vorbereitete und also selbst nicht Kritik üben kann, und Einfühlung, weil man sich in die Lage des Kritisierten versetzt, Hindernisse sind auf dem Wege zur verändernden Kritik. Ich hatte zu umstandslos vorausgesetzt, dass *Kritik*, richtig verstanden, produktiv zu verarbeiten sei und es daher nur darauf ankomme, diese aufgeschlossene Haltung zu Kritik als Werkzeug von Erkenntnis zu vermitteln. Wie Holzkamp folgte ich der Vorstellung, es gebe so etwas wie eine »Einheit von Kritik und Weiterentwicklung«. Freilich war dies bei Holzkamp als Vorschlag des Umgangs mit bürgerlicher Psychologie formuliert, als Aufforderung also, Theorien nicht bloß zurückzuweisen, sondern in der Kritik Alternativen zu erarbeiten. Als »operationale Einheit des Prinzips« gilt die »Reinterpretation« (Holzkamp 1983, Kapitel 9, insbes. 515ff.). Oder mit Morus Markard:

> Reinterpretation ist die Analyse des Verhältnisses von Erkenntnisgehalt und -grenzen vorfindlicher Konzepte unter Einbezug von deren gesellschaftlicher Funktionalität [...] das aktuell imponierendste Beispiel ist Klaus Holzkamps Reinterpretation wichtiger Lerntheorien (1994).

Markard befasst sich des Weiteren mit der Frage, wie solches Reinterpretieren zu lernen und zu lehren sei, wie mithin das Kritisieren vermittelt und angeeignet werden kann; dies stellt er in den Kontext von Erfahrung und Theorie, den er »wissenschaftliches Praxiswissen« nennt. Angezielt ist Erkenntnisfortschritt, der vom Standpunkt »entfalteter menschlicher Lebensmöglichkeiten« artikuliert wird. Die Ausführungen sprechen vom Umgang mit Theorien und Beispielen aus der Praxis, nicht enthalten sind die lernenden Subjekte, die sich mit einer kritischen Haltung abmühen, sie u. U. ablehnen usw. Nicht enthalten ist also die Geschichte der Subjekte in einer solchen Lehrveranstaltung zu Kritik. Das spricht nicht gegen diesen im Theorienstreit entfalteten Kritikbegriff, der sich u. a. mit etwas anderer Zielsetzung auch in zwei Wörterbüchern aus der ehemaligen DDR findet:

> Kritik und Selbstkritik – auf der materialistischen Dialektik beruhende produktive Methode, Widersprüche zwischen objektiven Erfordernissen der gesellschaftlichen Entwicklung in den verschiedensten Lebensbereichen und überholten subjektiven Auffassungen, Einstellungen sowie Verhaltens- und Arbeitsweisen aufzudecken und schöpferisch zu lösen. Kritik und Selbstkritik ist weder destruktiv, noch erschöpft sie sich in der Negation. (Kleines politisches Wörterbuch, 1989)

Oder im Jugendlexikon:

> Kritik und Selbstkritik ist eine Methode, die Widersprüche […] aufdeckt und löst. Sie hilft bei der Durchsetzung des Neuen und bei der Überwindung von Schwierigkeiten. (Meyers, 1976)

Es gilt aber, das Kritikproblem zusätzlich noch anders, subjektiv zu fassen. Im Postseminar 2002 waren die Studierenden besonders beunruhigt durch die Frage der Kritik; dies sowohl, was die von mir (und auch in den Handbüchern aufgefundene) unterstellte produktive Seite sein sollte, als auch, weil sie erkannten, dass ihr eigenes Verhältnis zu Kritik äußerst zwiespältig war, dass sie Kritik fürchteten und zugleich wollten. Sie schrieben daher 22 Tagebuchnotizen (19 Frauen, 4 Männer) zu Erfahrung von Kritik und eigenem Umgang damit.

Die Notizen zeigen die Studierenden zunächst um eine Unterscheidung bemüht, sachliche gegen persönliche Kritik zu halten und dann, je nach Erinnerung und wirklicher Nachforschung, sich selbst als mehr oder minder fähig, sachliche, verständliche Kritik als hilfreich zu akzeptieren. Zuweilen wird das selbst als Lernerfahrung abgebildet: »Ich bin auf Kritik gedrillt« (18). Ein anderer versucht die Fähigkeit, Kritik auszuhalten, an die Größe der Gruppe zu binden: »In kleinen Gruppen ist Kritik angenehm, in großen schwierig bis unmöglich« (19); überhaupt wird mehrfach ein Zusammenhang von Kritik und Öffentlichkeit thematisiert: Positive Kritik in der Gruppe wirkt »doppelt«, aber umgekehrt ist Kritik vor anderen auch schwer zu ertragen, daher ist die ganze Gruppe mit Angst besetzt (10), Kritisiertwerden mit »Scham« (9); die anderen sind so Bedrohung und Stärkung in einem (10), und da die Gruppe durch »Konkurrenz bestimmt« sei, werde »Akzeptanz von Kritik« verunmöglicht (8). In der Erkenntnis, dass eine eigene positive Haltung zu Kritik – »Nicht-Kritik heißt ja Nicht-Ernstgenommenwerden«, (22) – das Richtige wäre, erfahren sich die Einzelnen gleichwohl als »gekränkt«, »mutlos« (21), »widerständig« (20) gegen Kritik, sie haben »Angst« (15, 21) und diagnostizieren, dass Kritik »Vertrauen voraussetzt« (15, 7) und einen in Gefahr bringt, »unbeliebt zu werden« (21), »sich Feinde zu machen« (5). Man möchte eigentlich »kritiklos tätig sein«, »unangreifbar sein« (5). Eine mit Betriebsratserfahrung hat Kritik als nützlich erfahren, versteht aber darunter Lob und Tadel in verhaltenslenkender Weise. Eine andere, wiederum mit Betriebsratserfahrung, hält Kritik ebenfalls für eine Frage schlechter Noten oder späterer Anerkennung, kurz, denkt Kritik im Rahmen von Verhaltensmodifikation und findet bei weiterer Suche angesichts einer wohl gespürten Trübung der als positiv und offen beschriebenen eigenen Kritikakzeptanz die Wendung: »Verletzende Kritik ist solche, die man nicht versteht« (13). Eine andere empfindet sich auch als »kritikfreudig« und heißt »Kritik insgesamt willkommen« (11). Allerdings erfährt sie in ihrem Berufsalltag ein »einverständiges Klima der Kritiklosigkeit«, weshalb sie einen eignen Freundeskreis für Kritik organisiert hat. In dieser Weise verknüpft sie Freundschaft mit Kritik. Ein anderer legt das Thema analytisch auseinander: Er unterteilt in die Fähigkeit, Kritik zu üben, und in die, selbst kritisiert zu werden, und resümiert, dass besonders das erste eine hohe Kunst sei, und da er selten hilfreiche Kritik etwa von Dozenten erfahren habe, hebt er sie in den Rang einer positiven Utopie, in der er sich dann entfalten könnte. Auf der gleichen Ebene wertet eine Studentin »ausführliche kritische Anmerkungen an Hausarbeiten als Beweis für das Interesse des Dozenten an mir« (15). Einer schreibt eine sorgfältige Analyse der Geschichte eigenen Kritiklernens. Er stellt fest, dass schon eine Gegenposition zu formulieren als eines der Grundelemente von Selbstbehauptung und Lernen selbst ja Kritikfähigkeit bedeutet, und erinnert, dass es für ihn so gut wie unmöglich war, dies familiär zu lernen, da seine Mutter so nachgiebig wenig argumentierte, dass er sich dagegen erst gar nicht behaupten konnte. Der Student schreibt sich schließlich als Effekt einer praktischen Erziehung in Hierarchien, die ihn dazu brachte, seine Haltung zu Kritik mit ebendiesen Hierarchien unfruchtbar zu verbinden. Er akzeptiert die Kritik von Höhergestellten mit einer gewissen Unterwürfigkeit und hört niemals auf Kritik von seinesgleichen oder niedriger

Gestellten. In dieser Weise entwickelt er »kein entspanntes Verhältnis zu Kritik, damit nicht zu Entwicklung und Wissenschaft« (1). Da ihm die Fähigkeit, selbst Kritik zu üben, abgehe, hält er sich für eine »Null«. Die Notizen zeugen von analytischer Schärfe und Selbstreflexion und stehen mithin geradezu im Gegensatz zur Selbstdiagnose. Wie in vielen Fällen braucht es noch eine Brücke vom theoretisch Gedachten zur denkenden Person selbst, um eingreifend zu lernen.

Wieder eine andere entdeckt, dass sie kein eindeutiges Verhältnis zu Kritik habe und sich dieses zudem in verschiedenen Lebensphasen geändert habe. So versucht sie eine Geschichte des Kritiklernens zu notieren: »Die unfertige kindliche Person kann mit Kritik nicht umgehen« (12), also müsse Kritik eigens gelernt werden. Sie erkennt, dass sie Kritik auf sich als Person bezieht, nicht auf einen Zusammenhang, und schreibt dies zunächst einer familiären Situation zu, in der die Eltern nicht kritisierten, dann einer Schulsozialisation, in der sie »nicht aufsässig« war, aber bei ersten »schlechten Noten« »hilflos«. Dahinter eine diffuse Angst um Selbstbestimmung und vor »Verformung durch Kritikakzeptanz« (12). Zugleich schreibt sie vage, dass »Kritikumgang« nötig sei für Weltaufschluss. Dieses Tagebuch liest sich wie eine dringliche Aufforderung, der unklaren Verankerung und Verunsicherung bei Kritik ein eigenes Seminar möglichst früh im Studium einzuräumen. Die Studierenden haben sich die Aufgabe, etwas zum Umgang mit Kritik zu schreiben, offenbar so gestellt, dass sie nach mehr oder minder zweifelnder Forschung in ihrer Geschichte irgendwann bei einer Bejahung von Kritik als produktiv landen. Dafür müssen sie einige Haken schlagen, und tatsächlich gibt es auch kaum Beispiele, wie dieser positive Umgang eigentlich aussehen könnte. Eine notiert eine frühe Gleichgültigkeit gegen Kritik, die sie als Schulnoten auffasst, weil dies ihrem Selbstbild entsprach als jemand, die »nichts taugt«. »So war es erwartet und nicht neu« (14). An einem späteren Punkt in ihrem Leben ergreift sie selbst die Initiative und geht zur Handelsschule. »Meine Kritikfähigkeit änderte sich gewaltig, weil ich Angst entwickelte vor Versagen. Das führte zu Verzweiflung und Zukunftsangst« (14). Dass sie sich selbst nicht mehr gleichgültig war, formuliert sie auch als Verletzbarkeit durch Kritik. Wieder wird als Kritik eine Schulnote, später eine Beurteilung an der Universität gedacht. Sie stellt fest: Unerwartet gute Beurteilungen führen zur Stärkung des Selbstbildes, unerwartet schlechte zu Angst.

In mehreren Texten wird die Familie als besonderer Ort, Kritik zu ersticken, vermerkt, dies zum einen als Erfahrung, in herabsetzender Weise kritisiert worden zu sein und daher auf Kritik allergisch zu reagieren (20), zum anderen auch als Institution, in der die Ausbildung eigener Kritikfähigkeit blockiert wird durch Nichtkritik (21; 12,1).

Die Erinnerungen sprangen zurück in die Kindheit, hielten sich in der Berufserfahrung auf, suchten sich in Freundeskreisen festzumachen, sprachen von Schule, von Universität – kurz, die so ungleichen Beispiele, jeweils verbunden mit Versuchen, Kritik als ablehnenswert oder manchmal auch akzeptabel mit bestimmten Eigenschaftsworten zu versehen – wie hilfreich, herabsetzend, nützlich, inkompetent, ernsthaft, wirklich –, machen es notwendig, vor der Empfehlung, Kritik produktiv zu nutzen, die Architektur des Begriffs aus diesen Erfahrungen aufzuzeichnen. Man erkennt aus den verschiedenen Notizen, dass Kritik eine Art Knotenpunkt ist, an dem alle möglichen Problematiken gesellschaftlicher Ein- und Unterordnung, von Selbstbewegung und Selbstbestimmung, von Hierarchie und Unterwerfung, von Kompetenz und Inkompetenz zusammengeworfen sind. In den meisten Beiträgen werden Emotionen genannt, die die Einzelnen als störend empfinden und abzuwehren suchen. Schon eine erste Übersicht zeigt, dass es Umgangsweisen mit Kritik gibt, die sich als ›zeitgemäß‹ in der eigenen Entwicklung zeigen, und andere ›unzeitgemäße‹, die den Problemhintergrund von Zweifel am eigenen Wert haben. Da wird Kritik erfahren als Verletzung der eigenen Person und Kritikfähigkeit als Mut und Widerstand, bzw. ihr Fehlen als Opportunismus und Kleinmut. Da gibt es einige, die Kritik schätzen würden, aber einräumen, dass dies Kenntnisse voraussetze, die so einfach nicht zu haben sind (6); und eine macht sich an die Befragung ihrer eigenen Kritikabwehr, legt sich aber die Aufgabe so zurecht, dass es darum ginge, das Ertragen von Kritik zu üben (4). Es empfiehlt sich, für die weitere Arbeit nicht nur zwischen Kritikfähigkeit und Kritikverarbeitung zu unterscheiden, sondern auch die Ebenen, aus denen Kritikerfahrung kommt, auseinanderzulegen.

Da ist die erste Phase, die wir als Enkulturation bezeichnen können, in denen die Kinder in der Familie ›erzogen‹ werden. Erziehung tritt hier auf als eine Art von Kritik mit Befehlen wie ›du sollst nicht‹, ›du darfst nicht‹, ›tue dies nicht, tue jenes‹; das Verfahren reicht von Überredung über Bestechung bis zu Gewalt, aber immer wird so Kritik erfahren. Die zeitgemäße Verarbeitung ist der Versuch der Selbstbehauptung, Widerstand, Trotz, Einordnung, Kompromiss, die auf diese Weise auch gelernt werden. Die begleitenden Gefühle sind ohnmächtige Wut, Verletzung usw. Zusätzlich erfuhren wir von Familienerfahrungen, die ganz ohne Kritik auskamen und gerade auf diese Weise Hilflosigkeit verstärkten.

In der zweiten Phase, der Schule, erfährt man Kritik gewöhnlich in der aus dem Behaviorismus vertrauten Weise in Form von Noten und Zeugnissen. Kritik wird begründet und Maßstab von Erfolg oder Versagen; zugleich geschieht diese Kritik in der Gruppe mit Gleichaltrigen, deren Maßstäbe wie das kulturelle Klima eigenes Verhalten ebenso kritisch orientieren wie auf andere Weise die Lehrer. Die eigenen Aktionen in Bezug auf die verschiedenen Kritiken sind Fleiß, Leistung, Widerstand, Entzug – dieses ist die erinnerte Haupterfahrung ans Lernen.

In der dritten Phase, der beruflichen Arbeit, erfolgt eine gesellschaftliche Einordnung, in der Kritik und ihrer Erfahrung, die zugleich mit den gelernten Umgangsweisen aus Familie und Schule gespeist ist, auf widersprüchliche Weise begegnet wird. Zum einen kann sie ein Zeichen sein für Misserfolg und sich heften an weniger Geld, bzw. dieses kann als Kritik erfahren werden. Zum anderen bindet sich Kritik an Projekte, an Meisterschaft, an Können. Hier wird sie produktiv und notwendig. Auf allen Stufen aber ist Kritik eingelassen in begründete Autorität und/oder äußeren Zwang, mit der Eingliederung in Hierarchien. Auch diese bleiben nicht einfach starre Struktur. Die Gründung einer eigenen Familie verhilft zur Bildung eigener Autorität; auch die Meisterschaft in der Arbeit macht aus Lernenden Lehrende mit der entsprechenden Autorität.

In diesem komplizierten Prozess, den wir Erwachsenwerden nennen, treten Probleme verschärfter Art auf, wenn aus weit zurückliegenden Erfahrungsbereichen Widerstand und Trotz ›unzeitgemäß‹ mobilisiert werden, Verletzung gespürt wird, wo es um Können und Meisterschaft geht – dies gilt für das Handwerk wie für die Wissenschaft. Daher ist die reflexive Wendung, das Ausarbeiten eigener Erfahrung, das Besichtigen der Architektur von Kritik und ihrer Erfahrung für die eigene Weise, wissenschaftlich zu lernen, unerlässlich. Es geht nicht darum, die negativen Gefühle zur Kritik einfach abzulehnen und aufzugeben, sondern es geht vielmehr darum, die gespürten Emotionen den einzelnen Erfahrungsebenen so zuzuordnen, dass das eigene Lern- und Kritikverhalten, aktiv wie passiv, sich selbst den gestellten Aufgaben anmessen kann.

Selbst hier gibt es noch die ungelöste bzw. undiskutierte Problematik des Kulturellen. Da ist zum einen die ›Meinung‹, die vor jeder Erfahrung zu bestimmen Reaktionen auf Kritik aufruft und den Selbstreflexionsprozess lähmt. So gibt es eine Reihe von Tagebüchern, die Kritik »lieben« oder »einfach gut finden« (u. a.2) und sich daranmachen, darüber nachzudenken, warum andere diese Meinung nicht teilen. Eigene Erfahrung, wie man es tatsächlich mit Kritikertragen und Kritikfähigkeit hält, werden erst gar nicht befragt. Die Meinung findet natürlich Unterstützung in dem, was allgemein gilt. Gegen sie hilft nur der Versuch des ständigen Hinterfragens, des Zweifels, wiederum der Kritik.

Eine Reihe von Tagebuchnotizen sprechen von einem gelernten Gruppenverhalten, das bei Kritik funktioniert, selbst wenn es sonst keine Gruppenstärke im Sinne kollektiven Arbeitens gibt. Dies ist der ›Code‹, wie es eine Studentin ausdrückt, einander in Lehrveranstaltungen niemals zu kritisieren, »ein wechselseitiger Nichtangriff« (6), »allgemeine Toleranz und Schweigen« (5). Kritik erscheint als »Verrat« und »fehlende Solidarität«

anstelle »gemeinsamer Front gegen die Professoren« (20). Diese Haltung bzw. diese Norm, die ein angenommenes ›Unten‹ gegen ›die da oben‹ zusammenhält, scheint eine besonders schädliche Praxis, die der Bildung von gleichberechtigten Lernkollektiven entgegensteht. So wird darauf verzichtet, voneinander und gemeinsam zu lernen, zu verbessern, was als Aufgabe damit nach oben delegiert ist und in dieser Weise die Lehrautorität erst wirklich unerreichbar zementiert, statt sie durch fortwährende verbessernde Kritik aneinander allmählich abzubauen. Da dieser ›Code‹ insbesondere unter Erwachsenen funktioniert, lässt sich schließen, dass auch er einer ›Unzeitgemäßheit‹ der Verarbeitung der eigenen Situation entspringt. Die Lehrenden sind schließlich keine Vorgesetzten, bei denen sich die Lohnarbeitenden nicht wechselseitig anschwärzen dürfen, weil der ›Verrat von Fehlern‹ zum Rausschmiss führen könnte. Es muss bei der Bildung eines Lernkollektivs wohl zu den Aufgaben gehören, die Lehrenden als Lernende einzubeziehen und zugleich den Vorsprung, den sie in der Meisterung des gesellschaftlichen Wissens haben sollten, für die eigene Bewegung zu nutzen. Erst dies wäre dann die zuvor einfach vorausgesetzte »Einheit von Kritik und Weiterentwicklung«. Sie hat Geschichte, Akteure und ist selbst stets in Bewegung.

Kapitel 10

Lernen in der Schule

Erinnerungsarbeit 1

Die Lehrerfrage

Man kann sicher davon ausgehen, dass in der Schule Erfahrungen gemacht werden, die individuelle Lernverhältnisse, persönliches Lernverhalten lang anhaltend bestimmen. Gleichwohl kann man einzelne Lernhandlungen gewissermaßen isolieren und für sich in ihren Begründungen zu analysieren suchen. Implizit nimmt man dabei einerseits an, dass Lernen in solcher Weise geradezu ruckhaft und mit Aha-Erlebnissen geschieht, während wir doch zugleich davon ausgehen, dass Lernen ein Prozess ist, der auch unmerklich vor sich geht, wie Wachsen. Andererseits kann man praktisch zusehen, wie Kinder schnell lernen, oder auch, wie sie ›verstockt‹ und ›verbohrt‹ nichts aufnehmen; und auch bei Erwachsenen rechnen wir damit, wenigstens soweit wir Lehrende sind, dass da ein Zuwachs bemerkbar und beobachtbar wird. Die Frage interessiert besonders, weil wir Hoffnungen auf Lernen setzen – immer weiter scheint Lernen an Befreiung gekoppelt wie umgekehrt Nichtlernen eine Absage an Verbesserung der Lebensumstände und seiner selbst ist.

In Holzkamps Lernbuch findet sich eine explizite kritische Auseinandersetzung mit der Schule als Lernblockierungsinstitution (341–563). Er führt vor, dass die Schule die Lernsubjekte degradiert, die Schüler einkreist, und kennzeichnet dies insgesamt als »Verwahrlosung der Lernkultur«. Er stellt heraus, dass die Lehrer im schulischen Prozess als die eigentlichen Subjekte aufgefasst sind, so dass das Lernen als Resultat ihrer Bemühungen wahrgenommen wird und nicht als »Bewegung der Schüler« (395; vgl. auch Zimmer 1987). Im Zentrum der holzkampschen Schulanalyse steht die Lehrerfrage: »Der Frage kommt nämlich [...] innerhalb der Klassenraum-Interaktion machtstrategisch eine spezielle funktionale Relevanz zu, die man an anderen Formen der ›Initiation‹ nicht aufweisen kann« (462). »Der Lehrer fragt und der Schüler antwortet« (ebd.). Holzkamp nennt dies die »Monopolisierung des Fragens beim Lehrer« und damit »Marginalisierung von Schülerfragen« (461). Weiter wird expliziert, dass die Lehrerfrage im Grunde keine ›echte‹ Frage ist, weil sie Wissen nicht sucht, sondern vorausweiß. Zudem wird auch dieses Wissen vom Schüler abgefragt, der es also auch vorweg wissen muss, um die Antwort zu geben, die der Lehrer bewertet. Holzkamp stellt die verschiedenen Varianten des Lehrerhandelns vor: dass er nach jeder Antwort automatisch wieder das Wort hat, dass er bestimmt, wen er zur Antwort ruft, den vermutlich Wissenden oder den, der nicht drankommen will, und resümiert:

> Der Umstand, dass im Klassenraum-Diskurs die Gesprächsführung total der Willkür *eines* Beteiligten überantwortet ist (was man außerhalb der Schulklasse kaum irgendwo tolerieren würde), lässt sich keineswegs aus dem pädagogischen Auftrag des Lehrers rechtfertigen, sondern ergibt sich im schuldisziplinären Kontext daraus, dass hier die Lehrerfragen ja in die geschilderte Bewertungssequenz [die sich aus dem Curriculum ergibt, FH] einbezogen sind (464).

Für die Schüler folge, dass der Lehrer am Inhalt der Antwort nicht interessiert sei, weil er ihn ja kennt. Die Rückmeldung gilt daher nicht als Antwort auf den Inhalt, sondern wertet »richtig« oder »falsch« (465). Folge sei, dass auch der Schüler sich nicht für den Inhalt interessiert, sondern sich daran orientiert, »was der Lehrer von mir ›hören‹ will« (ebd.). »Lernaktivitäten [würden dann so weit] überflüssig, wie ich den Lehrer auf andere Weise, nämlich durch bloße Wissensvortäuschung zufriedenstellen kann« (ebd.). Diese Art des Lernens charakterisiert Holzkamp als »defensiv«, als »typische Tendenz zur Reduktion von Lernproblematiken auf bloße Handlungsproblematiken« (ebd.), so dass keine neuen Ufer in Sicht kommen, also keine »Erhöhung der Lebensqualität durch größeren Weltaufschluss« erfahrbar wird, sondern, da der Schüler nicht wirklich die Möglichkeit hat, Lernen einfach zu verweigern, im gesteckten Rahmen Lernen zumeist

> durch das traditionelle kollektive Täuschungsritual konterkariert ist, […] als Vorsagen, Spickzettel-Benutzung, Zuschieben von Zetteln oder aufgeschlagenen Büchern durch Mitschüler […] Antwort durch einen anderen Schüler [usw.] (466).

Und selbst wenn der Schüler wirklich (defensiv) lerne, sei ein »Täuschungselement enthalten«, weil er sich nach den Worten des Lehrers, seinen Gedanken frage und nicht selbst denke. Holzkamp schließt, dass der Schüler sich also in Räumen bewege, in denen »das schulische Weltbild bekannter Tatsachen und gelöster Probleme als globale Handlungsprämisse« (466f.) vorauszusetzen sei. Widersprechende Antworten gälten als Störung. Er unterstellt eine »defensive Solidargemeinschaft der Schülerinnen/Schüler«, die der Lehrer »durch Herausisolieren Einzelner zu schwächen« sucht

(469). Holzkamp diskutiert in der Folge schulpädagogische Versuche, das »schulische Fragen zu emanzipieren« und didaktisch in Unterrichtsgespräche einzubringen. Ich möchte dagegen hier zunächst prüfen, ob die bisherigen Überlegungen ihren Gegenstand, die Lehr-Lern-Situation in der Schulklasse, ausreichend erfassen. Anders als Holzkamp möchte ich die Problematik nicht von einem angenommenen Schülerstandpunkt herleiten, sondern zunächst eine wirkliche Schülerin zu Wort kommen lassen, die zu ebenseiner Thematik schreibt. Mich interessieren dabei insbesondere das von Holzkamp unterstellte Lernkollektiv, oder die Solidargemeinschaft der Schüler, das Verhältnis zum Lehrer und die Wahrnehmung seiner/ihrer Handlungen durch die Schüler und vor allem die lernenden Subjekte selbst, die ja bei Holzkamp zwar am »expansiven Lernen« vorbeigeschult werden, jedoch selbst in Täuschung und Widerstand recht souveräne Subjekte zu sein scheinen, die den erschließbaren Begründungen ihrer Handlungen folgen.

»Als ich etwas lernte«

Tatsächlich stehen etwa die Hälfte der mir vorliegenden Erinnerungsgeschichten zum Lernen (100 aus fast 20 Jahren) im Schulbann – erinnern Lernen als schulspezifische Handlung, berichten von Unglück und Versagen, und man gewinnt bald den Eindruck, dass die Schule eine Institution ist, die dem lebendigen Lernen auf eine Weise den Garaus macht, dass die Subjekte sich selbst in Erstarrung erfahren, entsprechend über sich berichten und dabei Träume vom Aufwachen hegen.

Die Aufforderung an die Erinnerung war so allgemein und alltagsverständlich wie möglich formuliert, damit das Problem der Zensur und des Missbrauchs eigener Erinnerung zur Illustration von Theorie, statt aus beidem zu lernen, vermieden werden kann. Geschrieben wurde zum Thema: *Als ich etwas lernte*; alternativ: *Als ich nichts lernte*. Bemerkenswert ist im Übrigen, dass die einfache Negation im Thema als Frage an die Erinnerung keine wirkliche Differenz erbringt: Immer erfährt man von Lernprozessen und ihrer Blockierung; ob die Einzelnen dies eher als Versagen oder als Erfolg erinnern, hängt wiederum von ihrer Selbstwahrnehmung ab.

Die hier zunächst vorgestellte Szene liest sich auf den ersten Blick als einfache, geradezu experimentelle Verdeutlichung der holzkampschen Ausführungen zur Lehrerfrage. Die Autorin hat den Titel für sich zugespitzt:

Als ich einmal besonders gut lernte (14)

Es war in der 12. Klasse der Fachoberschule. Wir sollten für diese Stunde einen Text gelesen haben, und die Lehrerin fragte ab, ob wir diesen Text verstanden hatten. Dabei hatte sie die Angewohnheit, zunächst die Schüler zu befragen, von denen sie glaubte, dass sie die Fragen am wenigsten beantworten konnten. Gott sei Dank zählte ich nicht dazu, und ich konnte mich zunächst beruhigt zurücklehnen und zuhören, wie sich der befragte Schüler bemühte, die gestellten Fragen zu beantworten. Ich war froh, nicht gefragt worden zu sein, da ich auch keine Antwort auf die Frage parat hatte. Also las ich noch einmal Teile des Textes durch auf der Suche nach einer Antwort. Dabei hörte ich gleichzeitig die mehr oder weniger falschen Antworten des Schülers und die Nachfragen der Lehrerin, die dem Schüler offensichtlich zur richtigen Antwort verhelfen sollten. Doch was würde ich antworten? Ich wusste es immer noch nicht. Eine andere Schülerin war nun an der Reihe, da die Lehrerin noch keine zufriedenstellende Antwort erhalten hatte. Ich hörte wieder die Frage und langsam hatte ich eine Idee, worauf sie hinauswollte. Irgendwie ergab sich aus ihren Fragen und den falschen oder halbrichtigen Antworten der anderen für mich eine Antwort, die ich aussprechen konnte, wenn ich gefragt wurde. Nachdem die Schülerin auch keine zufriedenstellende Antwort gegeben hatte, fragte die Lehrerin die gesamte Klasse. Einige andere meldeten sich und ich auch. Ich hatte ja eine für mich plausible Antwort gefunden. Die Lehrerin nahm mich dran, und ich sagte, was ich mir gedacht hatte. Dies stellte die Lehrerin dann auch zufrieden, und sie stellte andere Fragen an eine andere Schülerin. Dieser Ablauf wiederholte sich einige Male, und die Wahrscheinlichkeit, direkt befragt zu werden, sank. Ich hatte immer mehr Zeit und Ruhe zuzuhören und aus den Zusatzfragen und falschen Antworten meine Antworten zu basteln.
Vor der Klassenarbeit traf ich mich dann mit einer Mitschülerin in der Koppel zum gemeinsamen Lernen. Dazu hatten wir beide Zusammenfassungen von den bearbeiteten Texten mitgebracht. Wir erklärten uns gegenseitig, wie wir diese Texte verstanden hatten Dabei blieben für meine Mitschülerin mehr Fragen offen als für mich. Ich versuchte, ihr mein Verständnis von den Texten zu erklären, und konnte dadurch ihre Fragen meist beantworten. In der Situation, mit meinem auch nicht vollständigen Wissen ihr etwas zu erklären, verstand ich die Texte noch besser als vorher. Irgendwie provozierte dies meinen Verstand, sich mit den Inhalten intensiver auseinanderzusetzen. Manchmal brauchte ich mehrere Anläufe, bis uns beiden klar war, wie das eine oder das andere zu verstehen sei. Aber je besser diese Erklärungsversuche funktionierten, umso mehr Spaß machte es mir und umso mehr lernte ich auch selbst dabei. Insgesamt war diese Art des Lernens für mich so effektiv, dass ich keine weiteren Anstrengungen machen musste, um die Klassenarbeiten schreiben zu können. Für meine Klassenkameradin war es offensichtlich auch sinnvoll, da sie mich vor der nächsten Klassenarbeit danach fragte, ob wir wieder zusammen lernen, was wir dann auch taten.

Zum Teil spricht diese Schülerin, als hätte sie Holzkamp gelesen. Ich möchte diese Szene gleichwohl den Ausführungen in seinem Lernbuch nicht einfach zuordnen, sondern bearbeite sie zunächst in der Weise, wie ich dies methodisch bei Erinnerungen versuche, die ja selbst vielfältig konstruiert und durch Alltagstheorien wie durch herrschende Meinungen gegangen sind. Ich frage also als Erstes danach, was die Autorin mit ihren Ausführungen sagen wollte, also nach der Botschaft der Geschichte, der Bedeutung, die sie selbst ihren Handlungen gibt und mit denen sie sich den anderen in der Gruppe *Erinnerungsarbeit zum Lernen* verständlich machen will. Auf eine These zusammengefasst sagt sie uns: Aus Fragen (der Lehrerin) lernt man die richtigen Antworten.

Die implizite Lerntheorie würde in etwa lauten: Die Lehrerfrage ist für den Lernerfolg notwendig, die richtige Antwort lässt sich erahnen, kombinieren und als ›eigenes Denken‹ nach innen nehmen.

Ich möchte zunächst einschränkend vorwegnehmen, dass die Geschichte bei mir spontan auf heftigen Widerstand stößt. Das heißt für mich, dass ich mich beim Bearbeiten auch zurücknehmen bzw. zunächst diesem Widerstand nachgehen muss. Er speist sich aus mehreren Quellen: Da ist zum einen die verarmte Sprache, die nur über wenige, stets wiederholte Verben und Substantive zu verfügen scheint. Dann die offenbar wohlwollend verarbeitete und erlebte Lehrerstrategie, eine Frage zu stellen, die keine ist, weil er die Antwort ja weiß und es die Aufgabe der Schüler wird, die Antwort zu erahnen. Dann schließlich wird diese Strategie auch noch dergestalt nach innen genommen, dass sie die gute Praxis, in Auseinandersetzung und Diskussion mit anderen zu lernen, dadurch verdeckt, dass sie sie ebenfalls in das Frage/Antwort-Muster presst.

Ich versuche die Bearbeitung gegen meinen schon alles wissenden Widerstand und notiere zunächst, welche Aktivitäten sich die Schülerin zuschreibt. Es ist wichtig, sich dies möglichst genau vor Augen zu führen, weil solche Worte ja das Bild, das die Schülerin von sich selber hat und vermitteln will, bestimmen[40]:

> *sie zählt nicht dazu, kann sich zurücklehnen, kann zuhören, hatte keine Antwort parat, liest noch einmal, hört falsche Antworten, würde antworten?, weiß nicht, hört wieder, hat eine Idee, kann aussprechen, würde gefragt werden, meldet sich, hat gefunden, sagt, hat sich gedacht, hat Zeit zuzuhören, zu basteln, trifft sich, versucht, kann beantworten, versteht besser, braucht, lernt, muss keine Anstrengung machen; (im wir): haben mitgebracht, erklären, hatten verstanden, lernen, tun zusammen.*

40 Ich führe das hier exemplarisch fast vollständig vor, so kann ich mich bei späteren Szenen auf Ausschnitte beschränken, da man den Vorgang für sich ergänzen und überprüfen kann.

Die Aktivitäten beziehen sich fast ausschließlich auf die Frage/Antwort-Situation. Die Handlungen sind eingebettet in Gefühle von Fröhlichkeit und Spaß. Sprachlich ist die Beschränkung auf wenige Worte auffällig. Der Text kommt mehr oder minder mit dem Wortfeld von Fragen und Antworten aus. Dies wird unaufhörlich wiederholt.

An entscheidenden Stellen passiviert sich die Schülerin, und unpersönliche Subjekte übernehmen die Handlung:

> *Es war, es ergab sich, dies, der Ablauf, die Wahrscheinlichkeit, es provoziert, Erklärungsversuche funktionieren, es macht Spaß, die Art des Lernens – die Nachfragen.*

In jedem erinnerten und aufgeschriebenen Text gibt es strategische Leerstellen. Damit meine ich, dass eine Erinnerung so wiedergegeben wird, dass sie zu ihrer Kohärenz und um sich verständlich zu machen und von den Zuhörenden für glaubhaft gehalten zu werden, der Nichtbehandlung, gar Auslöschung insbesondere anderer handelnder Personen oder Ereignisse bedarf. Eine solche Leerstelle ist im vorliegenden Text zum einen eigentümlicherweise die Lehrerin; obwohl sie als Hauptakteurin aufzutreten scheint, beschränken sich ihre Handlungen aufs Fragen (*fragt ab, hat Angewohnheit, glaubt, will auf etwas hinaus, fragt, nimmt dran, stellt Fragen*), ihre Gefühle auf Zufriedenheit. Die Mitschüler sind vollends Statisten und dienen als eine Art nützliche Materie, gegen deren Sosein man sich selbst profilieren kann. Die eine hervorgehobene Mitschülerin tritt nur auf als Teil des ›wir‹. Es fehlt auch jeder Inhalt des Gelernten; der Schulstoff, also das, worum es geht, kommt erst gar nicht vor.

Aus dem Zueinander von eigenen zugeschriebenen Aktivitäten, der Wahrnehmung der anderen im Verhältnis zu sich selbst und der Art und Weise, wie Gesellschaft vorkommt, erschließt sich die Selbstkonstruktion der Autorin. Auf den ersten Blick scheint die Schülerin ganz aktiv zu sein – einfach als Aufzählung von Tätigkeiten – vor einem positiven Gefühlshintergrund des Frohsinns. Bei näherem Hinsehen zeigen sich alle Aktivitäten in einem vagen kognitiven Feld des Erlaubten, ausgedrückt durch das Hilfswort ›kann‹, in dem sich die Autorin vom Nichtwissen über Spurensuche zum Antworten bewegt, bis keine Anstrengung mehr nötig ist. Dies nennt sie Lernen – das so aus einer Strategie besteht, im vorwegeilenden Gehorsam aus den abgelehnten Antworten die richtige zusammenzubasteln. Lernen setzt in dieser Weise eine Gruppe voraus, aus der sich die Einzelne erheben kann. Selbst in der Zusammenarbeit versetzt sich die Autorin in eine höhere Position, von der aus sie Antworten probieren kann.

Um den Vorgang als Lernen abzubilden, wird die Lehrerin zugleich in eine dominante Position gestellt und dort wiederum zum bloßen Zeichen bzw. zur Frage. Kurz, die Lehrerin verkörpert den Willen zur Antwort als Frage. Dabei geht es um Textanalyse, bei der es im Grunde gar keine richtigen Antworten geben kann. Da aber gar keine Inhalte thematisiert werden, kann die Botschaft lanciert werden, dass Lernen das Einüben von Antworten ist und Verstehen die Einsetzung eines Fehlersuchprogramms, das nach gehöriger Aussonderung falscher Antworten am Ende die richtige Lösung produziert.

Aus der Zerlegung des Erzählten lässt sich eine neue Bedeutung erschließen, die ebenfalls von der Schreibenden produziert wurde, aber gewissermaßen als eine Art Subtext unter den öffentlichen Worten bzw. ihrer Aneinanderreihung erkennbar wird. Als solche neue Botschaft der Geschichte lässt sich entziffern: Lernen ist die erfolgreiche Verhaltensmodellierung des Denkens. Dieser Prozess setzt zunächst die Lehrerfrage voraus, lässt sich aber auch internalisieren, wofern die Konstellation imitierend unter Schülern wiederholt werden kann. Entsprechend der behavioristischen Grundannahme wird der Prozess durch Spaß als Wohlgefühl reguliert. Folgerichtig steht auch an der entscheidenden Lernstelle: »Die Erklärungsversuche funktionieren«.

Zum Lernen können wir noch erschließen, dass es der Konzentration auf die Strategie bedarf, die geradezu danach verlangt, alle anderen Aktivitäten/Inhalte/Interessen auszuschließen. Unter diesem Gesichtspunkt könnten wir die Reduktion in der Sprache auch als angemessene Weise entziffern, eine solche Ausschaltung von Sinn entsprechend wiederzugeben.

Sosehr die Geschichte die holzkampschen Ausführungen zu diesem Komplex im Beispiel zu veranschaulichen scheint, widerspricht sie oder erweitert sie zumindest seine Überlegungen auch in zwei entscheidenden Dimensionen. Die Schülerstrategie besteht nicht so sehr im defensiven Täuschen, Vorsagen, Schein und vor allem nicht in der Entgegensetzung Klassenverband und Lehrer, sondern intentional herausgesondert wird das Lernziel, Lehrerfragen selbst wiederum einzukreisen und in eigener Übung fit zu werden, das Denken auf solche Leistung zu programmieren. Das setzt die Gruppe gewissermaßen als Trittbrett voraus, in der sich die Einzelne hervortun kann durch Leistung. Dementsprechend scheint es mir unzureichend, die Schulklasse als ein Gegeneinander von Solidarverband Schüler und Disziplinarvollstrecker Lehrer abzubilden, um zu dem Resultat zu kommen, dass »das offizielle Unterrichtsritual [...] von Schülerseite quasi begründungslogisch notwendig durch das traditionelle kollektive Täuschungsritual konterkariert ist« (1993, 466). Die Schulklasse wäre demgegenüber selbst als eine Art Staat zu analysieren, in dem es Kämpfe gibt, Eliten und Unterdrückte, Oben und Unten, Bündnisse und Ausschlüsse, Erniedrigte und Erhöhte, kurz, einen erbarmungslosen Kampf und kein geschlossenes Kollektiv. Dies hat unter vielen anderen Robert Musil in seinem Roman *Die Verwirrungen des Zöglings Törless* sorgfältig herausgearbeitet. Es ist die mir ebenso bekannte, vom Lehrstandpunkt naheliegende Vorstellung von der Schüler- oder Studentengruppe als Block, die es versäumt, auch die Schulklasse als ein kulturelles Feld besonderer Art zu sehen und zu studieren. Gegen die »Gewinnung lernenden Weltaufschlusses« (480) steht daher nicht bloß der Mangel, keinen Raum für »affinitives Lernen« zu geben und stattdessen im »Lehrlernkurzschluss schulisches Lernen mit operativ-zielbezogenem Lernen« gleichzusetzen (481). Gegen die Möglichkeit, gemeinsam im Klassenverband zu lernen steht eben auch, dass die Lernsubjekte Kinder der gesellschaftlichen Verhältnisse sind und der Schulraum in gewisser Weise die Struktur ebendieser Gesellschaft wiederholt. In diesem Kontext ist auch der Lehrende eine Gestalt, die wiederum eigener Untersuchungen ihrer widersprüchlichen Eingebundenheit in die Lehr-Lern-Situation und in die Gesellschaft verlangt. Ich möchte hervorheben, dass ich die holzkampschen Analysen zur Lehrerfrage nicht unzutreffend finde, sondern nicht ausreichend. Zudem wollte ich zeigen, dass das Lernarrangement offenbar in der Lage ist, dauerhaft geschädigte Subjekte hervorzubringen, die sich zu sich selbst wie zu Objekten verhalten können, die funktionieren oder auch nicht. Es gibt also ein eigenes Lernergebnis, das mit Lust und Macht besetzt ist. Ich nehme dies als einen Beleg, dass die behavioristischen Annahmen, deren Kritik bei Holzkamp zu Recht darauf basiert, dass das unterlegte Reiz-Reaktions-Modell die Humanspezifik des Lernens verfehlt, gleichwohl eine praktische Wirkmächtigkeit haben, die weiterer Untersuchung bedarf.

Konstruktion von Bedeutung

Folgen wir also weiteren Erinnerungsszenen aus der Schulwirklichkeit. Holzkamp hatte angenommen, dass Beispiele im Theoriekontext selber theorieförmig sein müssten, also die theoretischen Bestimmungen, die an ihnen entfaltet werden, selbst enthalten müssten (vgl. dazu Kapitel 9). Zwar geht die Arbeit mit den Erinnerungen eher entgegengesetzt vor, nimmt zufällige Beispiele – allerdings thematisch fokussiert – und versucht aus ihnen auch theoretische Erkenntnisse zu ziehen; jedoch wählen die Einzelnen, die ihre Geschichten aufschreiben, selbst Beispiele, die ihnen für eine bestimmte Botschaft, die sie vermitteln möchten, richtig scheinen. Dabei ist diese Botschaft/Bedeutung selbst ein zu Analysierendes, setzt sich zusammen aus herrschender Meinung, Alltagstheorien, Gelesenem und Gelerntem, eigenem Wollen, das wiederum in einem widersprüchlichen Zusammenhang in herrschaftlichen Verhältnissen sich bildet. Die gemeinsame Arbeit mit den Erinnerungen folgt also der Konstruktion von Bedeutung in unseren Verhältnissen, versteht sich also zugleich als ›Bedeutungskritik‹. Voarannahme ist, dass die Einzelnen die Bausteine ihrer eigenen Bedeutungskonstruktion irgendwie kennen und sie daher aus den aufgeschriebenen Geschichten erarbeitbar und als Elemente einer Theorie von Lernen zu verdichten sind.

Soweit die Geschichten von Schule handeln, kann man also erwarten, dass landläufige Vorstellungen über schulisches Lernen und die entsprechenden Alternativen, wie eigentlich gelernt werden will, sowohl die Auswahl des Erinnerten als auch die Botschaften/Bedeutungen der Szenen bestimmen. Die Suche nach den Persönlichkeiten, die sich und ihre Erfahrungen so zum Sprachrohr herrschender, vielfach auch reformpädagogischer Gedanken machen, zeigt die Mühen, die sie darauf verwenden, sich auf spezifische Weise darzustellen, erkennbar an den vielfältigen Eigentümlichkeiten, Widerständen, Leerstellen usw.; all dies gibt zumindest eine Ahnung von den Erfahrungen der wirklichen Menschen. Solche analytisch-detektivische Arbeit hat eine bemerkenswerte geschlechtstypische Komponente. Die Erfahrung zeigt, dass die männlichen Studierenden weit mehr dazu neigen, ihre Erlebnisse einer vorgefassten Theorie (Botschaft/Bedeutung) unterzuordnen, als es die weiblichen Autorinnen tun. Bei diesen bleibt immer etwas Widersprechendes, Zufälliges, Ungeordnetes, so dass die genauere Wiedergabe tatsächlichen Erlebens der Zensur des theoretischen Filters eher entgeht. Man könnte daraus schließen, dass sie weniger denken, bevor sie schreiben, oder dass sie intensiver erleben, dass sie widerständiger sind gegen Theorie und herrschende Meinung oder dass sie sich ernster nehmen als alle Theorie. Es ist jedenfalls ein Faktum, dass die in meinem Kontext geschriebenen Erinnerungsszenen von Männern weitgehend auf die genaue Aufzeichnung des Erlebten verzichten, nur der Form nach Erfahrung berichten und stattdessen Theorie beweisen[41].

41 Im Blockseminar von 2002, in dem diese Frage selbst zur Überprüfung stand, zeigten sich die anwesenden Männer mehrheitlich außerstande, Erfahrungen wiederzugeben: Sie ersetzten sie durch Meinung, Spott, Theorie bzw. allgemeine Zusammenfassungen ihres Lernlebens, die gleich ein ganzes Netzwerk einander widersprechender Theorien ungeprüft bündelten.

Zwei Beispiele – Notizen von Männern

Als er einmal etwas lernte (Szene 4)

Es war in der neuen Schule: Nach einigen schlechten Lernergebnissen in der alten Schule traf S[42] auf einen Bio-Lehrer, der ihm eine andere Art Lernen beibrachte. War S bisher gewohnt, Klassenarbeiten als Wiederholungsarbeiten schreiben zu müssen, verlangte der Lehrer, dass er sich auf einen *neuen Stoff* vorbereiten sollte, der dann, bei ja bekannter Themenstellung, als Klassenarbeit (aus dem Kopf) niedergeschrieben werden konnte. Das nötige Handwerkszeug wie richtige Gliederungen schreiben, Stoffsammlung usw. wurde uns auch beigebracht. Es wurden mehrere Themen zur Auswahl gestellt, und dann konnte es losgehen.
Er tat sich mit seinem Freund und neuen Schulkameraden (auch die Schule gewechselt) zusammen, und sie bildeten eine kleine Arbeitsgruppe. Die beiden konnten sich dann auch die nötige Zeit nehmen. Der Freund von S übernachtete bei ihm. Die Literatur konnte zusammen beschafft werden und vor allem, sie konnten es sich so richtig gemütlich machen: Literweise Tee kochten sie sich, Wolldecken wickelten sie sich um die Beine und ausführlich konnte gequatscht werden, bis sie sich gegenseitig ermahnten, sich dem Thema zu nähern. Sehr viele, durch Diskussion in Umwegen herausgefeilte Vorfassungen der endgültigen, abgestimmten, gemeinsamen Kladde landeten zerknäult in der Ecke, bis beide dann nach Tagen auch endgültig zufrieden waren.
Der Tag der Klassenarbeit war herangerückt. Sehr siegessicher sagten sie dem Lehrer, er möchte doch registrieren, dass sich die beiden Freunde ganz weit auseinandersetzen würden, um nicht in Verdacht zu geraten, abgeschrieben zu haben, denn sie würden ohnehin eine bis aufs Wort identische Arbeit abliefern.
Als sie die Arbeit später korrigiert wiederkriegten, war der Lehrer verblüfft und erfreut zugleich. Genau das war eingetroffen, wovon sie so fest überzeugt waren. Nahezu identische Arbeiten, benotet mit 1+ bzw. 1.
(Das Thema der Arbeit hatte etwas mit Enzymen, Katalysatoren in der lebenden Zelle zu tun, aber ist das nicht egal?)

42 Diese Besonderheit, dass die Einzelnen über sich in der 3. Person berichten, ist keine ›männliche Eigenart‹, sondern verdankt sich einem Vorschlag der Methode, über sich als fremde Person zu berichten, weil man dann sich genötigt fühlt, genauer hinzusehen, und sich zugleich historisch leben kann. Dieser methodische (Brecht entlehnte) Kunstgriff war zu Beginn von Erinnerungsarbeit insbesondere für schreibende Frauen nötig, weil sie sich sonst für zu unwichtig für eine Niederschrift hielten (F. Haug 1983, [3]1993, 17ff.).

Die Botschaft der Szene lässt sich konsensuell[43] formulieren als: Lernen braucht Selbständigkeit und eine Gruppe; das bisherige Schulsystem produziert Nieten. Die implizite Lerntheorie lautet: Lernen braucht gemeinsame selbständige Organisation der Form nach; das, was man lernt, die Thematik, der Stoff sind »egal«.

Der Autor konstruiert sich wie folgt: Er versucht, den Eindruck eines intensiven Lernprozesses mit wohliger Zustimmung zu vermitteln, schreibt sich aber kaum aktiv. (Man stelle die geschriebenen Aktivitäten zusammen, dann liest man: *trifft, ist gewohnt, tut sich zusammen.*) Er verwandelt sich nach der ersten Begegnung mit dem neuen Lehrer in ein *wir*. Die zwei Freunde sind hauptsächlich mit der Organisation von Wohlbefinden befasst, (*sie kochten sich Tee, machten es sich gemütlich, wickelten sich ein*), dann »ermahnten sie sich« und die Taten gehen in den Konjunktiv – würden sich auseinandersetzen, würden identisch schreiben. Entsprechend hat der Autor nur wenige, aber zustimmende Gefühle: *gemütlich, zufrieden, siegessicher.*

Die anderen Personen sind ein pädagogischer Auslöser einer neuen Form, die dem Autor passt, und ein Freund, der das notwendige Pendant in der Gruppe spielen darf, der keine einzige abweichende Tat vollbringt (nicht mal Kaffee statt Tee verlangt oder ähnliches) und so als abstrakte Personifikation des Lernerlebnisses fungiert. Die Schreibweise, in der also Charaktermasken (der Reformlehrer, das Arbeitsgruppenmitglied) miteinander kommunizieren, rührt vermutlich daher, dass die Szene selbst kaum lebendig und erfahren ist, sondern eben aus der Übertragung einer lerntheoretischen Annahme besteht. Der Autor denkt sein bisheriges Schulversagen als einer bestimmten Unterrichtsform geschuldet, denkt die nötige Reform als eine Kombination von gemeinsamer Aufgabenbewältigung, selbst organisierter Gemütlichkeit und statt Abrufen des vom Lehrer vermittelten Stoffes forschendes Auswendig-Lernen (der *neue Stoff* ist auch in der Niederschrift kursiv hervorgehoben, dass die Leser es nicht übersehen). Dabei konzentriert er sich dermaßen auf die Form, dass er am Ende unsicher ergänzt, dass der Stoff selbst vermutlich »egal« ist. – Diese Zutaten werden in Handlung übersetzt, die darum spannungslos, widerspruchsfrei von Sieg zu Sieg zieht. Unter der Hand mischt sich in die Darstellung jetzt noch die

43 Was der Autor sagen möchte, also die Botschaft der Geschichte, die Bedeutung, die er vermitteln will, wird gewöhnlich in der Erinnerungsarbeitsgruppe bis zum Konsens diskutiert. Dieser Schritt gewährleistet, dass an der Stelle von Willkür, Hineinlesen und Interpretieren das, was alle verstanden haben, was also im gewohnten Diskurs mitteilbar war, notiert wird. Zumindest die Mitglieder gleicher Kultur können sich in dieser Weise verständigen. Dieser Arbeitsschritt dauert gewöhnlich nicht mehr als 15 Minuten und gelingt eigentlich immer. Das Resultat zeigt, was an herrschender und geteilter Meinung aufgenommen ist. So wäre die Zusammenstellung aller solcher Botschaften auch ein Inventar dessen, wie der herrschende Konsens der ›Normalität‹ durchgesetzt ist.

zusätzliche Botschaft, dass, da der Stoff egal ist, der Autor allgemein gelernt hat, sehr gute Klassenarbeiten zu verfassen.

Gute Noten, so lautet die Botschaft aus der Rekonstruktion der Geschichte, kann man als Lehrer erreichen, wenn man das Lernen an die Schüler übergibt. Da diese Geschichte eine Veranschaulichung einer zuvor gehegten Annahme und eher nicht aus Erfahrung gespeist ist, erfahren wir leider nichts über vorherige Widerstände im Lernen, nicht, warum die Klassenarbeiten verfehlt wurden, und als Rezept, zusätzlich, dass organisierte gemeinsame Gemütlichkeit dem Lernen guttut.

Da die Botschaft der Geschichte, also das Ergebnis der Bearbeitung der Szene, und die Botschaft des Autors, die anfangs konsensuell notiert wurde, fast gleich sind, können wir als Bearbeiter der Geschichte im Wesentlichen lernen, eine solche Koinzidenz als ein Zeichen für fehlende Erfahrung zu lesen. Die Geschichte belegt so nicht viel mehr, als dass der Autor Elementen der Reformpädagogik zustimmt. Allerdings fehlt die wirkliche Prüfung, der Beweis.

Der nächste Student nennt seinen Bericht:

> Als ich einmal etwas oder nichts lernte (Szene 20 aus 2002)
>
> An mein Lernen in der (sozialistischen Schule) kann ich mich nicht mehr so genau erinnern. Also nicht, wenn es darum geht, ein markantes Erlebnis parat zu haben, das zur Illustration von etwas oder nichts Gelerntem geeignet erscheint. Die verteilte Seminarunterlage aus dem Bibliographischen Institut Leipzig sagt zu meiner Schulzeit in der DDR aber eigentlich alles: »Menschliches Lernen – im Unterricht der sozialistischen Schule der vom Lehrer geführte Prozess der zielstrebigen und systematischen Aneignung der Lehrplaninhalte durch die Schüler«.
>
> Aneignung der Lehrplaninhalte. Das hieß, ich musste mir die Inhalte zu eigen machen, die jemand anders für mich ausgesucht und interpretiert hatte. Na gut: Lesen, Schreiben, Rechnen sollen hier nicht qualifiziert werden. Aber Lernen als ein bewusster Prozess, die Welt zu begreifen und sie mir erfahrbar zu machen, in ihren vielfältigen Formen zu denken, das hat zumindest nach meiner heutigen Empfindung nicht stattgefunden.
>
> Lernen war entweder Auswendiglernen oder, wenn es sich nicht um naturwissenschaftliche Fächer handelte, das Wiedergeben der offiziellen/staatstragenden Meinung. Die richtigen Antworten standen schon vorher fest. Um nicht negativ sanktioniert zu werden, genügte es, sich entsprechend zu verhalten. Das erforderte auch keine besondere Anpassungsleistung, gab es doch keine (zumindest keine erkennbaren) Alternativen. Das war eben ›normal‹ so.
>
> Eine ähnliche Erfahrung machte ich viele Jahre später in der BRD, an einer Fachoberschule: auswendig lernen und antizipieren, auf was die Lehrerin Wert legte. Ich konnte mit meinen Mitschülern sogar schon Wetten abschließen, dass ich im nächsten Aufsatz wieder eine bestimmte Note schreiben würde.

> In der und für die Schule, so will ich mit Seneca mal sagen [er hatte als Motto den Satz ›Nicht für das Leben, für die Schule lernen wir‹ deutsch und lateinisch vorangestellt, FH], habe ich formal schon etwas gelernt. Für das Leben aber nur am Rand. Es sei denn, man will die Fähigkeit, sich durch die Welt zu lavieren, als Ziel des Lernens begreifen. Wohl nicht. Oder?
> Auch für meine Zeit an der HWP kann ich kein pointiertes Ereignis mit Lern- oder Nichtlerneffekt benennen. Eher würde ich hier einen Prozess erkennen. Zwischen meinem Abschluss der Polytechnischen Oberschule und dem HWP-Studium lagen mehr als zwölf Jahre. Lehre, Phasen der Arbeitslosigkeit, Fachabitur; abgebrochenes Studium, Fortbildung, Wehrdienst, Jobs und längerfristige Arbeitsverhältnisse reihten sich darin in unterschiedlicher Folge, Dauer und Häufigkeit aneinander.
> Nach einer sehr zermürbenden und unwürdigen Phase in der Tretmühle des Arbeitslebens entwickelte sich der Entschluss, dieser zu entkommen und noch einmal zu studieren. An das Studium an der HWP bin ich ohne herausragende Erwartungshaltung herangetreten. Ich sah und sehe diesen Lebens- und Lernabschnitt nicht primär als Qualifikationsstufe für einen Wiedereintritt ins Arbeitsleben. Aus den zahlreichen Erfahrungen der vorangegangenen Lebensphase des nicht-institutionellen Lernens, Begreifens, Mir-zu-eigen-Machens war mir klar, dass mein Studium nicht mit fertigen Antworten im Sinne der Aneignung eines Lehrplans funktionieren kann und würde. Vielmehr sollten sich mir neue Perspektiven für das Erkennen der Wirklichkeit, des Eigentlichen erschließen.
> In meinem ersten Semester an der HWP passierte etwas Bemerkenswertes: Neben den nahezu tödlichen Lehrplanvorlesungen bin ich durch Zufall in eine Vorlesung geraten, in der es überhaupt kein fertiges Programm gab. Auch gab es keine richtigen oder falschen Antworten auf Fragen, zu Diskussionsbeiträgen usw. Einzige Bedingung war, alle Argumente für und auch gegen die jeweilige Position zu benennen. Während eines ganzen Semesters konnte ich in den einzelnen Vorlesungen Erfahrungen sammeln, die sich langsam zu einer bestimmten Vorgehensweise verdichtet haben. Erst über den längeren Zeitraum dieses Semesters und eigentlich auch darüber hinaus würde ich das als Lernen bezeichnen wollen.

Es ist auf den ersten Blick erkennbar, dass dieser ›Erfahrungsbericht‹ im Grunde ohne Erfahrung arbeitet. Summarische Urteile, bekannte Auffassungen stehen vor einem Sich-Einlassen auf Welt, so dass auch im Ganzen der Eindruck entsteht, der Verfasser betrachte von weit weg, gleichsam resigniert seinen Lebenslauf, der in sich zwar viele Stationen hat, jedoch, was das Lernen angeht, ohne Widerspruch Fehlmeldungen verlautbart. Der Text zeigt darüber hinaus das Lernleben im Überblick, also als eine Art Lebenslauf, der relativ geschlossen konstruiert ist, selbst also wesentlich vermittelt, welche Bedeutung der Autor dem Ganzen geben möchte. Einzelne Momente werden kurz angeleuchtet und eingefügt wie in ein bekanntes

Mosaik. Daher eignet er sich nicht, ihn – wie bei Erinnerungsarbeit üblich – zu zerlegen und auf Widersprüche, Leerstellen, Subjekt- und Interessenskonstruktionen abzuklopfen. Dabei ist der Text sorgfältig geschrieben, dies aber zugleich in einem Modus resignativer Abwehr, so dass nicht einmal klar wird, ob die Verkehrung des Seneca-Satzes in der Absicht des Autors lag als eine Art versuchter Ironie oder ob er das falsch erinnert und es ihm auch egal ist, dass er damit alles für möglich hält. Einzig gegen Ende gibt es plötzlich ein Lernerlebnis, bei dem allerdings wiederum keine wirkliche Erfahrung spricht, sondern der Autor seine Auffassung davon, wie Lernen möglich ist, vorstellt. Dieses Stück ist entsprechend ohne Subjekte geschrieben, bzw. an die Stelle des Akteurs tritt das unpersönliche Subjekt ›es‹ als Vollstrecker seiner Lerntheorie, die lautet: Lernen geschieht, wenn niemand ein Programm entwirft, alle im Für und Wider argumentieren dürfen und die Bewertung als falsch oder richtig abgeschafft ist. Dass dies hier als merkwürdig notiert ist, soll nicht heißen, dass diese genannten Dimensionen für Lernprozesse uninteressant wären; vielmehr sind sie nicht nur nicht ausreichend, es entspricht solchen Urteilen zumindest in diesem Text keinerlei gelebte Erfahrung in dem Sinne, dass der Autor solche Veranstaltung wirklich durchlebt hat und Erfahrungen damit machte, ohne Programm hin und her zu diskutieren. Wir erinnern u. a. daran, wie sehr die Studenten die Diskussionsbeiträge ihrer Mitstudenten zumeist für überflüssig halten (vgl. Kapitel 8).

Forschende Haltung

Ich hatte behauptet, dass die schreibenden Frauen anders mit ihren Lernerfahrungen umgehen, sie gewissermaßen unmittelbarer und ohne vorwegnehmende Urteile notieren. Dieses Verfahren, einfach niederzuschreiben, was einem widerfuhr, und nicht auf schlüssigen akzeptablen Versionen zu bestehen, macht die vielen Erinnerungsgeschichten auch schwer lesbar. Sie erscheinen auf den ersten Blick als belanglos, in ihrer jeweiligen Einmaligkeit auch überflüssig. Keine Lektüre, die man sich auf Dauer antun möchte. Liest man sie so einfach hintereinander, scheinen sie vielmehr wie ein Dahinplätschern, ein Ausfüllen von Zeit mit Worten, wie man das aus Alltagsgesprächen gewohnt ist. Nur dass es bei Erinnerungsarbeit keine Möglichkeit gibt, einfach abzuschalten, wie das die Studenten in den Seminaren gewöhnlich tun.

Es braucht eine eigene Anstrengung, eine bewusste Haltung und Konzentration auf den Forschungsprozess, um die Gleichgültigkeit bis Abneigung gegen die Erfahrungstexte zu überwinden. Aber wenn man sich dann gemeinsam darauf einlässt, das ›Warum‹ der Schilderung, die Absicht der

Autorin, Leerstellen, Widersprüche, Subjektkonstruktion, Subtext entziffert, gewinnt jede Geschichte – mit Ausnahme derer, die gar keine Erfahrung schreiben – eine ganz eigene Faszination. Es gelingt dann, nicht nur jede Schreiberin ernst zu nehmen und dem Text nachzugehen wie eine Detektivin, gleichzeitig erfährt man selbst unmittelbar, dass etwas durch gemeinsame Arbeit erkennbar wird, also ein Zuwachs an ›Weltaufschluss‹ oder gesellschaftlichem Wissen über das Wie der Aneignung von Welt geschieht. An die Stelle von Müdigkeit tritt eine Art Aufregung, die immer neue Gedanken und Verknüpfungen entstehen lässt. Nachdenkend über diese Verwandlung scheint mir, dass sie selbst eine Auskunft über Lernprozesse geben kann. Sowie es gelingt, einander mit neugierigen Augen als Gestalterinnen eigenen Lebens zu betrachten, kann jede Äußerung in diesem Sinne aufgenommen werden in ein Vorhaben, Leben und Welt wirklich zu gestalten. Lernen wäre auf diese Weise gekoppelt an eigene Haltung, an die Art, wie wir andere wahrnehmen und damit uns selbst, und Erweiterung des Wissens von Welt in gestaltender Absicht.

Antonio Gramsci macht in seinen *Gefängnisheften* den Vorschlag, dass ein jeder ein »Inventar erstelle«, wie seine »eigene Weltauffassung« zusammengesetzt sei.

> Der Anfang der kritischen Ausarbeitung ist das Bewusstsein dessen, was wirklich ist, das heißt ein »Erkenne dich selbst« als Produkt des bislang abgelaufenen Geschichtsprozesses, der in einem selbst eine Unendlichkeit von Spuren hinterlassen hat, übernommen ohne Inventarvorbehalt. (Heft 11, § 12, Anm. 1)

Er hält dies für eine Vorbedingung, um an der »Hervorbringung der Weltgeschichte aktiv teilzunehmen«, statt »hinterrücks« gleichsam von ihr überfallen zu werden (H 11, § 12). Dieser Gestaltungsprozess ist ein kollektiver.

Im Unterschied zu Holzkamps Versuch, Lernen zu bestimmen, ist in der Weise, gemeinsam die eigene Konstruktion seiner selbst und von Welt als eine Produktion zu erarbeiten, die Gesellschaftlichkeit des Menschen nicht nur in Gestalt vorhandener »gesellschaftlicher Symbole« (wie Musik) einbegriffen, sondern Lernen geschieht hier von vornherein im Forschungsprozess mit anderen. Da der Alltag sich einem gewöhnlich nicht als Kunst darbietet und die Einzelnen keine Literaten sind wie Brecht etwa, der es versteht, eben den Alltag so in seiner Zusammengesetztheit zur Verfügung zu stellen, dass jeder sich eigens an Gestaltungsarbeit machen kann, gilt es auch, sich durch die Arbeit mit Alltagszenen gemeinsam zu Gestaltern zu befähigen.

Erfahrungen von Frauen – drei Beispiele

An der Arbeit mit weiteren Erinnerungsszenen über Erfahrungen aus dem Schulkontext lässt sich die oben geschilderte Verwandlung von Langeweile in Faszination vielleicht erfahren. Zwei Szenen handeln vom Nichtlernen, eine vom Lernen und alle sind, wie zumeist, zugleich unmittelbar nachvollziehbar wie seltsam verrückt.

Englischlernen (Szene 5)

Sie saß auf der Schaukel und hörte, wie ihre Mutter nach ihr rief. Mist. Das bedeutete, dass ihr Vater jetzt Zeit hatte. Hoffentlich machte sie nicht so viele Fehler, damit ihr Vater mit ihr zufrieden war. Das schulfreie Wochenende, an dem sie möglichst nicht an die Schule denken wollte und das eigentlich auch ganz gut schaffte, war vorbei und morgen musste sie wieder hingehen. Sie lief vom Spielplatz nach Hause. Ihr Vater saß schon im Wohnzimmer auf der Couch und hatte ihr Block und Stift zurechtgelegt. Im Hintergrund lief leise das Radio, Sportschau. Es war Sonntagnachmittag, und da übte sie ja immer mit ihrem Vater für die Schule.
Nächste Woche stand ein Diktat in Englisch an, und ihr Vater wollte ihr etwas diktieren. Sie wusste, dass sie viel mehr üben musste als andere Kinder. Ihr fiel eben nichts in den Schoß, wie ihre Mutter immer sagte. Sie wäre gerne so wie ihr Freund Mike gewesen. Der tat fast nichts und war trotzdem besser als sie. Warum konnte sie nicht so gut und intelligent sein wie er? Sie war froh, dass sie einen Vater hatte, der so gut in Englisch war, denn so konnte er ihr diktieren. Das sagte er ja auch immer. Nicht auszudenken, wenn niemand da gewesen wäre, um mit ihr zu üben. Dann wäre sie wohl noch schlechter. Wenn sie vorher geübt hatte, fühlte sie sich auf dem Weg zur Schule etwas zuversichtlicher, sie hatte dann weniger Angst. Sie fand es schrecklich, aufgerufen zu werden und eine falsche Antwort zu geben oder während eines Diktats nicht zu wissen, wie das Wort geschrieben wurde. Während ihr Vater den Text erst mal ganz vorlas, so wie der Lehrer das ja auch machte, spielte sie mit dem Block und wünschte sich wieder auf den Spielplatz. Sie wollte noch nicht wieder an die Schule denken, morgen war noch früh genug. Sie hörte nicht zu. Dann diktierte ihr Vater Satz für Satz, ganz langsam, damit sie mitschreiben konnte. Sie musste dennoch häufiger nachfragen. Als sie den Text ganz geschrieben hatte, gab sie den Block ihrem Vater. Mit einem roten Stift strich er die Fehler an. Sie saß während der Korrektur im Sessel, sah den startenden Flugzeugen sehnsüchtig hinterher und hatte das Gefühl, als ginge sie das alles nichts an. Ihr Vater gab ihr den Block zurück, ganz schön viel rot … Nachdem sie sich die Fehler angeguckt hatte, diktierte er ihr noch mal die Sätze, die einen Fehler enthielten, dann korrigierte er und diktierte erneut … »Meine Güte, man schreibt ›had‹ nicht wie ›hat‹. Das hast du jetzt schon zum dritten Mal falsch geschrieben.« Sie zog den Kopf etwas ein und ärgerte sich über sich selbst, weil sie ›had‹ mit ›t‹ geschrieben hatte. Klar, dass ihr Vater langsam ungeduldig wurde, klar …

> Das Üben ging so lange, bis ihr Vater nichts mehr korrigieren musste.
> Einige Tage später schrieb sie dann in der Schule das Diktat. Sie hatte nachher kein besonders gutes Gefühl ... Egal, wie viel sie übte, sie war einfach nicht gut. Sie würde nie eine gute Schülerin sein. Es war außerdem unangenehm, nach Hause zu kommen und zu gestehen, dass sie wieder versagt hatte, vor allem ihrem Vater gegenüber. Es wurde dann auch nur eine 3 minus, ganz knapp, ein Fehler mehr und es wäre eine 4 gewesen. Ihr Vater war enttäuscht. Er guckte die Arbeit durch. »Das haben wir doch alles geübt, und, unglaublich, du hast doch ›had‹ tatsächlich mit ›t‹ geschrieben. Ich weiß gar nicht, wieso wir noch üben.« Sie hatte ein schlechtes Gewissen, weil sie wusste, dass sie sich beim Üben nicht genug konzentriert hatte. Ihre Mutter sagte ihr ja immer, dass sie nicht konzentriert genug war. Sie meinte, dass das sicher auch von den vielen Süßigkeiten käme, die sie immer aß. Sie versuchte auch, weniger Süßigkeiten zu essen, aber es klappte nicht. Sie würde sich ändern und das nächste Mal sehr konzentriert sein.
> Sie versuchte die ganze Schulzeit über, sich mehr zu konzentrieren und eine gute Schülerin zu werden. Es gelang ihr nicht. Ihre Eltern fanden sich resigniert damit ab. Sie machte ein schlechtes Abitur und ihre Eltern und sie kamen überein, dass es für sie besser wäre, nicht zu studieren, sondern eine Ausbildung zu machen, da sie eben einfach ›kein Lerntyp‹ war. Sie brach die Ausbildung ab und hat beim Studieren herausgefunden, dass sie sich sehr wohl konzentrieren kann.

Als Botschaft der Geschichte entzifferten wir konsensuell zunächst: Dumm geboren und nichts dazugelernt. Darunter als eine Zusatzbedeutung: In mir steckt etwas, das durch Elternstrategien – Eingreifen des Vaters, Urteile der Mutter als Gehilfin des Vaters – während der Schulzeit verdeckt blieb. Und als eine Art Fazit: Die Wege, die die anderen weisen – Vater, Mutter, Schule –, sind nicht die meinen.

Die implizite Lerntheorie lautet: Lernen geht nur selbstbestimmt. (Gerade weil übrigens die meisten Lernerinnerungen von dieser Maxime ausgehen, sie also fest im Alltagsverstand verankert ist, wäre eine sorgfältige Theoriekritik nötig, die an dieser Stelle nicht geleistet werden kann.)

Wenn man sich zunächst die Aktivitäten der Autorin vor Augen führt, erhält man eine Liste von einer halben Schreibmaschinenseite. Die Autorin zeigt sich so auf den ersten Blick als außerordentlich aktiv. Verben der Bewegung wechseln mit solchen des Denkens und Fühlens, kurz, es scheint eine ausgewogene Geschichte zu sein. Die Autorin meistert die Sprache und setzt sie gezielt ein. Subjekt und Handlung sind weitgehend klar. Es gibt wenig unpersönliche Subjekte, wenige irreale Sätze, wenig Hilfswörter. Ihre Gefühle haben eine große Bandbreite, schwanken zwischen Hoffnung und Hoffnungslosigkeit, Freude und Ärger, Gleichgültigkeit und schlechtem Gewissen. Und im Unterschied zu den meisten

Erinnerungsgeschichten hat diese Autorin auch Interessen und Wünsche: *Sie will nicht an Schule denken (das kommt zweimal vor), will sein wie Mike, will gut und intelligent sein, wünscht sich auf den Spielplatz, will sich ändern, will konzentriert sein.* Gleichwohl zieht sich ein Gefühl der Unwirklichkeit durch die Szene, die die Autorin durch die Konstruktion der anderen in Bezug auf das eigene Ich herstellt. Da ist die Schule, sie kommt konkret nicht vor, hängt aber als Anforderung, Ärger über der Szene als eine Gegend, in der sie versagt, eine schlechte Schülerin ist. Schule bestimmt die Geschichte, die ohne Schule nicht wäre, wie ein unausweichlicher Bann. Sie ist die Institution, die ihr die Triebkraft raubt. In der Schule gibt es einen Lehrer, der diktiert wie der Vater. Erwähnt wird ein Freund, Mike, der nichts tut und gut ist, weil er intelligent ist – er hat ihr gegenüber alle Vorteile und dient als eine Art Spiegel, der ihre Verurteilung festhält: Sie ist nicht intelligent, nicht gut. Die Eltern zerfallen in Mutter und Vater und vereinigen sich zu Eltern nur bei der Ausbildungsplanung, dem Entscheid, dass sie »kein Lerntyp« ist. Sonst sind sie bemerkenswert verschieden, aber komplementär. Die Mutter übernimmt den Part der Anrufung, sie »sagt immer … ihr fällt nichts in den Schoß«, sie ist nicht konzentriert genug, und meint, dass dies von den Süßigkeiten komme, die sie immer aß. So ist die Mutter mit wenigen Strichen als Spruchbeutel voller fragwürdiger Sätze gezeichnet. Die Autorin skizziert sich selbst als eine, die die Urteile der Mutter (sie sei nicht gut, es käme von den Süßigkeiten) zu übernehmen scheint – sie versucht weniger Süßigkeiten zu essen –, und sie gibt die Mutter zugleich preis als eine Person, die immer die gleichen Unsinnigkeiten absondert, gegen die sie also in ihrem eigenen Wollen auf jeden Fall die einsichtigere Position hat. Die Mutter organisiert das Zusammensein von Vater und Tochter. Die Tochter gibt den Vater ebenfalls preis, gerade wo sie ihn als Hilfe beschreibt.

> *Er sitzt, legt Block und Stift zurecht, will diktieren, ist gut in Englisch, kann ihr diktieren, sagt dies auch immer, liest ganz vor, diktiert Satz für Satz langsam, streicht Fehler rot an, gibt zurück, diktiert noch mal, korrigiert, diktiert, wird ungeduldig, muss nichts mehr korrigieren, ist enttäuscht …*

Reiht man diese Merkmale so dicht aneinander, entsteht das Bild des Vaters als eine Art buchhalterischer Alptraum angemaßter Wichtigkeit. Durch das bei beiden Eltern eingesetzte Wort »immer« im Zusammenhang mit besonders unsinnigen Tätigkeiten, die eine bei der Verurteilung der Tochter, der andere beim Lob über sich selbst, fungieren beide Eltern wie eine Art Pausenzeichen als ständige Wiederholung von Unaushaltbarem. Indem die anderen keine Interessen und Wünsche haben und der Vater als einzige andere Person auftaucht, die Gefühle hat, wenn auch nur negative (er ist enttäuscht und ungeduldig), und der etwas tut, dieses Tun aber ausschließlich zu ihrer Verbesserung einsetzt und zwar als stetige Wiederholung ohne Erfolg, erscheint sie als eine Person, die anderes, ›das Eigentliche‹ will – spielen, gut und intelligent sein, ohne etwas dafür tun zu müssen, nicht an Schule denken usw. –, aber zum Lernen gezwungen ist. Der Zwang geht wie selbstverständlich von der Schule aus, deren Verlängerung die Eltern, insbesondere der Vater (bis hin zum Rotstift) sind. Im Grunde konstruiert sich die Autorin als abwesend bzw. Schule und Eltern als Verhinderung von Leben. Sie versucht zu funktionieren, ist aber nicht bei der Sache. So ist sie nicht widerständig, sondern unfähig. Dafür bleiben die Anforderungen einigermaßen abstrakt: Richtig schreiben tritt auf der Seite der Anforderung und des Nicht-Könnens auf, dagegen steht »Konzentration« bzw. ihr Nichteinsatz. Dies ist eine Art Code für ihre Zustimmung. Sobald sie sich konzentrieren könnte, wäre alles in Ordnung; selbst der Zweifel, ob sie nicht an sich kein »Lerntyp« ist, steht unter dem Konzentrationsverdikt. Dies scheint so lange noch eine Art Karikatur, besonders, da es über die Mutter verbunden mit Süßigkeiten vorkommt, bis wir am Ende als Lösung erfahren, dass sie sich doch konzentrieren kann. In der Universität entdeckt sie sich mit diesen Worten als fähig.

Und so lautet die aus der Geschichte rekonstruierte Botschaft jetzt: Du irrst, wenn du glaubst, du seist unfähig, es braucht nur deine Konzentration, aber diese kann nicht von anderen kommen, sondern kommt von selbst aus dir in der richtigen Umgebung und zur rechten Zeit. Oder: Nur wer sich selbst macht, lebt.

Im Verhältnis zur ersten Botschaft erscheinen die Eltern und die Schule nicht mehr so sehr als die Strategen, die das Lernen verhindern. Dafür bleibt die Erweckung rätselhaft wie der Kuss des Prinzen im Märchen. Sie kann, wenn sie will, aber wann will sie? Was überwand den Widerstand? Wie kam sie ins Leben? – Dies sind die strategischen Leerstellen, die die Geschichte erst stimmig machen.

In den meisten Geschichten schreiben Frauen sich gewissermaßen abwesend, machen damit Schule zum Unort, in der sie nur zum Schein sind und dabei Träume vom Aufwachen hegen. Sie ergreifen selbst wenig Initiativen, weil sie diese im Rahmen der geforderten Aufgaben denken und also von vornherein als unsinnig verurteilen. Auf eine noch nicht klar durchschaute Weise scheint Schule insbesondere die Mädchen so sehr zu verfehlen, dass bestenfalls eine Art gehorsames Warten auf den Tag X ihre Tätigkeiten bestimmt, wobei sie durchaus das Klassenziel erreichen können oder auch nicht, was wiederum eher als Schicksal erscheint denn als Resultat eignen Tuns. Prototypen dieses ›unwirklichen Geworfenseins‹ sind der Lateinunterricht oder auch das Abitur.

Lateinunterricht (Szene 11)

Sie saß am Schreibtisch und versuchte wieder einmal die Lateinvokabeln in ihrem Kopf zu verankern. Dies erfolgte mit dem immergleichen Verfahren: Zuerst las sie sich die Vokabeln mehrmals durch. Dann hielt sie die Spalte mit der deutschen Übersetzung zu und versuchte sich zu erinnern. Sodann schaute sie nach, ob sie richtig geantwortet hatte. Überall, wo ihre Antwort falsch war, machte sie mit dem Bleistift einen dünnen Strich. Es wurden eine Menge Striche. Dann ging's wieder von vorne los, bis sie irgendwann alle Striche wegradiert hatte. Und darauf folgte die ganze Prozedur noch einmal andersherum: Deutsch-Latein.

Sie fand diese Art, Vokabeln zu lernen, äußerst langweilig. Aber anders ging es wohl auch nicht. Zwischendurch trommelte sie ein wenig mit den Händen auf der Schreibtischplatte und träumte davon, einmal eine großartige Schlagzeugerin zu werden. Warum konnte sie diese blöden Vokabeln bloß nicht behalten? Andere schließlich, wie ihre beste Freundin Conny, lasen sich so etwas zweimal durch, und der Stoff ›saß‹.

Als sie dachte, sie wäre einigermaßen fertig mit Lernen, ging sie hinunter ins Wohnzimmer zu ihrer Mutter, damit diese sie, wie immer, abhörte. Als sie die Tür öffnete, merkte sie, wie sich ihr Bauch zusammenkrampfte; sie ahnte, dass sie wahrscheinlich versagen würde. Irgendwie hatte sie auf dem Weg die Treppe hinunter eine Masse Vokabeln vergessen. Ihre Mutter hörte sie geduldig ab – aber war sie nicht auch unzufrieden mit ihr?

Sie ging wieder die Treppe hoch und versuchte wiederum, die angestrichelten Vokabeln zu behalten. Und abermals ging es hinunter zu ihrer Mutter. Das Ganze wiederholte sich zwei- oder dreimal, bis endlich keine Striche mehr am Rand gemacht werden mussten. Dann war sie entlassen und fühlte sich für den Moment erleichtert.

Am nächsten Tag in der Schule schaute sie noch einmal ins Lateinbuch. Sie stellte fest, dass sie mindestens die Hälfte der Vokabeln nicht mehr wusste, und konnte nur hoffen, das Glück zu haben, nicht dranzukommen oder aber nach einer der wenigen von ihr gelernten Vokabeln gefragt zu werden. In der Klasse herrschte angespannte Ruhe. Die Lehrerin fragte die Vokabeln ab, und die meisten ihrer Mitschülerinnen (sie besuchte ein Mädchengymnasium) wussten auch die passende Entsprechung. Sie hatte das Gefühl, ein Hirn wie ein Sieb zu haben. Es konnte eigentlich nicht so schwer sein (wie ihre Freundin Conny ihr vorführte), aber sie empfand dieses Auswendiglernen und -wissen als Quälerei. Auch ihr ›richtiger‹ Berufswunsch: Tierärztin – für den sie ja das kleine Latinum brauchte – war für ihre Merkfähigkeit keine Veranlassung, besser zu funktionieren. Inzwischen fing sie an, neidisch auf ihre Mitschülerinnen zu werden, die sich wacker durch die Geschichten von Cäsar und den Römern schlugen. Denn wer Latein kann, ist ein gebildeter Mensch, dachte sie.

Am Ende des Schuljahres bekam sie in Latein eine fünf. Und auch in Englisch. Sie war sitzengeblieben. Und ihre Mutter beschloss, sie auf ein Internat zu schicken.

Die Botschaft der Autorin scheint zu sein: Wofür man nicht begabt ist, das kann man nicht lernen, da nützt kein Training, ja nicht einmal ein übergeordneter Wunsch.

Als implizite Lerntheorie lässt sich herauslesen: Lernen ist Auswendiglernen, das Begabung braucht.

Man könnte aus den verschiedenen Geschichten etwas über die gängige Praxis, Eltern zu Verlängerungen der Schule zu machen, kritisch herausarbeiten. Auch wird sichtbar, dass die Weise, wie sich die Einzelnen in der Schule erfahren, eine Auftreffstruktur für Begabungstheorien ist. Schließlich gibt es immer eine oder einen, der/dem die Schulstoffe einfach zufliegen wie die gebratenen Tauben im Schlaraffenland. Sie müssen sich gar keine Mühe geben.

Wenden wir uns konkret der Selbstkonstruktion der Autorin zu: Auf den ersten Blick wird deutlich, dass sie sich als sehr aktiv in ihren Bemühungen zeigt und dabei entgegen äußerem Anschein ganz allein ist. Die Einsamkeitskonstruktion geschieht u. a. dadurch, dass alle anderen Menschen – es sind ohnehin sehr wenige – nur als Statisten vorkommen, die zum Vergleich dienen oder etwas fragen, was sie nicht weiß. Sie haben keinerlei eigenes Leben, also auch keine Gefühle (außer Geduld), keine Wünsche und Interessen. Die Autorin benutzt Verben der Bewegung (*trommelt, geht, öffnet …*) ebenso wie solche der Kognition (*denkt* [2-mal], *merkt, vergisst, weiß nicht, kann hoffen …*), aber beide sind so gestreut, dass der Eindruck vermittelt wird, es ginge sie das alles nichts an: Sie handelt wie eine Marionette auf Abruf. Dieser Eindruck wird verstärkt durch die plötzliche Subjektempfindung: *Langeweile* und den Einschub des ebenso starken Subjektworts *Träume, Schlagzeugerin zu werden*, noch dazu eine großartige. Sie spricht aus: Sie soll funktionieren, aber sie kann nicht. Das Wort scheint beiher eingestreut, fügt sich jedoch in die Gesamtdarstellung: Es wird etwas von ihr verlangt, das sie nicht nur nicht weiß, sondern ihre Merkfähigkeit funktioniert nicht. Die Wahl des unpersönlichen Subjekts, es ist ihre Merkfähigkeit, nicht sie, die da nicht funktioniert, hebt dieses Ungenügen zugleich von ihr weg. Sie passiviert sich in allen diesen Punkten und gibt Verantwortung an andere Mächte. Als Subjekte treten auf: *die Antwort, die Prozedur, der Bauch, Striche, Glück, Ruhe, es* (viele Male), *der Berufswunsch*. Die Autorin stattet sich mit Gefühlen aus – bis auf die Erleichterung, dass etwas nicht mehr ist, sind sie alle negativ (Langeweile, Qual, Neid). Diese Gefühlslage verstärkt den Eindruck, dass man ihr etwas antut, das im ohne Gefühl notierten Schluss seinen Höhepunkt findet: Sie wird weggeschickt.

Aus der De- und Rekonstruktion der Geschichte erfahren wir eine Problemverschiebung. Sie lautet in diesem Fall: Lernen steht gegen Wohl-Leben, es ist Unterwerfung. Nichtlernen ist der letzte Versuch der Auflehnung dagegen, aber dies führt zur Ausschließung.

Diese Botschaft ist erkauft durch eine Anzahl von strategischen Leerstellen: Es fehlen positive Gefühle, lebendige Menschen (andere), Interessen. Das verarmte Lernziel ist widersprüchlich besetzt: Sie will sein Ergebnis (das kleine Latinum) als untergeordnete Stufe zu ihrem Berufswunsch (wobei nur die Tierärztin, nicht die Schlagzeugerin als Beruf auftritt) und findet es langweilig. Ohne Lernen könnte das Leben schön sein.

In dieser Weise sind eine Reihe von Geschichten gleichsam im Vorfeld ›wirklichen Lebens‹ geschrieben. Lernen ist gefasst als Blockierung von, nicht als Schlüssel zum Leben. Immer wieder scheint Lernen Menschsein zu verhindern. Diese Botschaft kommt jedoch ebenfalls durch eine strategische Leerstelle in die Texte: Man erfährt nicht, worin das wirkliche Leben besteht – außer dass es ein Traum ist. – Solche Lerngeschichten sind Schulgeschichten. Könnte man annehmen, dass Schule diese Leistung vollbringt, das Leben zu verschließen, so dass kaum mehr bleibt, als der Wunsch, Schullernen möge es nicht geben? So dass nicht bestimmte Behinderungen oder Blockaden mehr ausgemacht werden, sondern eine allgemeine Lage verzeichnet wird, die verzweifelt zu nennen zu viel Emotion voraussetzen würde: Die Lage scheint vielmehr tot.

Das Abitur (Szene 10)

Eine Vollanalyse einer Novelle von Schiller und der Vergleich zwischen epischem und absurdem Theater. Das sollten sie sein, die Prüfungsthemen für das Abitur am seidenen Faden. Alles hing davon ab, ob sie die 10 Punkte schaffte. In Mathe war sie eine Null, und so stieg sie auf diesen Handel ein. Eine Woche Vorbereitungszeit und die Sonne schien. Der Countdown lief. Am dritten Tag war sie schon richtig braun, statt nervös zu werden, legte sich eine statische Ruhe auf ihr Gemüt. Bis … ja, bis ihrer Mutter der Kragen platzte und es »den Anschiss des Jahrhunderts« gab. Anschließend betretenes Schweigen auf beiden Seiten. Dann krabbelte langsam die Angst vom Unterleib durch den Magen ins Herz und in die Kehle. Was, wenn sie es nicht schaffte? Der Countdown lief. Nur noch drei Tage. Sie setzte sich an den Schreibtisch und verdrängte die Panik, so gut es ging. Ihre Mutter schirmte sie ab, fragte, bohrte, half und trat ihr in den Hintern. Sie fühlte sich wie eine Maschine. Sie las, vergegenwärtigte, lebte in den Personen. Der Kopf drohte zu platzen, in der Kehle saß immer die Angst. Die Nächte gehörten Mutter Courage und dem Sonnenwirt, die sich auf seltsame Weise vermischten. Sie lernte nicht mehr nur, sondern war ein Teil von dem, was sie lernte. Weg von der Realität in einen Tunnel von Fragen und Antworten, keine körperlichen Bedürfnisse mehr, nur noch Lernen und die Angst, es nicht zu schaffen. Und manchmal konnte sie sich wieder gar nicht vorstellen, was wäre, wenn sie es nicht schaffte.

Kurz vor der Prüfung musste sie ganz dringend aufs Klo. Der Prüfer rannte hinterher, um sicherzugehen, dass sie nicht schummelte.

> Beide saßen sich in einem Raum mit fünfzehn Zuschauern gegenüber, an einem Tisch, auf dem in der Mitte eine Blumenvase stand. Alles, was sie dachte, war, das Blumenwasser zu trinken gegen ihren höllischen Durst. Sie antwortete auf die Fragen wie in Trance. Sie nahm alles nur durch einen Nebelschleier wahr, auch das, was aus ihr herauskam. Es wurde dunkler, 30 Minuten eine Ewigkeit. Schluss!
> Vor der Tür – ein Lehrer flüsterte noch: »zehn Punkte« – sank sie ohnmächtig in die Arme ihrer Mutter.

Wieder gab es einen Konsens in der Gruppe, dass die Autorin als Botschaft vermittelt: Man muss aus seinem gewöhnlichen Leben aussteigen, um zu lernen, aber dann schafft man es. Dieser Ausstieg erfolgt durch äußeren Zwang gegen eigene Bedürfnisse.

Die implizite Lerntheorie lautet: Lernen geschieht durch Interesse und Motivation, die äußerlich hergestellt werden müssen gegen das Subjekt des Lernens.

Als sprachliche Besonderheit sei festgehalten, dass die Szene zu großen Teilen mit unpersönlichen Subjekten bestückt ist. Sie beherrschen die Szene bis zur Mitte, bis sie sich nach dem Anschiss (der ebenfalls ein Subjekt ist) hinsetzt und lernt – davor lässt sie sich treiben, was sie eben durch die vielen unpersönlichen Subjekte auch sprachlich organisiert. Subjektpositionen nehmen ein:

> *eine Vollanalyse, der Vergleich, Prüfungsthemen, alles, die Sonne, der Countdown, eine statische Ruhe, der Anschiss, das Schweigen, die Angst, der Kopf, die Nächte, es und wieder der Countdown.*

So sieht man, das Geschehen ist ganz in den Händen anderer Mächte, bis die Mutter dazwischengeht und die Handlung an die Autorin gibt – zur Not mit Tritten. Zusätzlich zu diesen vielen anderen Mächten, die statt ihrer handeln, hat sie die Geschichte so geschrieben, dass auch ein Reihe von Konjunktiven wie Warnlampen negativ durch das Imaginäre ziehen: Was wäre, wenn sie es nicht schaffte? Durch das mehrfache »Der Countdown lief« ist das Ganze im Übrigen als eine Art Raketenstart hingebogen – eine Sammlung von Energie muss her, literarische Nahrung gegen alle Bedürfnisse, damit die Rakete hochgehen kann, hoch genug.

Rekonstruieren wir, wie die Autorin sich darstellt: Obwohl die Geschichte auf den ersten Blick äußerst dramatisch zu sein scheint und die Schülerin darin erfahrbar als kämpfend und arbeitend, wenn auch in letzter Minute, sieht man auf den zweiten Blick, dass sie eigentlich kaum aktiv ist. Sie schließt einen Handel, der sie als Subjekt ausschließt; entsprechend verdrängt sie, wird maschinenhaft, wird Teil des Lernens, lebt in literarischen Personen. Das große Angst-Gefühl sitzt als Sperre in ihr und hält sie beim Lernen. Ohne dieses entfremdete Ich ist die Autorin allerdings auch kein Subjekt – sie sitzt in der Sonne und wird braun.

Kurz die Autorin konstruiert sich subjektlos – ein Materialstück in den Fängen anderer Mächte. Zweimal kommt sie als bedürftig vor, beide Male ist dies aber ein Zeichen, das im Kontext unpassend ist bzw. nicht angemessen befriedigt werden kann, so dass auch ihre Bedürftigkeit ihr kein Leben bringt: Sie muss im entscheidenden Moment aufs Klo – was gefälscht sein könnte –, und sie ist durstig, wofür es nur Blumenwasser gibt. Entsprechend nimmt sie sich und ihre Äußerungen kaum wahr und rundet das Ganze durch eine Ohnmacht ab.

Diese Unwirklichkeit wird u. a. hergestellt durch eine ganze Reihe von Leerstellen. Eine dieser Leerstellen ist sie selbst als lebendiger Mensch, ebenso die Mutter. Aber schließlich handelt es sich um eine Schulszene – und hier fehlen die Klassenkameraden ebenso wie die übrigen Lehrer. Desgleichen fehlt der Inhalt dessen, was sie gelernt hat. Das Lernergebnis tritt als abstrakte Punktzahl auf, die ihr den Eintritt ins Leben gewähren soll.

So ergibt sich als rekonstruierte Problemverschiebung: Lernen ist eine abstrakte Anforderung, die vielleicht ins Leben führt, das selbst aber ebenso fraglich ist.

Lernen scheint ein Entfremdungsprozess zu sein, der durch Versetzung in eine andere Welt (Entsubjektivierung) passiert, inszeniert bzw. regiert von höheren Mächten. Fazit: Alles Theater.

Langsam schält sich heraus, dass Lernen als etwas wahrgenommen wird, das einem zustößt, zu dem man aus einem Schlaf erwacht, aus dem man vielleicht nicht erwachen möchte. Das Leben lebt sich, von außen tritt Lernen auf als Belästigung, als Verheißung, als Möglichkeit anderen Lebens. Unwirklich zunächst und nicht konkret gerichtet, so dass man annehmen möchte, dass Menschen, die doch als Gattung lernende Wesen sind, an ihrem Menschsein gehindert sind auf noch viel umfassendere Art, als wir bislang annahmen. Dabei lernen sie ja unaufhörlich und eignen sich ihr gesellschaftliches Wesen an; zugleich scheint ebendieses als Behinderung bzw. die Form, in der Lernen geschieht, zugleich als Alternative zum Leben aufzutreten, das zugleich aber ohne lernen auch nichts ist.

Lehrerweiterbildung

Bisher kamen im Lehr-Lern-Prozess die Schüler und Schülerinnen zu Wort und als Lehrer Klaus Holzkamp, der diesen Prozess analysierte, und ich selbst in dreifacher Autorposition: als erinnernde Schülerin, als Lehrerin der Studierenden wie auch als interpretierende Autorin des Gesamttextes. Lassen wir jetzt auch die Lehrer und Lehrerinnen selbst zu Wort kommen, mit denen ich nach meiner Pensionierung zeitlich freigesetzt, aber doch mit dem gleichen Verlangen zu lehren über einige Jahre eine Art Weiterbildung versuchte, indem wir gemeinsam die Methode der Erinnerungsarbeit auf die Problematik in ihren Schulklassen anwandten. Sie kamen aus Alternativschulen, waren also ausgestiegen aus dem gewöhnlichen Schulgeschehen, um – im Rahmen der Schulgesetze – andere als die üblichen pädagogischen Verfahren anzuwenden. Sie kamen aus verschiedenen Gegenden der Bundesrepublik angereist, und wir arbeiteten über zwei Jahre lang an den sie bedrückenden Thematiken. So wagten wir uns auch an das Thema des Sexuellen und das Sexualkundeunterrichts und seiner besonderen Schwierigkeiten für die Lehrenden.

Erfahrung und Theorie

Die neue Forschungsfrage verdankt sich mehreren bislang von mir nicht begriffenen Zusammenstößen mit Wirklichkeit. Ich hatte früher, wenn die Studierenden mich bedrängten auszuführen, was ich eigentlich von ihnen lerne, gewöhnlich verlegen abgewinkt und versucht, über etwas anderes zu sprechen. Schien es mir doch gewiss, dass es angesichts des bekannten Wissensvorsprungs der Lehrenden und der daraus abgeleiteten Aufgabe, den Studierenden etwas beizubringen, ganz unmöglich für mich sei, gewissermaßen eine Verfehlung meines Lehrauftrags, von ihnen zu lernen. Die Idee selbst schien mir aus ihrer Selbstüberschätzung geboren. So schwieg ich, weil ich sie nicht verletzen wollte. Dabei hatte ich mir die Frage auf der Ebene vorgestellt, wie sie sich präsentierte: auf der Ebene der Wissensvermittlung, als ob ich mir allein dieses zur Aufgabe gemacht hätte. Erst im Zusammenhang des Studiums der Lerntagebücher, die ich begleitend zu den Seminaren schreiben ließ, erkannte ich »als Schock«, dass ich über die Studierenden fast nichts wusste, ebenso wenig über ihre Lernprozesse und Lernmöglichkeiten und die Verarbeitung dessen, was ich ihnen als Weltaufschluss vermitteln wollte (vgl. dazu die Kapitel 8 und 9). Da sie »das Milieu« waren, in dem ich tätig war, hatte ich mich gewissermaßen der Erziehung durch sie (um mit Gramsci zu sprechen) verweigert. Oder um es in unserem Kontext anders auszudrücken: Ich setzte beim Lehren an ihren Erfahrungen an, ohne sie zu kennen, und suchte Gegenerfahrungen, ohne sie zuvor als relevant für ihre Praxis mit ihnen zu gewinnen.

Diese Erfahrung lässt mich nicht los. Da andere Lehrende neuerlich bei mir Rat und Weiterbildung suchten, begann ich ein neues Forschungsprojekt, das ebendies zum Gegenstand macht: Wie lernen Lehrer, die sich mit großem Engagement der Aufgabe stellen, als eine Art Reformpädagogik an den Erfahrungen der Schüler anzusetzen.

Die Forschungsfrage beginnt auf dem eigenen Terrain der Lehrenden. Ich problematisiere den harmlosen Status von Erfahrung, als sei dies etwas, das man einfach nehmen und in die Lehre einfüttern könnte wie einen nützlichen Mosaikstein, der zudem subjektive Befriedigung vermittelt. Diese Infragestellung von Erfahrung selbst fordert die Lehrerinnen (die meisten sind weiblich) heraus, ihren eigenen Umgang mit dem Erfahrungsansatz in der Pädagogik zu überprüfen, und sei es, um mich zu widerlegen. Alle versuchen, sich an eine Situation zu erinnern, in der sie »aus Erfahrung lernten« oder eben »nicht lernten«. Die Formulierung verschiebt das eigne Forschungsinteresse der Lehrerinnen, ihren geglückten Erfahrungsansatz zu belegen, in die unbequeme Ecke, sich selbst als Lernende zu reflektieren. So war dies auch ein erstes Ergebnis aus der Diskussion der geschriebenen Erinnerungsszenarien, dass man doch eigentlich über die Schüler und ihr Lernen schreiben wollte, tatsächlich aber die Lehrerinnen selbst sich als lernende Subjekte unvermerkt in den Vordergrund schoben und dass dieser Vorgang bejaht werden konnte.

Eine Lehrerin schreibt:

> Eine Kindergruppe mit 10 Kindern, 2 Erzieherinnen, 1 ABM. Es gibt täglich verschiedene Angebote: Malen, Werken, Tonen, Garten, Frühstück, Mittagessen. Der gemeinsame Morgenkreis ist das einzig Verbindliche in der Gruppe, alles andere ist freiwillig, selbstbestimmt. Täglich verstecken sich bis zu vier 4- bis 6-Jährige, um den Morgenkreis nicht mitmachen zu müssen. Alle warten, es ist ein Muss, bis alle zusammen sind. Nach mehreren Monaten treffen wir Erwachsenen die Entscheidung: Alles ist freiwillig, auch der Morgenkreis. Von da an verstecken sich die Kinder nicht mehr und machen mit.

Sie stellt sich dem Thema Lernen durch Erfahrung und schreibt selbst als Auswertung der geschilderten Erfahrung:

> Wir Erwachsenen haben gelernt, dass die Kinder ihre Entscheidungen selbst treffen möchten, auch dass sie es lieben, bei uns zu sein, und nicht gezwungen werden müssen. Die Kinder haben gelernt, dass sie die Erwachsenen herausfordern können, dass wir uns um sie bemühen müssen, dass sie wichtig sind. Aber auch, dass allein aus eigenem Antrieb, aus Freude am gemeinsamen Tun in der Gruppe eine freiwillige Entscheidung gefällt werden kann: Ich mache mit oder nicht.

Die »Erfahrung« und ihre Interpretation stießen in der folgenden Diskussion auf allgemeines Einverständnis. Es ist ohne weiteres ersichtlich, dass hier »aus Erfahrung« geschrieben wird. Wie aber kommt diese vor, und was wird aus ihr gelernt? Wer lernt?

Sicherheit und Einverständnis mit dieser Szene schwinden, sobald man mit solchen Fragen näher herangeht. Lernende Subjekte sind die Kinder und die Lehrer. Die Kinder kommen aber eigentlich nicht als eigene Personen vor, sondern werden von außen beschrieben, ohne Gefühle, Gedanken, kaum Taten, keine Motive. Sie verstecken sich zunächst und unterlassen dies später. Sie sprechen selbst nicht. Die Lehrer erlassen zwar Regeln, kommen aber selbst auch nicht mit Taten, Gefühlen, Wünschen und Gedanken vor. So lernen sie, was sie als »antiautoritäre« Alternativschullehrer schon wussten: Zwang bringt unnötigen Widerstand. Aber alles wird gut, wenn Lehrer Kinder selbst entscheiden lassen, diese das Gewünschte also freiwillig tun.

Die erstaunliche Lehre für alle war nicht nur die seltsame Abwesenheit von lebendiger Erfahrung in einer alltäglichen Geschichte; sie war zudem die Erkenntnis, dass die Zusammenfügung der Geschichte – die ja gar keine beschriebene Erlebnisszene ist – sich einer vorweg gewussten pädagogischen Annahme verdankte. Wir haben es also in diesem Fall mit einer Illustrierung von Theorie zu tun, die durch dieses Verfahren der Wirklichkeitsverankerung zudem aus der Kritik entlassen scheint. Wenn etwas in der Wirklichkeit so ist, wie es theoretisch angenommen wird, etwa in pädagogischen Lehrsätzen, dann scheint dies zu beweisen, dass die Theorie richtig ist. Da es sich zudem um einen pädagogischen Ratschlag handelt, der ein Verhalten vorhersagt, scheint das Eintreffen dieses Verhaltens als Beweis der Richtigkeit des Gedachten. Die Auslassung der wirklichen Erfahrung macht, dass die Übersetzung von Theorie in Wirklichkeit unangefochten vor sich geht. Ein solch stimmiges Verhältnis widerspricht aber unserem noch ganz ungeordneten Wissen aus Erfahrung, wie wirkliche Kinder sich tatsächlich widersprüchlich, je anders, vielfältig, chaotisch verhalten. An dieser Stelle hätte es u.a. einer gemeinschaftlichen Klärung der jeweiligen Positionen in den Machtverhältnissen bedurft und eine ebensolche Diskussion der Handlungsmöglichkeiten. Da der Text keinen Umgang mit Erfahrung hat, kommen weder subjektive Begründungen vor noch eine gemeinsame Erkundung derselben. Man kann als eine weitere These formulieren, dass die Stimmigkeit solcher Pädagogik sich ebender Auslassung der Subjekte, um die es ihr aber geht, verdankt.

Da wir aus dem Druck entlassen sind, gegen Erfahrung argumentieren zu müssen, da diese ja gar keine Rolle spielt, legen wir jetzt die theoretische Vorannahme auf den Prüfstein. In der Arbeitsgruppe sind wir so vorgegangen, dass wir aus dem Text zunächst eine Kernthese erarbeiteten, die alle, einschließlich der Autorin, tatsächlich für die zentrale Aussage hielten, das

Motiv des Schreibens. Diese lautet: *Unser Ziel ist es, dass jedes Subjekt die allgemeinen Regeln in sich trägt und sich von sich aus an sie hält.* Als Stützpunkte für die Absicherung dieser Botschaft werden weitere »pädagogische« Lehrsätze aus dem gesunden Menschenverstand hinzugesellt, die jetzt von oben über die Unteren sprechen, von Lehrenden über Kinder: 1. *Kinder möchten Entscheidungen selbst machen* – eine Aussage, die so selbstverständlich wie dunkel ist, weil die Frage des Wozu der Entscheidung – wie in der Geschichte die Frage der Regelfindung – offen bleibt. Der Satz steht so sicher da, er kann auf unser Einverständnis rechnen, er gehört zur Ausrüstung alternativer Lehrer, und doch mogelt er sich um das eigentliche Problem herum: Wie lernen Kinder, eigene Entscheidungen zu fällen, die für sie nicht schädlich sind? Der Prozess ist wieder so schwierig, wie es die Frage nach den selbstbestimmten Subjekten insgesamt ist. Wie lässt sich Welt aneignen, die voller Herrschaft und Unterwerfungsfallen steckt, ohne dabei in Münchhausens Sumpf zu fallen? Besser ausgedrückt: Wie lässt sich Handlungsfähigkeit mit anderen in der Gestaltung von Welt vergrößern?

2. *Kinder lieben es, bei Erwachsenen zu sein, daher ist Zwang überflüssig.* Die Aussage ist so schlicht wie unheimlich. Sie unterstellt ein notwendiges Zusammensein von Kindern und Erwachsenen an sich, dessen Herstellung zwanglos erfolgen kann, weil es dem Begehren der Kinder folgt. Wenn dem so wäre, warum sollte man es extra als Erkenntnis schreiben? Es klingt wie eine Beschwörung. Wie wenn gegen die Angst im Dunklen gepfiffen wird, ahnt man hinter diesem Satz die Angst, die Kinder möchten vielleicht tatsächlich lieber unter sich sein und sich verstecken. Über das Miteinander von Erwachsenen und Kindern wird im Grunde gar keine Rechenschaft abgelegt.

Wiewohl eigentlich alle zuvor einverständig auf den Text und seine Aussage geblickt hatten, stieß die so klar herausgestellte obige These zunächst auf ein ungemütliches Schweigen. In der folgenden ziemlich erregt geführten Diskussion erkannten alle, dass hier über eine manipulative Praxis gesprochen wird, die weder nach den Wünschen und Motiven der Kinder fragt noch nach denen der Lehrer, will man sie nicht als bloße Personifikationen der Regeln verstehen, sondern – in dieser Weise ganz passend im neoliberalen Kontext – sich dafür einsetzt, dass ein jeder alle Kontrollinstanzen, die Gesellschaft funktionsfähig halten, in sich trägt und sich selbsttätig »aus eigenem Antrieb« in die Ordnung fügt.

Was ist aus dieser Geschichte und Diskussion für die Ausgangsfrage nach der subjektiven Erfahrung zu lernen?

1. Wenn wir als Lehrende über die Frage der Erfahrung beim Lernen Erfahrungsaussagen machen, so sollten sie uns, die wir lernen, betreffen. Es geht um Selbsterkenntnis, Selbstreflexion, um die Frage, wie Lehrende von Kindern herausgefordert werden, »rau erzogen«, und wie sie damit umgehen. Erfahrungsaussagen der Kinder können nur von diesen selber

kommen. – Wenn also über Kinder geschrieben wird, müssen deren Worte, Begründungen zu den beobachteten Taten hinzukommen.

2. Es ist außerordentlich schwierig und muss selbst gelernt werden, wirkliche Erfahrungen zu machen und über sie zu berichten.[44] Vor dieser Möglichkeit stehen wie Zensoren herrschende Meinungen und Normen, Ideologien, Ratgeber, die filtern, was wir wahrnehmen und denken können. Für uns bedeutet das, dass wir selbst in unseren Fähigkeiten und Möglichkeiten stets durchkreuzt sind von Herrschaftsmomenten und Unterwerfungsproblemen. Wir selbst haben die gesellschaftlichen Angebote nach innen genommen, wo sie sich sprechen, wenn wir zu sprechen beginnen. – Gramsci nannte dies ein inkohärentes Ich, zusammengesetzt aus vielen Schichten, und formulierte als Aufgabe, sich kohärent zu arbeiten. – Althusser verwendet den Begriff des Subjekts doppeldeutig: »1. eine freie Subjektivität: ein Zentrum der Initiative, das Urheber und Verantwortlicher seiner Handlungen ist; 2. ein unterworfenes Wesen, das einer höheren Autorität untergeordnet ist und daher keine andere Freiheit hat, als die der freiwilligen Anerkennung seiner Unterwerfung.« (1977, S. 148) »Schließt man beide Bedeutungen zusammen, so bezeichnet ›Subjekt‹ ein Individuum, das in der Form der Autonomie und der Freiwilligkeit unterworfen ist.« (Projekt Ideologietheorie 1979, 119) Althusser denkt das Subjekt als ein Bündel von bewussten und unbewussten Antworten auf gesellschaftliche Strukturen, Erwartungen, Interaktionen. Die Unterwerfung geschieht mittels Anrufung und Wieder/Anerkennung. Freilich ist es in dieser Vorstellung schwierig bis unmöglich, ein selbsttätiges Subjekt zu denken, das nicht durch und durch subaltern und unterworfen ist, unfähig zur Selbstbefreiung.

Für unsere Absicht aber gilt es zwischen der Scylla eines »innen« hockenden autonomen Subjekts und der Charybdis völliger Durchdrungenheit von Herrschaft einen Weg zu finden, wie die Einzelnen sich als Mitglieder dieser Gesellschaft erfahren können, ihre Taten und Gedanken selbstkritisch beurteilend und *sich selbst widersprechend*. Gramsci behauptet, dass die Anstrengung, so kritisch mit sich selbst zu arbeiten, dass man sich schließlich »selbst bejahen« könne, ein Projekt braucht, ein Kollektiv, eine Gruppe, die sich gemeinsamer Gesellschaftsgestaltung verpflichtet. Es ist klar, dass dies innerhalb kapitalistischer entfremdeter Strukturen ein unabschließbarer Weg ist; es ist ebenso klar, dass die Frage der Gestaltung von gesellschaftlichen Bedingungen ein Prüfstein ist, an dem wir selbst eigene Gedanken und Gefühle messen und verändern können. Das theoretische Problem für eine Subjektwissenschaft wie die Kritische Psychologie aber besteht darin, von

44 Walter Benjamin diagnostiziert eine allgemeine Verkümmerung der Erfahrung, die durch einen Ersetzungsprozess geschehe: die Erzählung wird von der Mitteilung, diese von Nachrichten und diese schließlich von Sensationen abgelöst. (V, 610)

den Subjekten auszugehen, sie zum Sprechen und Forschen zu bringen, und gleichzeitig damit einen Fragerahmen so zu gestalten, dass es den Einzelnen möglich wird, *sich selbst zu widersprechen*.

3. Eine weitere wichtige Lehre war der Stellenwert pädagogischer Lehrsätze und ihre bedenkenlose Ungeprüftheit sowie ihre Rolle in unserer Erinnerung, unserer Wahrnehmung, unserem Sprechen. Es ist, als hätten diese Lehrsätze als eine Art Vorurteil die Stelle des Subjekts eingenommen und die Einzelnen in diese Ordnung gerufen. Schon bald zeigte sich im Übrigen, dass, was hier als Einzelfall erscheint, für fast alle galt, die in weiteren Werkstätten dazustießen. Immer stand vor der Möglichkeit, eine Erfahrung zu machen, wirkliches Wissen zu erwerben, ein pädagogischer Lehrsatz. Dies auf eine so dominante und lähmende Weise, dass beides studiert werden müsste: die Lehrsätze und ihre Geltung und der Grund der Empfänglichkeit für sie, der solche Theorien offenbar zu Momenten der Persönlichkeitsstruktur macht.

So hat sich unsere Ausgangsfragestellung mehrfach verschoben. Es geht nicht so sehr um das Verhältnis von Erfahrung und Theorie, sondern es geht zunächst um zwei unterschiedliche Wissenszugänge, der eine spontan, unmittelbar subjektiv, der andere reflexiv auf Verallgemeinerung hin prüfend. Sie sind aufeinander verwiesen. Dies aber nicht dergestalt, dass der wechselseitige Bezug instrumentell hergestellt und so z. B. einfach pädagogisch einsetzbar wäre. Vielmehr sind beide Bereiche umkämpft und vielfach durchsetzt von Herrschaft und Unterwerfung und bestimmen einander in ebendieser Weise. Diesen Dschungel zu durchdringen bedarf es eines gemeinsamen Projekts, in dem gelernt wird, unermüdlich selbstreflexiv zu arbeiten, alle Sinne zu schärfen, die Fähigkeit, wahrzunehmen,[45] wieder zu entdecken und zu erzählen, und vor allem die Fähigkeit, sich selbst zu widersprechen.

45 Die Gruppe der Lehrerinnen und Erzieher arbeitete an einem zweiten Wochenende – diesmal explizit auf der Suche nach wirklichen Erfahrungen. Tatsächlich gelangen Berichte, die aus Erfahrung kamen, jedoch stellte sich als neues Problem heraus, dass der Auftrag an die subjektive Erfahrung dazu geführt hatte, die lebendigen Schüler und die Begründetheit ihrer Handlungen nicht mehr wirklich wahrzunehmen. Wir waren zunächst versucht, dieses überraschende Ergebnis auf die explizite Frage nach den subjektiven Erfahrungen der Lehrenden zu schieben, es also als methodisch erzeugt zu denken. Jedoch stellte sich bei weiterer Arbeit heraus, dass die Einzelnen sich in einer Weise als allein, als privat, als einsam darstellten, dass selbst in Gruppen, in denen – wie sich auf Nachfragen zeigte – nicht nur Schüler, sondern mehrere Lehrpersonen anwesend waren, keine irgendwie gemeinsame Erfahrung gemacht werden konnte. Die Arbeit ist an dieser Stelle noch unabgeschlossen. Benjamin denkt, (in seiner Proustlektüre), dass die Privatheit von Erfahrung und Erinnerung nichts an sich Menschliches sei, sondern zum »Inventar der vielfältig isolierten Privatperson« gehöre, also Ergebnis entfremdeter Verhältnisse im Kapitalismus sei (GS I, 609). Bevor wir abstrakt zur Empfehlung einer Schulung in sozialer Wahrnehmung schritten, machten wir die intensive

Sex im Klassenzimmer

1. Vorbemerkung

Was tun, wenn man als tolerant-liberaler Erzieher oder als alternative Lehrerin provozierend vulgärer Anmache von Seiten pubertierender Schüler ausgesetzt ist? Die Frage stellt sich desto dringlicher, je mehr die Schüler aus einem Milieu kommen, in dem sexueller Missbrauch, Alkohol, Gewalt das häusliche Klima bestimmen. Will man als Lehrende handlungsfähig sein, sind die eigene Erwartungshaltung und ihr Gewordensein, also auch die Art, in der psychologische und pädagogische »Ratgeber«[46] Eingang gefunden haben, kritisch zu untersuchen.

Solche kritische Selbstreflexion wurde Teil einer selbstorganisierten Lehrerfortbildung der Freien Schulen. Zunächst ging es um die Frage, ob und wie die Lehrenden ihre Erfahrungen für die Steuerung pädagogischer Prozesse auswerten. Darin steckt als übergreifende Frage, ob und wie man aus Erfahrungen lernt (vgl. dazu F. Haug 2003b). Solche selbstkritische Reflexion eigenen Handelns fand bislang in vier mehrtägigen Seminaren statt, in denen entsprechende Erinnerungsarbeit betrieben wurde (zur Methode vgl. F. Haug 1999). Unter den niedergeschriebenen pädagogisch relevanten Szenen gab es insbesondere aus einer reformpädagogischen ›Erziehungsschule‹ solche mit sexuellem Hintergrund. Z. B. provozierte ein Schüler den Erzieher beständig mit lauten Fragen nach seiner ›Wichserei‹. Bei einer jungen Lehrerin hatten Schüler ein weibliches Geschlechtsteil an die Tafel gezeichnet, das von einer Lanze durchbohrt war und ihren Namen trug. Eigenartig war nun die Verarbeitungsweise dieser Vorfälle durch die Betroffenen und ihre Kolleginnen und Kollegen. Der Erzieher lieferte sogleich eine elaborierte Interpretation für das verletzende Verhalten des Schülers. Er hatte diesen, den er gerade wegen seiner Widerständigkeit besonders mochte, zeitweise in die eigene Familie zu integrieren versucht. Die pornographische Aufsässigkeit, so dachte er jetzt, verdankte sich dem Hunger des Schülers nach Liebe, die er in der Erzieherfamilie walten sah und doch nicht sein eigen nennen konnte. Der Schüler, so schien ihm, wollte eigentlich eine intakte Familie und rächte sich am Erzieher, weil dieser

gemeinsame Erfahrung, dass eben die kollektive Bearbeitung individueller Erfahrung diese aus der Vereinzelung und Privatheit herausholt und so diese Arbeit schon selbst die Erweiterung sozialer Wahrnehmung ist. – Eine weitere Merkwürdigkeit war, dass in den geschilderten Erfahrungen Körper und Sexualität zwischen Schülern und Lehrenden zugleich als Aggression und als Tabu unbearbeitbar die Prozesse bestimmten. Die Gruppe hat sich daraufhin entschlossen, die Erfahrungsarbeit im Bereich des Sexuellen und der Moral fortzusetzen.

46 Zu Begriff und Bedeutung der »Ratgeberliteratur« vgl. W. F. Haug 1986b, 107f.

ihm etwas vorzeigte, was er selbst nicht erreichen konnte. Diese Erklärung verschob die sexuelle Anmache ebenso wie die enttäuschte Erzieherhoffnung ins Reich von Imaginationen. Beides wurde dank der Verschiebung handhabbar für den Erzieher und mit einer Art melancholischer Vergeblichkeit umrahmt.

Die Konstruiertheit der neuen ›Handlungsfähigkeit‹ des Erziehers war so offensichtlich, dass die überraschte Gruppe kritisch nachfragte. Nach einigem Zögern räumte der Erzieher ein, diese Interpretation von einem hinzugezogenen Psychologen vermittelt bekommen zu haben. Das Forschungsfeld zeigt sich offenkundig besetzt von Alltagsurteilen ebenso wie von Schulpädagogik und -psychologie. Dieses Verhältnis von Alltagsverstand und pädagogisch-psychologischer Beratung gilt es also einzubeziehen.

Anders verarbeitete die Lehrerin die Anmache. Unter empathisch-beifälliger Unterstützung aller anderen Teilnehmenden bot sie eine Strategie der Demonstration äußersten Verletztseins als Abwehr. Einem Schüler, der unschwer als Urheber pornographischen Zeichnens ausgemacht werden konnte, hatte sie Betroffenheit signalisiert. Was sagten daraufhin die Kolleginnen? »Das finde ich wirklich klasse von dir, dass du ihm gesagt hast, dass er dir damit wehtut.« Dies war Konsens unter den Pädagoginnen, während die männlichen Vertreter eher peinlich betroffen schwiegen. Solche erinnerten Szenen und die nachfolgenden Diskussionen legten es nahe, das Verhältnis der Lehrenden zum Sexuellen im pädagogischen Kontext explizit zum Thema eines eigenen Weiterbildungsseminars zu machen. Von diesem soll im Folgenden die Rede sein.

2. *Die Lehrenden als Manager im Sexuellen*

In der Einladung zur Tagung hieß es als Vorverständnis:

> In unserem letzten Seminar stießen wir wiederholt auf den Bereich des Sexuellen als Triebkraft, als Kampffeld, als Unterdrückungs- und Gewaltzusammenhang, als Provokation. Dabei sind wir (die Lehrerinnen und Lehrer) keine einfach neutrale Instanz, die irgendwie mit den sexuellen Angriffen von Schülern und Schülerinnen zurechtkommen muss, sondern auch wir sind vielfältig verstrickt ins Sexuelle, das mithin nicht als (un)schuldiger Bereich außer uns verhandelt werden kann. Bei unserer Form der Weiterbildung geht es nicht allein darum, verschiedene Wissensbestände aufzuarbeiten – darum auch, soweit sie uns nützen –, es geht bei allem wesentlich um eigene Handlungsfähigkeit, mithin auch um den Umgang mit uns selbst. Dies ist keine narzisstische Wende hin zur Selbstbespiegelung, vielmehr nehmen wir an, dass je klarer uns unser Verhältnis zur eigenen Natur wie unsere Verstrickung in Herrschaftszusammenhänge ist, wir desto besser als Lehrende mit den viel-

fältigen Krisen und Konflikten auch der Schülerinnen und Schüler umgehen können. Anders gesprochen: Ohne Selbsterkenntnis und Selbstkritik wird der Aufbruch, den wir als ›alternative‹ Lehrende einmal vorhatten, ins Leere gehen.

Der Bereich des Sexuellen ist ein Minenfeld. In ihm mischen sich Scham, Schuld und Gewalt, Verklemmung und Unterwerfung, Lustpraxen mit Glücks- und Liebesverlangen, Begehren und Versagen, Ungesagtes, Undurchdachtes. Das Sexuelle ist Kampfplatz und Triebkraft zugleich, besetzt mit Neugier, Angst und Lust, nicht selten vor dem Hintergrund häuslicher Gewalterfahrungen. Und es ist natürlich auch Teil der Lehrenden selbst als moralisch bewertetes eigenes Verlangen und Versagen. Die Schüler und Schülerinnen wissen auf vorbewusste Weise um den vielfältigen Einsatz von Sex. Sie können auf dieser Klaviatur Machtspiele treiben und viele tun dies auch. Die Frage ist: Wie eignen sich die Lehrenden eine lebbare Weise des Umgangs damit an?

Der Frageraum für die Erinnerung der Lehrenden zwischen erfahrener Handlungsfähigkeit und -unfähigkeit wurde mit folgenden zwei wahlweise zu bearbeitenden Fragen eröffnet: »Als ich einmal in einer sexuell bestimmten Schulsituation hilflos war« und »Als es mir gelang, die sexuellen Anmachen aus dem Klassenzimmer zu verbannen«. So verschieden die einzelnen Szenarien und die beteiligten Lehrenden auch waren, schon bald schälte sich aus den Alltagsszenen ein überraschend klarer Befund heraus: Die Lehrenden nahmen es als pädagogischen Auftrag an, Sex aus der Schule heraushalten zu müssen. Dabei geht es besonders darum, Mädchen vor Jungen zu schützen. Dieser Auftrag produziert eine sexuell bestimmte Wachsamkeit, die mit der gewollten ›alternativen‹ Toleranz in steten Konflikt gerät. Zum Beispiel schreibt eine Lehrerin:

> Ich ging durch das Schulhaus und näherte mich dem Jungenraum. Ich hörte die Stimmen, die riefen: »Los … hier«, unterbrochen von der Stimme von Marylin: »Nein … au …« Dazwischen Kichern und Kreischen. Ich war beunruhigt und betrat den Jungenraum. Ich sah einen Knäuel von 5 oder 6 Jungen auf dem Boden knien, und in der Mitte lag Marylin. Sie wand sich unter den Händen der Jungen, und ich konnte nicht erkennen, ob sie lachte oder versuchte, der Situation zu entkommen. Ich fragte, was los sei, und alle blickten mich betreten an. Marylin war erschrocken. Die Jungen sagten, dass sie Marylin ein bisschen ärgern wollten, und lachten. Marylin lachte unsicher mit. Ich fragte Marylin, ob sie mit der Situation einverstanden sei oder ob ich helfen solle. Marylin schüttelte den Kopf und beteuerte, es wäre alles in Ordnung. Sie würden nur spielen. Ich verließ den Jungenraum und ging weiter. Ich hatte ein schlechtes Gefühl, so als ob Marylin mir nicht ehrlich

> geantwortet hätte. Ich kehrte zum Jungenraum zurück. Als ich hineinschaute, war das Knäuel entflochten und Marylin huschte hinaus in Richtung Mädchenzimmer.

Beim Versuch, die Sprache der Szene so zu bearbeiten, dass die Konstruktion der einzelnen Personen, des Erzähl-Ichs ebenso wie der anderen, und schließlich der gesamten Szene herausschälbar war, stießen wir darauf, dass die Wortwahl durchweg den herrschenden sexualisierten Normaldiskurs reproduzierte. Produktiv wird das gewöhnliche Imaginäre eingesetzt, um den Gegenstand der Szene, das Sexuelle, überhaupt erst zu schaffen. Das beginnt sogleich im ersten Satz, in dem sich die Lehrerin dem »Jungenraum nähert«, eine scheinbar neutrale Beschreibung, die indes schon aufgeladen ist mit Sexverdacht, der an den Worten klebt und dessen suggerierter Bedeutung man sich nicht entziehen kann. Das Mädchen, ungehörig im Jungenraum, ihr Kreischen, die Worte, sie »liegt«, »sie windet sich« »unter den Jungen«, die auf »ihr knien«, später »huscht sie hinaus«. Alle an der Diskussion Beteiligten erkannten, dass und wie das Sexuelle in der Beschreibung durch Wortkonnotationen selbst erst produziert wurde. Auf Nachfragen erfuhren wir, dass die beteiligten Kinder etwa 8 Jahre alt waren. Kurz, unaufhörlich zwingt uns die Lehrerin, unser Imaginäres so zu betätigen, dass eine sexuell bestimmte Situation durch uns mitproduziert wird. Die Szene berichtet von der alltäglichen Produktion des Sexuellen im pädagogischen Raum auf eine Weise, als hätte ihre Autorin Foucault gelesen und für seine Analyse das bestätigende Material liefern wollen. Tatsächlich kannte niemand aus der Gruppe der Lehrenden Foucaults Thesen zur Pädagogisierung des kindlichen Sexes, die wir im Laufe des Seminars erarbeiteten. In keinem bisherigen Lehrkontext war die Aneignung Foucaults trotz seiner von unbekannten Fremdwörtern gespickten und dem gewöhnlichen gesunden Menschenverstand widersprechenden Thesen so eingängig wie hier. Es war, als hätte er tatsächlich einen Schlüssel geliefert, das eigene Unbehagen im Alltag besser zu verstehen und handhabbar zu machen. Foucault schreibt:

> Die Sexualität ist nicht als eine Triebkraft zu beschreiben, die der Natur der Macht von Natur aus widerspenstig, fremd und unfügsam gegenübersteht – einer Macht, die sich darin erschöpft, die Sexualität unterwerfen zu wollen, ohne sie gänzlich meistern zu können. Vielmehr erscheint sie als ein besonders dichter Durchgangspunkt für die Machtbeziehungen: zwischen Männern und Frauen, zwischen Jungen und Alten, zwischen Eltern und Nachkommenschaft, zwischen Erziehern und Zöglingen, zwischen Priestern und Laien, zwischen Verwaltungen und Bevölkerungen. Innerhalb der Machtbeziehungen gehört die Sexualität nicht zu den unscheinbarsten, sondern

> zu den am vielseitigsten einsetzbaren Elementen: verwendbar für die meisten Manöver, Stützpunkt und Verbindungsstelle für die unterschiedlichsten Strategien. (1977, 125)

Zu den »vier großen strategischen Komplexen«, die seit dem 18. Jahrhundert »um den Sex spezifische Wissens- und Machtdispositive entfalten« (ebd.), gehört »die Pädagogisierung des kindlichen Sexes«. Sie geht von der »zweifachen Behauptung« aus,

> dass sich so gut wie alle Kinder der sexuellen Aktivität hingeben oder hingeben können und dass diese ungehörige (sowohl ›natürliche‹ wie auch ›widernatürliche‹) sexuelle Betätigung physische und moralische, kollektive und individuelle Gefahren birgt; die Kinder werden als ›vorsexuelle‹ Wesen an der Schwelle der Sexualität definiert, die sich diesseits des Sexes und doch schon in ihm auf einer gefährlichen Scheidelinie bewegen; die Eltern, die Familie, die Erzieher, die Ärzte und später die Psychologen müssen diesen kostbaren und gefährlichen, bedrohlichen und bedrohten Sexualkeim in ihre stete Obhut nehmen. (126)

Tatsächlich findet man in allen vorgelegten Szenen die Lehrenden eifrig am Werk, diesen Normalisierungsauftrag auf eine Weise auszufüllen, die das geargwöhnte Sexuelle mit produziert. Widerspruch, der sich hie und da meldet, bleibt zugleich in der Anordnung, weil er sich darauf beschränkt, diese Ebene des Verdachts, der Entdeckung und der Verhütung auch auf das Geschlecht des ›Opfers‹ auszudehnen, statt die Konstruktion selbst infrage zu stellen. So schreibt eine Lehrerin, dass es nicht, wie alle an ihrer Schule angenommen hatten, der Junge war, vor dem die Mädchen hätten geschützt werden müssen, sondern umgekehrt, dass die aufheizende Gefahr vom Mädchen ausging. Immer werden eindeutige Opfer-Täter-Konstruktionen bedient, deren Banalität in anderen Bereichen längst durchschaut ist.

Folgende Einsicht gewannen wir aus der Bearbeitung der Szenen: Die Texte über das Sexuelle im pädagogischen Raum bedienten den ›alten‹ herrschenden Sexdiskurs. Damit blieben sie in der herrschenden Moral, die bis in die Verwendung der Sprache die soziale Wahrnehmung bestimmt. Die Wahl der Worte wird dabei ungemütlich erfahrbar als eine Art selbstgemachter Zwangsjacke.

Indem wir die Produktion des Sexuellen im pädagogischen Raum entziffern konnten und die Selbsttätigkeit der Individuen in dieser Zurichtung erkannten, verloren wir zwei wichtige Bereiche aus den Augen: das Worumwillen dieser gesamten Inszenierung sowie die Frage nach dem Sexuellen selbst, das doch jenseits aller Produktion als Verlangen, als Trieb, als Gefahr und Verlockung sowohl für die Erwachsenen wie für die Kinder eine eigene Wirklichkeit hat.

Es ist aufschlussreich, die gegenwärtige Erfahrung mit der Analyse altautoritativer Sexualitätsregulierung zu vergleichen, bei der sich Sexualisierung als eine Art Ersetzungsprozess darstellt, der die Kräfte der Selbstbestimmung und der solidarischen Vergesellschaftung in Selbstunterwerfung bündelt:

> Die ›Selbstbeherrschung‹, die mit dem Verlangen nach Lüsten so aufwendig befasst ist, als würde dieses das Verlangen nach Selbstvergesellschaftung vertreten, wird geradezu die Idealform zwangloser Unterordnung. [...] Die Herrschaft steht nicht und fällt nicht mit der Beugung der Sexualpraxis unters eheliche Zeugen. Indem sie sich allseitig ans Reglementieren, Beaufsichtigen, vorbeugende Ablenken, Sanktionieren, Kanalisieren der Sexualität macht, sexualisiert sie sich auch, lenkt die Wahrnehmung auf den sexuellen Reiz und lässt darunter die strategische Dimension der Vergesellschaftung verschwinden. Umgekehrt ist die Unterordnungsform des Individuums, die Selbstbeherrschung, noch immer Form der Konstituierung individueller Handlungsfähigkeit. Die Negation und einfache Umkehrung dieser Anordnung: bloße ›Unbeherrschtheit‹ des Selbst würde unter Bedingungen antagonistischer Vergesellschaftung erst recht bedeuten, unter fremde Herrschaft zu fallen. Justiz und Psychiatrie warten schon mit ihren Verwahranstalten, die Nichtsubjekte der Ordnung einzuschließen oder gar zu vernichten. Den Schlüssel zur Kritik gibt die Perspektive des Widerstands und des Aufbaus einer solidarischen Gesellschaftsordnung. (W. F. Haug 1986b, 145)

Diese Bestimmungen gelten für das ›Zeitalter‹ der Einpassung der Subjekte in den fordistischen Produktionsprozess. Doch die einzelnen Disziplinen und Institutionen entwickeln sich ungleichzeitig. Im pädagogischen Prozess finden wir Elemente fordistischer Unterwerfungspraxen wie Elemente eines neuen, dem neoliberalen Hightech-Kapitalismus mit seinen flexiblen Selbstunternehmersubjekten angemesseneren Managements des Sexuellen. Sie äußern sich zum einen als zunehmende Toleranz, die mit dem alten pädagogischen Auftrag in Konflikt gerät; zum andern als zunehmend aggressiv ausgetragenes Schülerverhalten. W. F. Haug hat in einem Aufsatz zum neuen Subjekt des Sexuellen im Hightech-Kapitalismus (2003) die Verschiebung in der Behandlung des Sexuellen ins Bild des vom Mast losgebundenen Odysseus gebracht, für den der Umgang mit den Verlockungen die Probe auf seinen gesellschaftlichen Subjektstatus ist. Keine äußere Kette hindert ihn, den Versuchungen der allgemein angeheizten Lüste zu erliegen, jedem ist ›freigestellt‹, sich ihnen hinzugeben. Triebunterdrückung und Beherrschung werden nicht mehr als allgemeine Kontrollnorm direkt durchgesetzt. Die allgemeine Loslassung ist dabei der Grund, auf dem sich jetzt erheben kann, wer zur Elite taugt, weil er oder sie sich selbst managen und kontrollieren kann, statt verloren in diesem Sumpf unterzugehen. Die allgemeine sexuelle Deregulierung (vgl. F. Haug 1999) entfesselt das Zurwarewerden des Sexes, die stete Anheizung der Lüste, und ist zugleich die Scheidelinie, nach der sich bestimmt, wer erfolgreicher »Leistungsträger« wird und wer nicht mehr zählt. Für eine Analyse des Schülerverhaltens wie der Möglichkeiten einer alternativen, sozialkritischen Behandlung des kapitalistisch eingespannten Sexuellen durch die Lehrenden wäre diese Diskussion und die über ›Neosexualitäten‹ (Sigusch 1998 und 2005) aufzuarbeiten.

3. Die Kinder als sexuelle Wesen

In unserer Arbeitsgruppe haben wir die zunächst liegengelassene Frage nach der sexuellen Beunruhigung der Kinder ein Stück weiterverfolgt. Wir hatten die Lehrenden aufgefordert, die Kinder selbst zum Sprechen zu bringen, also Texte zum Thema des Sexuellen schreiben zu lassen und diese ins Seminar zu bringen. Der ›authentische Ton‹ sollte u. a. verhindern, dass über kindliches Verhalten im Sexuellen bloß von oben spekuliert wird. Um die Kinder weder zu überfordern noch in eine uns genehme Richtung zu drängen, auch um die Spannung zwischen Faszination und Angst zu fassen, haben wir das Thema gegensätzlich gestellt: »Sex ist doof und Sex ist toll«. Unter dieser Aussage sollten widersprüchliche Erwartungen ausdrückbar sein. Jedenfalls hatten wir das angenommen. Alle waren gebeten, Notizen der Schülerinnen und Schüler mitzubringen bzw. entsprechende ›Aufsätze‹ schreiben zu lassen. Glücklicherweise hatten sich zwei Lehrerinnen in ihren Schulklassen des Auftrags angenommen, so dass uns 13 solcher ›Kindertexte‹ von Schülerinnen und Schülern im Alter zwischen neun und fünfzehn Jahren vorlagen.

So überraschend die relativ eindeutige Akzeptanz des pädagogischen Auftrags der Kontrolle und Beaufsichtigung kindlicher Sexualität für uns war, so merkwürdig erschien uns, wie die Kinder sich die Frage aneigneten und beantworteten. Alle schrieben mehr oder minder das Gleiche. Sie klassifizierten wie in einer Art Verkaufskatalog Vorteile (toll) und Nachteile (doof) von Sexualität und schrieben diese Listen in immer gleichen Worten, zumeist gar in der gleichen Reihenfolge, wie auswendig gelernt nieder. Die meisten malten noch lachende bzw. weinende Smileys dazu. So fanden sich unter den Vorteilen von Sex: dass »neues Leben entsteht«, »Kinder gemacht werden«, »wir sonst aussterben«, »ich gerne ein Kind bekommen würde«; einige Male ist von »Spaß« die Rede und auch davon, dass man »keine eigene Erfahrung hat, sondern davon gehört hat«. Umgekehrt steht unter »doof«, dass »man Aids bekommt«, »Leute, Kinder, Frauen missbraucht werden«, einer ergänzt, dass dies »in anderen Ländern geschieht«, es »zu früh gemacht wird«, »ungewollte Kinder entstehen«, dass »vergewaltigt wird und man an den Folgen sterben kann«, »Frauen aus Not von Menschenhändlern verkauft werden«, »ins Bordell gehen«, »es beim ersten Mal wehtun könne« und »manche Männer, die keine Partner haben, Kinder nehmen«. Nicht nur die Gleichheit der verschiedenen Aussagen, auch die von den Kindern entrückte Art der Aufzählung, die praktisch keine eigene Erfahrung oder Verbindung zu eigenem Wollen und eigenen Empfindungen zulässt, ließ sogleich entziffern, dass die sehr knappen Texte – häufig nicht mehr als ein paar Zeilen – Ergebnis des Sexualkundeunterrichts waren, also etwas über die Lehrenden aussagten, kaum über die Kinder und ihre widersprüchlichen Verarbeitungsweisen. Es gab in den gesamten Texten nur eine Überraschung, eine Art Ausrutscher, in dem eigene Verarbeitung versucht wurde. Einige Mädchen nämlich empfanden das Wort oder den Ausdruck »Sex« als »Schimpfwort« und als »Ausschließung«, weil die »Jungen viele blöde Sachen darüber erzählen«, »Schimpfworte dazu erfinden«. Eine schreibt: »Wenn man zu einem Kind Sex sagt, wird das Kind wütend, weil es es nicht kann, und deswegen wird es als Schimpfwort benutzt«.

Nur ein Schüler (leider fehlt bei ihm die Altersangabe) kümmert sich wenig um die Vorgabe von »doof« und »toll«, sondern denkt in einem im Verhältnis zu den anderen längeren Text über die Funktion der Rede vom Sex nach. Gerade weil dies in der sonstigen Sammlung so ungewöhnlich ist, sei sein Zeugnis vollständig wiedergegeben:

> Wenn irgendwo steht: ›Johannes und Sex‹, fühl ich mich blöd, weil ich bin ja noch nicht so alt, dass ich das machen kann. Und trotzdem machen die andern so was. Sex ist ein Ausdruck, warum weiß ich auch nicht. Aber die größeren Schüler sagen auch immer Ausdrücke zum Beispiel: ›Sex‹, oder ›du fickendes Schwein‹, deshalb ist es etwas Doofes. Aber es ist nix Schlimmes, aber weil die anderen es immer sagen, denke ich, dass es ein Ausdruck ist. Wenn jemand zu mir sagt: »Sex«, denke ich, er hasst mich, denn es ist ja gar nicht normal, dass man zu einem Ausdrücke sagt. Wenn jemand zu mir ›Sex‹ sagt, dann denke ich, dass ich etwas Schlechtes getan habe, sonst würde der ja keine Ausdrücke sagen. Wenn die Großen das immer sagen, denk ich, es ist gut, ›Sex‹ zu sagen, denn die sind ja mein Vorbild.

Hier bekommt man eine Ahnung davon, dass die Verwendung des Wortes Sex dem Kind fremd ist und als Ausgrenzung, als Scheidung der Kinderwelt von der der Älteren erfahren wird. Der Prozess des Älterwerdens wird aus einem Schimpfwort ein positives Zugehörigkeitswort machen. Bis dahin sendet es Signale der Erniedrigung und Unzugehörigkeit.

Eigentümlich in alledem ist nicht nur die offensichtliche Verfehlung der Kinder durch die Art der Fragestellung – nirgends wird von Wollen und Lüsten gesprochen, als hätten sich die Kinder zusammengesetzt, um die Rede von der Widernatürlichkeit des kindlichen Sexes zu belegen. Dies wirft ein weiteres Licht auf den Sexualkundeunterricht. Offenbar dient er auch als Schirm, das Sexuelle zu dethematisieren, die Kinder davon wegzulenken. So erhalten wir schließlich auf dem Weg über die Kinder kaum etwas zu ihrem widersprüchlichen Hineinwachsen in den Bereich des Sexuellen, sondern vielmehr eine Auskunft über Funktion und Sieg des Sexualkundeunterrichts an Schulen. Zu solchen »Abwehrmechanismen« gegen »peinliche Affekte« heißt es bei Anna Freud: »Liebe, Sehnsucht, Eifersucht, Kränkung, Schmerz und Trauer als Begleiter der sexuellen Wünsche, Hass, Zorn und Wut als Begleiter der aggressiven müssen sich, wenn der Triebanspruch, dem sie zugehören, abgewehrt wird, vom Ich Bewältigungsversuche aller Art, d.h. Verwandlungen gefallen lassen.« (o.J., 27)

Wo bei den ersten Begegnungen der Lehrenden mit ›sexueller Anmache‹ von Seiten der Kinder sich deren Auftreten mit der Herkunft dieser Schüler aus häuslichen Gewaltverhältnissen geradezu einfach erklärte, tritt im ›gereinigten‹ Alltag der anderen Freien Schulen, die mit den schulisch ausgesonderten verhaltensauffälligen Schülerinnen und Schülern wenig zu tun haben, die Auskunft, dass solche Gewaltprobleme nur in anderen Ländern, also auch schon wieder fernab von eigener Erfahrung vorkämen. Wirft so die Praxis des Sexualkundeunterrichts, wie das Echo der Kinder auf ihn bezeugt, seinen Schatten auf möglichen Umgang mit Sex im pädagogischen Raum, so sind umgekehrt die wenigen Bemerkungen, die sich dem Curriculum nicht beugen, von großem Interesse. Sexuelle Äußerungen, erfahren als Schimpfwort, das die Einzelnen als erniedrigende Ausgrenzung erfahren, die zugleich ihre fehlende Erfahrung nutzt und Erfahrung als mögliches Ziel zwiespältig als Drohung und als unausweichlich erscheinen lässt. Erwachsenwerden heißt so, sich ein Wissen anzueignen, das die Macht der Worte handhabbar macht. Nichts davon aber vermittelt der Sexualkundeunterricht.

4. Fragen zur Weiterarbeit

Die stichprobenhaften Einblicke in den Zusammenhang von Sex und Pädagogik zeigten auffällige Leerstellen: Aus dem Blickfeld geriet die Frage nach kindlicher Sexualität wie auch auf der Seite der Lehrenden die eingangs angedeutete Problematik des ›pädagogischen Eros‹. Schließlich verbindet die Lehrenden mit den Kindern auch Liebe, die selbstverständlich ebenfalls aus dem Sexualkundeunterricht ausgeblendet ist. Sie wollen von den Kindern geliebt werden wie diese umgekehrt von ihnen. Die aggressive Thematisierung des Sexuellen in den anfänglich bearbeiteten Schulszenen zerschnitt dabei die sorgfältig angebahnten Wege, die Herzen der Kinder zu gewinnen, musste selbst als Abfuhr erfahren werden. Nichts davon bleibt in den Kinderauskünften zum Sex. Insofern scheint der Sexualkundeunterricht die Doppelfunktion zu haben, die Lehrenden gegen eigene Unruhe abzuschirmen, Sex aus dem Kinderbereich nicht in die Erwachsenenwelt zuzulassen und Begehren, Lüste, Unsicherheiten sprachlos zu machen. Als Aufklärung erscheint eine Welt, die weiter ins Unbegreifbare kanalisiert, wo man selbst betroffen sein könnte. Anders als in den bei Foucault analysierten Praxen, in denen es um Verbote und damit auch erst um die Errichtung des sexuellen Bereichs ging, setzt sich Sexualkunde mit Wissensauskünften an den Platz, an dem körperliche Lüste als Fragen unruhig auftauchen könnten. Bevölkerungszuwachs, Aids, Prostitution, Bordelle, Menschenhandel usw. schieben die Thematik in Bereiche fast lexikalischen Wissens, mit dem man nichts gemein hat. Aber die Lehrenden sitzen im Bereich des Sexuellen auch wie in einer Falle, in der sich die Sterilisierung qua Sexualkundeunterricht geradezu anbietet. Auf keinen Fall dürfen sie Sexuelles anheizen, indem sie es thematisieren. Keimfreiheit schützt auch beim nächsten Tabu: Sie dürfen sich nicht selbst als begehrende Wesen offenbaren. Hinter den Schülern gibt es Eltern und eine lauernde Öffentlichkeit, die nur darauf wartet, den nächsten Fehltritt zwischen Lehrern und Schülern zu brandmarken. Sexualpolitische Kampagnen legen davon regelmäßig beredtes Zeugnis ab (vgl. F. Haug 1999). Die Zeiten, da man sich von einer »sexuellen Befreiung«, in die auch kindliche Sexualität eingeschlossen war, eine allgemeine Befreiung versprach, sind lange vorbei. Aber die Lehrenden könnten im sexuellen Feld gleichwohl offensiv vorgehen und die Fragen in folgende drei Bereiche verschieben: 1. die Vermarktung von Sexualität und ihre allgegenwärtige Ausbeutung für Werbung und Konsum; 2. die Kinder als Rechtssubjekte auch zu ihren sexuellen Rechten informieren; und 3. die allgegenwärtige Manipulierung auf sexuellem Grund und dabei zugleich die lüsterne Herkunft der Moralisierung offenlegen und in dieser Weise die Dialektik sexualpolitischer Kampagnen und ihre Funktion bei der neuen Subjektkonstitution aufgreifen.

»Fünfzig Pädagogen wissen jetzt, wie es geht«, konnte man im Januar 2005 im Internet zum Thema Sex und Schule lesen, »und sollen ihr Wissen an die Jugendlichen weitergeben«. Das Thema scheint in den handwerklichen Raum geschoben. Nichts deutet darauf hin, dass Begehren, Lust, Liebe in einen Befreiungskontext gebracht werden, in dem die Vergesellschaftung der Einzelnen bejahend möglich wäre.

Roboter als Lehrer

Kritik an den Lernmöglichkeiten der Heranwachsenden beschäftigte mich, solang ich mich erinnern kann. Sie wuchs zur umfassenden Kritik an den Institutionen des Lernens, an den sie stützenden Lerntheorien, an der Pädagogik im Alltag und schließlich als Wissenschaft mit dem Zweifel, ob das Lernen selbst überhaupt gelernt und gelehrt werden könne und nicht vielmehr eine menschlich, ja schon tierisch spezifische Dimension des Lebens an sich sei, angeboren als »Neugier- und Explorationsverhalten«, und unter dieser Voraussetzung jede eingreifende Forschung schließlich zu dem Resultat kommen müsse, alle organisierten Lernprozesse als Lernverhinderungsinstitutionen zu untersuchen, einschließlich der Hauptakteure, der Lehrer, die dazu eingestellt scheinen, die natürlichen Lernimpulse im Keim zu ersticken. Solch radikales Denken fand in den Jahren der antiautoritären Proteste im Gefolge der 68er-Bewegung großen Anklang bis hin zum populären Konsens, dass Kinder gar keine Erzieher, keine Lehrer brauchen.

Diese von vielen geteilte Stimmung rief in mir unruhigen Protest aus ganz unzusammenhängenden Motiven hervor:

Ich liebte meine Lehrer, einige so sehr, dass ich ihnen nacheifern, ebenfalls Lehrerin werden wollte. Ich hielt und halte den Lehrerberuf für den schönsten und schwierigsten aller Berufe. Produktive Gegenenergie kam von meinem Lehrer Klaus Holzkamp, der ebenfalls in den Zeiten der Studentenbewegung dem Impuls nachging[47], die grundsätzliche Verfehlung institutionellen Lernens und der sie stützenden verschiedenen Theorieschulen (behavioristischen, kognitivistischen usw.) nachzuweisen. Sein Buch reizte mich zu grundlegendem Widerspruch, gerade weil ich die einzelnen Beweisführungen teilen konnte, nicht aber das bescheidene Ergebnis, dass es beim Lernen darauf ankomme, dass ein jeder eine eigene Problemstellung brauche, Lehrerfragen also grundsätzlich als fremd und äußerlich abgelehnt werden müssten und stattdessen auch eigene Zeit, wiederum selbstbestimmt, die wesentlichen Lernprozesse grundieren müsste. Wiewohl ich also seine Kritik in vielen Punkten nachvollziehen konnte, schien mir seine Auseinanderlegung in die Selbstbestimmung von Problem und Zeit all die Fragen, die mich selbst beim Lernen und Lehren bewegten, weitgehend zu verfehlen.

Es interessierte mich nämlich kaum, wie jede Einzelne ihre eigenen Lernprozesse organisierte, etwa Vokabeln auswendig lernte, durch stete Wiederholung im Kopf zu befestigen trachtete oder das Vokabelheft über Nacht unters Kopfkissen legte oder wie ich nur flüchtig abschrieb, was ich nicht wusste, und dies für ausreichend erklärte, um in der Schule

47 Veröffentlicht in seiner großen Studie *Lernen. Eine Grundlegung*, 1984.

durchzukommen; oder in Mathematik, angestiftet durch meinen jüngeren Bruder, die Lehrer mit blitzschnellen Multiplikations- und Divisionsergebnissen überraschen konnte, weil wir kürzere Lösungswege gefunden hatten als jene, welche die Lehrer uns gerade mühsam vermitteln wollten. Es interessierte mich vielmehr schon in ziemlich jungem Alter, wie man eigentlich Dinge, die man sich angewöhnt, also gelernt hatte, verlernen konnte, wie der Zement, der sich um die einzelnen Personen, sie versteinernd, gelegt hatte, aufgesprengt werden könnte. Angst im Dunklen etwa, Ekel vor bestimmten Personen, Feigheit oder Schwindel, wenn hohe Gebäude bestiegen werden sollten, der unbedingte Wunsch zu gefallen und doch nicht einverstanden zu sein, Unlust bei allen Pflichten im Haushalt. Im Grunde wollte ich wissen, wie man lernen konnte, so zu sein wie alle und gerade deswegen großartig und nützlich zu sein und geliebt zu werden. Kurz, ich stellte mir die Fragen individueller Lernprozesse in sozialen Zusammenhängen, hielt Lernen und das Studium dieses Prozesses, jetzt abstrakt und allgemein gesprochen, für einen gesellschaftlichen Aneignungsprozess, den die Einzelnen mit allen Sinnen vollziehen. Die versteinerten Verhältnisse zum Tanzen zu bringen galt nicht bloß äußerlich für Verhältnisse um uns, sondern eben für uns in diesen Verhältnissen oder, mit Marx in den Feuerbachthesen (MEW 3, 5–7) gesprochen: Selbstveränderung und Veränderung der Umstände fallen in revolutionärer Praxis zusammen. Lernen ist selbst ein umstürzender Prozess, ist Bewegung, braucht emotionale Absicherung, Schutz und ist vor allem ein Prozess unter Menschen, sobald die den Lebewesen gemeinsame Stufe einfacher Nachahmung überschritten und mit Bewusstsein kollektiv und der Möglichkeit nach auf stets erweiterter Stufenleiter gelernt/angeeignet wird.

Springen wir in unser Jahrhundert der durch Lehrer gestützten institutionell verankerten Organisation des Lernens aller heranwachsenden Gesellschaftsmitglieder, bleibt die Frage, wozu in den Lernprozessen Lehrer gebraucht werden, ja unentbehrlich sind. Das gesellschaftlich vorhandene Wissen liegt in Schriftform vor; in den kapitalistischen Ländern ist die Schulpflicht, also die Einführung der Kinder in den allgemeinen Wissensstand, durch eine von Lohnarbeit ausgesparte Zeit geregelt; gegen die ungleichen Startbedingungen gibt es Bildungsreform auf Bildungsreform, also gesellschaftliche Bemühungen, und neuerdings schlägt die Entwicklung der Produktivkräfte in diesem Bereich auf eine Weise ein, dass die alten Hoffnungen, es könne völlig selbstbestimmt in Zeit und Problemstellung endlich frei gelernt werden, verwirklicht zu werden scheinen: Roboter können die störenden Flecken im pädagogischen Prozess, den Lehrermangel, so blitzschnell beseitigen wie Fleckenwasser; Roboter können als Lehrer eingesetzt werden, und wie in den Feudalzeiten die Reichen ihren Kindern einen Privatlehrer engagierten, kann fortan jeder Schüler einen eigenen Roboter bekommen, mit dem er kreativ, selbstbestimmt, frei, spielerisch, lustvoll sich die Welt aneignen kann. Der Roboter als Lehrer und Freund, Wissensquelle, Vorbild, Ansporn und Liebesobjekt.

So schreibt die *Frankfurter Allgemeine Zeitung* am 30.4.2014:

> *Roboter-Lehrer*
>
> Nao ist ein äußerst schlauer und bescheidener Alleskönner, dessen runder Kopf immer freundlich dreinblickt. Er kennt keine Arbeitszeiten, keinen Stress und verlangt keinerlei Bezahlung für seine Dienste. Kein Wunder, denn Nao ist ein humanoider Roboter der neuesten Generation. Im Kopf sitzt der Prozessor, die Ohren sind zwei Lautsprecher, und in der Stirn steckt eine Kamera. Bislang hat das knapp sechzig Zentimeter große und überaus gelenkige Maschinenwesen vor allem beim Roboterfußball als Stürmer, Torwart oder Verteidiger brilliert. Doch Nao hat vom Kicken genug und sucht nun einen anspruchsvolleren Job. Denn seine Erbauer haben ihn aufgerüstet, ihm reichlich Hirnschmalz eingehaucht und eine Stimme gegeben. Aber nicht irgendeinen Job will Nao. Nein, er will Lehrer werden. Sein erstes Engagement hat er im Rahmen des interdisziplinären EU-Projekts »Emote« seit kurzem als Mathe- und Erdkundelehrer. Dort soll er zeigen, ob er überhaupt das Zeug zum Pauker hat, also ob er mehr kann als nur Lernstoff vermitteln und abfragen. Nao soll nach seiner Ausbildung auch empathisch mit seinen Schülern interagieren und deren emotionale Signale deuten können – Fähigkeiten, an denen es vielen seiner menschlichen Kollegen bisweilen mangelt. Derzeit übt sich Nao im Einzelunterricht mit Acht- bis Elfjährigen in Erdkunde. Dabei sitzt ihm ein Schüler gegenüber, der ein überdimensionales iPad vor sich hat, auf dessen Display eine Landkarte zu sehen ist. Auf Anweisung des Roboters geht der Schüler auf Schatzsuche – mal nach Norden oder Süden, dann nach Osten oder Westen – und lernt so die Himmelsrichtungen kennen. Nao spricht mit seinem Gegenüber, gestikuliert dabei mit seinen Armen und sagt, ob eine Antwort falsch oder richtig ist. Die Schüler sind begeistert, schwärmt der Projektleiter Arvid Kappas von der Jacobs Universität in Bremen. Sie nähmen den Roboter ernst, er motiviere sie zum Lernen. Allerdings steckt in ihm noch immer der Automat der alten Schule. Dadurch kann Nao nicht erkennen, ob ein Kind generelle Lernschwierigkeiten hat und deshalb eine falsche Antwort gibt. Einen Sachverhalt noch einmal zu erklären, kommt dem künstlichen Tutor nicht in den Sinn. Das wollen die Forscher von Emote ändern. Der Roboter der Zukunft soll einschätzen können, ob sich ein Kind langweilt oder ob es überfordert ist. Er soll in der Lage sein, an der Körperhaltung oder an der Mimik die Befindlichkeit des Schülers abzulesen und mit Gesten und Worten auf sein Gegenüber entsprechend einzugehen. Nao muss offenkundig noch sehr viel lernen, bevor man ihn auf die Schüler loslassen und als zusätzliches Instrument bei der Unterrichtsgestaltung nutzen kann. Allerdings kann er allenfalls mit einer kleinen Gruppe Schüler gut arbeiten. Bei einer ganzen Klasse sei er heillos überfordert. Ein bekanntes Manko, das er mit vielen seiner menschlichen Kollegen teilt. (mli)[48]

48 *Frankfurter Allgemeine Zeitung*, 30.4.2014, Nr. 100, S. N1.

Nur vier Jahre später – im Dezember 2018 – informiert die gleiche Zeitung großräumig auf zwei ganzen Seiten über ein Forschungs- und Praxisprojekt an der Bremer Universität mit den strahlenden Bildern eines Professors und einer Promotionsstudentin und dem Roboter Pepper, in die Gattung Mensch durch beziehungsvolle Namensgebung bereits eingemeindet, dass die Europäische Union ein Forschungsprogramm finanziert, das »intuitive human-machine interaction with humanlike social skills for school education« fördert. Computerwissenschaft, Psychologie und Pädagogik sollen interdisziplinär zusammenarbeiten und neues soziales Lernen ebenso entwickelt werden wie die Möglichkeiten personalisierter Anpassung von Robotern an menschliche Nutzer. Es geht um künstliche Intelligenz und um viel Geld, denn das Konsortium umfasst nicht allein Bremen, sondern längst schon die Universitäten von Uppsala, das Technologieinstitut in Stockholm, den polytechnischen Zweig von Lausanne, das Ingenieurswissenschaftliche Institut von Portugal, ein Institut an der Sorbonne in Paris usw. Das innovative Projekt soll vier Jahre laufen und »nicht-akademische Partner«, etwa künftige Abnehmer der Kandidaten im Lernprozess, einbinden, so dass diese nicht bloß ihren Doktor machen, sondern schon gleich einen Arbeitsplatz in der Wirtschaft erhalten. Das Projekt ist absolut auf der Höhe der Zeit, die Gemeinschaft ist international, das Ziel: verantwortliche Arbeit in einer digitalisierten und globalisierten Gesellschaft zu leisten lernen; Forschen und Lehren interdisziplinär und international voranbringend, soll es die Menschen stärken und gleichzeitig die Märkte mit innovativen Lösungen und fortgeschrittenen Trainingsprogrammen versorgen. Schon über 1400 Studierende aus mehr als 100 Ländern nehmen teil.

Staunend erfahren wir: Im Vergleich zu unseren Studienzeiten in der zweiten Hälfte des vorigen Jahrhunderts werden die künftigen Studierenden aus erd- und ortsgebundenen Wesen in flüchtige Teilchen eines ungeheuerlich beschleunigten und allseitigen internationalen Prozesses verwandelt. Diese Rennen in die Zukunft scheinen eine öffentliche Veranstaltung zu sein, so lässt sich um mehr Material und womöglich Kooperation ersuchen.

Ich schreibe an die angegebene Adresse in Bremen und erhalte tatsächlich Auskunft, wenn auch eine zunächst bescheidene: Es gibt erst 15 internationale Forscher-Studierende, die zudem noch auf dem Stand erster Thesen sind, weitere Auskunft gehört der Zukunft, die gewinnträchtig aus der Ferne leuchtet. Zeit noch, uns dem Vorhaben mit Zweifeln und Fragen vorbereitend zu nähern.

Mit meiner ganz respektlosen Frage nach der Notwendigkeit von Lehrern im kindlichen Lernprozess (1981) bin ich davon ausgegangen, dass Lernen das Verlernen bisheriger gesicherter Gewohnheiten voraussetzt und insofern ein krisenhafter Prozess ist; dass es abgesichert gehört durch Lehrende, die etwas über Krisen wissen, die Brücken bauen können, die Vertrauen und Zuneigung gewinnen und ausstrahlen und also die Lernenden geleiten, so dass sie nicht ängstlich zurückfahren, sondern kollektiv mit Bewusstsein ihre Handlungsfähigkeit erweitern können. Die Frage wird größer: Es geht um das Menschenbild, das einem pädagogisch eingreifenden Prozess zugrunde liegt. Dialektisches Denken ist gefragt. Eingreifendes Lehren und Lernen setzt voraus, das Prinzip des Nürnberger Trichters, in dem Wissen von oben nach unten ausgeschüttet wird, zu verlassen und stattdessen in den Entwicklungsgang von *Altem verlernen, um Neuland zu erreichen* in Prozessrichtung einzugreifen, also im kollektiven Lernprojekt gemeinsam Gewohntes hinter sich zu lassen, um Neues zu gewinnen. Dieser Prozess ist zugleich emotional und kognitiv, um die entsprechenden Begriffe aus Psychologie und Pädagogik zu verwenden.

Ich habe im Laufe meiner zweifelnden Überlegungen zur Notwendigkeit von Lehrern im Prozess der Aneignung gesellschaftlichen Wissens zusammenfassend vorgeschlagen: Es braucht Lehrer, die »Erfahrungen in die Krise führen« können (1981, 2003). Wichtig ist, Wissen aus Erfahrungen zu gewinnen, aber es genügt nicht. Erfahrungswissen, das sich bewährt, kann im nächsten Moment schädlich sein. Es braucht eine Lernstrategie, die nicht einfach von den Erfahrungen absieht, sondern Erfahrung einer Gegenerfahrung aussetzt, so dass die Lernenden genötigt sind, in diesem Gegensatz von Erfahrungen selbst tätig zu werden, die Geschichte der Erfahrung aufzuarbeiten, sich das Ergebnis anzumessen und zu prüfen, ob sie und wie sie sich selbst bejahen können, wenigstens vorübergehend, bis wieder eine neue Erfahrung die alten Erfahrungen nichtig werden lässt. Kurz, gelernt werden muss, mit Widersprüchen zu hantieren, um mit stets neuen Erkenntnissen, die für alle gelten können, weiterzugehen. Der Lehr-Lern-Prozess benötigt also den Umgang mit Widersprüchen, die Kollektivität der Lernenden, braucht ein positives Verhältnis zur Kritik und als Forschungsprozess zum selbstbestimmten Verlernen die Erinnerungsarbeit.[49]

Prüfen wir an diesen Maßstäben, den Werthaltungen, dem Menschenbild, den Veränderungen und Wechselfällen, den Brüchen und Krisen das Projekt *Roboter als Lehrer.*

So mager die Auskünfte aus dem groß angelegten internationalen Bremer Projekt bislang sind, gibt es doch anderswo Forschungen und Berichte über den Einsatz von Robotern in sozialen Bereichen. Nach einem Bericht aus der Universität Aarhus in Dänemark[50] sind humanoide und soziable oder gesellschaftsfähige Roboter technische Apparate, die menschlichen Wesen

49 Zu all diesen verschiedenen Dimensionen vgl. das Literaturverzeichnis mit einigen Ausführungen über viele Jahre.

50 Vgl. Dorte Marie Søndergaard über humanoide Roboter als unsere neuen Gefährten-Gattungen.

nicht nur in Körpergestalt, Gesichtsausdruck und Bewegungen ähneln, sondern ihnen auch bezüglich ihrer sozialen kognitiven Beziehungs- und anderen Fähigkeiten gleichen, die wir für gewöhnlich als spezifisch für die menschliche Gattung betrachten. In Japan, Korea, den USA wird diese Entwicklung ohne weitere Diskussion und Begrenzung durch die humanistische oder sozialwissenschaftliche akademische Gemeinschaft durchgeführt. Vorangetrieben durch Ingenieure und Computerwissenschaftler und unterstützt und willkommen geheißen durch die Industrie, die neue Märkte und Handelsmöglichkeiten erhofft, durch Politiker, die mögliche Lösungen für ökonomische Probleme wollen, was die Kosten für den öffentlichen Sektor angeht, und durch das Militär, das Möglichkeiten sieht, Drohnen und andere unbemannte Maschinen mit Vorrichtungen auszurüsten, die retten, schwere Ladungen tragen, spionieren und andere Aufgaben in Kriegsgebieten anstelle von Menschen durchführen können.

Anwendungsfelder sind nicht nur Kriege, sondern auch soziale Institutionen, also helfende Roboter, die fettleibige Menschen zum Beispiel an ihre Diät erinnern, die in der Altenpflege die Nahrung verabreichen, die die Schulkinder Mathematik lehren, die für die Einsamen als Freunde oder sogar Geliebte tätig werden und häusliche Pflichten übernehmen usw.

> Humanoide Roboter werden zweifellos die menschlichen Gesellschaften in wachsendem Ausmaß bewohnen und dabei helfende Menschen in vielen verschiedenen Situationen mit Pflichten und Aufgaben ersetzen, die viele Zeitgenossen sich schwerlich als durch eine Kombination von Metall, Plastik, Textil und Energie verrichtet vorstellen können. Doch blicken wir zurück auf die Linien des menschlichen Imaginären, wie sie in Filmen, Romanen, Computerspielen usw. materialisiert sind, finden wir Laboratorien, die denen der Roboter-Designer gleichen. Die Labors des Imaginären und der Phantasien haben schon Gestalten wie *Frankenstein* entwickelt, […] *Blade Runner*, oder Rod, den vollkommenen Mann in Marge Piercys Roman *Er, Sie und Es,* die die Menschen mit zukünftigen Möglichkeiten faszinieren, aber auch mit der Sorge erfüllen, die Macht und Kontrolle über unsere eigenen Schöpfungen zu verlieren wie der Zauberlehrling in Goethes Faust. Diese Fantasien arbeiten interaktiv (Karen Barad, 2012) mit den Prozessen und dem Verlangen der Designer in den Roboterlaboratorien.
>
> Die Gesamtlage wirft eine Reihe von Fragen auf, z. B.: Welche Vorstellung über das Menschliche ist verwirklicht und material-diskursiv in den Roboterlabors unter den Designern und den Menschen, die ihre Produkte eifrig erwarten, durchexerziert? Welche Art eines vergeschlechtlichten, rassifizierten, ethnischen, sexuellen Imaginären ist in die humanoiden Roboter eingebaut – und noch genauer: in welche Roboter, die für welche Zwecke entworfen sind? Angesichts der Tatsache, dass diese neuen technologischen ›Gefährten-Gattungen‹ (Haraway; Castañeda & Suchman 2002) dafür entwickelt sind, menschliche

> Fähigkeiten und Akteure in einem noch höheren Ausmaß zu imitieren, welche ontologischen Kategorien dürfen wir als zukünftig konstruierte erwarten? Wie werden unsere als selbstverständlich erachteten Kategorien transformiert werden (Freundschaft, Beziehungen, Liebe, Intimität, um nur einige zu nennen), und wie werden wir uns selbst auffassen, unsere Fähigkeiten und unsere kulturelle Einbettung angesichts einer Zukunft, die wir mit humanoiden Robotern dann teilen: Sollen sie Bürgerrechte haben? Werden sie perfekte Freunde und Geliebte und Fürsorgende sein, während die Menschen ihre unvollkommene Version bleiben? Trägt diese Entwicklung zu einer konservativen Fixierung sozialer Kategorien bei, wie es von Jennifer Robertson nahegelegt wird – oder eher zu einem potenziellen Überschreiten dieser Kategorien? Was wird als lebenswertes Leben für Menschen und für humanoide Roboter und Androiden gelten? (So weit einige Forschungsfragen von Dorte Marie Søndergaard, Universität Aarhus; Auszüge aus einer Diskussionsmitschrift von mir)

In diesem Kontext wiederhole ich meine Forschungsfrage: Wozu brauchen Schüler Lehrer? Können Roboter diese Aufgabe vollbringen und also dem Lehrermangel abhelfen und zugleich sogar die bisherige Kritik am schulischen Lernen durch die alten Ziele von Selbstbestimmung und eigener Problemstellung und Zeiteinteilung geradezu ideal einlösen?

Der Rückwärtsgang oder die Dummheit als System

Treten wir noch einmal einen Schritt zurück und vergegenwärtigen uns unsere Vorstellungen vom Menschen als Gattungswesen. Anders als andere Lebewesen kommt er unfertig zur Welt und voller Möglichkeiten, die er als Mensch sich aneignet. Kurz, der Mensch *wird erst* in praktischer Aneignung von Welt. In einfacher Sprache heißt das: Er muss Erfahrungen machen und diese verarbeiten. Als gesellschaftliches Wesen lernt er die Erfahrungen in bestimmten Gesellschaftsformationen bewerten, sich anpassen oder Widerstand leisten, sich schädigen oder für alle die Lebensbedingungen verbessern. Geht er den Weg, den die behavioristischen Lerntheorien annehmen, d.h. reagiert er auf Belohnung und Strafe und formt sich entsprechend, erwirbt er, was marxistische Psychologie »restriktive Handlungsfähigkeit« nennt. D.h. er funktioniert, sich anpassend, was langfristig schädlich ist auch für ihn, aber naheliegend. Er agiert, als sei es möglich, als Einzelner unter schwierigen Umständen, die sein Eingreifen erfordern, sein eigenes Fell zu retten, als sei er also kein Mensch, kein soziales Wesen, das sich sein eigenes Wesen aneignet, indem es arbeitsteilig kooperativ die Möglichkeiten, Mensch zu sein, zugunsten von allen entwickelt, sondern als sei er ein männlicher Einzelgänger wie Robinson. – Die Absage an das Robinson-Modell findet sich nicht nur bei Marx, eine ganze Reihe von Experimenten in der Zwillingsforschung zum Beispiel haben diese Vorstellung vom Menschen als Einzelwesen längst widerlegt. »Verallgemeinerte Handlungsfähigkeit«, d. h. bewusste kollektive Tätigkeit, sucht die gegeneinander ihre je einzelnen Interessen Verfolgenden so zusammenzufügen, dass erkennbar wird, dass es im je eigenen Interesse liegen muss, mit anderen zusammen die Bedingungen des Handelns für alle zu verbessern. Man hört an den einzelnen Worten und Begriffen, dass sie leicht zur Phrase werden, solange es gesellschaftlich keine gemeinsame Zielsetzung ist, dass die Bedingungen des Lebens für alle gemeinsam gestaltet werden müssen. Unter unseren Verhältnissen müssen wir annehmen, dass der Weg, die egoistischen Einzelinteressen in als gemeinsam erfahrbare Ziele zu überführen, äußerst widersprüchlich ist. Ich wiederhole: In unserem Feld des kindlichen Lernens braucht es also Lehrer, die Erfahrungen, die die Einzelnen machen, in die Krise führen, oder anders gesprochen: die den Schutz und die emotionale Sicherheit gewähren, welche das Engagement für kollektive Interessen braucht, gerade wenn es für die Einzelnen so aussieht, als käme man allein besser voran. Solches gilt es jeweils experimentell durchzuspielen. Ein solcher Lehrer war zum Beispiel Bertolt Brecht; seine Vorschläge, seine Experimente, seine Stücke bis hin zu seinen Lehrstücken sind Experimente für kollektives Lernen. Dabei gilt der brechtsche auf den ersten Blick unsinnige Satz, dass man aus Erfahrung nichts lernt und dass man nur aus Erfahrung lernen kann.[51]

Die Frage an die Roboter als Lehrer spitzt sich zu der Frage zu: Können Roboter in der Logik ihrer Programme Widerstandskämpfer gegen angepasstes Mitmachen sein? Können sie mit Widersprüchen hantieren, können sie Erfahrung gegen Erfahrung setzen? Dabei sprechen wir noch gar nicht von Zuneigung und Wärmestrom, von den Emotionen beim Lernen, von Liebe und Freundschaft. Schon allein die Frage nach dem Umgang mit Widersprüchen wird jeder als lachhaft verwerfen, sie zurückweisen, und doch stellt sie sich vor der Investition in die Digitalisierung unserer Schulen und deren Ausstattung mit Robotern statt Lehrern genau so. Die Logik, nach der die Roboter arbeiten, schließt die Infragestellung bisheriger Erfahrung ebenso aus wie Widersprüche, wie die Erfindung von Neuem, wie Widerstand, wie das Abweichen von vorgegebenen Wegen, wie das Infragestellen von Zielen. So lustig das Experimentieren und Lernen mit solch einem wie eine etwas holprige Puppe aussehenden Roboter zunächst anmutet, sosehr wir uns vorstellen können, dass die Schüler so schnell, wie sie mit ihren kleinen Smartphones und Handys operieren, je einzeln mit je einem Roboter kommunizieren können, so vergeht uns doch alle Experimentierlust, wenn wir uns als Folge die Schüler als Produkte eines umfassenden Zeitvertreibs denken, in dem sie in dieser Ja-Nein-Logik gar kein ethisches Projekt mehr

51 Vgl. Lehrende aus freien Alternativschulen: *Aus Erfahrung lernt man nichts. Ohne Erfahrung kann man nichts lernen. Geschichten aus dem schulischen Alltag.* Hamburg 2007.

verfolgen können, weil die Bahnen ihres Denkens auf der großen Autobahn des einfachen Funktionierens alle Lust an Entdeckung, alle Fantasie abdressieren. Um jeden Einzelnen steht stattdessen die Stille eines Dialogs mit eigenem Lehrspielzeug, das kein Echo mehr gibt auf die Vielfalt und Tiefe menschlicher Möglichkeiten – und dies, bevor die Schüler tatsächlich in die unbekannte Welt aufbrechen. Kurz, was als Möglichkeiten in ihnen steckt, muss verdorren wie Samen in der Wüste. Gefühle der Zuneigung, der Gemeinschaft, der Liebe, so sie sich notgedrungen zu den Robotern als Lehrern entwickeln, schaffen Ungeheuer. Das begeisterte und zufriedene Lächeln der Projektbeteiligten in den bisherigen Veröffentlichungen wirkt bei näherem Studium wie der Triumph über mögliches Leben am Tag seiner Vernichtung. Oder weniger pathetisch gesprochen, scheint es in diesem Projekt nicht so sehr darum zu gehen, menschengleiche, nur sehr viel bessere Maschinen zu produzieren, die nicht streiken, die auf Anhieb funktionieren, die das tun, was man von ihnen will (dies war das Projekt in der Entwicklung von Hightechnologie), sondern umgekehrt wird das Resultat sein, die Menschen den Maschinen anzugleichen und daher die antiautoritäre Kritik an Schule und Erziehung als Grundlage zu nehmen, um unter der Parole von Freiheit und Selbstbestimmung aus den mit vielfältigen Möglichkeiten und Anlagen ausgestatteten kleinen Menschenwesen von vornherein uniforme funktionierende Roboter zu machen. Dafür könnten Roboter als Lehrer nützen, falls nicht ein Kurzschluss oder ein Aufstand der missbrauchten Schüler dem Projekt ein Ende macht.

Dem pessimistischen Blick auf den Einsatz von Robotern als Lehrer zur Behebung des Lehrermangels und zur gleichzeitigen Einsparung von Kosten ist ergänzend ein knappes Kapitel zu den Möglichkeiten eines bereichernden und produktiven Einsatzes von Robotern in der Schule hinzuzufügen. Die genannten Kräfte, die dieses Projekt unterstützen – allen voran die Wirtschaft, die mit staatlicher Unterstützung die Schulen mit all diesen Robotern ausstatten will –, könnten genutzt werden, um die Entwicklung, die Entfaltung und die Lernprozesse der Schüler mit Möglichkeiten von Hightech tatsächlich zu befördern. Die Schüler könnten in Gruppen mit solch einem Roboter als Assistenten ausgestattet werden, was es ihnen ermöglicht, mit umfassenden Verbesserungs- und Veränderungs-Augen die Schule als Lernfeld und soziale Umgebung in gesellschaftlichem Kontext wahrzunehmen. Sie würden selbst die Verantwortung und Leitung für diese Bildungsinstitution zum Wohle aller einsetzen lernen. Es gälte, dem Roboter Fragen und Daten zu übermitteln, welche Wünsche an eine bessere Schule mit den vorhandenen Ressourcen, Raum- und Lichtverhältnissen, Luft und Bewegungsmöglichkeiten stellbar sind. Sollte beispielsweise ein Aquarium in großem Maßstab eingerichtet werden, um das Verhalten der Fische zu studieren? Wo könnte es stehen und wer ist dafür verantwortlich, wie viel Platz gibt es, was ist an Materialien unter den vorhandenen Bedingungen möglich und lebenswert? Denkbar ist auch ein Sprachlabor, in dem die Fähigkeiten des Roboters, in die verschiedenen Sprachen zu übersetzen und Wortforschung anzustellen wie ein großes Lexikon, zur Geltung kommen. Es könnte der Geschichtsunterricht mit lebendigen Archiven und Quellen und dem Zugriff auf Bibliotheken ausgestattet und so eine große historische Landschaft lebendig werden statt der dürren Zahlen, die sonst den Geschichtsunterricht bestimmen. Ähnliches gilt für aktuelle Fragen des Ökologischen, der Klimaforschung. Kurz, es ließe sich eine große Menge an Einsatzmöglichkeiten für forschendes, durch einen Roboter assistiertes Lernen in Gruppen denken. Er muss dafür nicht wie ein Mensch gestaltet sein, seine Bewegungen brauchen nichts Menschenähnliches, er muss nicht Freundin und Freund ersetzen oder die Eltern. Für den bereichernden Einsatz von Assistenten mit Roboterqualitäten und -möglichkeiten im Unterricht braucht es vielmehr auch Lehrer, die in dieser Weise gebildet sind und gemeinsam mit den Schülern die Fragen entwickeln, die eine veränderte und gerechtere, eine bessere, eine liberalere Gesellschaft in widersprüchlichen Verhältnissen stellt. Wie individuelle Freiheit in fremdbestimmter Gesellschaft gelebt werden kann, wie also die fremdbestimmte Gesellschaft nicht bloß als bedrohliche Umwelt erfahren werden muss, könnte als Aufgabe gefasst werden, so dass eben die Durchdringung und Erkenntnis der Gesellschaft selbst Lernziel wäre, als Voraussetzung, kollektiv ihre Veränderung anzugehen.

Kapitel 11

Lernen in der Familie

Erinnerungsarbeit 2

Erinnerungsarbeit, also die Arbeit mit erinnerten Begebenheiten, hat es immer mit Gegenwartsmaterial zu tun, soweit zurück die Erinnerungen auch reichen. So wie man es hier und heute erinnert, wird es aufgeschrieben. In die Erinnerung geht man also selbst als Persönlichkeit ein, wie man sich wahrnimmt, was man für aufhebenswert hält. Gerade dass Erinnerung konstruiert ist, durch herrschende Meinung, eigenen Widerstand, Nahelegungen von irgendwoher gegangen ist, macht sie nicht geeignet als historisches Zeugnis, ›wie es wirklich war‹, sondern als Material, das uns erlaubt, die Archäologie unserer gesellschaftlichen Selbstformung zu studieren. Die Erinnerung arbeitet so auch nicht ordentlich chronologisch. In gewisser Weise folgt die Anordnung der Erinnerungskapitel den Schwerpunkten, wie erinnert wird. Obwohl historisch früher, steht Familie hier als Kapitel an zweiter Stelle, denn anders als die Schule ist die Familie keine Institution, die in den Erinnerungen, wie überhaupt im Imaginären, fest mit Lernen verbunden ist, bzw. wo doch, dann als Verlängerung von Schule (wie im vorhergehenden Kapitel vorgeführt). Wiewohl allgemein klar ist, dass die ersten Lernerfahrungen in der Familie erlebt werden, wie Familie auch der Ort ist, an dem die zivilen Tugenden eingeübt, Haltungen fürs Leben gewonnen werden, und wenngleich Eltern im Namen von Schule ganz selbstverständlich für den Lernerfolg ihrer Kinder auch dort verantwortlich gemacht werden, scheint Familie keine Instanz, die unter der Fragestellung Lernen besondere Aufmerksamkeit verdient. Freilich gibt es eine ganze Reihe von Untersuchungen, die etwa das Schicksal des Sexuellen und der Macht in der Familie (u.a. Foucault 1977) oder die Frage des Autoritären (u.a. die legendäre Studie von Horkheimer 1936) zum Gegenstand haben; es gibt Erziehungsratgeber für Eltern, ganze Zeitschriften sind der Eltern-Kind-Problematik gewidmet, aber da Lernen an Schule gebunden scheint, sind die Vorgänge in der Familie kaum unter der spezifischen Frage als Lernen studiert.

In unserer ersten Studie, in der Erinnerungsarbeit als Methode eingeführt wird, *Erziehung zur Weiblichkeit* (1980, 1991), zeigt sich die Familie als zentral für die Einübung geschlechtstypischer Formen von Weltbezug. Auf die viel spätere Aufforderung allerdings, Lern-Erlebnisse zu erinnern, wurden nur sehr wenige Szenen beschrieben, die in der Familie handelten. Vier von ihnen sollen im Folgenden vorgestellt und bearbeitet werden (drei von Frauen, eine von einem Mann geschrieben). Ich versuche, Auskünfte über Lernen zu erhalten, das nicht im Schulbann steht, gleichwohl institutionell verankert ist und einem gesellschaftlichen Auftrag folgt.

Familienleben

Wohl um die an die Erinnerung so schlicht formulierte Frage nach dem erfolgreichen oder versagten Lernen von vornherein auszuhebeln, nannte der Student seine Erinnerung:

> Als ich einmal nichts lernte und es dann dennoch konnte
>
> Ich war wohl sieben Jahre alt, als meine Eltern zu der Ansicht gelangten, es sei nun an der Zeit, dass ich die Uhr lernte. Mein Vater übernahm vorrangig die Aufgabe, mir das beizubringen. Ich freute mich richtig darauf, neben Lesen und Schreiben nun auch die Uhr zu können. Immerhin wäre ich dann eines der ersten Kinder in der Straße gewesen und damit ein Stück unabhängig von den Großen.
>
> Mein Vater fing zunächst an, mir an der großen Wohnzimmeruhr, die auf dem Buffetschrank stand, zu erklären, wie das mit der Uhr funktionierte. Also großer Zeiger die Minuten, kleiner Zeiger die Stunden usw. Es war richtig toll für mich. Jeden Abend nach dem Abendbrot und dem gemeinsamen Abwasch saßen mein Vater und ich in unserer Wohnküche zusammen und beschäftigten uns mit Zeigern und Zifferblättern. Da mir das mit den großen und kleinen Zeigern und deren Bewegung überhaupt nicht einsichtig sein wollte, wurde mein Lernprogramm zur Routine.
>
> Über Wochen gestaltete sich unser Familienleben so, dass mein Vater und ich – und später auch meine Mutter – uns über die Möglichkeit unterhielten, die Uhr lesen zu können. Das gefiel mir ziemlich gut, hatte ich doch sonst nicht so viel von meinen Eltern, da sowohl meine Mutter als auch mein Vater berufstätig waren. Mein Vater hatte immer neue Ideen, mir das Lernen zu erleichtern. Zunächst transparentes Millimeterpapier mit Kreisen und eingemalten verschiedenen Uhrzeiten. Das war ziemlich klasse, ich habe daraus Laternen gebastelt. Später bestellte mein Vater erst aus Holz, dann sogar aus Metall eine Modelluhr, die ich in die Hand nehmen, die Zeiger selbst bewegen konnte. Damit habe ich auch tagsüber oft gespielt.
>
> Kurz und gut, die besten Einfälle meines Vaters und auch die Versuche meiner Mutter tagsüber, wenn sie Nachtschicht hatte, nützten nichts. Ich habe es weit über ein Vierteljahr nicht begriffen. Auch die Tatsache, dass Nachbarskinder mittlerweile die Uhr schon lesen konnten, hat mich nicht angespornt. Natürlich wollte ich das auch können, aber es ging halt nicht. Ich fand das aber auch irgendwann nicht mehr wichtig, es war einfach prima und tat mir gut, einmal

am Tag meinen Vater wirklich für mich zu haben, und ich freute mich nach der Schule auf den Abend. Allerdings ließen die Anstrengungen meines Vaters am Abend und die meiner Mutter tagsüber irgendwann nach. Das allabendliche Zusammensitzen blieb, wir spielten gemeinsam oder machten Hausarbeiten zusammen.

In meiner Erinnerung wesentlich später kamen eines Tages meine Eltern abends nach Hause und meine Mutter fragte, während sie ihren Mantel auszog, wie viel Uhr es denn wohl sei, und ich konnte nach einem Blick auf die Wohnzimmeruhr spontan sagen, es sei halb sechs. Die Uhrzeit stimmte wohl, denn meine Eltern schauten erstaunt und wohl stolz auf mich. Umarmung und Küsschen gab's auch, herzlicher als sonst. Ach ja und meine erste eigene Uhr.

Das ist auf den ersten Blick eine so heitere und sympathische Geschichte, dass die Bearbeitung, anders als zumeist, in entspannter Atmosphäre stattfand. Eine gewisse Gelöstheit sprang aus den Zeilen und ergriff die gesamte Seminargruppe. Wir einigten uns darauf, dass der Autor als zentrale Botschaft vermitteln wollte: Weder Üben noch Zuwendung führen zum Lernerfolg. Dieser ist vielmehr Zufall. Und als implizite Lerntheorie denkt er: Lernen ist ein unbekanntes Geschehen der Aneignung von Fähigkeiten.

Bemerkenswert ist, wie sich der Autor als aktives Wesen schreibt; in Sequenzen des Alleinseins spricht er sich als fröhlich tätig; sowie insbesondere der Vater, aber auch wenn die Mutter auftritt, verschwindet das Ich in der Gemeinsamkeit des Wir. Die Schilderung und die Indienstnahme der Sprache folgen dieser Sequenz vollständig bis zu dem Punkt, da er die Fähigkeit beherrscht, die zu Beginn der Lerngeschichte angezielt war, und sich also herauslöst aus dem wir: »Ich konnte [...] spontan sagen, es sei halb sechs«.

Während man aus der Geschichte selbst ein lebhaftes, fröhliches, vor allem einverstandenes Wesen erinnert, zeigt die linguistische Zerlegung fast gar keine Aktivitäten des Kindes und wenig Gefühle; er freut sich (zweimal), bastelt und spielt – dann begreift er nicht und findet die Sache auch einverstanden nicht mehr wichtig; es gibt keinen Konflikt. Im Gegenteil: Dominant sind nicht die Aktivitäten des Kleinen, sondern die des Vaters, mit dem er freudig in einem *Wir* verschmilzt. Er will den Vater (in Maßen auch die Mutter) für sich haben. Der Vater wird dafür konstruiert als ideenreicher Unterweiser und als Kamerad; er hat keine Ungeduld, keine negativen Gefühle, sondern willigt offenbar ein, in ein fröhliches Kollektiv einzugehen – der Vater repräsentiert im Grunde eine Lebensweise – er ist zunächst berufstätig, dann Teil eines Familienlebens, welches als Subjekt die Gesamtanlage übernimmt: Es gestaltet sich gut. Die Mutter hat teil, wenn auch weniger. So freundlich die Elternpersonen auftreten, so wenig konfliktträchtig sind auch die übrigen »anderen« der Geschichte. Es gibt »die Straße«, die Nachbarskinder. Sie sind vorwiegend Kulisse, an der man sich misst, man steht mit ihnen im Wettstreit, kann es aber auch bleiben lassen. Auch die Möglichkeit, »unabhängig zu werden«, wird erwähnt, dann ebenso als nicht wesentlich beiseitegelegt.

Das Ganze ist eine Geschichte über familiäre Harmonie: So fehlen alle Konflikte, Probleme, Widersprüche – die Eltern zeigen sich so ideal wie der Sohn –, da kann es keine Einbrüche geben. Es fehlt auch die Mühsal des Lernens, als seien Väter z. B. dazu in der Lage, Schwierigkeiten dadurch aus dem Weg zu räumen, dass sie geplante Lernziele nicht mehr verfolgen. Lernen kann dann als ein auch schmerzhafter Prozess des Neu-, Um- und Verlernens nicht stattfinden, aber es scheint auch unnötig zu sein.

Es bleibt eine Art Stachel. Zwar hat sich der Autor Mühe gegeben, das Nachdenken über Lernen, Lernstrategien, Widerstände usw. ad absurdum zu führen zugunsten einer Theorie des beiläufigen Wachstums wie bei Blumen z. B., bei denen man nur geduldig abwarten muss, bis sie ihre Kelche öffnen. Andererseits wäre es für dieses Ergebnis nicht nötig gewesen, so eindrücklich die Familie zu schildern, die Eltern als erfolglose Lehrpersonen, deren Zuwendung auf Dauer gestellt ist. So lehrt die Geschichte auch: Ein liebevolles harmonisches Familienleben ist schön, aber kontraproduktiv; das macht für die Aneignung von Fähigkeiten so lange nichts, als sie von selbst sich durchsetzen bzw. angeeignet werden.

Es bleibt mir die unruhige Frage, warum meine Erinnerungen an Lernen in Familie fast ausschließlich von heftigen Widerständen handeln, von Trotz und Wut, Vergeblichkeit und auch von Scham, soweit ich mich bei Opportunismus oder auch zu viel Gehorsam ertappe; warum ich all dies noch extremer bei meiner Tochter erinnere und später geradezu Minute um Minute bei meinem heranwachsenden Enkel beobachten konnte.

Meine Versuche, mich an ein Lernerlebnis aus der Familie zu erinnern, stoßen auf eine Erfahrung, die ich nicht beiseiteschieben kann. Es ist nicht so, dass es mir zu schwierig wäre, davon zu berichten, weil sie mich bis heute peinigt; es ist vielmehr so, dass mein kritischer Blick sie nicht als Lernszene durchgehen lassen will. Es ist eine Geschichte von Opportunismus und daher von Scham, aber Lernen? Es nützt nichts, vor allen weiteren möglichen Erinnerungen lagert diese und behauptet sich auf dem Lernplatz. Also schreibe ich sie.

Niederlage (Szene 99)

Es ereignete sich beim Mittagessen. Wir hatten Besuch, daher gab es Nachtisch. Meine Vorfreude wurde jäh erstickt: Ofenschlupfer – dieses Gemisch aus altem eingeweichtem Brot und Äpfeln, das ich nicht ausstehen konnte. Noch während meine Mutter den Auflauf auf den Tisch stellte, rief ich: »Das mag ich nicht«, und hoffte darauf, bei der Verteilung übergangen zu werden. Wenn Besuch da war, zeigte meine Mutter, dass sie sich, wie sie sagte, von uns nicht auf der Nase herumtanzen ließ. Sie füllte einen Nachtischteller mit einer extragroßen Portion, drückte ihn mir in die Hand und bestimmte: »Ab in dein Zimmer. Und komm erst wieder raus, wenn du das gegessen hast.« Ich rannte wütend und enttäuscht zugleich aus dem Esszimmer ins Spielzimmer, schmiss die Tür hinter mir zu, stieß den Teller auf die Fensterbank, warf mich auf die Couch und heulte erst mal eine Weile. Es war total ungerecht. Aber Heulen brachte irgendwie gar nichts. Ich stellte mir vor, wie meine Geschwister jetzt lustig erzählten, wie man plante, was nach dem Essen geschähe, und überall war ich nicht dabei wegen dieses blöden Nachtisches. Ich zog ihn langsam zu mir heran und fing an zu essen. Er schmeckte nicht so abgründig schlecht, wie ich erinnerte, aber auch keineswegs gut. Es ging jetzt darum, ihn herunterzubringen. Schnell leerte ich meinen Teller, stand auf, ging ins Esszimmer. Ich wollte etwas Unerwartetes tun, um die Schlappe von vorhin, vor allen anderen aus dem Zimmer geschickt worden zu sein, gutzumachen. So streckte ich den Teller hin und sagte: »Es hat sehr gut geschmeckt, ich möchte noch einen Nachschlag.« Meine Mutter strahlte. Das tröstete mich ein wenig über die Aufgabe, nun vor allen andern eine zweite Portion von diesem doch recht geschmacklosen Zeug in mich hineinzustopfen. Ich war kein bisschen stolz auf mich, sondern tief beschämt, denn ich fand, dass ich nicht nur die Unwahrheit gesagt und entsprechend gehandelt hatte, sondern dies darüber hinaus, um meiner Mutter nach dem Willen zu handeln, damit sie vor ihrer Freundin auf mich als eine gehorsame und einsichtige Tochter verweisen konnte, während ich in Wirklichkeit scheinheilig war.

Ist dies keine Lerngeschichte?, wie die Autorin zweifelt, oder anders: Warum ist auch dies eine Lerngeschichte, die sich darum vor andere Erfahrungen drängt? Zweifellos wird auf schwierige Weise gelernt – alltägliche banale Streite türmen sich unverhältnismäßig auf zur Frage nach Gerechtigkeit und starkem Charakter. Fragen wir uns also, was die Autorin bedeuten will und, nach der entsprechenden Analyse, was die Geschichte sagt.

Die Botschaft: Die Durchsetzung deines Willens muss gegen Widrigkeiten bestehen, alles andere ist Opportunismus, schwacher Charakter. Die implizite Lerntheorie: Belohnung und Strafe sind wirksame Instrumente zur Verhaltenssteuerung.

Die Autorin schreibt sich in einem Arrangement, in dem sie nicht viel machen kann. Das wird sprachlich inszeniert durch die Verwendung von unpersönlichen Subjekten (*es, die Vorfreude, der Besuch*) im Eingang der Erzählung und den Bestimmungen durch die Mutter. Die Tochter macht sich bemerkbar durch eine Fehltat, negativ (*ich mag nicht*), und bestimmt von da an die Erzählung durch Aktivitäten heftiger Bewegung äußerer – *rannte, schmiss, stieß, warf sich* – und innerer – *wütend, enttäuscht, heulend* – Art. Die Geschichte bekommt eine Wendung durch eine zweite Negation: »Sie ist nicht dabei«. Um dabei zu sein, muss sie die Eintrittsbedingungen erfüllen, d. h. den Nachtisch essen. Verglichen mit der Dramatik des Abgangs ist der Vollzug der ungewollten Tat emotionslos geschrieben und wiederum begleitet von einer dritten Negation: Sie erinnert den Nachtisch schlechter, als er schmeckt, und kann ihn so essen. Aber die Unverhältnismäßigkeit von Tat und Strafe, die sie als »ungerecht« empfindet, braucht eine ebensolche Unverhältnismäßigkeit von ihrer Seite, um wieder ins Lot zu kommen. Dies ist der Einsatz von Unwahrheit. Für das bloße wieder Dabeisein hätte es genügt, den Teller leer zu essen. Die freiwillige Verdoppelung der Strafe durch den erbetenen Nachschlag ist ein Versuch, Gerechtigkeit so herzustellen, dass man nicht bloß in der Verneinung als Subjekt anwesend ist. Die Bejahung aber ist die Preisgabe des eigenen Willens zum Genuss, der auf diese Weise als Frage von Charakter erscheint. Nur in der Verneinung, so lehrt uns die Geschichte, kann die Autorin in einer von ihr nicht bestimmten Situation und Lage ein Mensch sein, dem sie selbst zustimmen kann. Der Preis ist das Alleinsein, den sie nicht zahlen will. Opportunistisch ist, so bedeutet die Geschichte, wenn man sich selbst verleugnet, weil einem die Kosten zu hoch sind.

Dabei sind die anderen, bei denen man sein möchte, kaum lebendig. Die Geschwister werden nur einmal erwähnt; der Besuch ist eine Nennung, ist Kulisse, vor der die Mutter ›ungerechtes Verhalten‹ inszenieren kann. Die Ausstellung des Kindes vor Fremden als eines, das gehorsam ist, das also die familiär anzuerziehenden Haltungen erlernt hat, ist selbst ein Theater, das die Mutter unglaubwürdig macht und also ein zweites Mal von ihr entfernt. Die Autorin konstruiert die Mutter als eine, die um des Anscheins willen in Kauf nimmt, dass ihre Tochter scheinheilig wird. Insofern schwankt die Autorin in der Geschichte zwischen der Vorstellung, sie sei ein Opfer der ungerechten Taten ihrer Mutter und sie habe den eignen Anforderungen an sich nicht genügt, sie habe selbst versagt.

Und zum Lernen in der Familie erfahren wir, dass die familiäre Situation, in der Bedürfnisse befriedigt werden und Genüsse ebenso anstehen wie Widerwillen und in der Ziviltugenden erlernt werden sollen, die Aufgabe, eine selbstbestimmte Person werden zu wollen, in besonderer Weise schwierig macht. Man kann wenigstens probeweis aus Familie herausfallen, um zu lernen, dass die Balance zwischen eigenem und fremdem Willen ein Feld ist, auf dem Niederlagen erstritten werden, die Siege sind, und umgekehrt.

Der Weg geht über Widerstand, über Verneinung. Selbst die Verneinung der eignen Person als scheinheilig ist nicht nur Zeugnis eines Lernversagens, sondern zugleich Ausgangspunkt für dauerhafte Selbstreflexion.

Jähzorn als Waffe
Geschichte einer Frau zu erfolgreichem Lernen (Szene 13)

Ich bin noch klein, vielleicht so 8–10 Jahre alt, und ärgere mich immer, wenn ich mich mit meinem drei Jahre jüngeren Bruder streite. Jan hat so eine Art drauf, und die hat er bei meinem Vater abgeguckt, wann immer wir uns zanken, total wütend zu werden und – in meinen Augen – unverhältnismäßig heftig zu reagieren. Er flippt dann völlig aus, fängt an rumzuschreien, ist jähzornig und ungerecht, knallt die Türen und rennt raus. Und dann stehe ich da, im leeren Zimmer, möchte noch etwas entgegnen, fühle mich hilflos und finde das total gemein von ihm, weil er mich mit seinem Verhalten ins Unrecht setzt. Einerseits bin ich auch wütend und sauer, nehme mich aber zusammen und versuche, mich zu beherrschen; und dann fühle ich mich als ältere Schwester dafür verantwortlich, dass wir uns gut vertragen und nicht streiten. Meine Eltern, besonders mein Vater, fanden es immer schlimm, wenn wir Kinder uns gestritten haben, meine Mutter war da cooler, und irgendwie war das dann hinterher alles meine Schuld. Ich finde diesen Jähzorn gemein mir gegenüber, aber auch beeindruckend, und denke: Ich bin ja bescheuert, dass ich immer ruhig bleibe und nie so ausflippe, eigentlich ist das die stärkere Position, das könnte ich doch auch einfach mal so machen.
Und dann erinnere ich einen Streit mit meiner Mutter. Wir stehen im Wohnzimmer und streiten uns über irgendeine Lappalie, die Sonne scheint hell ins Zimmer. Ich steigere mich in diesen Streit immer mehr rein, rege mich auf, werde laut und will auch mal so richtig ausrasten und auftrumpfen. Irgendwann renne ich aus dem Raum und denke: So, und jetzt trete ich noch voll gegen die Tür! Die Tür trennt Wohnzimmer und Flur, hat einen relativ breiten Holzrahmen, in der Mitte einen Glaseinsatz, weißes Glas, das von innen von der Sonne beschienen wird, hell, aber nicht richtig durchsichtig. Ich stehe in dem Moment zwischen Tür und Wohnzimmer und will gegen die untere Holzblende treten, richtig donnernd Krach machen, hole aus und trete zu hoch, mitten in das Glas. Während die Scheibe zersplittert und über mir zusammenbricht, stehe ich starr vor Entsetzen, und habe glasklar vor Augen, wie superentsetzlich scheiße ich war: Ich habe mich künstlich aufgeregt, mich verstellt, alles unehrlich, und mit fataler Folgerichtigkeit ist das jetzt die Strafe.
Die Geschichte ging insofern gut aus, als dass ich mich nicht verletzt habe. Meine Mutter war so erschrocken und dann so erleichtert, dass mir nichts passiert ist, dass es überhaupt keinen Ärger gab, sondern eher Mitleid mit mir. Mein eigenes schlechtes Gefühl habe ich für mich behalten und niemandem erzählt, dass ich eigentlich nur so getan hatte, als wäre ich wütend.

Nach den blockierten Lerngeschichten aus der Schule ist zunächst wiederum bemerkenswert, dass die Autorin diese Geschichte überhaupt unter Lernen erinnert. Andererseits gelingt es sogleich zu entziffern, was sie vermitteln möchte, welche Botschaft sie wichtig fand. In der Erinnerungsarbeitsgruppe verdichteten wir die ›Bedeutung‹ der Szene zur These: Jähzorn ist ungerecht, führt aber dazu, dass man recht bekommt. Die Erfahrung spielt in der Familie und lehrt uns sogleich, neben den Eltern die Rolle der Geschwister nicht zu vernachlässigen. Die implizite Lerntheorie, die die Schreiberin vermittelt, lautet: Erfolgreiches Verhalten imitieren bringt einen Zuwachs an Kompetenz und ist insofern Lernen; so gilt auch der Umkehrschluss: Lernen ist Imitation.

Die Überprüfung der Aktivitäten, Gefühle und Wünsche/Interessen, die die Autorin sich selbst zuschreibt, und die Art, wie sie die anderen Beteiligten in Szene setzt, zeigen folgende Selbstkonstruktion: Die Autorin scheint auf den ersten Blick sehr aktiv zu sein; bei genauerem Hinsehen gehen die Aktivitäten von Ärger und Ruhe zum Willen, richtig außer sich zu sein. Zunächst »steht« sie (dies kommt vier Mal vor), dann aber werden Bewegungsverben eingesetzt – *sie rennt, sie tritt*; die Vermittlung geschieht über Empfindungen – Verantwortung und Ungerechtigkeit in der Schuldzuweisung. Wiewohl die Szene den Eindruck vermittelt, dass die Autorin voller Gefühle steckt, tauchen im Großen und Ganzen nur fünf und zwar negative Empfindungen auf: Ärger, Hilflosigkeit, Wut, Säuernis, Entsetzen.

Über die Leerstellen, worum eigentlich gestritten wird (Lappalie), und die Skizzierung der anderen ohne Interessen, ohne Wünsche, ja auch ohne Gefühle außer dem Jähzorn, der selbst wie der Streit große Teile der Handlung übernimmt, so dass die Subjekte praktisch zu Vollzugsgehilfen des Jähzorns werden, konstruiert sich die Autorin als einsamer Wille – sie will ausrasten, will auftrumpfen, will Krach machen, will jähzornig sein, will Konfliktstrategien des Bruders übernehmen, darin erfolgreich sein und recht haben. Ihre Lernerfahrung ist: Streit kann man nur gewinnen, wenn man die Spielregeln beherrscht – diese kann man lernen. Sie lauten in diesem Fall: außer sich sein, die Überwältigung durch Gefühle zeigen und entsprechend agieren. Der Jähzorn und der Streit werden so zu den bestimmenden Gemeinsamkeiten der Familienmitglieder, die jedes für sich seltsam blass sind. So ist der Vater nur ein Schemen, eine Vorlage, von der der Bruder, selbst kaum mehr als eine Personifikation des Jähzorns, abguckt. Die Mutter ist erschrocken, dann erleichtert und zeigt ansonsten wenig Leben.

Die Problemverschiebung aus der Bearbeitung der Geschichte lautet: Jähzorn ist eine Verstellung (auch der Bruder imitiert nur), mit der man Streit gewinnt. Streiten ist schuldhaftes Verhalten, es kommt darauf an, die Schuld anderen zuzuschieben, dazu muss man laute und jähzornige Szenen hinlegen. Beim Streiten muss man überwältigen durch eine Art Punktsieg; dazu gehört es, als Erster die Szene zu verlassen.

Zum Lernen lehrt uns die Geschichte, dass es darauf ankommt, die erfolgreichen Spielregeln zu erkennen und sich die dazugehörigen Verhaltensformen anzueignen. Vorläufig berichtet diese Geschichte über Familie als einen Ort, an dem Verhaltensmodellierung geschieht, und somit über Vorgänge, die sich innerhalb behavioristischer Lerntheorie erklären lassen.

Der Familienauftrag ist der der verantwortlichen Erziehung. Eltern haften für ihre Kinder. Vermutlich ist es die Dimension der Erziehung, die die Frage des Lernens verdeckt. Wo erzogen wird, wo also von oben nach unten Verbote, Ratschläge erteilt, Maßnahmen ergriffen werden, das Kind zurechtgestutzt wird, bis es die gewünschten Formen annimmt, scheinen behavioristische Annahmen der Verhaltensmodellierung geradezu angegossen. Sie verraten in steter Verfeinerung, wie die zu Erziehenden über das rechte Maß an Belohnung und Strafe in der angemessenen Dosierung das gewünschte Verhalten produzieren. Holzkamp spürt wohl diese Verdeckung der Lernproblematik durch die Erziehungsfrage und lehnt es darum ab, Erziehung ebenso wie Lehren wirklich unter Lernen zu diskutieren, weil die wirklichen Subjekte des Lernens in solcher Weise verfehlt werden. Entsprechend überführt er behavioristische Lerntheorien dieser Verleugnung der Subjekte und weist an ihren Fallgeschichten jeweils nach, dass die Lernprozesse nicht wie angegeben erzielt worden seien – zumeist als Reiz-Reaktions-Sequenz –, sondern dass das jeweils beobachtete Subjekt »aus guten Gründen« handelte und eine Auffälligkeit in der Verhaltenssequenz sich häufig dem Umstand unzureichender Information oder auch verarmter Lernbedingungen verdanke (1993, 39–117). Auf diese Weise geschieht in der holzkampschen Argumentation zweierlei: Zum einen geraten Erziehung und Lehren weitgehend aus dem Reflexionszusammenhang zum Lernen mit der weiter oben (in Kapitel 2) diskutierten Problematik eines normativen Lernbegriffs; zum zweiten wird, wie schon zuvor (in Kapitel 7 und 8) angesprochen, die tatsächliche Wirksamkeit, der Erfolg behavioristischer Annahmen im gesellschaftlichen Zusammenhang unterschätzt und bleibt ebenfalls außerhalb des eigenen Analyserahmens zum Lernen. Auf diese Weise folgt Holzkamp genau der Maßgabe, die er als merkwürdig und verfehlt herausarbeitet: Zumindest vom Umfang her diskutiert er Lernen als Vorgang in der Schule – mehr als ein Drittel des fast 600 Seiten starken Buches sprechen über Schule, während Familie und Arbeit weitgehend unberücksichtigt sind. Zugleich gewinnt er – wie oben ausgeführt – seinen Begriff von Lernen aus einem persönlichen Fall von Kunstaneignung, dessen Stufen dann auch die Folie für die Schulkritik abgeben müssen.

Prüfen wir eine andere Erfahrung, die ebenfalls von einem Erfolg erzählt und in der Familie spielt.

Erfolg (Szene 12)

Samstagmorgen. Sie war 12 Jahre alt und wollte an diesem schönen Tag nachmittags eine Fahrradtour mit ihren Freundinnen machen. Doch dazu musste erst dieser verdammte Platten aus ihrem Hinterrad verschwinden. Ihr Vater – bisher die Lösung für Probleme dieser Art – wollte das Problem nicht beheben, die beiden hatten mal wieder Stress miteinander. Auf die Idee, ihren Bruder zu fragen, kam sie gar nicht, denn er hatte noch nie etwas für andere gemacht. Ihre kleine Schwester konnte genauso wenig wie ihre Mutter Fahrräder reparieren; Frauen sind dafür einfach nicht zuständig. Probleme in der Familie wurden nicht nach außen getragen, so dass sie weder Nachbarn noch ihre Freundinnen bzw. deren Väter um Hilfe bitten konnte. Also gab es nur eine Möglichkeit: Sie musste ihr Fahrrad alleine flicken!
Zugesehen hatte sie dabei bisher noch nie. Sie stand im Schuppen und betrachtete das Werkzeug. Da sie weder die Namen noch den Zweck der einzelnen Teile kannte, räumte sie den halben Schuppen aus und verteilte das Werkzeug auf dem Hof. Sie probierte verschiedene Werkzeuge aus, fand aber nicht das richtige, um die Schrauben zu lösen. Langsam wurde sie ungeduldig. Ihr Vater kam einmal auf den Hof und lachte sie aus: »Das kannst du doch gar nicht!« Er bot ihr an, es in den nächsten Tagen zu reparieren. Aber darüber wurde sie total wütend und sagte sich: »Jetzt erst recht!« Endlich fand sie das passende Werkzeug für die Schrauben. Diese saßen sehr fest, und sie musste ihre ganze Kraft aufwenden, um sie zu lösen. Dann war sie ein wenig von der Kette irritiert, aber nach einigen Überlegungen kam sie darauf, wie sie Kette und Rad voneinander trennen konnte. Stolz hielt sie das Hinterrad in der Hand und glaubte, sie hätte das Schwerste nun geschafft. Doch dann wusste sie nicht, wie sie den Mantel entfernen sollte. Jeder missglückte Versuch brachte sie ein Stück näher an die Verzweiflung – aber Aufgeben kam für sie nicht in Frage. Und schließlich war auch dieses geschafft. Den Flicken auf die richtige Stelle zu setzen, empfand sie als relativ leicht. Doch dann musste sie alles wieder zusammensetzen. Sie heulte fast vor Wut, denn ständig hatte sie etwas vergessen oder verkehrt angebracht, wusste immer noch nicht, welches Werkzeug sie wann und wofür verwenden musste, und baute das Fahrrad immer wieder zusammen, auseinander, zusammen, auseinander … Doch so kurz vor dem Ende wollte sie erst recht nicht aufgeben. Und schließlich wurde sie auch fertig. Es sah wieder wie ein richtiges Fahrrad aus, und der Flicken hielt!
Der Vormittag war zwar gelaufen, die Klamotten versaut, die Hände nicht mehr sauber zu kriegen – aber sie konnte triumphierend am Mittagstisch sitzen, was die Stimmung zwischen ihr und ihrem Vater nicht gerade verbesserte. Aber das war ihr egal, denn sie wusste, dass sie in Zukunft weniger auf ihn angewiesen sein würde und sie ihre Radtour nun noch mehr genießen könnte.

Botschaft der Autorin: Nur durch unermüdliches Lernen überwindest du Abhängigkeit, du musst väterliche Bereiche besetzen.

Implizite Lerntheorie: Lernen erfolgt über Experimente, für die der rechte Wille da sein muss.

Der erste Eindruck, dass die Schreiberin unerhört aktiv ist, bestätigt sich, blickt man auf die Menge der sich zugeschriebenen Tätigkeiten. Verben der Bewegung, des Wünschens und Wollens, des Denkens wechseln einander ab – sie ist allseitig in Bewegung. Auf den zweiten Blick zeigt sich jedoch eine eigenartige Konstruktion: Die Bewegung geht vom Nichtkönnen und Nichtwissen, also von einer Vielzahl negierter Tätigkeiten, ins Sollen, Müssen und Tun. Entsprechende Gefühle der Ungeduld, Wut und Verzweiflung begleiten die Taten und zeigen eine Person, die sich von einem anfänglichen Stand des Bedientwerdens selbst in Fähigkeit und Unabhängigkeit zwingt. Dafür zeigt sie die Lage als ausweglos: Es gibt niemanden, der es für sie tun könnte, also muss sie selber ran. Dass es niemanden gibt, wird beiher mit schlechtem Charakter (der Bruder hat noch nie etwas für andere gemacht), herkömmlichen Sitten (Probleme nicht nach außen tragen), Uneinigkeit mit dem Vater und geschlechtsspezifisch (Frauen sind dafür einfach nicht zuständig) begründet. Das erhebt die eigene Tat zugleich aus der Begrenzung durchs Geschlecht. So setzt sie gegen das gewohnte »Du kannst nicht« widerständig das autonome »Wenn du willst, kannst du«, was sich selbst in dieser Form noch wie eine elterliche Ermahnung anhört.

Die relativ zahlreich auftretenden anderen Personen (Freundinnen, Bruder, Mutter, Schwester, Nachbarn, Väter der Freundinnen) werden zugleich beschrieben wie eine Art Umwelt, also nicht als Menschen; mit dem Vater bildet sie dagegen eine Art Einheit in der Trennung. In dieser Weise konstruiert sich die Autorin als allein, als inkompetent, als Wille – so kommt sie aus der Abhängigkeit in den Genuss der Unabhängigkeit, und zwar obwohl sie nicht einmal zugesehen hat (also nicht imitieren kann) und kein Werkzeug kennt (ohne Kompetenz ist), durch unablässiges Experiment. Per aspera ad astra.

Du brauchst keinen, ist die Lehre, wie du auch von niemandem etwas lernen musst. Nur dein Wille zählt, und wo ein Wille ist, ist auch ein Weg.

So liest sich die Szene wie ein Bündel von Sprichwörtern, die die Geschichte ebenso zu diktieren scheinen, wie sie zugleich ihre eigene Berechtigung aus experimentellen Lernvorgängen vorführen. Erwachsenwerden zeigt sich dergestalt als Verlassen der Schutz- und Bediensphäre, das notwendig wird, wenn man seinen Willen so einfach nicht bekommt. Es zeigt auch, dass die vorhergehende Aufgehobenheit in der Kompetenz und Hilfe des Vaters keine emotionale Dimension hatte – es ist ihr »egal«. So lehrt uns die Autorin auch: Sich bedienen lassen führt zu Abhängigkeit und bleibender Inkompetenz und hat daher zu hohe Kosten; eigene Inkompetenz kann man ausgleichen. Die beste Möglichkeit ist das Experiment.

Im Unterschied zur zunächst einleuchtend erscheinenden Bedeutung, die die Autorin vermitteln wollte, können wir jetzt entschlüsseln, dass es der Anspruch aufs Bedientwerden ist, der der Autorin im Laufe der Geschichte problematisch wird und dessen Überwindung sie als Befreiung lebt. Lernen ist so auch ein Produkt von Widerstand, der ebenso gegen sich selbst gerichtet werden muss.

Und als allgemeine Lehre bleibt: Bequemlichkeit, die unterstützt wird durch Schutz und Hilfe und allgemeine Vorurteile, führt zu Abhängigkeit und Inkompetenz und steht jedem expansiven Lernprozess entgegen. Sie kann nur durchbrochen werden, wenn ein Gegenwunsch nicht erfüllt wird, wenn also Genuss und Wohlfühlen widersprüchlich besetzt sind. In diesem Widerspruch kann gelernt werden. Aber es bedeutet zugleich, das Gewohnte zu verlassen und in Unabhängigkeit weniger geborgen zu sein. In dieser Weise berichtet die Szene vom Lernen in der Familie, indem diese in ihren gewohnten Strukturen verlassen wird. Familie erscheint so als ein Ort, in dem – bis zu einem gewissen Punkt behütet – so wenig wie möglich gelernt wird, bis zu dem Punkt, an dem eigene Wünsche auf wenig Echo stoßen, man aber zugleich kundig genug ist, ein Experiment mit Aussicht auf Erfolg zu wagen. An dieser Stelle erweist sich Familie gewissermaßen zum letzten Mal als exzeptioneller Lernort. Man muss in Familie zu Hause sein, um die Grenzen überschreiten zu können. Gewöhnlich nennen wir diesen nachhaltigen Lernschub Erwachsenwerden.

Es bleibt weiter auffällig, dass in den Erinnerungsgeschichten zum Lernen der Lernort Familie so selten erinnert ist, wiewohl in anderen Forschungskontexten, etwa zu Angst, zum Sexuellen, zu Moral, zu Leistung u. a., Familie besonders intensiv im Gedächtnis haftet, es also nicht darum gehen kann, dass man sich nicht so früh nachhaltig erinnert, zumal Familie ja bleibt, auch über das Vorschulalter hinaus. Vermutlich bewirkt die alltägliche Verknüpfung des Wortes Lernen mit Schule, also die herrschende Kultur, auch eine Art von Zensur für die Erinnerung.

Ich wechsle daher hier die Methode der Geschichtensammlung und berichte über eine Lernbeobachtung in familiärem Kontext, also gewissermaßen von außen, aber mit dem Versuch, das lernende Subjekt ausreichend zu Wort kommen zu lassen.

Abschied

Jonas ist jetzt fast sechs Jahre alt und ein Meister darin, Spannungen in der Familie so auszutarieren, dass für ihn ein vermeintlich sicherer Platz herauskommt. Meist begibt er sich an die Seite seiner Mutter, vertieft Uneinigkeit etwa zwischen den Eltern, indem er einen schützenden Graben um sich und seine Mutter zieht. Andere erfahren solche Schutzbauten primär als Unleidlichkeit. Jonas' Nähe ist in solchen Momenten zu meiden.

Aber was ist, wenn seine Mutter abwesend ist?
Im November war Jonas zu Besuch bei seinen Großeltern. Das war eine aufregende, lebhafte, fröhliche und oft zärtliche Zeit – bis auf einen Tag. Morgens war ein Junge zu Besuch bekommen, ein stark behindertes Kind, Moritz, 9 Jahre alt und einen Kopf kleiner als Jonas. Dieser wollte sich mit Moritz treffen, obwohl er krank war, wenn er nur keine Schmerzen hätte. Eine seiner ersten Fragen an den Jungen war, ob er ein »wenig gekränkt« sei. Vielleicht wollte er ›krank‹ verkleinern, vielleicht die Verursachung nach außen schieben als etwas, das einem geschieht wie ›geschlagen‹, vielleicht aber wusste er einfach nicht, wie das Wort gekränkt einzusetzen ist – ein Experiment also, wie häufig Sprache von ihm probeweis verwendet wird. Moritz antwortete im deutlich pädagogischen Ton: »Ich bin nicht gekränkt, ich bin behindert.« Und damit waren die höflichen Einführungen vorbei und sie malten, lasen, versteckten sich, kletterten, kurz, sie spielten wie die Teufel.
Nach drei Stunden ging Moritz mit seiner Mutter weg. Ich, die Großmutter, wollte noch eine Arbeit beenden und versprach dem gleichsam in der Luft hängengebliebenen Jonas, dass wir in etwa einer halben Stunde Brezeln einkaufen gehen würden und dabei auf dem Spielplatz verweilen könnten, was ihn begeistert, mich leider langweilt.
Jonas ging in sein Zimmer, holte seinen Walkman mit Kopfhörer, setzte sich in den Sessel zum arbeitenden Großvater, und ich beeilte mich, rechtzeitig fertig zu werden, um mein Versprechen zu halten. Genau pünktlich kam ich freudig in die abgeschlossene Versammlung je für sich tätiger Männer, wo Jonas mich finster anblickte und, bevor ich etwas sagen konnte, mich zurückwies: »Ich gehe nicht mit.« Es war dies wie ein Déjà-vu – Monate zuvor gab es eine ganz ähnliche Szene: Jonas reiste mit seinen Eltern ab, hatte den Kopfhörer auf den Ohren und weigerte sich, sie einen Moment abzusetzen, um sich von uns zu verabschieden. Abgeschlossen in seiner Welt, eingesponnen in ein von außen nicht sichtbares Geschehen, das aus einer Diskette strömte, verweigerte er die einfachsten liebevollen Gesten des Weggehens, die, selbst wenn sie nur Gesten sind, überlebensnotwendig den Abschied überhaupt erst ermöglichen. Jeder Versuch, ihn zum Ablegen der Kopfhörer zu bewegen, stieß auf Wut, Heulen, Bockigkeit – und es war erst recht nichts mehr zu machen.
Ich wollte das keinesfalls wiederholen. Meine Enttäuschung und daraus ein Zorn der Vergeblichkeit, weil ich meine Arbeit schließlich für diesen kleinen Ausflug hastig eingeteilt und vorangetrieben hatte, ließen mich einfach aus dem Zimmer gehen: Ich gehe allein.
Ich trete vor die Tür, die Sonne scheint, ein frühlingshaftes warmes Wetter mitten im November – die Luft hüllt mich ein wie eine zärtliche Umarmung – ich mache kehrt: Es ist Unsinn, Jonas nicht in diese Lebensmöglichkeit mitzunehmen, und außerdem, warum sollte ich jetzt allein gehen, was das Brezelnholen zu einer Besorgung macht statt zu einem Ausflug? In seines Großvaters Zimmer sitzt Jonas in gleicher Haltung mit der gleichen Beschäftigung bewegungslos wie eingefroren im Sessel. Ich versuche, ihn zu verführen, rede vom Wetter, der Sonne, vom Spielplatz, verlege mich aufs Bitten – Jonas steht schließlich widerwillig auf und schreit: »Na meinetwegen, aber den Walkman nehme ich

mit.« – »Nein«, rufe ich ziemlich bestimmt und mit der traurigen Empörung aus der Vergangenheit. »Du sollst nicht mit mir gehen und dabei deine Ohren verstopfen wie Odysseus.« Jonas nimmt den Köder, jetzt die Möglichkeit zu haben, eine Geschichte über Odysseus zu hören, nicht an, schiebt sich zurück in seinen Sessel: »Dann gehe ich eben nicht mit.« Die Situation wird merkbar unhaltbarer – ich habe mich in eine Bittstellerin verwandelt für ein gemeinsames Unternehmen, Jonas in einen, der auf seinem Recht besteht, das zu tun, was er gerade jetzt möchte, und das ist in erster Linie die andere ausschließende Einkapselung in die Diskettenerzählung. Ich überlege, ihm eine andere Geschichte zu versprechen, aber da mischt sich sein Großvater in die unleidliche Szene, herrscht Jonas an: »Du gehst jetzt mit und lässt den Walkman hier, was glaubst du eigentlich!«

Jonas steht auf, legt den Kopfhörer hin, jede Geste voller Widerwillen, der sich auf seine Schritte überträgt, er schleppt sich an meiner Seite dahin, gibt mir seine Hand nicht wie sonst und heult zu alledem. Auch so ist das keine gute Geschichte – ich habe verloren, indem ich gewann. Ich muss jetzt etwas tun.

Ich beginne mit ihm ein ernstes Gespräch über Erfahrung, aus der man Schlüsse zieht und sich verändert und handelt. Er ist sofort interessiert, denn gewöhnlich liebt er Lehrgeschichten. Ich sage: »Nach meiner Erfahrung hat dieser Walkman eine schreckliche Wirkung auf dich. Immer wenn du ihn auf deine Ohren setzt, bist du anschließend unleidlich, unfreundlich und sauer. Ich bin dafür, dass wir dieses Gerät wegwerfen.«

Jonas hakt sogleich ein, jetzt vollkommen einer Situation der Diskussion und Explikation hingegeben, in der er gleichberechtigt mitreden darf. Er sagt wie experimentell, also ohne das emotionale Aufbegehren gegen die Zumutung, den Walkman in die Mülltonne zu stecken: »Ich bin ganz dagegen, denn meine Unleidlichkeit, Säuernis und Unfreundlichkeit kommen nicht vom Walkman, sondern davon, dass der Opa mich angeschrien hat, obwohl mein Vater gesagt hat, er solle mich nicht anschreien und deswegen extra telefoniert hat.«

Ich bin jetzt auch in diesem Spiel von Rede und Gegenrede und antworte: »Ich bin nicht überzeugt, denn du warst schon unleidlich, unfreundlich und sauer, bevor der Opa dich angeschrien hat, wobei das Anschreien weit weniger schmerzlich ist als deine Haltung mir gegenüber.« – Ich merke, dass der Satz schwierig ist, und bin zugleich gespannt, welches Schlupfloch er für sich finden wird.

Jonas denkt lange nach – wir gehen mehrere hundert Meter schweigend, und ich fürchte schon, dass er aufgegeben hat. Da erhellt sich plötzlich seine eben noch angespannt mürrische Miene, er blickt zu mir hoch und sagt strahlend: »Jetzt weiß ich es! Es ist weder der Walkman noch das Anschreien von Opa, sondern der Abschiedschmerz, den ich einfach nicht aushalten kann, weil Moritz weggegangen ist. Beim Abschiedsschmerz weiß ich nicht, was ich dagegen tun soll und bin gegen alles.«

Ich bin verblüfft über die Fähigkeit, eine Problemverschiebung vorzunehmen, der Sache auf den Grund zu gehen, bereit zu sein, eigene Handlungen kritisch zu hinterfragen – da ergänzt Jonas, gleichsam um mich vollends zu überwältigen: »Ich bin froh, dass wir darüber gesprochen haben, denn so kann ich

> beides, den Tag genießen und wohin wir gehen und den Abschiedsschmerz erkennen und ihn deshalb aushalten. Und ich weiß auch, dass das Anschreien von Opa und meinem Vater nur schrecklich ist, wenn mir sowieso etwas wehtut. Ich möchte, dass wir jetzt immer alles durchsprechen.«

Die Szene scheint auf den ersten Blick ausgedacht als eine Art Idylle in einem Erziehungsroman, bevor man sich erinnert, dass der Ausgangspunkt ja eine ganz gewöhnlicher Streit zwischen Kindern und Erwachsenen ist, wo jeder sein Vorhaben, nennen wir es Wunsch oder Wille, durchsetzen will. Jonas tut dies praktisch Minute um Minute, er lässt keine Gelegenheit, kein Wort aus, ohne dass er eine Verneinung an die Stelle setzt. Dabei stößt er auf Nachgiebigkeit bei Eltern und Großeltern, besonders wenn Müdigkeit oder ein anderes Engagement sie einfangen. Oder ebenfalls auf eine Verneinung, in der Erwachsene ihr Durchsetzungsvermögen probieren. In diesem Hin und Her lernt er Heranwachsen als eine teils von Freundlichkeit, teils von Unfreundlichkeit beschützte Ausdehnung seiner Wirkmöglichkeiten. Energisch stellt er auch sein Gefühlsleben auf diese Bewegung, wird wütend, traurig, sauer, bockig, wo er nicht bekommt, was er will. Eine frühe Möglichkeit ist es, in sein Zimmer zu rennen und die Tür zuzuschmeißen. Allein, in gewollter Abschließung, findet er sein Gleichgewicht wieder und kann auf neue Taten sinnen. Aber da gibt es einen Punkt, wo Wille und Gegenwille machtlos sind, wo Schmerz bleibt und sich nicht beruhigen will. Dieses, so lehrt uns Jonas, ist der Abschied. Die Möglichkeiten, sich abzulenken, einen Ersatz zu suchen, um diesen Schmerz zu erdrücken, sind vielfältig. Der Ausgang aus diesen Erfahrungen ist mithin höchst ungewiss.

Vorsichtig schreibe ich als These, dass Familie, gerade weil dort idealerweise eine Aufgehobenheit und dauerhafte Zuneigung gefunden werden kann, der Ort ist, in dem Ablösung, Abschied als Schmerz erfahren und sein Aushalten gelernt werden kann. Auch dies nennt man Erwachsenwerden in einem pathetischen Sinn, die Möglichkeit, allein zu sein. – Dabei ist freilich unterstellt, dass Familie der Begriff für einen solchen Ort für Kinder ist, nicht etwa einfach die biologische Kernfamilie bestehend aus Vater, Mutter und Kind.

Im Schulalter wird vorausgesetzt, dass die Schüler diese ›Reife‹ besitzen.

Schließlich lässt sich vielleicht festhalten, dass das Familiendrama als ein schwieriger Lernprozess die merkwürdige Verknüpfung von Gerechtigkeitserfahrung mit Ablösung vorführt. Dies genauer zu erkunden bleibt hier allerdings eine Forschungsfrage.

Kapitel 12

Lernen in der Universität

Erinnerungsarbeit 3

Etwa die Hälfte der für dieses Buch über Lernen zusammengetragenen Erinnerungsgeschichten wurden im Rahmen von Universitätsseminaren geschrieben. Daher ist es nicht erstaunlich, dass vielfach auch die Lage in der Universität in der Form einer Erinnerungsszene beschrieben wurde. In den meisten Szenen nahmen die Studierenden die Gelegenheit zum Anlass, ihren Zorn auf die universitären Lernstrukturen äußern zu können. Da aber das Verhältnis der Studierenden zur Universität schon ausführlich in der Diskussion der Lerntagebücher dargestellt und ausgearbeitet wurde (Kapitel 8 und 9), sollen an dieser Stelle nur drei Erinnerungsszenen vorgeführt werden, die neue Dimensionen in unsere Frage nach den Lernprozessen und der Positionierung der Einzelnen darin bringen. Dabei kann die Suche nach dem Lernen oder Gelernt-Haben ebenso in einfacher Negation gestellt sein. Das Bewusstsein davon, dass man nichts gelernt hat, muss ja eine Vorstellung vom Lernen voraussetzen.

Die Sache mit dem Protokoll

Als ich einmal nichts lernte (Szene 18)

Die im Folgenden beschriebene Erfahrung ist meinem Studienalltag entnommen, ungefähr am Ende des zweiten Studienabschnitts. Dieser bzw. das neunte Semester hat die Bedeutung, dass ich einerseits in Bezug auf den Studienalltag von Routine ausgehen kann und zweitens diesen Abschnitt absolut freiwillig gegangen bin, weil ich den ersten Abschnitt ja schon in der Tasche hatte und der zweite sich rein aus dem Interesse am Lernen, aus Interesse an den Inhalten begründet. Das ist also meine Grundvoraussetzung: Ich möchte freiwillig etwas lernen, und ich weiß ziemlich genau, was auf mich zukommen wird.
Jetzt zu meiner Lernerfahrung. Es war während einer Projektsitzung, in der ich mich breitschlagen lassen habe, das Protokoll zu schreiben. Ich hasse Protokolle schreiben, wo ich doch schon beim konzentrierten Zuhören bei komplexen Themen meine Schwierigkeiten habe. Und dann soll ich die Sachen noch mitschreiben. In der EDV nennt man das Multitasking, zu dem ich absolut nicht fähig bin. Natürlich kenne ich es, dass man sich in den Vorlesungen gewöhnlich Sachen mitschreibt, doch handelt es sich dabei um Mitschriften,

die ganz allein für mich sind. Beim Protokoll ist das etwas anderes, diese Form der Mitschrift ist für den gesamten Kurs, damit jede und jeder Einzelne nachvollziehen kann, was inhaltlich in der Stunde gelaufen ist. Als Nichtprotokollant verlasse ich mich sogar darauf, dass ich das Protokoll als solches benutzen kann, um mich halt nicht durch lästiges Mitschreiben abzulenken.
Es war also die Situation im Kurs, dass niemand sich eingetragen hatte, um das Protokoll zu schreiben. Was veranlasste mich nun, mich doch dafür bereit zu erklären, wo es doch mindestens zwanzig andere Kommilitoninnen und Kommilitonen gab, die sich dieser Tortur unterziehen konnten? Wahrscheinlich war es für sie nicht mal eine wie für mich. Also bei der Frage, wer denn das Protokoll schreiben würde, gingen mir viele Gedanken durch den Kopf. Protokollschreiben könnte ja auch eine Chance sein. Es hat ja gewiss einen qualitativ höheren Lernerfolg, wenn ich mich auch nach der Vorlesung intensiv mit dem Diskutierten befasse. Aber Protokollschreiben ist doch eine Sache, die mich in Stress versetzt. Nicht unbedingt, weil ich es zeitlich nicht schaffen könnte, sondern der Stress, der entsteht, wenn ich an den Erwartungsdruck denke, der von Seiten des ganzen Kurses auf mir lasten wird. – Tue ich mir das an? Nachdem sich nach ca. einer Minute Stille immer noch niemand gemeldet hatte, überwog mein Helfersyndrom, mich doch in das kalte Wasser zu stoßen. Nicht zuletzt ist es ja noch ein nettes Gefühl, die Situation zu retten. Alle Beteiligten werden wahrscheinlich innerlich aufatmen, so wie ich es gemacht hätte, wenn der Kelch an mir vorübergegangen wäre.
Die Entscheidung war gefällt, ich habe mein Quäntchen Anerkennung bekommen und musste mich jetzt voll auf meine Aufgabe konzentrieren. Fleißig schrieb ich vier Seiten voll. Ich war mir auch relativ sicher, die Inhalte so aufgenommen zu haben, dass ich sie getrost anschließend in Protokollform zusammenschreiben könnte.
Nach ungefähr drei Tagen hatte ich die Zeit und die Muße gefunden, mich an die Ausarbeitung zu begeben. Die nächsten zwei Stunden hatte ich mir nichts weiter vorgenommen, als dieses Protokoll zu bearbeiten. Doch als ich meine Aufzeichnungen überflog, überkam mich wieder das Gefühl, dass dort nur zusammenhangslose Bruchstücke von irgendwelchen Gedankengebäuden standen, die in meinem Kopf einfach nicht mehr denkbar waren. An dieser Stelle war es wieder so weit, dass ich meine Entscheidung bzw. meine Bereitwilligkeit bereut habe. Also habe ich mich drangemacht, diese Gedankenfetzen nachzuvollziehen, mich an Gesagtes zu erinnern und möglichst in knapper verständlicher Form einen Text in den Computer zu hacken, mit der Gewissheit, dass er in der nächsten Sitzung sowieso zerrissen wird. Die zwei Stunden waren somit auch knapp bemessen.
Wie erwartet, so war es auch eingetreten. Die inhaltlichen Punkte gaben genau das nicht wieder, was zuvor erarbeitet bzw. von der Dozentin vorgetragen wurde. Der Effekt des Korrigierens hatte zumindest den Erfolg, dass wichtige Inhalte noch einmal wiederholt wurden, doch hatte sich auch meine Unsicherheit bezüglich der Materie bestätigt, und der erwartete Lernerfolg blieb leider aus.

Wie meist gelingt es leicht, sich in die geschilderte Szene einzufühlen. Führt man sich jedoch genauer vor Augen, was der Autor uns als eine Art Lehre vermitteln will, so lautet diese in etwa: Freiwilligkeit nützt beim Lernen nichts, und tue nicht, was du nicht sicher kannst, es führt zu wenig und macht bloß Mühe, die Wohlwollen nicht ausgleichen kann, zumal Kritik auch das wieder zunichtemacht. Oder: Schuster, bleib bei deinem Leisten.

Es ist auch immer wieder erstaunlich zu erkennen, welche im Grunde unvereinbaren Positionen gleichzeitig von uns gedacht und für richtig gehalten werden können. So mag man klar bestimmte lerntheoretische Vorstellungen hegen und zugleich dem Autor in seiner impliziten Lerntheorie folgen, die lautet: Weder Freiwilligkeit noch Übung führen zum Lernerfolg. Lernen kann man nicht lernen. Lernen braucht mehr Zeit, als man hat.

Der Student schreibt mit leichter Selbstironie und gibt zunächst die Grundversicherung ab, fest auf zwei Beinen zu stehen. Weg, Ziel und freier Wille stimmen überein – die Sache scheint klar. So beginnt der Text mit betonter Sicherheit (*kann davon ausgehen*), klarem Motiv (*ist absolut freiwillig, möchte freiwillig lernen*), einer weiteren Sicherheit (*hat den Abschnitt in der Tasche*).

Als zweite Stufe kommt die tatsächliche Erfahrung, und das Subjekt wird unpersönlich oder passiviert: *es* war, er *hat sich breitschlagen lassen*. Wo der Autor mit starken Gefühlen auftaucht, sind sie negativ: ich *hasse*, habe *Schwierigkeiten*. Die Handlungen werden ihm von oben und außen auferlegt: *soll mitschreiben*. Die vorherige Sicherheit wird eine der Negativität: *ist absolut nicht fähig*.

Noch einmal wird das unpersönliche Subjekt als Akteur bestätigt (*es handelt sich*), und der gesamte folgende Passus ist wie eine Anweisung geschrieben, eine Verordnung, eine Norm. Sie zeigt sich auch als Regel der vorhergehenden Sicherheit, die, da sie an das persönliche Subjekt erinnert, dieses auch wiedereinsetzt: »ich verlasse mich darauf«, »kann benutzen«, »nicht ablenken«. Schon folgt die Ausnahme: »niemand will schreiben«. Das zeigt: Was für die einen Ordnung und Sicherheit, ist für die anderen Tortur, besonders für diesen einen Autor. Die Sprache bleibt unpersönlich: »bei der Frage […] gehen mir Gedanken durch den Kopf«, »das Protokollschreiben hat einen Lernerfolg«.

So stehen unpersönliche Mächte um den Autor herum, um ihn zur Subjekthaftigkeit zu überreden. Wie Faust streitet das überforderte Ich – »es ist doch Stress«; es naht sich die Verführung, es könnte Lernen entstehen, was der Autor ja will, aber dagegen steht der Erwartungsdruck, der von den anderen kommt – »tue ich mir das an?«. Ein neues Subjekt tritt auf: das Helfersyndrom, zudem sogleich mit dem Schrecken: *Es stößt dich ins kalte Wasser*; dagegen steht der Gewinn: *Es ist nett, ein Retter zu sein, Grund für das Aufatmen der anderen.*

Die Freiwilligkeit des Lernens wird zur Freiwilligkeit, sich in eine Stresssituation zu begeben, und das Ganze zu einem Kosten/Nutzen-Kalkül.

Der Autor hat viel Text und Worte in die Beschreibung der Situation gesteckt, noch bevor die eigentliche Lernerfahrung einsetzt. Das bedeutet auch, die Lernerfahrung bezieht sich auf ihn selbst und seinen Standpunkt in der Lernsituation – was er sich freiwillig zumutet, nämlich ein freiwillig rationales Subjekt zu sein mit dem Bedürfnis, die Ordnung für sich und andere herzustellen. Entsprechend werden die Zeichen gesetzt. Das unpersönliche Subjekt – *die Entscheidung* – entlässt den Autor in die Subjektbewährung. Demgemäß tritt er jetzt mit eigenen Tätigkeiten hervor: *er hat bekommen, muss sich konzentrieren, schreibt fleißig viel, ist sicher, kann getrost zusammenschreiben, er hat Zeit und Muße, hat sich nichts weiter vorgenommen, überfliegt*, und schon wieder entgleitet ihm das Subjektsein. Ihm gegenüber treten neue unpersönliche Subjekte ins Feld: *das Gefühl, Bruchstücke stehen, sie sind nicht denkbar, es war so weit.* Die Szene ist dramatisch gekonnt geschrieben, denn jetzt kommt es zur angemessenen Subjekthandlung: *Ich bereue* – die Meldung zum Protokoll erfolgte als Resultat einer Versuchung, der er nicht hätte nachgeben dürfen. So ist es seine eigene Schuld, und er muss büßen. Der neue Versuch, wieder als selbstbestimmtes rationales Subjekt aufzutreten, ist dementsprechend etwas kläglich: Er »macht sich dran, Gedankenfetzen nachzuvollziehen, sich zu erinnern, hackt in den Computer«. Die neue Sicherheit/Gewissheit ist jetzt eine des Untergangs, »dass es sowieso zerrissen wird«.

Erneut übernehmen neue unpersönliche Subjekte die Regie: *zwei Stunden, das Erwartete, die inhaltlichen Punkte, der Effekt, wichtige Inhalte, die Unsicherheit, der Lernerfolg.* Und die Bestätigung ist jetzt eine, die das Misslingen vorführt. An die Stelle der ursprünglichen Sicherheit, lernen zu wollen, tritt die Sicherheit, nichts gelernt zu haben.

Dazwischen kämpft das Subjekt mit der Versuchung, Subjekt zu sein – in der einzig möglichen Form als Retter unter Druck –, und erfährt, was sprachlich genau nachgebildet wird, dass ihm die Sache entgleitet und in die Hände unpersönlicher Mächte übergeht.

Die anfängliche Gewohnheit, Freiwilligkeit und Sicherheit in der Ordnung vertragen es nicht, dass der Einzelne sich an ihrer Herstellung beteiligt – die Aufforderung an sich selbst, Subjekt des Lernens zu sein, war unpassend bzw. in der gegebenen Ordnung eine Versuchung. Insofern beschreibt der Autor auch ein Paradox: Wie kannst du selbst als Retter in der Not auftreten, wenn du dazu nicht in der Lage bist? Es entsteht Ratlosigkeit, denn das Unvermögen erstreckt sich nicht nur auf die angemaßte Retterpose – das scheint vielmehr ein selbstironisches Zugeständnis –, die Szene empfiehlt vielmehr, die Ausgangssicherheit und Freiwilligkeit als höchst unsicheres Gelände wahrzunehmen. Und noch gibt es keine Antwort, wie Lernen mit Erfolg möglich sei. Übersetzt in allgemeinere Sprache heißt das: Wie kann ich zusammen mit anderen unsere Handlungsfähigkeit erweitern, wenn uns die Mittel dazu unklar sind?

Tatsächlich berichtet der Autor von einer kollektiven Lernsituation, ja die Aufforderung zur Handlung, dem Protokollschreiben, ist ohne Kollektiv sinnlos und seine Durchführbarkeit ist Prüfung für den Lernerfolg – kurz, die Aufgabe ist eine fast idealtypische Situation, die die vorhergehende Lernbereitschaft, -freiwilligkeit, -sicherheit einlösen muss. Umso unverhoffter das Verfehlen. Der Autor gibt einige Hinweise, wie dies zu begründen ist. Die Gefühle sind negativ: Hass, Stress, Unfähigkeit, Überforderung. Aber ebendiese sind zugleich der Alarm, dass u.U. die vorhergehende Sicherheit auf tönernen Füßen stand bzw. nicht wirklich war. Das Gefühl der Freiwilligkeit erfährt so eine heftige Kritik, es ist u. U. Selbstbetrug, bzw. der Autor will etwas aus freien Stücken, was er nicht weiß – nur dass es nicht von außen kommt bzw. alles Äußere etwas ist, mit dem er rechnen kann, weiß er. Der Selbstzweifel setzt so aber voraus, dass Subjektwerdung als Ziel angenommen ist. So berichtet diese Szene, die in einem hohen Maße selbstreflexiv geschrieben ist, auch von der geschlechtstypischen Problematik, als Mann sozialisiert zu sein.

Die entscheidende Differenz zu weiblichen Biographien wäre so nicht Versagen oder Erfolg, Können oder Nichtkönnen, Gefühl oder Nichtgefühl, sondern ob die Anrufung, ein selbstbestimmtes Subjekt zu sein/werden, angenommen ist oder nicht.

Was aber sagt dies etwa über die Wahrnehmung der anderen und ihre Abbildung? In der obigen Szene kommen sie trotz einer ausdrücklich kollektiven Veranstaltung und Aufgabe so gut wie nicht vor. Es ist die Rede von einer Dozentin, von Kommilitonen beiderlei Geschlechts – die vielleicht etwas können, Anerkennung zollen, Druck ausüben, ihn durch Nichtstun in die Lage bringen, dass er handeln muss. Dies lässt sich zu einer weiteren Lehre verdichten: Das Nichteingreifen der anderen macht in einer Ordnung, die Eingreifen verlangt, dass jeder Einzelne ein Subjekt mit Verantwortung werden muss.

Die Analyse hat uns von der halbbewussten Kritik an einfachen Lernannahmen zu der Lehre geführt, dass man allein im Kollektiv ausgesetzt ist, dass also die Aufforderung an die Subjektbildung, ohne die Bedingungen dazu in eigne Hände zu geben, zu Täuschung und Illusion führt. – Und das eigentliche Lernen entziffert sich als die Veränderung des Subjekts.

Louis Althusser hat den Begriff des Subjekteffekts geprägt, womit er in einer etwas komplizierten und hier von mir stark vereinfachten Theorie ausdrücken will, dass die einzelnen Subjekte Produkte der Antworten oder

Bejahungen sind, die sie auf an sie gerichtete Einordnungsfragen geben. Das Subjekt bildet sich so als eine Zusammensetzung der »Kulturgebote« (Althusser 1976, 25; bei Lacan »Gesetz der Ordnung«). Die Vorstellung, dass es ein selbstbewusstes, zentriertes homogenes Ich gibt, ist selbst eine Verkennung. So weit Althusser. Seine Vorschläge sind nützlich und verkennen zugleich selbst ihre Geschlechtsspezifik. In den Geschichten der Frauen kommt es nicht wirklich zu einer solchen Subjektformierung. Man vergleiche etwa die parallelen Erfahrungen mit dem Protokollschreiben und der Verarbeitung von Kritik (in Kapitel 8), in denen die Frauen in solche Selbstzweifel gestürzt werden, dass ein Studienabbruch erwogen wird. Es gibt praktisch keine Reserve, sondern nur das Gefühl, der Aufgabe nicht gerecht geworden zu sein. Die Kulturangebote, die gesellschaftlichen Strukturen bleiben den Frauen gewissermaßen äußerlich mit dem Traum, aufzuwachen. Die Lernprozesse befördern dies. In diesem vorübergehenden Leben vager Subjektdiffusität ist Verantwortung für andere anstelle derjenigen für sich selbst eine lebbare Form (vgl. F. Haug & Hauser 1988, 43ff.) – wobei beides, das verantwortliche Subjekt in fremdverfügten Verhältnissen wie die subjektlose Verantwortung für andere, Vergesellschaftungsformen der Unterwerfung sind.

Von einem Befreiungsstandpunkt kommen wir zu folgendem rätselhaften Ergebnis: Die Weise, wie sich Frauen humanisieren, also ihre Menschwerdung lernend leben, ist kritisch gegen das bürgerliche Angebot, das im Neoliberalismus Konjunktur hat, Subjekt, also Unternehmer und Manager seiner selbst zu sein, auch seiner Lernbiographie. Die für die Anrufung nötige Subjektform ist von ihnen nicht erreicht oder verfehlt, gesellschaftlich auch nicht wirklich vorgesehen. Zugleich wird der Widerstand gegen diese Anrufung des Neoliberalismus geschwächt, weil sie bereit sind zu funktionieren selbst dort, wo es gegen ihre Bedürfnisse, Wünsche, Interessen geht, weil sie auch diese gesellschaftlich erst ausbilden müssen, um sie einzufordern.

Heute nichts gelernt

Nehmen wir zum Abschluss eine auf den ersten Blick witzige, an eine Karikatur erinnernde Notiz einer Studentin und eine ganz ähnliche Erinnerungsgeschichte.

Die Autorin wählt als eigene Überschrift: *Habe ich heute etwas gelernt?* (Szene 50). In dieser Weise verknüpft sie die Reflexionsaufforderung aus der Praxis der Lerntagebücher mit der Themenstellung aus den Erinnerungsgeschichten.

> Mir fällt gerade ein, dass meine Mutter mich früher oft gefragt hat, was ich heute in der Schule gelernt habe. Eigentlich hat sie mir damit gezeigt, mir meine Lernschritte selbst zu vergegenwärtigen. Allerdings hat sie – komischerweise – nie gefragt, was ich heute nicht gelernt habe. Spannender ist, was neu für mich ist. Also noch mal andersherum: Habe ich heute im Seminar bei H etwas nicht gelernt?
> Nicht gelernt habe ich, H's nicht enden wollenden Redefluss zu unterbrechen, als ich einmal einen Satz lang weggehört hatte und dann nicht verstand, was für eine These der Soziologe Soundso vertreten hat. War ja auch nicht so wichtig, und ich hätte mit einer Nachfrage ohnehin eher mein Interesse verfolgt, nämlich H endlich zu unterbrechen. Mit der Nachfrage ist das deshalb auch so eine Sache: Da ich sowieso nichts lernte, brauchte ich ja auch nicht zu fragen, was ich von dem, was ich nicht lernte, eben gerade verpasst hatte.

Die Studentin berichtet von der Vergeblichkeit und Absurdität des Studierens, das sie als eine Zumutung von Vortrag und eingeforderter Hörhaltung erfährt. Folgerichtig korrigiert sie die Frage nach dem Lernen in eine nach dem Nichtlernen. Die Lernhaltung erscheint so als auf Dauer gestellt und die Lernverfehlung als das Bemerkenswerte. Der kurze Versuch, das Misslingen der Vortragsweise des Dozenten zuzuschreiben – *sein nicht enden wollender Redefluss* –, stößt auf das sich herausbildende widerständige Subjekt, das schon weiß, dass es seine eigenen Lernbedingungen nicht passiv hinnehmen muss. Aber die Sachlage scheint so verhext, dass Widerstand doppelt gebrochen wird: Die mögliche Frage nach dem Verpassten setzt Interesse an der Antwort voraus, das aber nicht vorhanden ist. So entdeckt sie, dass die Frage selbst ›unlauter‹ motiviert war: Sie wollte die Frage zum Schein stellen, um in Wirklichkeit die Rede zu unterbrechen. Daher bezeichnet sie als ihren eigentlichen Lernmisserfolg, dass sie, obzwar sie es wollte, die Rede nicht unterbrach, weil diese Aktion wiederum kein redliches Mittel fand. In dieser Weise berichtet die Notiz vom allseitigen Misslingen universitärer Lernstruktur – in Bezug auf die Lehrenden, den Stoff, das Curriculum und in Bezug auf sich selbst, die da – eher schlafend – ihr Leben verbringt.

Der Pflichtkurs

Szene 24 handelt ebenfalls und ähnlich vom Nichtlernen:

> Fast bin ich versucht zu erzählen, dass ich immer etwas lerne, aber es gibt Situationen, da lerne ich zumindest nicht das, was ich will oder lernen sollte.
> Mir ist spontan ein Seminar im letzten Semester eingefallen, mein letzter Propädeutika-Pflichtkurs. Der Frust und die Wut stecken noch immer in mir, und ich habe mir geschworen, dass ich so was nie wieder über mich ergehen lasse.

> Was war so unerträglich? Nicht enden wollende Monologe, jeder Gedanke wird ausgequetscht, jeder Aspekt bis zum Erbrechen ausgeführt und permanent wiederholt. Obwohl der Dozent den Blickkontakt sucht und glaubt, ihn bei mir gefunden zu haben, will er nichts von mir. (Ab der nächsten Stunde sitze ich hinten.) Er will mich als Zuhörerin, ich soll sein Publikum sein. Er sucht nicht das Gespräch, meine Fragen – er wird mir schon alles erzählen, und er erzählt und erzählt. Wenn ihm das Ende der Stunde droht, läuft er zur Höchstform auf, er wird hektisch und lauter und muss unbedingt noch diesen so wichtigen Gedanken, den er vermutlich schon mindestens drei Mal genannt hat, unbedingt noch einmal sagen.
> Ich stelle mir sein Privatleben vor und glaube, dass da niemand ist, der mit ihm redet. Freiwillig würde ich mich nicht eine Minute in seiner Gesellschaft aufhalten. Ich komme mir missbraucht vor und habe keine Lust, sein Ventil zu sein, damit er überlebt.
> Also reduziere ich die Stundenzahl, erst auf die Hälfte, dann auf ein Viertel. Es hilft nicht. Wenn ich in dem Kurs sitze, ertrage ich es kaum. Ich helfe mir mit Zeitung- oder Scriptlesen oder rechne eine Aufgabe aus Mathe IV. Aber ich gehe immer wieder hin, habe die Hoffnung, Erwartung, dass er irgendwann mal konkret wird, dass er mal etwas sagt und nicht nur redet. Ich hatte gehört, dass er die Sache sehr mathematisch behandelt, warte darauf, dass ich mal etwas rechnen darf, meine Statistik II-Kenntnisse auffrischen kann, ich zumindest die Klausuranforderung abschätzen kann. Die Ausführungen in seinem Skript haben nichts mit den Erzählungen gemein, niemand weiß, worum es ihm geht. Der Versuch, alte Klausuren aufzutreiben, scheitert daran, dass er bei der Rückgabe der Klausuren zwar eine Musterlösung hineinlegt, die Klausurfragen aber nicht wieder rausrückt.
> Er kann zwar nicht unterrichten, aber er hat gelernt, wie er sein Publikum bei der Stange hält: Er hält uns unwissend und verstopft die Fluchtwege.

Die Szene ist selbstreflektiert geschrieben, die Autorin hat eine erkennbare Intention, was sie mitteilen will. Ihre Botschaft lautet in etwa: Um Lehren zu können, muss man anderen etwas zu sagen haben, sonst muss man Sekundärstrategien der Verhaltensmodifikation entwickeln, um auch nur seine Zuhörer zu behalten. In diese Bedeutung ist als Lerntheorie eingeschlossen: Man lernt nur, wenn einen die Dinge etwas angehen; dafür müssen in einem Lehr-Lern-Verhältnis die Lehrenden und die Lernenden zu den gleichen Zielen aufbrechen, gemeinsames Interesse am Fortkommen haben. – Das Sich-Einfinden in behavioristisch ausgerichteten Lerntaktiken – wie Lernen für Klausuren – ist selbst ein Rückzug aus Hoffnungslosigkeit.

Zur Verdeutlichung dieser Bedeutungen konstruiert sich die Autorin als jemand, die an Aktivitäten, insbesondere denen des Lernens, gehindert wird. Daher gibt es keine wirklichen Tätigkeiten außer solchen wie *sitzt, glaubt, hilft sich, wartet* (mehrfach), was zugleich noch unterstrichen wird durch das *gehe immer wieder hin.* Die Szenerie ist begleitet von Gefühlen der Passivierung: *über sich ergehen lassen* (selbst im Modus, dass dies nie wieder geschehen solle), und *missbraucht* zu werden. Hier erteilt uns die Autorin beiher eine eindrückliche Lehre über den Gebrauch des Wortes *Missbrauch*. Da sie sich zugleich als aktiv denkt und darstellen möchte, treten zu den Gefühlen, Objekt zu sein, *Wut* und *Frust*. Diese Konstruktion eines passiven Wesens, das eigentlich aktiv ist, gelingt dadurch, dass an einer strategischen Stelle unpersönliche Subjekte die Regie übernehmen – *was, Monologe, Gedanke, Aspekt* –, die schon Stellvertreter des Dozenten sind, dem in der Folge fast alle Aktivitäten zukommen. Kaum jemals sonst werden in den Erinnerungsgeschichten andere Personen ausführlich zur Kenntnis genommen, geschweige denn, dass sie die Handlungen nahezu ausschließlich bestimmen dürfen. Aber für diese Besonderheit, die Konstruktion einer passivierten aktiven Person, gewährt die Autorin dem Dozenten schon rein quantitativ mehr Aktivitäten als sich selbst – *er sucht den Blickkontakt, glaubt, will nichts, will mich als Zuhörerin, sucht weder Gespräch noch Fragen, wird alles erzählen, erzählt* (drei Mal), *läuft zur Höchstform auf, wird hektisch, lauter, muss noch einmal sagen, was er schon drei Mal gesagt hat, legt eine Musterlösung hinein, rückt Fragen nicht raus, kann nicht unterrichten, hat gelernt, hält unwissend, verstopft Fluchtwege.* Allerdings sind alle seine Aktivitäten von der Subjektivität der Autorin gefärbt, es ist – mit anderen Worten – ihre Aktivität, eine Karikatur von ihm zu zeichnen. Freilich kann man von jeder Erinnerungsgeschichte sagen, sie spreche bloß subjektiv über andere. In diesem Fall trifft die gewöhnliche Schreibweise, andere weder mit Gefühlen noch mit Wünschen oder Interessen auszustatten, sie also nicht wirklich lebendig zu erinnern, auf die Besonderheit, den einen anderen allein die Handlung bestimmen zu lassen. Diese zugeschriebenen Handlungen lassen ein einziges Motiv bei gleichbleibendem Stand entschlüsseln: Der Dozent ist so unfähig, dass er dies nicht einmal erkennt, zugleich spürt er, dass die Studenten ihm weglaufen würden, so ergreift er Strategien, sie zum Bleiben zu zwingen: »Er hält uns unwissend und verstopft die Fluchtwege«. In dieser Weise ist dieser Dozent nicht ausschließlich unfähig, sondern dies nur als Lehrer, er weiß, was er braucht, um Macht auszuüben, und handelt entsprechend. Unfähiges Lehren ist so entzifferbar als Machtmissbrauch. Die Übermacht des Dozenten, vor der es kein Entrinnen gibt, wird u. a. dadurch glaubwürdig in Szene gesetzt, dass alle anderen Studierenden in diesem Seminar eine Leerstelle sind, dies ebenso wie der Inhalt der Vorlesung, der Stoff also, um den es wie auch immer geht. Da man allein wenig machen kann in einer Seminarsituation, hängt die Glaubwürdigkeit der Geschichte auch daran, dass die anderen gleichsam abwesend sind. Dabei nimmt die Studentin für sich selbst in Kauf, dass sie inmitten der Szene ihr Lernziel wechselt, jetzt für Klausuren lernen will, nicht mehr für sich, eine Biegung, die ihr weiter erlaubt, die Bosheit des Dozenten als seine willentliche Tat abzubilden.

In der Diskussion um diese Szene schälte sich, zunächst unter allgemeinem wiedererkennendem Gelächter, dann in einverständiger Betroffenheit heraus, dass die Botschaft der Geschichte, unfähiges Lehren sei Machtmissbrauch, unkritisiert lässt bzw. sogar die Auffassung unterstützt, dass Lehren Macht ist.

Natürlich hoffen wir, dass eine solche Wahrnehmung eine Ausnahme ist, kaum geeignet, ein Licht auf Lernen in der Universität zu werfen. Tatsächlich aber berichten fast alle Studentinnen aus dem Blockseminar zum Lernen (2002) ganz ähnlich über ihre Erfahrungen in den üblichen Seminaren, die wiederum auf vier verschiedene Fachrichtungen sich beziehen, also nicht zufällig eine einzige Lern-Situation, einen einzigen Lehrenden wiedergeben. Solche Notizen sind für einige ein wichtiges Mittel, eine Änderung durchzusetzen; andere geben sehr reflektierte Zeugnisse ab über die eigene Einvernahme in einen geradezu sarkastischen Opportunismus. So endet eine Studentin ihren sehr sorgfältigen und langen Bericht über die Arbeit an einem Referat mit »Folien und Power-Point«, in der sie Stück um Stück die Verwandlung ihrer inhaltlichen Motivation in das Repräsentationsproblem beschreibt:

> Das allgemeine Lob geht mir runter wie Öl. Aber irgendwie bleibt ein schaler Nachgeschmack. Weil ich es nicht geschafft habe, der glatten, opportunistischen Stromlinienform zu entfliehen. Operation gelungen, Patient tot. (Szene 24)

Nicht zufällig sind diese Beispiele aus den Erinnerungsszenen und ihren Bearbeitungen so ausführlich und detailliert in diesem Buch wiedergegeben. Stellen sie doch in nachvollziehbarer Weise die Bearbeitungsschritte als dreifache Lernschritte dar: die der Subjekte im Seminar über das Lernen, die der Gruppe und beides als Begreifens-Schritte meiner selbst als Verfasserin des Buches. Sie sind Lektionen über soziale Wahrnehmung, über den Einsatz von Sprache, über Widerstand gegen und Einverständnis mit der Eingliederung in Gesellschaft und über die geschlechtsspezifische Aneignung gesellschaftlicher Ordnung. Sie eignen sich insofern auch als Lehrstücke für diejenigen, die selbst mit der Methode der Erinnerungsarbeit forschend arbeiten wollen, die mir ein sehr gutes und geeignetes Mittel scheint, Lernen, Lehren und Forschung miteinander zu verknüpfen und wechselseitig fruchtbar zu machen.

Teil IV

Das Arbeitsparadigma

Kapitel 13

Lernen in der Arbeit

Lernen als große Veränderung

> Die materialistische Lehre von der Veränderung der Umstände und der Erziehung vergisst, dass die Umstände von den Menschen verändert und der Erzieher selbst erzogen werden muss. Sie muss daher die Gesellschaft in zwei Teile – von denen der eine über ihr erhaben ist – sondieren. Das Zusammenfallen des Änderns der Umstände und der menschlichen Tätigkeit oder Selbstveränderung kann nur als *revolutionäre Praxis* gefasst und rationell verstanden werden. (Marx, MEW 3, 5f.)

Die Sätze aus den *Thesen über Feuerbach* sprechen auf eine äußerst kompakte Weise über Lernen und Lernverhältnisse. Sie fordern auf, die Veränderung der Erziehung umfassend als Problem der Stellung der Menschen überhaupt in Gesellschaft zu denken. Diese leben unter Bedingungen, die sie ständig verändern; dafür müssen sie sich selbst beim Machen dieser Bedingungen erkennen und so beides verändern, sich selbst und die Umstände ihres Lebens, die sie eben in der Veränderung begreifen. Diese Praxen betreffen alle, die Vermittler des Wissens und der Kenntnisse wie diejenigen, die lernen. Die Lösung des Rätsels, dass Anfang und Ende der Bewegung einander wechselseitig bedingen, liegt bei Marx und in den Marx folgenden Theorien in dem, was er unter »menschlicher Tätigkeit oder Selbstveränderung« fasst, als »revolutionäre Praxis« begreift.

Menschliche Tätigkeit aber, das mag in Zeiten des Redens über das Ende der Arbeitsgesellschaft fremd scheinen, ist in erster Linie bestimmt durch den Stoffwechsel der Menschen mit der Natur, durch die Art, wie sie ihr Leben produzieren, durch Arbeit.

> Sie ist [...] schon eine bestimmte Art der Tätigkeit dieser Individuen, eine bestimmte Art, ihr Leben zu äußern, eine bestimmte *Lebensweise* derselben. Wie die Menschen ihr Leben äußern, so sind sie. Was sie sind, fällt also zusammen mit ihrer Produktion, sowohl damit, *was* sie produzieren, als auch damit, *wie* sie produzieren. Was die Individuen also sind, das hängt ab von den materiellen Bedingungen ihrer Produktion. (MEW 3, 21)

Für die Frage des Lernens fordern diese Eingangsbestimmungen auf, die Problematik in einem Zusammenhang zu studieren, der den immer komplizierter verzweigten Prozess der »Aneignung« des historisch gebrauchten Wissens und entsprechender Kenntnisse für die »menschliche Tätigkeit« der Produktion von Leben und Lebensmitteln als Bestimmungsgröße im Auge behält. Das bedeutet nicht, dass unter Lernen ausschließlich Arbeitslernen gefasst werden soll; es bedeutet aber, dass es ganz unverzichtbar ist, die Weise, wie sich die Menschen das Wissen und die Kenntnisse für die Produktion ihres Lebens aneignen, als Problematik herauszuarbeiten. Dies in historisch-kritischer Weise. Das heißt, es müssen sowohl die Prozesse des Hineinwachsens in Gesellschaft – in die gültigen Normen und Werte, die Aneignung der kulturell vermittelten Disziplin und Arbeitshaltung in Familie z. B. – Gegenstand der Analyse sein wie auch die organisierten Lernprozesse, die gesellschaftlich vor allem mit der Entstehung des Kapitalismus allgemein relevant wurden. Wir haben die Frage der Schule als eine solche Organisation von Lernen und ihre blockierende und behindernde, den Lerneifer erstickende Art ausführlich diskutiert (vgl. Kapitel 10), wobei außer Zweifel blieb, dass eine Reihe ihrer Hauptaufgaben, die allgemeine Vermittlung von Lesen, Schreiben und Rechnen, gleichwohl erfolgreich war. Die Universität, eine weitere Institution organisierten Lernens, setzt dieses Paradox von Weltöffnung und gleichzeitiger Weltverschließung fort. Die Erkundung solcher Problematik führt uns vor vielfach überdeterminierte Regulative, die den Prozess, der so freundlich »Aneignung« der menschlichen Möglichkeiten genannt wird, in verschiedene Richtungen drängen, stören oder gar verhindern. Für Schule und für die geisteswissenschaftlichen Disziplinen von Universität gilt sicher, dass die Ablösung des Wissens für die Aufschließung von Welt von ebendieser Welt das zu Lernende leicht ohne Bedeutung für einen selbst und ohne Sinn für Gesellschaft erscheinen lässt. Dieser Prozess ist an sich eine Problematik, die alle reformpädagogischen Bemühungen vor schier unlösbare Aufgaben stellt. Der Auftrag der Schule, fertiges Wissen weiterzureichen, die Kinder also auf den Stand des allgemein Gewussten zu bringen, verfehlt zudem die eingangs zitierte Grundvoraussetzung von ›Aneignen‹, dass das, was man sich lernend aneignet, in ebendiesem Prozess verändert werden muss. Bringen wir es auf eine Kurzformel: Wissen kann nicht einfach weitergereicht werden, es muss von denen, die es aufnehmen, also lernen, selbst produziert werden. Lernen ist Selbstveränderung, ist ein Forschungs- und Gestaltungsprozess.

Aber die Möglichkeiten der Menschen in einer kapitalistisch regulierten Gesellschaft sind durch eine ganze Reihe von Verkehrungen bestimmt, die allesamt auch das Lernen betreffen. Die allgemeine Aussage, dass die Menschen die Bedingungen ihres Lebens schaffen, sie umgestalten, gilt auch nur ganz allgemein. In der Wirklichkeit der je einzelnen Leben stoßen ihnen die ›Bedingungen‹ zu, deren Aneignung verstellt ist durch Arbeitsteilung, Ideologie, Kultur, die Organisation von Lernprozessen, die Institutionen ihrer Vermittlung und über allem durch eine Trennung der Menschen von der allgemeinen Gestaltung ihrer Lebensbedingungen durch Produktionsverhältnisse, die wir als Produktion für den Profit, als Kapitalismus oder auch als Regulation durch Marktgesetze bezeichnen.

Diese vielfältigen Bestimmungen zeigen sich auf der in diesem Buch gewählten Ebene, auf der wesentlich die Lernerfahrungen der Einzelnen zu Wort kommen, vielfach vermittelt und diffus.

Lernprozesse zeichnen sich jedoch auch für die Einzelnen nicht einfach als allgemeiner friedlicher Zuwachs von Weltwissen aus, in den dann die allgemeinen Lernverhältnisse als Produktionsverhältnisse zusätzlich und von außen eingetragen werden können. Sie werden vielmehr erfahren als Unsicherheit, als Unruhe, als Zweifel, als Bruch, eben als Umsturz, als Veränderung von Gewohnheit, Gültigem, für sicher und richtig Gehaltenem, als etwas Neues, das einen auch zwingt, anders zu leben, als solche Änderung der Lebensweise, als Widerspruch. Mein Studium des Lernens konzentriert sich also auf die Untersuchung von Widersprüchen, die selbst Ausgangspunkt, Triebkraft und Bewegungsform von Lernen sind und erfahren werden als Leid, Losreißung, eben als Krise, deren Ausgang ungewiss ist. Lernen ist nach dieser Seite hin auch ein ›pathologischer‹ Prozess, aus dem man mit einem Zuwachs an ›Weltwissen‹ hervorgehen, in dem man aber auch scheitern kann.

Wenden wir uns nach diesen zugleich anfänglichen wie resümierenden Überlegungen einem Bereich zu, der zunächst am Beginn meiner Untersuchungen stand, dem Arbeitslernen.

Lernen für die Arbeit, als ›Ausbildung‹, geschieht ähnlich wie schulisches Lernen zumindest seit der Entstehung der Handwerke ebenfalls auf organisierte Weise. Schon ein oberflächlicher Blick genügt für diese Feststellung: Es entstand als eigener Wissenschaftszweig – die Berufspädagogik; es gibt ›Umschulung‹, ›Lehrjahre‹, politischen Streit um ein ›duales System‹, also um die Frage, wie viel Berufsschule, wie viel Lernen vor Ort angemessen sei. Kurz, man kann nicht davon ausgehen, dass das Lernen von Arbeit, das Erlernen bestimmter Arbeit kein Vorgang wäre, der nicht im allgemeinen Bewusstsein vorkomme. Gleichwohl wurden in meiner sich über viele Jahre erstreckenden und von vielen nach Alter, Geschlecht, Berufsausbildung unterschiedlichen Menschen mit Lerngeschichten versorgten Untersuchung unter der allgemeinen Frage an die Erinnerung von Lernerlebnissen keine Geschichten über Arbeitslernen geschrieben. Wie ausgelöscht aus dem Stoff, den man für sich selbst für wichtig hält, waren diese Prozesse der Meisterung von Lebensbedingungen, die doch zumindest alle diejenigen erfahren haben müssen, die ihr Leben produzierten, indem sie berufstätig waren und dies durch Lernen errangen.

Diese Verschiebung der Relevanz von Arbeit beginnt früh, lange bevor ›Arbeitsausbildung‹ offiziell ansteht. Die Frage des Verhältnisses zur Arbeit steht mithin quer zu den bisherigen Unterteilungen wie Familie, Schule, Universität.

Im Folgenden berichte ich zunächst aus einem Beitrag, den ich für die Festschrift für Klaus Holzkamp (Maiers & Markard 1987) schrieb und der ebendieser Frage des Verhältnisses zur Arbeit bzw. ihres Bedeutungswechsels nachgeht. Der Zusammenhang, in dem diese Frage entstand, war der umfassende nach der Veränderung der Produktionsweise durch Hochtechnologie und *wie* diese die Lernweisen, die Lebensweisen der Einzelnen betraf. Dazu später.

In der Arbeit zu Hause sein[52]

Die zeitgemäße Kritik an der Bedeutung von Arbeit für sozialwissenschaftliche und auch feministische Theorie und gesellschaftliche Praxis erfahre ich als persönliche Verunsicherung. Denn Arbeit erinnere ich als fast magisches Zentrum meines Lebens von klein an.

> Da war zunächst das Milchholen beim Bauern. Meine um zwei Jahre ältere Schwester durfte das, ich nicht. Milchholen war Arbeit. Vor mir öffnete sich ein abenteuerliches Leben voller Bedeutung und Wichtigkeit. Ich würde eine halbe Stunde früher aufstehen müssen, weil ich etwas Bedeutendes vorhatte; ich würde einen weiten Weg alleine gehen, auf dem ich Gänse passieren musste, vor denen ich mich fürchtete; ich würde die Milch nach Hause bringen, die gebraucht wurde und gut schmeckte; und ich würde mich weder verlaufen noch etwas verschütten noch zu lange brauchen. Dann würde ich wesentlich älter sein als mein zwei Jahre jüngerer Bruder. Milch holen – die Worte verbanden sich mit Gefühlen von Wildheit, Unabhängigkeit, Größe und Welt und mit einer Unsicherheit, die ich unbedingt wollte. Endlich. Das Hochgefühl hielt einige Wochen an. Ich entdeckte Abkürzungen mit anderen Gefahren. Die schreienden Gänse mit vorgestreckten Hälsen ließen sich umgehen, wenn ich ein Feld durchquerte. Dafür musste ich so schnell laufen, dass der Bauer mit dem Stock mich nicht erreichte. Beim Klettern über Zäune verschüttete ich oft Milch, aber ich brauchte fast fünf Minuten weniger Zeit. Wenn ich hinfiel, kam Dreck in die Kanne. Langsam wurde das Milchholen zu einer lästigen Aufgabe, der ich mich so dringlich zu entledigen

52 Der Beitrag ist in überarbeiteter Form wieder abgedruckt in F. Haug 1990, [3]2001; an dieser Stelle muss ein kleiner Auszug genügen.

suchte, wie ich sie damals gewünscht hatte. Glücklicherweise hatte mein Bruder das gleiche Verlangen nach Größe. Die Pflicht ließ sich abgeben. Aber das Milchholen war ja nur ein Anfang gewesen. Ich war jetzt groß genug, andere häusliche Aufgaben zu übernehmen. Die Enttäuschung über die Vergänglichkeit der vorherigen Lust spornte mich an, frühzeitig auf Abhilfe zu sinnen. Ich verschwand, wenn es ans Abwaschen ging; ich wurde krank, wenn der Frühjahrsputz nahte; kurz, ich verwendete alle meine Energie auf die Vermeidung von Arbeit. Für die Schule entwickelte ich Rationalisierungsstrategien. Alle Fächer wurden von mir so gelebt, dass ich ohne Arbeit durchrutschen konnte. Wenn irgendeine Note sich in den Gefahrenbereich ›vier‹ begab, war ich untröstlich, denn das bedeutete: Ich musste arbeiten. Ich verbannte solche Hausaufgaben in die Zeit im Zug und in die Pausen, so dass alle übrige Zeit frei war zum Lesen, Träumen und Durch-die-Wälder-Streifen. Hier arbeitete ich mit meinen Brüdern schwer, indem wir Hütten bauten, Stollen gruben, ja junge Bäume fällten und Zweige flochten, um die Bäume zu Wänden zu verbinden.

In dieser Zeit nannte man mich zuweilen »Schneckchen«, weil ich herausgefunden hatte, dass Arbeiten im Hause weniger werden, wenn man sich ihnen so widerwillig und langsam nähert, dass ein anderer sie stattdessen ergreift. Meine gesamte Lebensorganisation war bestimmt durch Arbeit bzw. ihre Vermeidung. Ja meine Moral wurde durch sie zersetzt, weil ich häufig ihretwegen lügen musste.

Das Gefühl vom ersten Milchholen wiederholte sich, als ich an die Universität kam. Mein größtes Unglück war, dass in den ersten zwei Wochen fast nichts los war. Aber dann warf ich mich in den Rausch des Lernens. Ich belegte zwanzig Seminare und Vorlesungen, übernahm sieben Vorträge im ersten Semester. Die Universität betrat ich um acht Uhr früh und verließ sie abends um zehn Uhr, um dann noch tanzen und schwimmen zu gehen und endlos zu diskutieren. Es machte mir zunächst nicht viel, dass ich wenig verstand, ich war ja erst am Anfang. Später … Meine Nahrung war Schokolade. Ich war begeistert. In den folgenden Semestern verschob ich die Lernstunden nur wenig. Mehr Zeit für die Bibliotheken ergab sich durch ein kritischeres Urteil über einige Professoren, das ich mit anderen Studierenden teilte oder einfach von ihnen übernahm, deren Veranstaltungen ich darum aus meinem Stundenplan strich. Nur in zwei Semestern änderte ich meine Lebensorganisation: einmal, weil ich zu verliebt war, um überhaupt in die Universität zu gehen; ein andermal, weil ich in zu viele politische Veranstaltungen und Demonstrationen verwickelt war, um die davon noch unberührten Seminare bei den Historikern besuchen zu können. Mein Studium wurde lediglich dadurch gestört, dass ich arbeiten musste, um Geld zu verdienen. Aber auch dieses konnte ich durch Erlangen einer der so begehrten »Hilfswissenschaftlerstellen« schon ab dem dritten Semester regeln. Ach, wenn es ewig so bleiben könnte.

Nach dem zehnten Semester mehrten sich Fragen nach dem Studienabschluss. Viele, mit denen ich begonnen hatte, schrieben an ihren Examensarbeiten oder hatten die Universität ohne Abschluss schon verlassen. Der Gedanke an eine Dissertation machte mich krank. Ich schrieb mehr und mehr Referate, um das große Referat nicht schreiben zu müssen. Da plötzlich erfuhr ich in einer ansonsten langweiligen Vorlesung etwas Aufregendes: In der frühen Sowjetunion hatte es »Arbeitseinsätze«gegeben, ›Subbotniks‹ genannt, in denen große Menschengruppen unentgeltlich ihre Samstage damit verbrachten, einen Beitrag für den gesellschaftlichen Aufbau zu leisten. Lenin selbst beteiligte sich an diesen Subbotniks. Er, den ich mir als Tag und Nacht arbeitend, schreibend, bedenkend und aufrüttelnde Reden haltend, als ständig überarbeitet und erschöpft dachte. In die Lethargie des drohenden Examens kam die Lust des fröhlichen Milchholens, bereichert um den Hüttenbau in der Schulzeit und die Ausdehnung der Universitätsjahre. Hier war in meiner Vorstellung ein ganzes Volk unterwegs in dieser begeisterten Lust, zusammen lebendig zu sein in der Arbeit.

Arbeit, so hatte ich zunächst geglaubt, das ist das Glück des Lebens. Dabeisein. Arbeit ist Langeweile, Mühsal, ja Elend und tritt an die Stelle des Lebens – dies waren die Erfahrungen und Lehren aus meiner Familien- und Schulzeit. Der Stachel blieb. Arbeit, so empfand ich jetzt wieder, das ist Zukünftiges und wirklich schon heute.

In kühnem Schwung verband ich die Mühseligkeit der Arbeit mit der Entwicklung der Theorie von Aristoteles bis Hegel und ihre Lust mit der Wirklichkeit der Subbotniks und der Theorie des Marxismus. In diesen Rahmen spannte ich mein Dissertationsprojekt. Es scheiterte nicht daran, dass ich zu wenig arbeitete. In stummem Vorwurf stehen vor mir noch die vielen Bücher, die das Feuer der Subbotniks ebenso erstickten wie meine Lust am Arbeitsvorhaben und damit meine Möglichkeit, diesen Text überhaupt zu schreiben. »Die Erziehung zur Liebe zur Arbeit« – das war der Tenor der Schriften aus der Sowjetunion und aus der DDR, die ich mit so viel Hoffnung aufgeschlagen hatte. Übrig blieb der staubige Geruch aus dem Schulzimmer, der Geist jener Arbeiten, denen ich in meiner Kindheit so erfolgreich aus dem Weg gegangen war. Eine Moral sollte installiert werden; gegen einen angenommenen Sinn für Faulheit sollte die Formierung zur Arbeitsamkeit treten. Disziplin, Gehorsam, Ordnung hatten die Plätze der freudigen, schöpferischen, neuen, lebendigen Freiwilligkeit eingenommen. Ein nützliches Glied der Gesellschaft zu sein, das war nicht mehr Geheimnis, Aufbruch, Lust und Gemeinsamkeit – das war individuelle Pflichtübung, gefordert von Lehrern, die darüber ebenso lustlos schrieben, wie die Schüler sich offenbar dazu verhielten – will man den Büchern Glauben schenken. Aus dem Frühlingssturm des lebendigen Wollens war der eisige Wind der Arbeitspflicht geworden. Aus der Lust, ein Mensch sein zu wollen, wurde die Not eines Zöglings in einer Besserungsanstalt. Ich gab auf. Mein Projekt schob ich einstweilen ins Vergessen. An seine Stelle rückte eine Tochter.

Arbeitsbiographien

In einem Seminar zur *Geschichte der Arbeit* habe ich meinen arbeitsbiographischen Versuch mit den Studierenden des zweiten Bildungswegs wiederholt. Ich ließ sie Arbeitsbiographien schreiben, um für uns herauszufinden, wie sie sich an Arbeit erinnern, wann ihnen das, was sie Arbeit nennen, zunächst begegnete und in welcher Form, mit welchen Gefühlen sie das Feld besetzten. Was sie lernten. Ein weiterer Grund für dieses Vorgehen war der Umstand, dass die Studierenden ein vorzeitiges Verlassen des Seminars z. B. oder auch ihr längeres Wegbleiben damit entschuldigten, dass sie »arbeiten« mussten, und damit unsere Arbeit im Seminar als Nichtarbeit deklarierten[53], genau wie ich das in meiner Erinnerung an meine Studentenzeit übrigens auch getan hatte. Es ist leicht, solchen Umgang mit Sprache damit zu begründen, dass für erwachsene Menschen eben nur Lohnarbeit als Arbeit gelte. Aber es bleibt als Frage, wie sich solcher Sprachgebrauch, dem ja auch eine praktische Haltung gegenüber den verschiedenen Tätigkeiten entspricht, in den einzelnen Biographien, also in ihrer Erfahrung festsetzt. Da so gut wie alle Studierenden in diesem Seminar auf eine längere Berufserfahrung zurückblickten, einen Arbeiter- oder Angestelltenhintergrund hatten, hatte ich selbstverständlich angenommen, dass ihre Arbeitsbiographien – anders als bei mir – mit ihrem Eintritt ins Berufsleben beginnen würden. Tatsächlich hat niemand in dieser Weise erinnert. Vielmehr erfuhren alle ihre erste Arbeit zu Hause, in der Familie bei der Haus- oder Gartenarbeit. Und bei allen war Arbeit äußerst positiv besetzt, verbunden mit Sinn, eigener Bedeutung, dem Gefühl, Nützliches zu tun, gebraucht zu werden, dazuzugehören, in die Welt einzutreten. (Es ist im Grunde fast selbstverständlich, dass Arbeit in den Erfahrungen der Einzelnen als Hausarbeit beginnt, und zwar unabhängig vom Geschlecht; merkwürdig ist eher, dass diesem Umstand bislang – auch in den Diskussionen um die Marginalisierung von Hausarbeit – kaum Rechnung getragen wurde.) Und bei allen gab es diesen Umschlag, dass das Hochgefühl um Arbeit die einzelnen Tätigkeiten verließ, die darum fortan gemieden werden wollten. Die ›Liebe zur Arbeit‹ ist ebenso wie ihre Ablehnung also eine Bewegung, die in frühem Lebensalter einsetzt, lange vor der Lohnarbeit.

Aus den arbeitsbiographischen Notizen wie aus meinen theoretischen Studien bin ich zu dem Resultat gekommen, dass die Lust zur Arbeit ebenso wie ihre Meidung, dass die Subbotniks wie die Drückebergerei aus dem gleichen Stoff gemacht sind, was lerntheoretisch von großer Wichtigkeit ist. In den Strukturen des gesellschaftlichen Lebens entwickelt sich eine blinde Dialektik. Unversehens und unkontrolliert schlägt die Begeisterung für die

53 Vgl. die Notiz »Politik um den Arbeitsbegriff« in F. Haug 1990, ^{3}2001, 249–251.

Arbeit um in ihr Gegenteil. Die praktische Lösung, das Leben außerhalb der Arbeit zu suchen, stößt allenthalben an Grenzen und ebenso an Überschreitungen. Die theoretische Lösung, Arbeit und Lebensweise getrennt zu denken, verrät die Perspektive der freien Selbstbetätigung, indem sie sie außerhalb der entfremdeten Arbeit einzulösen verspricht. Der Begriff der (verallgemeinerten) Handlungsfähigkeit in der holzkampschen Wendung könnte eine Bewegungsform für die blinde Dialektik von Arbeit und Faulheit sein, in der eine bewusste Entwicklung gedacht werden kann. Das Auseinanderfallen von Arbeit und Lebensweise kann hier als historisches Produkt mit der Perspektive seiner Überwindung gefasst werden. Voraussetzung dafür wäre allerdings, die Dimensionen aufzunehmen, die Marx mit »Arbeit als erstem Lebensbedürfnis« ([1875] 1962, 21) vortrug. Die Erweiterung der Handlungsfähigkeit ist sicher Vorbedingung dafür, dass »freie Tätigkeit« möglich wird; aber wie und unter welchen Verhältnissen können Menschen ihr materielles Leben so gewinnen, dass sie es nicht zugleich verlieren, sondern dass es Genuss, Lust, Liebe, Entwicklung, Gemeinwesen ist? Arbeit und Genuss sind durch Arbeitsteilung auseinandergetreten, heißt es in der *Deutschen Ideologie* (MEW 3, 32). Sie wieder zusammenzubringen bleibt Befreiungsperspektive.

Wie viel dazu nötig ist, beschreibt in literarischer Verdichtung Volker Braun, der zur Dimension des Lustvollen in der Arbeit – soweit sie durch die Entwicklung der Produktivkräfte möglich wird – die Schwierigkeit hinzufügt, Arbeit sinnhaft zu tun:

> Wenn die Arbeit nicht mehr das Leben kostet, verliert sie den Ernst und die Leute machens aus Vergnügen. Dann reißt sich jeder darum, aber die Möglichkeiten sind begrenzt, das gibt neue Probleme. Man muss die Leute abhalten von den Maschinen, wo sie flippern wollen und optimieren. Da braucht es ein ganz anderes Bewusstsein. Im Kampf wie jetzt langt der Zwang und der materielle Anreiz, aber in einer ganz friedlichen Zeit müsste auch ein Sinn darin sein. (1985, 106)

Das Projekt Automation und Qualifikation und die Umbrüche in den Arbeitstätigkeiten

Am Psychologischen Institut der Freien Universität Berlin wurde ich Assistentin für Bildungsökonomie. Das war damals ein neuer Zweig, geboren aus dem Versuch, die schnellen Veränderungen in der Bildungspolitik zu begreifen. Zu der Zeit gab es Verständigungsversuche in Gestalt von Überlegungen, die von besserer Ausnutzung des ›Humankapitals‹ sprachen; dagegen standen solche, die die expansive Bildungsreform primär als ein politisches Projekt der Sozialdemokraten erkundeten. Ich musste mir diesen Bereich selbst erst erarbeiten und ging mit meinem marxistischen Selbstverständnis ganz klar davon aus, dass es Umbrüche in den Produktivkräften sein müssten, die einen sprunghaften Bedarf an Bildung nötig gemacht hatten. Da ich wenig Vorarbeiten in diese Richtung fand, gründete ich gleich zu Beginn meiner Tätigkeit das Projekt Automation und Qualifikation (1972). Hinter dem eher nüchternen Namen versuchte ich auch erneut jenem Geheimnis des frühen Milchholens auf die Spur zu kommen. War es nicht möglich, dass die Entwicklung der Technologie die Arbeit so weit von aller Last, von Monotonie und Dummheit befreien konnte, dass die Arbeitenden endlich anfingen, ihre lebendige Tätigkeit wie Menschen schöpferisch und lustvoll zu leben? Könnte Arbeit jetzt so gestaltet werden, dass lebenslanges Lernen zur Gewohnheit wurde, Zusammenarbeit zur wechselseitigen Stärkung, Phantasie zur Notwendigkeit? Und müsste nicht eine solche Technologie aus den privaten Verwertungszwecken ganz unabdingbar zurückgeholt werden ins Gesellschaftliche? Allerdings dachten wir (die Projektmitglieder) solche Möglichkeiten nicht als harmonische automatische Folge der Entwicklung der Produktivkräfte. Vielmehr folgten wir auch hier Marx, der solche Zusammenstöße von Produktivkräften und Produktionsverhältnissen als Katastrophe – als Fragen von Leben und Tod annahm (ausgearbeitet in F. Haug 1983b).

Das Projekt arbeitete sechzehn Jahre lang, veröffentlichte neun Bücher und zahlreiche (mehr als 100) Aufsätze. Seine Geschichte und die seiner Wirkung zu verfolgen ist gewiss theoriepolitisch interessant.[54] Mit seiner zentralen These, dass Automation, vereinfacht gesprochen, zu Höherqualifikation führe (vgl. Projektgruppe Automation und Qualifikation 1975), wurde es jahrelang äußerst kritisch diskutiert, wenn nicht bekämpft, solange der Mainstream der Dequalifizierungsthese anhing. Nach der Wendung in der Industriesoziologie in Richtung des PAQ, die etwa mit Kern und Schumanns Standpunktwechsel (1984) begann, gerieten die PAQ-Forschungen zunehmend in Vergessenheit. Der Abschlussband des Projekts *Widersprüche der Automationsarbeit* (1987) kann jedoch bis heute als gültiges Standardwerk zu Produktivkräften und Arbeit im Hightech-Kapitalismus studiert werden.

An dieser Stelle jedoch interessieren ausschließlich die Fragen des Lernens in und von Automationsarbeit. In unseren theoretischen Studien und vor allem den empirischen Untersuchungen zu den Anforderungen, die

54 2019 erschien im Dietz Verlag Florian Butollo/Sabine Nuss (Hg.), *Marx und die Roboter. Vernetzte Produktion, Künstliche Intelligenz und lebendige Arbeit.* Mein Beitrag »Die Wege des Projektes Automation und Qualifikation« fasst die einzelnen Stationen, die Widerstände, die Methode der Arbeit in knapper Form zusammen.

die neuen Maschinen und Anlagen an die mit ihnen Arbeitenden stellen, sind wir zu dem Schluss gekommen, dass es sich hier um eine historisch neue Form der gesellschaftlichen Tätigkeit handelte, die die verschiedenen Schranken, die die Arbeitstätigkeit bislang den Individuen und ihrem Lernen auferlegt hatte, durchbricht. Dies gilt sowohl für das Verhältnis von Hand- und Kopfarbeit, also für die alte Arbeitsteilung, die mit Herrschaft verbunden ist, für das Verhältnis von Planung, Vorbereitung, Durchführung, für die Form der Zusammenarbeit, für die Erkennbarkeit des Zusammenhangs zur gesamtgesellschaftlichen Arbeit, für das Verhältnis von Arbeit und Wissenschaft. Im Grunde kann man davon ausgehen, dass Arbeitshandlungen ohne theoretische Durchdringung obsolet geworden sind (PAQ 1987, 43ff.).

Wir gehen lerntheoretisch davon aus, dass Lernen vor allem zunächst Verlernen oder Entlernen von alten Gewohnheiten, Verfahren, Haltungen, Fertigkeiten ist und also erfahrbar wird als Bruch, als Krise, als Widerspruch. Diese Spannungen werden damit zugleich Ausgangspunkt oder Bereich kreativer, produktiver Entwicklung von Neuem, das die Einzelnen nicht einfach übernehmen können, sondern selbst herstellen müssen. In dieser Bewegung lässt sich, visionär gesprochen, in einem die Befreiung von Arbeit wie die von Lernen denken. Freilich findet diese Entwicklung in ›alten‹ Verhältnissen statt. Die Schranken der Produktionsverhältnisse rücken den diese Entwicklung umfassenden Widerspruch, den zwischen Produktivkräften und Produktionsverhältnissen, scharf ins Licht.

> Die Logik des postindustriellen Arbeitsplatzes bringt sowohl das Management wie auch die Arbeiter in eine paradoxe Position. Das herkömmliche Interesse des Managements besteht darin, Arbeiter zu haben, die beschränkte Fähigkeiten und Ansprüche haben. Um aber die Maschinerie zu schützen, benötigt das Management eigentlich hochqualifizierte Arbeitskräfte, die dazu ausgebildet worden sind, unabhängig zu denken (notiert endlich Hirschhorn 1982, 46; zit. nach Engeström 1999).

Im PAQ haben wir die in diesem Kontext sich herausbildenden Widersprüche u. a. unter folgenden Fragestellungen diskutiert und in den fünf empirischen Bänden (1980, 1981a, 1981b, 1983, 1987) vorgestellt: Lohnarbeit auf strategischen Posten; Verantwortung für fremdes Eigentum; Verallgemeinerung der Arbeitsvorbereitung; Kooperation von Vereinzelten und einsame Zusammenarbeit; Beteiligung bei der Produktivkraftentwicklung; Nachdenken über den Gebrauch der Dinge und Profit; planende Strategie braucht gesellschaftliche Kriterien; Aneignung und Enteignung; Integration durch Vergesellschaftung; Kollektive Subjektivierung; Facharbeiterkrise. Es ist klar, dass diese vielfältigen inneren Widersprüche der neuen Tätigkeiten auch Widersprüche des Lernens sind und diesem eine Dynamik geben müssen, die gewohnte Überlegungen aus der Berufsausbildung umstürzt. Was vor allem gelernt werden muss, ist der Umgang mit Widersprüchen, die wiederum die Bewegungsform von Lernen sind. (Erinnern wir in diesem Kontext an die Handlungsregulationstheorie, die uns in Kapitel 2 beschäftigte, so bekommt man eine Ahnung, dass diese Lerntheorie aus der Arbeitswissenschaft es mit eher fordistischen Formen der Arbeitstätigkeiten zu tun hat und bei diesen ausgreifenden gesellschaftlich neuen Formen von Tätigkeiten scheitern muss. Dies vermittelt zugleich eine Vorstellung davon, dass auch Theorien sich historischen Kontexten verdanken und mit ihnen veralten können.)

Yrjö Engeström (1999) hat in seinem eindrucksvollen Buch über *Lernen durch Expansion*, in dem er die kulturhistorische Schule (als Tätigkeitstheorie) mit US-amerikanischem Pragmatismus und Phänomenologie verbindet, vorgeschlagen, die Studien von Bateson ([1956] 1981) zum Doublebind als allgemeine Aussagen zu Lernen zu lesen und sie bei der Widerspruchsform, in der Lernen voranschreitet, insbesondere bei der Entwicklung zum kollektiven Lernen zu nutzen.

> In einem oberflächlich ähnlichen, aber strukturell verschiedenen Kontext erscheint eine einmal gelernte Verhaltensweise völlig unangemessen; oder es erscheinen zwei einander ausschließende Verhaltensweisen gleichzeitig angemessen (143).

Engeström reinterpretiert die Aussagen von Bateson aus der Sicht der ›Tätigkeitstheorie‹ (Wygotski, Leontjew, Lurija, Iljenkow) und kommt zu dem Ergebnis, dass das Subjekt lernen muss, nicht nur den Gegenstand seiner Tätigkeit als Problem zu betrachten, sondern »das Gegenstandssystem so wahrzunehmen, dass es das Subjekt enthält. Dadurch verändert sich die Qualität des Subjekts selbst radikal.« (150) Er kommt mit Bateson zu dem Resultat, dass, wenn der Lernprozess gelingt, der sich zunächst als Störung, als Widersinn anmeldet, wenn also das Subjekt nicht schizophren wird, sein Lernprozess folgendermaßen beschreibbar ist:

> In dem Maße, wie ein Mensch [...] es lernt, im Rahmen der Kontexte von Kontexten wahrzunehmen und zu handeln, wird sein »Selbst‹ eine Art Irrelevanz annehmen. Der Begriff »Selbst« wird nicht mehr als ein zentrales Argument in der Interpunktion der Erfahrung fungieren (Bateson 1981, 393; Engeström 1999, 151).

Engeström nimmt (in Anlehnung an Raeithel 1983) an, dass die hochtechnologische Produktionsweise ein Arrangement vorstellt, in dem

> das individuelle Selbst ersetzt wird – oder vielmehr qualitativ verändert – durch die Suche nach dem kollektiven Subjekt, das in der Lage ist, die Komplexität der ›Kontexte von Kontexten‹ zu beherrschen, d.h. gesellschaftliche Praktiken mit einer hochentwickelten Arbeitsteilung wie auch technologische und symbolische Vermittlungen mit mehreren Ebenen (151).

Marx entwirft ein solches Szenario unter dem Begriff des gesellschaftlichen Gesamtarbeiters.

> Durch Maschinerie, chemische Prozesse und andre Methoden wälzt sie [die große Industrie] beständig mit der technischen Grundlage der Produktion die Funktionen der Arbeiter und die gesellschaftlichen Kombinationen des Arbeitsprozesses um. (MEW 23, 511)

Die kapitalistische Anwendung dieser Dimensionen betrifft den Gesamtarbeiter widersprüchlich: Sie erscheinen auf der einen Seite als Zerstörung alter Formen von Ruhe, Gewohnheit, Festigkeit, als »ein Opferfest der Arbeiterklasse«; aber sie sind zugleich die neue Grundlage, auf der »Wechsel der Arbeit, Fluss der Funktion, allseitige Beweglichkeit des Arbeiters« (ebd.) erzwungen werden. Es wird eine Frage auf Leben und Tod, »den Wechsel der Arbeiten und daher möglichste Vielseitigkeit der Arbeiter als allgemeinstes gesellschaftliches Produktionsgesetz anzuerkennen« (512). Gegen die Geheimnisse des Handwerkertums, gegen die Verknöcherungen und Gewohnheiten der Manufakturarbeiter entsteht die Notwendigkeit, das Teilindividuum zu ersetzen durch »das total entwickelte Individuum, für welches verschiedene gesellschaftliche Funktionen einander ablösende Betätigungsweisen sind« (ebd.). Zu den »Umwälzungsfermenten«, die im Gesamtarbeiter zusammengenommen sind und in den Kämpfen um die Maschinerie sichtbar werden, gehören »polytechnische Erziehung«; die allgemeinen Fabrikgesetze; die Verwandlung zerstreuter Arbeitsprozesse in kombinierte auf großer gesellschaftlicher Stufenleiter; die Zerstörung aller altertümlichen Formen und ihre Ersetzung durch die »unverhüllte Herrschaft« des Kapitals (512ff.), was den direkten »Kampf gegen diese Herrschaft« (526) verallgemeinere; die Herausbildung der Arbeiterklasse. Dem Gesamtarbeiter im Maschinensystem gegenüber erweist sich das Kapital ebenso als Organisator wie als Zerstörer. In Bezug auf den Arbeiter erscheint die »gesellschaftliche Kombination der Arbeitsprozesse als organisierte Unterdrückung seiner individuellen Lebendigkeit, Freiheit und Selbständigkeit« (528f.), jeder Fortschritt als Beraubung, und zugleich vernichtet das Kapital auch die »Sicherheitsventile« (die Kleinbetriebe und die Hausarbeit) (526) und mit der Verwandlung der Bauern in Lohnarbeiter »das Bollwerk der alten Gesellschaft«.

Der Übergang zur hochtechnologischen Produktionsweise, der sich in der Umwälzung der Produktion durch Mikroelektronik anbahnt, findet seinen Angriffspunkt im Arbeitsprozess selbst. Die im Maschinensystem notwendigen menschlichen Koordinations- und Steuerungstätigkeiten werden ersetzt durch technische Einrichtungen. Basis ist die logische Verknüpfung von Arbeitsabläufen, die durch Rechenoperationen miteinander verbunden und durch formalisierte Größen repräsentiert sind. Der neue Arbeiter handelt in einem Ensemble von allgemeinen Denkformen in einem wissenschaftsförmigen Arrangement und entsprechender Informationsstruktur. Der Einzug der Wissenschaft in den Produktionsprozess, den Marx im Maschinensystem verwirklicht sah, ist radikalisiert und revolutioniert die Anforderungen und Möglichkeiten des Gesamtarbeiters ein weiteres Mal. Die »Kontrolleure und Überwacher« ziehen sich in die Messwarte zurück, wo sie die sinnliche Wahrnehmung der Maschinen und Anlagen in abstrakte Anzeigesysteme übersetzt finden. Die Stufe der mikroelektronischen Prozesssteuerung macht nicht den »Wechsel der Tätigkeiten« zum allgemeinen Prinzip des Gesamtarbeiters, sie verwandelt ihn durch ihre Organisierung auf einer höheren und abstrakteren, theorieförmigen Stufe selbst in eine Art von Produktionsintellektuellen, einen Agenten der allgemeinen Arbeit.

> Die Theorieförmigkeit der Automationsarbeit, die Planung des Ungeplanten und die dafür erforderliche Intensivierung der Kommunikation und Kooperation bedarf der Herausbildung einer neuen Stufe in der Vergesellschaftung der Arbeitenden, bedarf der Entwicklung einer neuen Arbeitskultur, in der die Entscheidungen zunehmend kollektiv, in der Form der Selbstverwaltung der Produktions- und Verwaltungsprozesse getroffen werden. (PAQ 1987, 31)

Die allgemeine Tätigkeit wird die Prävention und Behebung von Störungen.

Da die elektronisch gesteuerten Prozesse so konstruiert und zusammengefügt sind, dass sie eine maximale Ausnutzung von Anlagen und Rohstoffen gewährleisten sollen, gehen in die Optimierung gegensätzliche Größen wie Qualität des Produkts, Ökonomie des Verbrauchs, Verschleiß ein, in denen sich Gebrauchswertgrößen mit Tauschwertorientierungen und ökologischen Gesichtspunkten mischen. Damit wird es unmöglich, den neuen Gesamtarbeiter als Anhängsel dem Produktionsmechanismus einzuverleiben; umgekehrt verstärkt sich der Druck, gesellschaftliche Arbeit zu gestalten als Anforderung an die einzelnen Glieder oder Gruppen des Gesamtarbeiters. Der an elektronischen Anlagen operierende Arbeiter hat es mit einer Eingriffsstruktur zu tun, die ihn zwingt, einen gesellschaftlichen Standpunkt einzunehmen. Er ist, selbst wo er allein vor einer großen Warte sitzt, unmittelbar vergesellschafteter Arbeiter. Er kann dies nur, soweit er sich kritisch gegenüber dem Prozess verhält, Fehler antizipiert, sich mit den Konstrukteuren der Anlagen auseinandersetzt und verbessernd tätig ist. Dies erfordert eine weitere Aufhebung der Trennung von Hand- und Kopfarbeit und der mit ihr verbundenen Hierarchien. Die Fabrikingenieure sind auf kollektives Arbeiten mit den eigentlichen Automationsarbeitern ebenso angewiesen wie umgekehrt. Der durch Hochtechnologie erfolgende Bruch mit alten Tätigkeitsformen, den wir als eine Erweiterung der Vergesellschaftung kennzeichnen können, emanzipiert so auch Lernen aus seinen herkömmlichen Schranken und Blockierungen.

Vom Modell zur wirklichen Praxis: Lernprozesse im hochtechnologischen Betrieb

Mit den bisherigen Ausführungen zum Umbruch der Arbeitstätigkeiten im Hightech-Betrieb befanden wir uns weitgehend auf einer Ebene, die wir im PAQ als die Ebene der Anforderungen bezeichnen. Die Ausführungen antworten auf die Frage, was idealerweise geschehen müsste, soll die neue Technologie ihren Möglichkeiten entsprechend angewandt werden. Gesprochen wird so vom Druck, den die Produktivkräfte auf die Tätigkeiten und mit ihnen auf die Arbeitenden und ihre Anwender ausüben. Gesucht wurde also zunächst nach Möglichkeiten, die auf vielfältige Weise in Arbeitstätigkeiten und Lernen übersetzt werden; dabei sind die Anforderungen durch die Produktivkräfte in die Produktionsverhältnisse eingelassen und erscheinen formuliert als Aufgaben durch Unternehmer bzw. Management in der Betriebshierarchie, bevor beides von den Arbeitenden in Arbeitshandlungen übersetzt wird, die Anforderungen aus den Maschinen und Anlagen ebenso wie die ihnen zugewiesenen Aufgaben. Lernen tritt in diesem Zusammenhang entsprechend vielfältig auf: als organisiertes Lernen im Betrieb, also als entsprechende Ausbildung, und als spontane Vorbereitung sowie Ergebnis von Praxis, eingesperrt in die alten Formen und sie zugleich überschreitend.

Man mag zu organisierten Lernprozessen ein kritisches Verhältnis haben, da die Wahrscheinlichkeit, dass sie die Selbstbestimmung des Einzelnen gerade beim Lernen, beim Aneignen neuer Bedingungen verletzen, immer gegeben ist. Zugleich liegt auf der Hand, dass radikale Umbrüche in der Produktionsweise die Organisation von Lernprozessen vorantreiben müssen, sollen maschinelle Anlagen ebenso wie die einzelnen Arbeitenden nicht bloß dem Risiko ausgesetzt sein, dass die Sache vielleicht funktioniert oder aber die Arbeitenden »versagen«, die Maschinen stillstehen.

Eine der Untersuchungsfragen des PAQ richtete sich also auf die umfassende Frage, wie die Arbeitenden, einzeln und im Kollektiv, den Umgang mit der Hochtechnologie lernen. Man kann verknappt zusammenfassen, dass zumindest in den ersten zwanzig Jahren der Einführung der

Hochtechnologie formell organisierte Lernprozesse nicht stattfanden und an ihre Stelle so etwas wie Experimente traten: so der Versuch, Facharbeiter an die neuen Anlagen zu setzen, weil bei ihnen irgendein Wissen und Können vorausgesetzt werden konnte (dies führte u.a. zur sogenannten Facharbeiterkrise, vgl. PAQ 1981a, 348ff.; 1987, 69ff.); am erfolgreichsten war, die zukünftigen Produktionsarbeiter beim Aufbau der Anlage einzusetzen; auf diese Weise erwarben sie ein konkretes Wissen über das System, das sie theoretisch zu beherrschen hatten. Dieses Verfahren ist allerdings historisch begrenzt, da ja nicht mit jeder Arbeitergeneration neue Anlagen erstellt werden können. – Bei der Einführung der Computer in fast alle Verwaltungs- und Dienstleistungsbereiche behalf man sich mit der Verteilung von Handbüchern und oberflächlichen Anwendungskursen, die bis heute dazu führen, dass mit der Geschwindigkeit, mit der die Computergenerationen einander ablösen, jeweils ganze Gruppen von schlecht ausgebildeten Arbeitskräften aus der Erwerbsarbeit in die Arbeitslosigkeit abgeschoben werden. Kurz, zumindest solange das PAQ (bis 1987) seine Untersuchungen betrieb, hatte die Berufsausbildung die Hochtechnologie nur zögernd und quasi experimentell in ihre Curricula aufgenommen. Die Chancen für die Arbeitenden, sich selbstbestimmt im neuen Arrangement zu bewegen, waren auf diese Weise ebenso groß, wie die Krisen der neuen Anforderungen zu einer neuen industriellen Pathologie führten (vgl. dazu F. Haug 1987).[55]

Lernen als Widerspruchserfahrung

Aber selbst mit diesen Erhebungen der inszenierten Lernarrangements in den Betrieben befinden wir uns noch nicht auf der Untersuchungsebene, auf der die Subjekte selber sprechen, nicht bei ihren Lernerfahrungen. Wir gingen davon aus, dass veränderte Handlungsbestimmungen zu einer Destabilisierung bisheriger Positionen führen, innere Widersprüche verschärfen und dass die Frage, ob es gelingt, sie in erweiterte Handlungsfähigkeit zu überführen, auch eine politische Frage im kapitalistisch betriebenen Betrieb ist. Wir mussten die wirkliche Arbeit oder die wirklichen Tätigkeiten als Resultante eines Kräftegegensatzes von Arbeitern und Unternehmern auf Basis gegebener Produktionsanforderung rekonstruieren. Innerhalb der resultierenden Tätigkeit haben wir zwei Dimensionen unterschieden, die

55 Daneben entwickelte sich eine stetig wachsende Gruppe von Experten: Computerfreaks. Das Alter der neuen Experten sinkt ständig; ihr Erfindungsgeist wächst und verlegt sich in Gestalt der Hacker auf gesellschaftlich ausgreifende Bereiche wie die der Veröffentlichung von geheim gehaltenen Informationen oder auf schädliche Gags der immer aufwendigeren Verbreitung von Viren (Ohm 2001).

zueinander in Widerspruch stehen: die Dimension der Entwicklung der Handlungsfähigkeit bei den Arbeitenden und die Dimension ihrer Integration in das System privatwirtschaftlicher Produktion. Dies ist auch kein Unterschied, den man in der Wirklichkeit so rein vorfindet. Erforderlich ist die Kunst der Widerspruchszerlegung. Sie leitete die Untersuchungsfragen des PAQ als eingreifende Methode bei den Diskussionen mit den Arbeitern ebenso wie als Organisationsprinzip der Darstellung.

Gegen alle Opfer- und Verelendungs-, gegen technizistische Diskurse arbeitet das PAQ mit der Auffassung von der Selbsttätigkeit der Menschen. Von daher ergab sich nach den langjährigen Erkundungen der verschiedenen Ebenen, in deren Netz sich die Einzelnen bewegen, die unbedingte Frage danach, wie denn die Arbeitenden der hochtechnologischen Produktionsweise selbst ihre Bedingungen erfahren, wie sie ihre Lernprozesse organisieren und leben. Wir sind »arbeitsbiographisch« vorgegangen, haben in Erzählungen und Gruppengesprächen die Arbeitenden zu Wort kommen lassen. Die vielstündigen Gespräche wurden von uns nach Schwerpunkten ausgewertet; die Ergebnisse dieser Auswertungen wurden in zwei Fällen den Arbeitenden zur erneuten Diskussion vorgelegt. Es wäre unsinnig zu erwarten, dass in diesen Gesprächen Lernen als expliziter Gegenstand bewusst aufgenommen und neuartige Formen ausgesprochen und uns vorgestellt wurden. Vielmehr sind auch Lernprozesse selbst noch Bewegungen, die als solche erst namhaft werden, eine Sprache finden und auf den Begriff gebracht werden müssen. Als solche Bewegungen zeigten sich zum einen die Beziehungen unter den Arbeitenden, die Unmöglichkeit und gleichzeitige Notwendigkeit, ein Kollektiv zu bilden: Geschlechterverhältnisse, Geringschätzung anderer Beschäftigter, Minderwertigkeitsgefühle und vor allem Angst blockierten die zusammenschließende Befreiungstat. Der Bildung von Arbeitsgruppen, die gemeinsam forschend vorgehen, stehen die Gewohnheiten entgegen, die den Rückzug in den Ein-Mann-Betrieb nahelegen.

Die zweite immer wieder thematisierte Lernbewegung betrifft das Verhältnis von Arbeit und dem Leben außerhalb der Arbeit. Ganz ähnlich wie die Studenten in den Tagebüchern (Kapitel 8) davon berichten, dass der Seminarstoff sie nicht loslässt, sondern geradezu verfolgt, berichten etwa die Programmierer von der großen Faszination durch neue Technologie, die ihr gesamtes Leben in Mitleidenschaft zieht, was sie zugleich als Freisetzung von kreativen Möglichkeiten feiern und als Zerstörung von Familie, Gesundheit und Freundschaften beklagen, weil keine Zeit und Kraft mehr bleibt. Beide Befunde plädieren wir die Notwendigkeit der Entwicklung einer Arbeitskultur als Lernkultur, in der sich die Einzelnen mit ihren gesamten Lebensweisen einbringen. Vor dieser Möglichkeit stehen allerdings die Arbeitsmarktdrohungen, entlassen zu werden, zu alt, zu krank zu sein, zu versagen, und daher als Ausweg sich besser zu ducken und nichts Neues zu probieren.

Am eindrücklichsten für die Frage des Lernens waren die Gruppengespräche mit den Programmierern (vgl. PAQ 1983, 12–46) und in der (durch den Einsatz von Computern verwandelten) Verwaltung (vgl. Brosius & Haug 1987). In beiden Fällen zeigte sich, dass die Gruppe und der Dialog unentbehrliche Formen sind, wenn Gewohnheiten, Meinungen, alteingefahrene Verhaltensweisen verlassen werden müssen. Der Schutz des Gewohnten, der eine Blockierung der Lernmöglichkeiten darstellt, wird durchbrochen, wenn unterschiedliche Wahrnehmungen und Interessen gegeneinanderstoßen, die sich gleichwohl nicht antagonistisch (wie etwa Kapital und Arbeit) aufeinander beziehen. So entfesselte die Frage nach dem Lernen von Frauen im Unterschied zu dem von Männern in einer Gruppe, in der beide Geschlechter anwesend waren, eine hitzige Diskussion, in der zuvor geäußerte Meinungen auf dem Prüfstand standen und sich ebenso ändern mussten wie die Personen, die sie von sich gaben. Die friedliche Koexistenz von entgegengesetzten Auffassungen, das unwidersprochene Für-wahr-Halten von sich ausschließenden Dingen wurde durchbrochen. – Die Programmierer zeigten in der Diskussion der Forschungsergebnisse, für die sie »das Material« gewesen waren, dass sie am meisten interessiert waren, als Kollektiv in den Forschungsprozess selbst aufgenommen zu werden. Dies konkret, indem immer weiter Fragen der Faszination, der gesellschaftlichen Anerkennung, des Sinns von Arbeit so eingebracht werden sollten, dass sie als Gruppe sich fortbewegen konnten, was auch in diesem Fall überhaupt Leben und Arbeit zusammenbringen hieß.

Engeström schlägt vor:

> Das letztendliche Ziel der Analyse besteht nicht nur darin, einfach die inneren Widersprüche und die Entwicklungslogik der Tätigkeit für den Forscher deutlich zu machen. Das Ziel besteht darin, die Teilnehmenden, die potenziellen Subjekte der Tätigkeit, selbst mit den sekundären [hier aus Anforderungen durch neue Produktivkräfte] Widersprüchen zu konfrontieren. Die Analyse fungiert in anderen Worten als Hebamme, die den Doublebind zur Welt bringen soll, oder wenigstens die Idee des Doublebind in Form eines intensiven begrifflichen Konflikts. Dies kann dadurch erreicht werden, dass man die Teilnehmer die Analyse durch ihre eigenen Handlungen rekonstruieren lässt. Eine solche Rekonstruktion findet typischerweise auf der Grundlage von ausgewählten und komprimierten Materialien statt wie auch von Aufgaben, die eine Debatte zwischen den Teilnehmenden mit sich bringen. (1999, 297)

Im PAQ haben wir in ähnlicher Weise alltägliche Widersprüche zwischen dem Gewohnten und neuen Erfahrungen, die die Einzelnen an den neuen

Anlagen machten, auf der gleichen Ebene als gewissermaßen ›gleich richtig‹ provokativ in die Gruppendiskussionen gebracht. Der herkömmliche »Doublebind«, in dem einander Widersprechendes gleichzeitig für wahr gehalten werden kann, drängt in der Gruppendiskussion, im Dialog die Teilnehmer dazu, die Situation zu hinterfragen und auf diese Weise auf eine neue Ebene der gemeinsamen Erkenntnis zu kommen.

Wir können wohl davon ausgehen, dass das einsame Lernen in der Studierstube mit der fortschreitenden Akkumulation von Wissen einen Sonderfall darstellt. Da Lernen die Einzelnen auf eine Ebene rückt, in der sie sich selbst im gesellschaftlichen Kontext erkennen und zugleich die anderen Mitglieder der gesellschaftlichen Gesamtarbeit mitreflektieren müssen, um ihre Handlungen sinnvoll zu beziehen, sind die Diskussion, der Dialog, der Austausch, die Kommunikation das Sprungbrett, von dem aus Lernbewegungen machbar sind. Engeström nennt diese Stufe »reflexive Kommunikation« und schlägt mit Lektorski (1985) vor, hier von einem »kollektiven Subjekt« (302) zu sprechen.

> Da vom Gelingen der Kooperation enorme Werte abhängen, verschärfen sich die Kooperationskonflikte. Zugleich vermindert sich die Gelegenheit zum Herstellen »persönlicher Beziehungen«, die sich in der vorautomatischen Produktion oft durch das bloße Zusammensein in einem Raum oder durch Transporttätigkeiten ergab. Eine Hauptfrage in den Kooperationen ist die Fehlersuche, und das heißt oft: Wer hat den Fehler verursacht? Die Kooperation hat damit häufig einen Charakter von Kritik.
> Eine Konsequenz für das Lernen lässt sich so formulieren: Es muss gelernt werden, andere zu kritisieren und sich selbst kritisieren zu lassen in der Perspektive der Weiterentwicklung der Kooperationsbeziehungen. Kooperation verliert damit den Sinn von »gegenseitiger Hilfeleistung«, verstanden in einem harmonistischen Sinn. Kooperation wird vielmehr zu einer verschmolzenen Bewegung von Unterstützung und Kritik oder: von Kritik als Unterstützung. (PAQ 1987, 115)

Eigentümlicherweise stoßen wir hier, bei den Konflikten in Arbeitsbereichen, die von Hochtechnologie bestimmt sind, auf die gleiche Problematik, die die Studierenden bei der kooperativen Aneignung von Wissen in der Universität betraf (vgl. Kapitel 9). Kritik erweist sich als eine besondere Dimension von Lernen, die an die alten Gewohnheiten der Solidarität gegen Obere stößt. Und wie im Fall der Studierenden, die durch die Verschwörung, einander in Gegenwart von Dozenten nicht zu kritisieren, praktisch deren Autorität verstärkten, wird auch die Aussetzung von Kritik in den Arbeitsgruppen die Autorität der Ingenieure und Manager erhöhen. Im Betrieb allerdings heißt dies zusätzlich, dass hohe Werte auf dem Spiel stehen. Vielleicht können wir auch die für wechselseitige Unterstützung ungenutzten Kritikpotenziale der Studierenden als Vergeudung gesellschaftlicher Ressourcen abbilden.

In Anlehnung an Wygotski beschreibt Engeström expansives Lernen in der Folge von Umbrüchen in den Tätigkeiten, die einen Druck, eine Notlage für die Tätigen hervorbringen.

> Der Zyklus des expansiven Übergangs [...] zeichnet die Generierung von gesellschaftlich-kulturellen neuen Tätigkeitssystemen durch Kollektive konkreter menschlicher Wesen nach. Der Ausgangspunkt ist hier der sich individuell ausdrückende Zweifel, das Zögern und die Störung. Die Richtung weist vom Individuellen zum Gesellschaftlichen. Der individuelle Ausgangspunkt ist jedoch selbst nur als kulturell-historisches Ergebnis zu verstehen. (1999, 293)

Aufgabe der Forschung sei es, in den gegenwärtigen Dramen um die neuen Tätigkeiten diese nicht nur wahrzunehmen, sondern die »praktischen Lösungen«, die die Kollektive alltäglich finden, aufzuzeichnen, zu analysieren und so die Heraufkunft des Neuen und »Anfangsformen neuer Theorien« zu entdecken (303) und die »Menschen mit den [...] Instrumenten auszustatten, die notwendig für die Meisterung von qualitativen Transformationen ihrer Tätigkeitssysteme sind (305)«.

Geschichten von Arbeit

Viele Fragen bleiben offen. Wiewohl die hochtechnologische Produktionsweise als durchgesetzte Form inzwischen in ihr viertes Jahrzehnt geht[56], wurden die notwendigen Umbrüche bis ins Schulsystem erst im letzten Jahrzehnt des vergangenen Jahrhunderts so umfassend durchgeführt (die meisten Schulen in den industrialisierten Ländern beispielsweise mit Computern ausgestattet), dass man von einer wirklichen Veränderung im schulischen Lernen sprechen kann. Die radikale Unordnung, die in die Arbeit gekommen ist, macht es fast unmöglich, Lernen in der und für die Arbeit zu erheben, weil das Neue zunächst so weit herausgebildet sein müsste, dass die betroffenen Subjekte eine Sprache dafür finden und sich selbstreflexiv dazu äußern. Tatsächlich haben meine hartnäckigen Versuche, doch noch Lernerfahrungen für die Arbeit und in der Arbeit schreiben zu lassen, wenig gefruchtet. Am Ende des Jahres 2002, als die

56 Zu den Anfängen der Hochtechnologie zu militärischen Zwecken in den 1940er Jahren siehe PAQ 1987, 33; noch 1957 gab es z. B. in der BRD erst 27 Computer.

Vorgängerausgabe dieses Buches[57] fast fertig war, gab es vier neuere Berichte (Nr. 97, 98, 100, 101) aus ganz unterschiedlichen Bereichen, die aber, wie inzwischen alle Arbeit, irgendwo mit Hochtechnologie in Berührung standen. Hightech durchkreuzt die Tätigkeiten an unvermuteter Stelle, als Brücke zur geheimen Information etwa, so dass Formen von Widerstand geplant werden können.

> Es gab an diesem Tag große Unruhe, weil meinen ArbeitskollegInnen auf unbekannten Wegen zu Ohren gekommen war, dass sich die Chefs per E-Mail bei einem Anwalt darüber informiert haben, was ihnen für Möglichkeiten zur Verfügung stehen, Weihnachtsgelder zu kürzen. Zum ersten Mal wurde sich zusammengeschlossen, die Gewerkschaft angerufen, Überlegungen des Widerstandes wurden geäußert etc. (98)

Reflektierte Erinnerung an das Erlernen der Arbeit als Außenhandelskauffrau bringt unerwartete Parallelen und von daher einen Zusammenhang vom Inneren der Arbeit in die so unterschiedlichen Teile der Gesamtarbeit wie Verkauf und Produktion. Stießen wir beim Lernen der Funktionsweise automatischer Anlagen auf die experimentelle Lernweise der Mitarbeit beim Aufbau der Anlage als geglückten Einstieg in theoretische Beherrschung, so belehrt die Geschichte über die Lernerfahrung im Großhandel, dass Lernen von komplizierten Zusammenhängen nicht frontal, nicht theoretisch daherkommen muss, sondern gewissermaßen auch durch einen Seiteneinstieg, nämlich vom Archiv her möglich ist. Wochenlanges Sortieren der Ablage ist wie ein Herumlaufen in der Anlage eines Großbetriebs und kann darum das Sprungbrett sein, von dem her übergreifendes Denken und Handeln möglich wird, wiewohl oder gerade weil es das System der Arbeiten gewissermaßen auf einer vorautomatischen Stufe durchläuft, die aber bei Automatisierung vorausgesetzt ist.

> Nach dem Vorsortieren kam das Abheften. Ich fing mit dem Buchstaben an, wo das meiste Papier angefallen war. Ich suchte die jeweilige Akte heraus, aus dem vorsortierten Stapel filterte ich alle Vorgänge heraus, die in diese Akte gehörten, und heftete sie chronologisch ab, möglichst so, dass alles, was zu einem Auftrag gehörte, zusammen war. Manche Akten von Kunden fand ich nicht auf Anhieb, entweder weil einer der Chefs sie gerade hatte, sie falsch eingehängt worden waren oder es statt eines Hängeordners einen großen Ordner gab, da es sich um einen wichtigen Großkunden handelte. Ich glaube, ich war fast drei Wochen hauptsächlich mit Ablage beschäftigt, und diese stupide Tätigkeit nervte mich immer mehr. Aber obwohl dies drei Wochen voller

57 *Lernverhältnisse – Selbstbewegungen und Selbstblockierungen*, Hamburg 2003.

> Öde waren, habe ich dabei superviel gelernt und ich finde Ablage zu machen sehr effektiv, um eine Firma kennenzulernen – es muss ja nicht gleich drei Wochen dauern –, und würde es vielleicht sogar als Einstieg machen auf einem Führungsposten. [...] Bei allem, was ich tat, las ich sehr viel: die Namen der Kunden, Rechnungs- und Lieferadressen, Kundennummern, Bestellnummern und welche Artikel sich dahinter verbargen, Preise, Rechnungssummen, Lieferung per Spedition, UPS oder Post. Ich lernte, welche Kunden viel bestellten, welche selten, wer ein guter Zahler oder ein schlechter war, wer Sonderkonditionen hatte oder mit Vorsicht zu behandeln war. – Teilweise erzählten die Akten Geschichten, da auch Briefwechsel abgeheftet wurden. (101)

Erfahren wir auf diese Weise in der Form der Bejahung, inwieweit »Stumpfsinn«, »Öde«, »Wiederholung«, die bekannten Dressurakte beruflichen Lernens, mit einigem Selbstwertgefühl in die Ebene von Strategie- und Kontextwissen übersetzt werden können, wird auch auf der Berichtsebene der Verneinung in einer Facharbeiterausbildung erahnbar, warum Facharbeiter die mit Vorliebe ausgewählten neuen Subjekte von Hightech-Arbeit sind, zumindest solange Ingenieure mit entsprechender Ausbildung nicht zur Verfügung stehen. Über ihre Ausbildung als Zerspanungsmechanikerin erinnert eine Studentin:

> Innerhalb unserer Grundausbildung Metall war eine Aufgabe, die wir bewältigen sollten, ein S zu dengeln. Dies bedeutet, einen schmalen Streifen Metall ähnlich einem Lineal so mit Hammerschlägen zu bearbeiten, dass es sich verformt und letztendlich die Form eines S annehmen sollte. [...] Wir, ca. hundert Auszubildende, waren mal wieder alle am stumpfsinnigen Feilen eines U-Stahls, als unser Ausbilder zu uns kam und uns erklärte, heute wäre es mal wieder an der Zeit, eine neue Fertigkeit zu erlernen. Wir sollten unser Stück Blech aus dem Werkzeugkasten nehmen und einen weiteren Streifen vorbereiten, wie wir es bereits für die vorherigen Arbeiten getan haben. Also wie gehabt 20 mm breit, entgraten usw. Dann würde er wieder zu uns kommen und uns alles Weitere erklären. Alle fingen wie verrückt an, ihre Sachen aus dem Werkzeugkasten zu nehmen und die benötigten Werkzeuge bereitzulegen und das vom Ausbilder erklärte Blech vorzubereiten.
> Dann rief er uns wieder zusammen und erklärte uns alles über das Dengeln und zeigte uns, wie wir mit dem Hammer auf das Blech schlagen mussten, damit es sich verformt. Es sah eigentlich ganz einfach aus! Dann sollte es losgehen! Er erklärte uns noch die Modalitäten, denn diese Arbeit wurde benotet, also einmal auf Zeit, wie schnell man fertig wird, und das Aussehen, also wie gut wir die Dengeltechnik beherrschen.
> Ich merkte schon, wie ich langsam nervös wurde, und sofort schossen mir die Gedanken in den Kopf: Es wird benotet, ich bin noch in der Probezeit, ich muss das auf jeden Fall gut hinbekommen. Oje, oje, jetzt geht es los! Die Zeit

rannte, und alle schlugen wie verrückt mit dem Hammer auf dieses Blech ein, um irgendwie die Form eines S hinzubekommen. Der Ausbilder stand wie immer da und schaute über die Reihen, wie wir uns anstellen. Die ersten meiner KollegInnen hatten bereits die erste Hälfte des S geschafft, und ich hämmerte immer noch wie verrückt auf dieses Blech ein, und es wollte sich einfach nicht zu einem S verformen. Immer wieder schaute ich auf die Uhr, und so langsam rann mir auch schon der Schweiß von der Stirn, und ich brach einfach nur in Panik aus. Der Ausbilder kam zu mir und fragte, wo denn das Problem sei. Am liebsten wäre ich in Tränen ausgebrochen und hätte alles hingeschmissen und ihn einfach nur angeschrien. Doch ich habe es nicht getan und meinte nur völlig fertig: ›Ich kann das einfach alles nicht!‹ Letztendlich hatten schon alle abgegeben, nur ich hämmerte noch wie wild auf dieses Blech ein und wusste eigentlich gar nicht, was ich noch tun sollte. Mein Ausbilder kam zu mir und erklärte mir, auch ich sollte jetzt abgeben.
Anschließend bin ich an unseren sicheren Ort gegangen, den Frauenwaschraum, den keiner der Ausbilder betreten durfte, und habe erst einmal eine Zigarette geraucht; und wieder schossen mir die Gedanken durch den Kopf: Ich bekomme eine schlechte Note, alle anderen waren besser als ich, ich werde die Probezeit nicht bestehen, und am besten ist es, ich schmeiße einfach meine Ausbildung hin.
Letztendlich habe ich die Probezeit bestanden, habe auch meine Ausbildung beendet, und bis heute hat niemand mehr von mir verlangt, jemals ein S zu dengeln. (100)

Der Bericht stammt nicht aus dem Beginn der Industrialisierung, sondern ist ein Zeugnis aus den 1990er Jahren. In der fast trotzigen Abwehr, dass diese Ausbildung oder zumindest weite Teile davon, für die Katz war, unbrauchbar, sind die ›brauchbaren‹ Teile verdeckt: dass nämlich gelernt wurde, etwas zu tun, dessen Konsequenzen begleitend überprüft werden mussten, dies in eine bestimmte Zeit einzupassen, Gebrauchswertökonomie mithin mit Zeitökonomie zusammenzubringen, Gefühle von Angst und Ohnmacht zu überwinden und das Ganze sowohl in Konkurrenz zu anderen zu erlernen als auch in der Gleichheit gemeinsamen Könnens. Man kann wohl davon ausgehen, dass die Tugenden der Facharbeiter (vgl. PAQ 1981a, 348–354) als Ferment in die Qualifikationen der Arbeitenden in der Hochtechnologie Eingang finden.

Gleichwohl berichten die drei Lerngeschichten noch von einer Ordnung, in der die Hochtechnologie noch nicht alles auf den Kopf gestellt hat, in der ganze Lebensläufe brüchig werden. Davon kündet eine schriftlich geführte Diskussion mit einem Studenten, der ganz sicher war, dass er nur Unnützes gelernt habe. Dabei schrieb er sich selbst die Kompetenz zu, die Hilflosigkeit der Lernangebote beurteilen zu können:

> An die Ausbildung zum Mathematisch-Technischen Assistenten erinnere ich mich in der Form, dass ich da seit zig Jahren bereits veraltete Programmiersprachen lernen musste und dass ich mich immer gefragt habe, wann denn jetzt was Neues und Interessantes käme, und es nie kam. Allein die Mathematik war recht anspruchsvoll und kniffelig, aber davon habe ich nach der Ausbildung kaum etwas praktisch gebrauchen können. Aber das ist ja auch wieder Schule und nicht Beruf, oder? [...] Hightech ist ein großes Wort. Die Sache ist viel banaler. Ich begann Computer zu programmieren in meiner Schulzeit und war fasziniert von der Komplexität solch einer kleinen Kiste, die eine Welt für sich darstellte. Ich habe Systemhandbücher gelesen – teilweise in Englisch, was meinen Englisch-Unterricht in der Schule auch überhaupt erst sinnvoll erscheinen ließ. Durch viel Ausprobieren und Zeit habe ich mir das Wissen über die Funktionsweise der Maschine angeeignet und das war auch das Wissen, mit dem ich in die Ausbildung und im Großen und Ganzen auch aus ihr herausging [...] Anfang der 90er Jahre haben ich massenhaft Bewerbungen geschrieben, die alle nicht zu einem Job geführt haben. Ich habe daraus die Konsequenz gezogen, dass, wenn mich die Erwerbsgesellschaft nicht braucht, ich mir wohl andere Formen der Identifikation und Bestätigung suchen müsste. Das war der Beginn meines Erwerbsfatalismus. (97)

Vermutlich ist auch dieses eine historische Übergangsform der Durchsetzung von Neuem, dessen Beginn wir studieren können, dessen Perspektive kaum vorherzusagen ist. Engeström wagt die These, dass die Spiele der Kinder (Lego und Computerspiele) uns einen Vorschein geben einer radikal anderen Art, sich Gesellschaft im Spiel, experimentell anzueignen.

Kapitel 14

Lernverhältnisse – Anstelle einer Zusammenfassung

Bei der Erarbeitung und beim Schreiben dieses Lernbuchs gab es überraschende Erkenntnisse für mich selbst, Höhepunkte beim Umgang sowohl mit Erfahrungen als auch mit Theorie. Es gab Tiefpunkte, wenn die Zähigkeit alltäglichen Erlebens eine zu dichte Decke von Wiederholung und Kleinmut über das Denkvergnügen legte. Die Exkursionen gingen in so viele verschiedene Richtungen, dass ich nicht einfach in der Lage bin, eine Zusammenfassung zu schreiben.

Stattdessen werde ich an dieser Stelle in Erinnerung rufen, was mir selbst am wichtigsten war, was ich weiterzudiskutieren empfehle.[58]

Kritik von Theorien ist Praxiskritik

Es gehört zum wissenschaftlichen Handwerk, Theoriekritik zu üben. Es gibt dafür Methoden, dies immanent zu tun, d. h. zu prüfen, ob der Autor seinen eigenen Ansprüchen genügt; oder historisch-kritisch heranzugehen, d. h. die Theorien in den Kontext ihrer Entstehung und Verbreitung zu stellen und sie gewissermaßen in Bezug auf die Gesellschaft, in der sie zu Hause sind, zu hinterfragen, sie zu rekonstruieren. Louis Althusser zeigt, dass Marx im Umgang mit der klassischen Politischen Ökonomie ein Verfahren anwendet, dass Althusser eine »symptomale Lektüre« nennt. Das meint, auf das Schweigen eines Textes zu achten, also seine konstitutiven Abwesenheiten zu lesen. Das Symptom sind Antworten ohne Fragen. Klaus Holzkamp ist in seiner Relektüre herkömmlicher Lerntheorien ganz ähnlich verfahren. Er hinterfragt sie nach dem verschwundenen Subjekt, dessen Fehlen zu vermerken ein erster Schritt der Kritik ist, ein zweiter dann, dieses Fehlen selbst als eine Art systematische Tat zu lesen, ein Zum-Verschwinden-Bringen der Subjekte, die darum gleichwohl in den Theorien anwesend sind. Dieser kritische Umgang mit den Theorien führt bei Holzkamp zu einer Art von Reinterpretation, die vorweisen kann, dass die meisten Lerntheorien, insbesondere die behavioristischen, über eine Ver-

58 An einigem habe ich seit der ersten Fassung dieses Buches selber weitergearbeitet und zum Teil in diese neue Ausgabe vertiefend hineingenommen, also eingearbeitet. Zwei mir wesentliche Bewegungen bringe ich in den folgenden zwei neuen Kapiteln gewissermaßen als Anhang.

doppelung von Realität nicht hinauskommen, ja ihren wissenschaftlichen Anschein gerade durch die Weglassung der Subjekte erhalten. Holzkamp zeigt so die theoretischen Bauwerke als brüchige, bestenfalls halbgare Konstruktionen. Die Kritik an Holzkamps Vorgehen kann bei der anerkennenden Bemerkung über die Schlüssigkeit des sich stets wiederholenden Umgangs mit diesen Theorien nicht stehenbleiben. Was dabei ungeprüft blieb, war die Wirksamkeit, die Auftreffstruktur der untersuchten Theorien in den jeweiligen gesellschaftlichen Verhältnissen. Was mich in diesem Kontext am meisten interessiert, ist, dass die Überzeugungskraft, die den Theorien im Lernzusammenhang zukommt, sich dem Umstand verdankt, dass die Subjekte ihre Verhältnisse genau so oder zumindest ähnlich erfahren, wie die Theorien sprechen. Das gilt wiederum insbesondere für den Behaviorismus, aber auch für Teile der Handlungsregulationstheorie. Der schlechte Umgang, den die Lerntheorien mit den lernenden Subjekten pflegen, wäre so nicht einfach zu konstatieren, sondern als ein Stück Realität in den gesellschaftlichen Verhältnissen zu entziffern. So verdankt sich die Subjektlosigkeit und Inhumanität der Theorien der wirklichen Stellung der Menschen in ihren alltäglichen Verhältnissen, die darum ins Zentrum der Analyse rücken müssten. Insoweit solche Theorien also Realität angemessen abbilden, kann Theoriekritik nicht greifen, die diese Theorien in ihren Konstruktionen, als bloße Gedankenformen destruiert. Sie sind den Menschen ja nicht äußerlich, sondern selbst als Teil wirklichen Lebens wahrnehmbar und daher auch Teil der lernenden Menschen selbst. Kritik von Lerntheorien heißt in dieser Weise auch Kritik von uns selbst, bzw. auch wir stehen zur Disposition, wo wir uns kritisch bewegen, theoretisch wie praktisch. Dies ist unmittelbar einsichtig, wenn wir die Theorien, die von der Bestechlichkeit der Menschen ausgehen, prüfen, aber auch, wenn wir die vielen Opfergeschichten anhören, die in dieser Weise die Subjektlosigkeit von Theorien durch ›eigene Erfahrung‹ bestätigen. Das Absehen von Erfahrungen, von Subjekten bei der Theoriebildung entspricht mithin auch eigener Praxis im Umgang mit uns selbst. Dies ist die Auftreffstruktur solchen Theorisierens.

Diesen Zusammenhang zu sehen war für mich eine der wichtigen Erkenntnisse, die zugleich den abwechselnden Umgang mit Theoriekritik und Erfahrungsbearbeitung im Nachhinein sinnvoll und fruchtbar macht. Den inneren Zusammenhang der einzelnen Fragmente zum Lernen stellen wir her, indem wir uns als Subjekte in die Theorien so eintragen, dass wir uns eben auch als ›Beleg‹, als ›Beweis‹, als lebendige Darsteller solcher Theorien wahrnehmen, nicht nur als ›kritische Kritiker‹.

Verlernen

Eine weitere wesentliche Einsicht war das Problem des Verlernens. Die meisten Geschichten, Erinnerungen, Tagebücher zum Lernen zeigen, dass das zentrale Problem des Lernens das Verlernen von schon ›Gewusstem‹ ist. Was man weiß, aus Erfahrung, aus Meinungen, aus Gerüchten, aus Gelesenem, verbindet sich mit der Person zu einer eigenen Festigkeit, die dem ausgreifenden Lernen entgegensteht. Es gehört diese Einsicht zu den Grundlagen marxistischen Denkens, bewegte Marx und Engels schon im *Kommunistischen Manifest*, bewegte uns im Projekt Automation und Qualifikation bei der Arbeitsforschung, ist eine Hauptproblematik, mit der Brecht umgeht, ist eine Voraussetzung, die dialektischen Umgang mit sich, mit den Dingen und Verhältnissen nötig macht. Neuartig für mich war, wie sehr dies auch das Lernen im Einzelnen bestimmt. Wie Sedimentgestein legen sich die gelernten Stücke um die Persönlichkeiten und verhindern ihren Aufbruch. Lernen heißt so nicht nur Unsicherheiten in Kauf nehmen, Wagnis, Neues erkunden – Lernen bedeutet in großem Ausmaß das Wegtragen alter Strukturen, die Entwöhnung von Gewohntem, die Vernichtung von ›Gewusstem‹, so dass es geraten ist, eine Forschung zum Lernen zu einem großen Teil dem Ver- oder Entlernen zu widmen. Von daher ist ein Studium herrschender Ideologien für die Lernforschung zentral. Die alten Menschen in den alten Verhältnissen können nicht so einfach Neues lernen, ohne sich selbst infrage zu stellen. Das gilt bis zu schon beherrschten Fertigkeiten, bis zu den Beziehungen der Menschen untereinander und ihrer eigenen Positionierung in den gesellschaftlichen Verhältnissen. Zum Verlernen braucht es eigene Methoden: die Subversion, die List, den Terrainwechsel, den Witz, die Satire, die allesamt es ermöglichen, eine Distanz zu sich einzunehmen, die Reflexion möglich macht. Ein Meister in der Entfaltung solcher Methoden, den man immer wieder mit Genuss und Bewegung studieren kann, ist Bertolt Brecht, dem darum in der Lernforschung ein oberer Rang eingeräumt werden sollte.

Der Widerspruch

Die Bewegungsform des Lernens ist der Widerspruch. Es bleibt keine andere Hoffnung. Das ist praktisch zu verstehen, theoretisch und methodisch. In widersprüchlichen gesellschaftlichen Verhältnissen versuchen sich die Einzelnen auf eine Seite zu schlagen und müssen dafür die andere, soweit es geht, ausblenden, um nicht krank zu werden. Man kann das direkt als alltägliche Tat studieren. Man kann die Einzelnen mit diesen einander widerstreitenden Botschaften hantieren und ihre Ruhe suchen sehen. Es ist ohne weiteres ersichtlich, dass dies fürs Lernen, verstanden als Zunahme von Sicht auf die Welt, womöglich mit der Fähigkeit, sich an ihrer Gestaltung zu beteiligen, von höchster Relevanz ist. Der Widerspruch geistert durch die Erfahrungen und Erinnerungen der Einzelnen als Leerstelle, als Verschweigen, als Unsinnigkeit, als Leugnung, wie etwas, das aus der Verdrängung befreit werden will. Es leuchtet ein, dass die Hervorhebung von Widersprüchen selbst noch keine Befreiung ist. Im Gegenteil wird sich Unruhe verstärken.[59] Das Zukenntnisnehmen von Widersprüchen ist vielmehr erst ein Ausgangspunkt, von dem aus Wege, die man jetzt erst wählen kann, gegangen werden können. Dies ist ein erster Schritt der Selbstreflexion beim Lernen. Methodisch ist der Widerspruch in alle empirische Forschung einbaubar als Paradox, als unsinniger Vergleich, als Behauptung der Gleichrichtigkeit von Entgegengesetztem, so dass die Befragten selbst an Lösungen gehen müssen, statt auf einer Seite zu beharren. Theoretisch verbindet der Einsatz beim Widerspruch die Analyse der Gesamtgesellschaft mit den Bewegungen der Einzelnen. Erfahren werden solche Lernwidersprüche als Krisen, als Brüche mit Gewohntem, als Unruhe und Unordnung. Lerndruck entsteht mithin aus Notlagen. Elementar wichtig wird es, das Lernen und also auch Lehren in eine Kultur des Umgangs mit Widersprüchen einzubetten. Diese gilt es zu entwickeln. Als ein solches Beispiel lese ich Brechts *Flüchtlingsgespräche*, die den Dialog von Kopf- und Handarbeit als eine Inszenierung von Krisen zeigen, die den Einverstand stören, den Zweifel allgemein setzen. Besonders eindrücklich waren mir die Lehren über den Vergleich als politische Praxis von oben wie als subversive Einsetzung von unten. Daneben zeigen die Lerngeschichten und -tagebücher, dass die Einzelnen den Vergleich alltäglich zu ihrer Selbstherabsetzung einsetzen. »Während ich es einfach nicht lernen kann, gibt es andere, die lernen wie von selbst«, ist eine Auftreffstruktur, die Begabungstheorien eine bequeme Grundlage bereiten kann.

Die Arbeit

Es ist im Grunde erstaunlich, wie sehr Lerntheorien den Bezug auf Arbeit als menschliche Tätigkeit vernachlässigen, ebenso sehr wie den Bezug auf die lernenden Subjekte. Müsste eine Lerntheorie nicht vom arbeitenden Subjekt ausgehen, nicht bloß vom Subjekt, welches ja für sich genommen eine idealistische Erfindung wäre? In der Arbeit beziehen sich die Menschen aufeinander, erhalten sich selbst, entwickeln sich weiter, lernen sich Welt anzueignen, produzieren und reproduzieren Gesellschaft. Das Schicksal

59 In dieser Weise war es ein großes Geschenk für mich, als mir meine Schüler aus ganz unterschiedlichen Zusammenhängen zum Abschied aus der universitären Lehre eine Festschrift widmeten mit dem Titel »Die Unruhe des Denkens nutzen«. So zeigten sie, dass sie mich verstanden.

der Arbeit als menschliche Tätigkeit in kapitalistischen Verhältnissen ist der Nährboden, auf dem losgelöste Praxen und Theorien menschlichen Lernens gedeihen. So wie die Einzelnen sich als Lernsubjekte ängstlich, widerwillig, unbelehrbar wahrnehmen, so ihre Stellung als Arbeitende, die eben nicht Gesellschaft gestalten, sie aber wohl reproduzieren. Die Arbeitsteilung zwischen Hand- und Kopfarbeit, Oberen und Unteren (so wir diese eine Arbeitsteilung nennen wollen), wiederholt sich in der Trennung von Wissen und Arbeitstätigkeit, bestimmt die Schultypen, bestimmt die Theorien vom Lernen und die Weise, wie sich die Einzelnen wahrnehmen. Die dramatischen Krisen der hochtechnologischen Produktionsweise zeigen sich auch als Lernproblematiken, deren Möglichkeiten noch zu erkunden sind, deren Lösung derzeit als geschäftige Politik betrieben wird und, soweit man sehen kann, als Verwandlung der Lernsubjekte in effektive Maschinen geplant ist.[60]

Der Alltag

Die in diesem Buch vorgestellten Lerngeschichten und -tagebücher sind Alltagsleben. Die Besonderheit von Alltag als Raum und Zeit, in dem der ›gesunde Menschenstand‹ seinen Ort hat, in dem gelernt wird und vergessen, in dem gelebt wird, Alltag also als Stoff, als Geschichten, die als Lernen, als Aneignen, als Widerstand, als Aufbruch zu studieren sind, kann nicht genug hervorgehoben werden. Der gesunde Menschenverstand ist ja zugleich der Ort, in dem Vorurteile gehegt, Gewohnheiten abgesichert werden, und derjenige, von dem aus allein Aufbruch gelingen kann. Insofern ist es auch eine Lehre in diesem Buch, dass die einzelnen Instanzen wie Alltag, wie Kritik, keine festen Gegebenheiten sind, nicht Sein, Zustand oder Lage, sondern selbst in Bewegung, umkämpft und von allen Seiten besetzbar, Praxis. Es bedarf ständiger Übung, in Verhältnissen zu denken statt spontan in Wesenheiten. Nur so kann man sich selbst verändernd denken.

Alltagsgeschichten sind weder Theorie noch sind sie Beispiele für Theorie. Sie werden bearbeitet, so dass an ihnen etwas gezeigt werden kann. Auch dieser allmähliche Prozess eigener Bearbeitung alltäglichen Geschehens ist

60 Im November 2002 hing in der Universität ein Hochglanzplakat mit folgendem Text: Mega Memory. Lern- und Gedächtnisstrategien. Sonderangebot für Studentinnen und Studenten. Was lernt man? Prüfungsvorbereitung (Spickzettel) sofort langfristig behalten lernen und auch unter Stress abrufen können; Fremdsprachen und Fremdwörter schneller lernen können; Zahlen Merken markant verbessern; Namen richtig memorisieren (mit Gesichtern); Strategien für das Langzeitgedächtnis; Lernen als Erfolgserlebnis genießen; Vertrauen in die eigene Lernfähigkeit steigern; Kreativität steigern und vieles mehr. Bestellung für 80 anstatt 245 Euro. – 2018 erschien in der FAZ ein ganzseitiger Bericht über ein Forschungs- und Praxisprojekt an der Bremer Universität über den Einsatz von Robotern als Lehrer. Meine Darstellung, Analyse und Kritik finden sich in Kapitel 10 in diesem Buch.

als zunehmende Selbstreflexion Lernen. Er erlaubt es, Gegenerzählungen gegen das Gewohnte zu erfinden. Für solche Praxis eignet sich wiederum Literatur, so etwa der in diesem Buch vorgestellte Essay von Virginia Woolf.

Sprache

Erinnerungsarbeit ist auch Umgang mit Sprache. Sprachanalyse ist also ein durchgehendes Mittel in diesem Buch. Die Arbeit mit Brecht hat als zusätzliche Dimension von Sprachpolitik die Aufforderung gebracht, einzelne Begriffe, Wörter aus ihrem Kontext, in dem sie passend scheinen, zu ziehen, um sie als tätige Ideologen zu zeigen. Dabei aber nicht stehen zu bleiben, sondern Wörter wie »gut« oder »Ordnung« oder »Moral« nicht einfach zu denunzieren und preiszugeben, sondern die gewohnten Gefühle von den Wörtern abzuziehen und die so freigesetzte Energie darauf zu verwenden, für Verhältnisse zu streiten, in denen die Wörter wirklich »passend« sein können. Diese Art von Sprachpolitik eröffnet eine eigene Forschungspraxis, die den gewohnten Zynismus bei der ersten Einsicht in die Korruption der Wörter oder durch Wörter vermeidet und stattdessen als Beschäftigung von vielen revolutionär ist. Diese Politik ist derjenigen der ›Political Correctness‹, wie sie in den letzten zwei Jahrzehnten in Mode kam, geradezu subversiv entgegengesetzt. Wortvermeidung, weil man das Wort in anrüchigem Kontext traf, oder seine Ersetzung durch ein anderes war im Kontext der Lerntagebücher als eine Praxis zu studieren, welche die selbstzufriedene Auffassung unterstützte, an Herrschaftspraxen nicht selbst beteiligt zu sein. Die Durchsetzung von Political Correctness in der Sprache erweist sich so als eine weitere Barriere gegen die Unruhe und Unzufriedenheit, die Selbstveränderung des Lernens.

Die Geschlechter

Sobald es um alltägliches Lernen konkreter Personen geht, ist die geschlechtstypische kulturelle Markierung von Lernprozessen unübersehbar. Es war zunächst mein Vorhaben, die Frage, ob und inwieweit Frauen anders lernen als Männer, ins Zentrum meiner Lernforschungen zu stellen. Aber die Problematik war so allgegenwärtig, dass es sich zugleich als unsinnig erwies, dem ein eigenes Kapitel zu widmen (wie ich das ansatzweise in Kapitel 8 versuchte). Man wird in den verschiedenen Materialien finden, dass die Geschlechterdifferenz beginnt beim Umgang mit Erfahrungen wie mit Theorie, bei der Selbstwerteinschätzung, bei Fragen danach, was ein ›Subjekt‹ in dieser Gesellschaft ist. Man wird schließlich darauf stoßen, dass diese nach Geschlecht je andere Umgangsweise mit dem Leben, mit dem Arbeiten, mit dem Studieren, mit dem Forschen, mit dem Kollektiv oder der

Gemeinschaft, mit der Konstruktion von Bedeutungen ebenso wie seiner selbst, auch eine entscheidende Differenz zwischen dem holzkampschen Vorgehen in der Lernfrage und der meinen ist. So bleibt als offene Frage, ob diese Unterschiedenheit als Bereicherung gelassen werden kann oder ob jetzt die eigentliche Arbeit eines ›menschlichen‹ Entwurfs erst beginnt.

Fragen

Dass Fragen eine besondere Bedeutung für Lernen, für Entwicklung, für Wissenschaft haben, war allgemein klar. Wichtig für mich bei der Erarbeitung dieses Buches war zum einen, wie Holzkamp die Lehrerfrage und das Fragemonopol des Lehrers im Zusammenhang eines verfehlten Schullernens herausarbeitet, und wiederum von ganz anderer Seite, wie Virginia Woolf eine ganzes Lernarrangement auf die Kunst, Fragen zu stellen, gründet. Beides fand ein merkwürdiges Echo in der Schwierigkeit der Studierenden, in fremden Gruppen Fragen zu stellen. Fragen stehen so am Beginn allen Lernens, wie andererseits die Verunmöglichung von Fragen vor der Aneignung von Welt steht. Und selbst Fragen sind nicht so ohne weiteres das Erstrebte. Sie können Scheinfragen sein, sie können selbst Welt verschließen. Es gilt also zugleich, *Fragen zu verschieben*, so dass sie aufschließend wirken können. Am Ende eines gelungenen Forschungsprozesses steht eine neue Frage. Es wäre gewiss erhellend, eine historisch-kritische Forschung zur Frage zu unternehmen.

Kritik

Eines der zentralen Lernerlebnisse für mich war die Unmöglichkeit der Studierenden, mit Kritik produktiv umzugehen, und die vollständige Abwesenheit eines Lernkollektivs beim gemeinschaftlichen Lernen in der Gruppe. Die Unfähigkeit zur Kritik steht blockierend vor jedem Lernen, die Einsamkeit in der Gruppe ist mit dieser Kritikfrage verbunden und entlässt die Einzelnen in eine Lernbemühung, die in sich selbst Züge eines Hamsters in einem Rad hat. Allerdings war es auch naiv, anzunehmen, dass Kritik so einfach ausgeübt und produktiv aufgenommen werden könnte, als sei sie nicht mehr als ein Instrument des Lernens und der Wissenschaft. Kritik ist selbst ein Kampfplatz, auf dem u. a. entschieden wird, wer gewinnt, wer verliert.

Vor der Möglichkeit, Kritik zur allseitigen Verbesserung einzusetzen, steht die Schwierigkeit, ein gemeinsames Projekt zu haben in gesellschaftlichen Verhältnissen, die die Einzelnen gegeneinander richten, nicht zur Gestaltung zusammenschließen.

Das Kollektiv – der Dialog

Je weiter die Entwicklung der Produktivkräfte voranschreitet, desto klarer wird, wie brennend aktuell die marxsche Feststellung ist, dass die Produktivkräfte zwar entwickelt werden, um mehr Profit zu erwirtschaften, weniger lebendige Arbeit einzusetzen, dass sie aber an die Grenze der Verhältnisse stoßen, in denen sie vorangetrieben werden. Die hochtechnologische Produktionsweise braucht weniger lebendige Arbeit als ihre Vorgängerin, aber sie braucht diese als Gruppenarbeit, als Zusammenschluss von Kompetenzen, als umfassende Qualifikation. Das Gleiche gilt für das Lernen, sobald sein Gegenstand wissenschaftlich wird. Hier stoßen wir beide Male auf das Paradox, dass die Unfähigkeit zur Gruppe mit der Notwendigkeit, in Gruppen zu arbeiten und zu lernen, wächst. Dazwischen stehen Markt- und entsprechend Konkurrenzbedingungen, deren Überschreitung zugleich illusionär und zwingend ist. In dieser Weise wird die Selbstbestimmung beim Lernen vor die paradoxe Aufgabe gestellt, dass die Einzelnen ihre Selbstveränderung als selbstbewusste Aufgabe in eigene Hände nehmen, also sich als starke Individuen herausbilden müssen, indem sie die Grenzen der gegenseitigen Konkurrenz überschreiten, also eine Gemeinschaft, ein Kollektiv bilden. – Dies betrifft auch die Form des Lernens. Es zeigt sich, dass die vielfachen Verhärtungen, Widerstände, Gewohnheiten, Blockierungen den Dialog, die Gruppe brauchen, um Bewegung zu ermöglichen.

Lehren

Immer wieder geht es um Lehren. Die Frage ist von besonderer Bedeutung, wenn man davon ausgeht, dass Lernen subjektive Tat ist. Wenn lernen heißt, sich selbst belehren, wozu braucht es dann noch Lehrer? Oder umgekehrt: Wie vermeidet man beim Lehren die Verkennung, es sei das Lernen ein Resultat der Lehrbemühungen? Und was kann Lehren heißen, wenn man der Einsicht folgt, dass Lehren selbst Lernen ist und gleichwohl Lehren als eigener Beruf auftritt. Die Fragen balancieren auf dem schmalen Grat zwischen anarchischer Freilassung und Verabschiedung aller Institutionen und Anleitung auf der einen Seite und autoritärem Edukationismus, der Kehrseite jener Verabschiedung. Zunächst hatte ich geplant, ein Kapitel über Lehrer als organische Intellektuelle (mit Gramsci) und eines über Kritische Pädagogik an den Schluss des Buches zu stellen, um diese Fragen erneut aufzunehmen. Um das Projekt in Umfang und Zeit nicht immer weiter auszudehnen, müssen die im Buch vorgestellten Überlegungen zunächst genügen. Die Thematik wird weiter zu bearbeiten sein.

Der Lernbegriff

Zu Beginn der Bemühungen, dieses Buch zu schreiben, schien es mir besonders dringlich, einen Begriff von Lernen zu entwickeln, kritisch abzugrenzen und eindeutig zu bestimmen. Die vorgefundene Vielfalt von Lernbestimmungen, alltäglichen wie solchen in den Theorien, forderte mich dazu auf, Unterscheidungen zu machen und eine Ordnung in das Chaos zu bringen. Es schien mir mehr und mehr vernünftig, verschiedene Lernbegriffe für unterschiedliche Tätigkeiten zu haben und – vielleicht wie Holzkamp – zwischen defensivem und expansiven Lernen zu unterscheiden, also analytisch eine Gruppe zu bilden für Lernhandlungen, die auf Nachvollzug, Sich-Einrichten, Gehorsam, Lernen als Schulaufgabe gerichtet sind, und eine andere für Lernhandlungen, die Aneignung von Welt in gestaltender Absicht betreffen. Freilich setzt diese Unterscheidung voraus, dass Lernen sich auf Handlungen/Fähigkeiten bezieht, die gewissermaßen in sich abgeschlossen bestimmt werden können. Der langwährende Prozess der Aneignung von Welt, dabei die Produktion wie die Reproduktion der Verhältnisse, gestaltender Eingriff wie Unterwerfung sind Bewegungen, die wir als Lernen erfahren, wenngleich sie häufig nicht so trennscharf dingfest gemacht werden können. Zu lernen, ein Mensch zu werden, sich also die menschlichen Wesenskräfte anzueignen, dies, so denke ich, untersuche ich, wenn ich Lernen studiere. Das schließt Formierung und Selbstformung ein, und es kann auf verschiedenen Ebenen je unterschiedliche Strategien erfordern: andere, wenn ich Ordnung lerne oder eine Sprache, andere, wenn ich mit anderen forschend tätig bin oder ein politisches Projekt verfolge, wieder andere, wenn ich lerne, Fahrrad zu fahren oder Geige zu spielen. Lernen also ist als widersprüchlicher Prozess zu fassen, es gibt darin nicht bloß eine ›richtige‹ Strategie. Und es gibt nicht bloß Zuwachs. Lernen ist Selbstkritik. Lernen ist als Bewegung unabgeschlossen und zwiespältig.

Dass ich auf diese Weise Lernen als eine Bewegung fasse, die ständig geschieht, vermeidet die holzkampsche Einschränkung auf einen bewussten Vollzug in einer aus einer Gesamthandlung herausgelösten Zeit und damit auch die Auffassung, dass danach, also wenn die Lernhandlung abgeschlossen ist, die Gesamthandlung weiter ohne Lernen durchgeführt wird. Sie tut dies um den Preis, sehr allgemein zu sein, und muss damit die nötigen analytischen Unterscheidungen im Nachhinein, also als Analyse der Lerneffekte machen. Dies gemäß der Vorstellung, dass die wirklichen Menschen in ihrem alltäglichen Leben ebenso verfahren, also wahrnehmen, dass sie etwas gelernt haben, und nicht im Vollzug Lernerlebnisse abhaken können. In diese Richtung sprechen alle Lerngeschichten. Und dieses Vorgehen erst schließt die Kritik des Ideologischen und des Kulturellen, schließt die Analyse der Reproduktion der Verhältnisse auch als Tat der vielen ein.

Kapitel 15

Abschied vom Forum Kritische Psychologie

Kapitel 8 enthält die Abschiedsvorlesung von der universitären Lehre. Es ist nicht das Ende meines Lehrens und kann nicht der Abschied von der Lernproblematik und meinem eigenen Lernen sein. Alle Fragen sind Vorlagen zur Weiterarbeit. Aber doch gibt es auch Abschiede. So folgt jetzt der Abschied aus der Redaktion des *Forum Kritische Psychologie*, mit dessen Gründung die kritische Zusammenarbeit mit Klaus Holzkamp, die das gesamte Buch durchzieht, sich ihr eigenes Organ geschaffen hatte. Ich nutze dies für einen Rückblick unter einer Fragestellung, die mich weiter beschäftigt, der des inneren Zusammenhangs von Theorie und Praxis. Zugleich suche ich in diesem für mich letzten Heft von *Forum kritische Psychologie*, für das ich mich verantwortlich fühlte, noch einmal an den Gründungsimpuls zu erinnern, d. h. das Studium marxschen Denkens, das für alle verbindlich war, und das Fach Bildungsökonomie als Bestandteil kritischer Psychologie einzubeziehen und also die Geschichte und Entwicklung der menschlichen Arbeit voranzutreiben.

Zur kritischen Psychologie von Widerstand, oder: Zum Verhältnis von Theorie und Praxis[61]

Erstes Kapitel: Es geht um Handlungsfähigkeit

In seinem Standardwerk *Grundlegung der Psychologie* (1983) stellt Klaus Holzkamp die Frage nach der Herausbildung individueller Handlungsfähigkeit von vornherein in den Zusammenhang gesellschaftlicher Fremdbestimmung.

> Es ist mithin zu klären, welche mehr oder weniger unspezifische Form *die gesellschaftliche Einschränkung/Bedrohung der Handlungsfähigkeit* im Zuge der Ontogenese vom *sachlich-sozialen Signallernen* über die »Sozialintentionalität« bis zur *»Bedeutungsverallgemeinerung/Kooperativität«* annimmt, wie also hier in der mit der Spezifizierung erreichten *neuen Qualität der Verfügungserweite-*

61 Für das letzte Heft des FKP zusammengestellt aus mehr als 40 Jahren »meiner« kritischen Psychologie – in Diskussion mit Klaus Holzkamp und vor allem Ute Osterkamp, *Forum Kritische Psychologie* 59.

> *rung* gleichzeitig (gleichsam als Vorbereitung auf die fremdbestimmte Erwachsenenexistenz) eine entsprechende *Qualität der Verfügungseinschränkung* gegeben und so die erreichte *Verfügungserweiterung widersprüchlich zurückgenommen und gebrochen ist.*

Oder einfacher formuliert: »in welcher Weise also einerseits die *individuelle Reproduktion von Unterdrückungszusammenhängen* im herrschenden Interesse während der Ontogenese eingeübt wird, und in welcher Weise andererseits die *Möglichkeit des subjektiven Widerstands dagegen* sich in der Ontogenese ausprägen und spezifizieren kann« (459). Diese Frage bleibt aktuell. Mit seinen Begriffsvorschlägen *restriktive* oder *verallgemeinerte Handlungsfähigkeit* verschiebt Holzkamp die landläufige Vorstellung, man sei entweder handlungsfähig oder nicht, in die Untersuchung eines widersprüchlichen Zusammenhangs. Er macht Vorschläge für die Erforschung des individuellen Entwicklungsprozesses zur Frage, welche Unterwerfungshaltungen und Handlungen in eigener Kindheit erlernt wurden, und betont, dass sie im bewussten Verhalten zu sich selbst aufgearbeitet werden können und überwindbar seien (u.a. 1983, 500ff., insbes. 506), kurz, er stiftet auch an zu einem Projekt *Erinnerungsarbeit*. Bei allgemeiner Zustimmung bleibt mir gleichwohl aus der Arbeit mit den sorgfältigen Darlegungen ein Unbehagen, das nicht allein der sprachlichen Wendung »restriktiv« und »verallgemeinert« gilt – dem auch –, sondern mich zugleich auffordert, dem Zweifel nachzugehen, ob im Problemaufriss und seiner Veranschaulichung nicht Entscheidendes fehlt.

Die kulturelle Wende

Diesem Zweifel soll mit der Hoffnung auf Weiterarbeit zunächst mit der Erfahrung begegnet werden, die ich in der Lehre mit der Studie *Spaß am Widerstand*[62] von Paul Willis machte, und diese damit zur Diskussion vorgelegt werden. Diese Wahl ist nicht willkürlich. Willis fragt in seiner einflussreichen Studie, die eine kulturelle Wende in verschiedenen Disziplinen beförderte, im Grunde wie Holzkamp nach der alternativen Herausbildung von Unterwerfung oder von Widerstand, wenngleich – im Zusammenhang mit dem Institut für Kulturwissenschaften in Birmingham – kulturtheoretisch, nicht ontogenetisch. Willis zeigt auch etwas anderes, das über die alternative Fassung von restriktiv vs. verallgemeinert, wie sie in der Kritischen Psychologie wesentlich aufgenommen und tradiert ist, hinausgeht und auf die Verarbeitung von Widersprüchen selbst setzt. Seine Studie über die *Selbstunterwerfung in der Form des Widerstands* gegen unterdrückerische Strukturen und Institutionen, die doch zugleich die Tür in die Welt waren,

62 *Learning to Labour*, 1977; dt. 1979, neu übersetzt Hamburg 2013.

brachte auch die Annahmen und Begriffe aus dem Projekt Automation und Qualifikation, das in der Gründungsphase der Kritischen Psychologie in deren Rahmen und am Institut für Kritische Psychologie an der FU Berlin selbst forschte, in neue Bewegung. Wir[63] fühlten uns bestätigt und gestärkt, aber auch verunsichert. Wir sahen die Verknüpfung getrennter Bereiche, und lebendig wurden die Lehren, dass Widerstand als solcher nichts Gutes war, sondern wiederum die bestimmte Negation und daher ein Verhalten braucht, das vielleicht am besten mit dem Begriff *dialektisch* zu fassen ist. So brachte die Aneignung von Willis eine »kulturelle Wende« auch in unsere Projekte, die von Anfang an auch praktisch politisch war und blieb.

Alltag und neue Lehre

Meine Assistentinnenzeit am Psychologischen Institut der FU war nach vier Jahren abgelaufen. Die Vollversammlung der Lehrenden, Studierenden und »anderen Dienstkräfte« entschied, längerfristig den Bereich »klinische Psychologie« auszubauen und durch eine weitere Stelle zu verankern, nicht den um Arbeit und Bildungsökonomie. So migrierte ich als Lehrende nach Hamburg an eine Universität des zweiten Bildungswegs, an der also Erwachsene mit ihrer Erfahrung aus dem Berufsleben auch ohne Abitur studieren konnten.

Aus meinen Erinnerungsnotizen zur Lehre dort: In einem meiner ersten Semester lehrte ich *Empirische Sozialforschung*. Der Titel hat sowohl auf die Studierenden wie auf mich eine einschläfernde Wirkung. Sie müssen diesen Kurs besuchen, ich muss ihn lehren, ob wir wollen oder nicht. Also tun wir es, wenn auch nicht aus freien Stücken. Empirie – da steigt man aus den Höhen abstrakten Denkens hinab in die alltägliche Welt, ohne jedoch in ihr anzukommen. Denn Empirie meint im Studium Methodenlehre: Meinungsforschung, Umfrage, Fragebogen, Interview, Statistik, Quantität und Repräsentativität usw. Zwischen die luftigen Höhen begrifflicher Arbeit und die Niederungen schwierigen Alltags hat sich diese Art der Beschäftigung mit dem Leben der Menschen eingenistet wie eine weitere Blockade. Eine unüberschreitbare, denn dem Anspruch nach müsste ja in der Methodologie der gesuchte Schlüssel zum Alltagsleben sein, den man demnach finden kann, der aber, hält man ihn solcherart in Händen, endgültig das Schloss nicht öffnen wird, sondern im Gegenteil das Alltagsleben, das er zu zeigen versprach, als unaufschließbar beweist.

In diesem Empirie-Seminar, das so unbeliebt wie als Pflichtveranstaltung notorisch überfüllt war, sitzen also Menschen mit Berufserfahrung und dem Entschluss, sich »Bildung anzueignen, um Welt zu erkennen« – wie

63 Ich schreibe hier von »wir«, weil ich als Assistentin am Psychologischen Institut Leiterin dieses Forschungsprojekts war, das kollektiv arbeitete, weshalb das Singular-Ich unangebracht wäre.

eine in einem *Lerntagebuch*, das ich begleitend zu meinen Seminaren eingeführt hatte, schreibt. Und ich biete dafür diesen unbeliebten Kurs »Empirische Sozialforschung« an! Auch um mich nicht selbst zu langweilen, entschließe ich mich, das Übliche in einem Schnelldurchgang als Vorlesung zu absolvieren und danach die Studierenden zu gewinnen. Dafür suche ich nach Stücken subjektorientierter Sozialforschung, wähle die *Arbeitslosenstudie aus Marienthal* (Jahoda u. a. 1975), die Forschungsstudie *Grabe, wo du stehst* (Lindqvist 1989) und *Spaß am Widerstand* (Paul Willis, 1979/2013[64]). Die Texte erarbeiten wir als Vorbereitung für ein Praktikum zu *Rechtsextremismus bei Jugendlichen*, ein damals akutes Phänomen, dessen Aktualität sich immer wieder neu erweist. Schon in der zweiten Sitzung zu Willis spüre ich eine sich aufladende Spannung im Raum. Die Studierenden ergreifen den Text, eignen ihn sich an wie Ertrinkende einen Rettungsring in diesen sie überschwemmenden Seminaren mit dem vielen Stoff, dessen Brauchbarkeit schwer überprüfbar ist. Ich selbst finde die theoretischen Passagen bei Willis recht schwierig, so übertrage ich den Stoff wiederum in kleinen Vorlesungen ins Verstehbare und verteile die eigentliche Empirie auf Gruppen von Studierenden, dass sie es den anderen vermitteln, also selbst lehrend lernen. Die erste solcherart von Studierenden gestaltete Sitzung bleibt mir unvergesslich.

Ich sprach, wie üblich, einleitende Bemerkungen begrifflicher Art und bat die Vorbereitungsgruppe, zum Vortrag nach vorn zu kommen. Die Studierenden waren ungewöhnlich unruhig, sie redeten miteinander, der Lärmpegel stieg; der Faden, der mich gewöhnlich mit ihnen verband, schien unversehens gerissen. Sie taten je individuell, was sie wollten. Eine strickte, einer stand mit dem Rücken zu mir. Ein anderer, es war ein gewandter Wortführer, ein Metaller mit gewichtiger Stimme und Ansehen, holte eine Zeitung heraus, entfaltete sie breit bis über den Nachbartisch und las. Ich bemühte mich um Fassung. Da warf jemand ein Papierknäuel durch den Raum. Eine meldete sich: Ich muss mal zur Toilette. Das war ganz unpassend, denn dies war ja keine Schulklasse mehr. Aber bevor ich mein Staunen ernsthaft prüfen konnte, wurde die Tür schon von außen aufgerissen und zwei Zuspätkommende traten laut, die Türe hinter sich zuknallend, herein und flegelten sich auf die letzten noch freien Stühle. Das Ganze war so ungewöhnlich, dass mir plötzlich spät ein Licht aufging. Dies war weder eine Demonstration, dass sie nicht mehr lernen wollten, auch keine Kritik am Stoff oder an der Lehrenden, dies war längst schon das kollektive Referat zu

64 Die Übersetzung wurde stark überarbeitet. Am Ende verdankt sie der zähen Ausdauer von Else Laudan, auch den Jargon der Jungen in lesbare und erkennbare Worte zu fassen, ihre jetzige flüssige Gestalt. Eigentümlicherweise hat die fehlerhafte und unelegante Übersetzung die begeisterte Rezeption nicht verhindert. Unter den Worten wurde der Sinn gewissermaßen als Subtext aufgespürt und wahrgenommen.

Willis. Und jetzt endlich kam auch die verantwortliche Vorbereitungsgruppe strahlend nach vorn und setzte mit einem Kommentar zum eben durchlittenen inszenierten Seminarbeginn ein.

Sie erklärten begrifflich zugespitzt und sichtlich engagiert. Sie identifizierten sich ebenso mit den widerständigen Willisknaben wie alle übrigen im Raum. Es war, als sprächen sie über sich und begriffen sich jetzt und begriffen es auch nicht, weil sie an allen Ecken ihrer eigenen Zustimmung zugleich auf eigene Ablehnung der Willisknaben und deren Haltungen stießen, ein Widerspruch, den sie selbst jetzt noch erarbeiten mussten. Sie schrieben in ihre Lerntagbücher. Eine Studentin:

> Eigentlich sind mir die Jungen bei Willis fast ausschließlich im Zusammenhang mit Erinnerungen an meine Schulzeit sympathisch, und zwar, weil ich mir wünsche, ich hätte die Fähigkeit besessen, mich kreativ zur Wehr zu setzen und mich nicht als Opfer zu erleben.

Werden die Willisknaben in ihrer aufrührerischen Haltung geliebt, so wird auch schnell klar, dass die konkreten Äußerungsformen dieser Widersetzlichkeit den eigenen Intentionen diametral zuwiderlaufen. Der Widerspruch erlaubt, die zum Begreifen nötige Distanz mit Humor zu verbinden. »Gehen wir heute Pakis kloppen«, wird zu einer Art Losung, dass schärfste Kritik mit Scham und Humor zugleich verbunden werden kann, denn alle Studierenden waren ihrem Anspruch nach selbstverständlich antirassistisch, und die Möglichkeit, Pakistani gemeinsam zu verhauen, war undenkbar für sie und doch auszusprechen als anderer Widerstand. Es kam eine Bewegung in den Lernprozess, die von weither verkrustetes Bewusstsein aufrührte:

> Der Kurs hat den Kursrahmen gewissermaßen gesprengt. Ich konnte kaum abschalten. Irgendetwas im Kurs oder um ihn herum Aufgebrochenes schwirrte ständig in meinem Kopf rum. Altes wurde regelmäßig über den Haufen geworfen, neue Fragen entstanden. Grundsätzliche Fragen, wie z. B. nach dem Objekt oder Subjekt, haben sich oft gleichzeitig, fast strahlenförmig auf andere Bereiche ausgewirkt, sorgten bis in Freundschaften hinein für Aufruhr. Das widersprüchliche Denken … konnte nicht mehr abgeschaltet werden.

Das kann zwar hauptsächlich als große Unruhe entziffert werden, allerdings kann man sich einen Lernprozess wohl kaum als harmloses, spiegelglattes und ruhiges Erleben denken. Lernen braucht selbst eine längere Einarbeitungs- und Lebenszeit, ehe es möglich wird. Aber dann kann Unruhe als Glück erfahren werden und Aufruhr als gewollte Bewegung. So schreibt einer:

> Es ist ein tolles Gefühl, wie sich im Laufe der Stunde das ganze Puzzle der letzten Wochen ganz plötzlich einfach zusammenfügt […] Und dieses Bewusstsein erzeugt einfach Zufriedenheit und ein breites Grinsen. Das Verstehen des Zusammenhangs hat ein sehr aktives Moment bei mir erzeugt. Es endet nicht beim Zuklappen des Buches, denn jetzt regt es das Weiterdenken erst richtig an. Es hat mich angeregt […] Lust und Sinn in der weiteren wissenschaftlichen Arbeit zu finden.

Und ein anderer:

> Jedes Mal nach der Vorlesung ist mir mindestens ein sehr wichtiger Gedanke klargeworden, den ich schon lange unklar dachte […]. Das ist überhaupt das Wichtigste am Lernen, alte Fragen, die ich nicht allein beantworten konnte, in der Gruppe zu klären.

Lernen wird erfahrbar als gemeinschaftliche Selbstentfaltung. Willis' Buch als Material setzt wie ein Katalysator als Erfahrung frei, was theoretisch gewusst war, dass, wie Marx das spricht, »die Menschen ihre Geschichte selbst machen, wenn auch nicht aus freien Stücken«. Gerade, weil die handelnden Jungen so unfertig in die eigene Selbstverurteilung gehen, und vielleicht auch, weil das im Buch angewandte Forschungsinstrument, die teilnehmende Beobachtung, selbst eine höchst fragwürdige Methode ist, weil sie das Wissen eben nicht eingreifend zum Wohl der Gruppe nutzt, sondern auf dem Beobachterposten verharrt, eröffnet sie doch auch Möglichkeiten der Wirklichkeitserkenntnis. So blieb das Buch ein Abenteuer, in das sich zu verstricken Aufschlüsse über die Gesellschaft, die Klassen, Haltungen, Lernen und Lehren, Selbstveränderung und Veränderung der Umstände, ja Kritik liefern kann bis heute. Und vor allem kann es Einsichten ermöglichen, die in doppelter Weise das »Wir«, das Kollektiv als Ausgangspunkt nehmen auch im individuellen Lernprozess und daher Menschen als gesellschaftliche Wesen fassen, als natürlich-sozial, deren Zusammenwirken auch im individuellen Entwicklungsprozess als gemeinschaftliche Praxis, als kulturell, nicht als »Zweierbeziehung« (etwa Mutter oder Vater und Kind, wie dies bei Holzkamp in seinem Lernbuch meist angenommen scheint) untersucht werden müsste.

Zweites Kapitel: Erkennen ermöglichen oder Begreifen begreifbar machen. Lernen von Rosa Luxemburg

»Weltaufschluss vermitteln« nannte Holzkamp in den Diskussionen im Psychologischen Institut unsere Lehr- und Schreibversuche. Schließlich waren wir alle aufgebrochen, eine Lehre in Kritischer Psychologie erst zu erarbeiten, gewissermaßen als Gründergeneration. Ich weiß nicht einmal, ob diese

Wendung eine eigensinnige Prägung von ihm oder ob es ein ganz geläufiges Wort war. Der Auftrag war jedenfalls unmittelbar verständlich, auch wenn der Schlüssel selbst immer weiter zu suchen war. Auf dieser Suche fand ich gerade für das Verhältnis von Theorie und Praxis besonders eindrückliche und aufzuhebende Lehren bei Rosa Luxemburg, die daher in diesem neuen Kontext zusammengestellt und zum Erinnern empfohlen sind. Gewohnt, Kultur ziemlich weit oben und die Masse der Menschen weit unten wahrzunehmen, verblüffen ihre Worte stets erneut:

> Die gesamte menschliche Kultur ist ein Werk des gesellschaftlichen Zusammenwirkens vieler, ist ein Werk der Masse. […] Die Geschichte der Menschheit wimmelt von Heldensagen, von Großtaten Einzelner, sie hallt vom Ruhme weiser Könige, kühner Feldherren, verwegener Entdeckungsreisender, genialer Erfinder, heldenhafter Befreier. Aber all dies bunte und schöne Treiben Einzelner ist gleichsam nur das äußere geblümte Kleid der menschlichen Geschichte. Auf den ersten Blick ist alles Gute und Böse, das Glück wie die Not der Völker Werk einzelner Herrscher oder großer Männer. In Wirklichkeit sind es die Völker, die namenlosen Massen selbst, die ihr Schicksal, ihr Glück und ihr Wehe schaffen. (GW 4, 206)

Die Sätze stehen gegen Heldenverehrung, vor allem gegen eine Geschichtsschreibung, die nur die Oberen und diejenigen kennt, die gesiegt haben, und plädieren für eine »Geschichtsschreibung von unten«, wie die spätere Bewegung im Gefolge der 1968er Studentenrevolution hieß. Aber es geht ja nicht nur darum, die Unteren als die in der Geschichte Vergessenen vorzuzeigen. Weit schwieriger behauptet Luxemburg in diesem kurzen Textstück, dass die in die Hände von Herrschenden gefallenen Unterdrückten diese Unterdrückung, diese Ausschaltung aus gesellschaftlicher Gestaltung selber machen, ihr »Glück und Wehe« selber schaffen. Man erfährt, dass ein eingreifendes Handeln gegen Unterdrückung es in erster Linie mit den unterdrückten Menschen selbst zu tun hat mit der Aufforderung, dass sie ihr Schicksal bewusst in eigne Hände nehmen, sich einmischen. Es gilt also um Bewusstsein, um Haltung, gegen Subalternität zu streiten und dies in Kritische Psychologie zu übersetzen.

Von Marx, Lassalle und Luxemburg ist dieser Satz überliefert: »Die Menschen machen ihre Geschichte selbst, wenn auch nicht aus freien Stücken.« Der Satz präsentiert schon das Problem, wenn auch nur als Andeutung. Die Einzelnen sind nicht frei, Gesellschaftsgestaltung, Geschichte in eigne Hände zu nehmen. In Ausbeutungsverhältnissen, ohne gesellschaftliche Macht sind sie zudem an Gewohnheiten, an die Enge häuslichen Lebens oder rigoroser Arbeitsteilung gefesselt. So stehen ihren gestaltenden Eingriffen nicht nur die Produktionsverhältnisse entgegen, wie man sich äußere strukturelle

Faktoren denkt, sie stehen sich auch selbst im Wege, da sie auch als Subalterne nicht untätig sind, sondern eben als solche an den Fesseln mitschmieden, die sie halten. Ich fasse dies als Aufforderung zur »Erinnerungsarbeit« und begrifflich als »Herrschaftsknoten«.

Das Problem des politischen Eingriffs stellt sich also für Luxemburg auf verschiedenen Ebenen: auf der der Produktionsverhältnisse – sie verfasst scharfe kapitalismuskritische Analysen und kommt zu dem Resultat, dass auch deshalb Einhalt geboten werden muss, weil der Kapitalismus in eine so mörderische Zukunft hineinrast mit Hunger, wachsender Armut auf der einen Seite, unermesslichem Reichtum auf der anderen und immer weiter mit der Verelendung der Dritten Welten und Krieg (eine Vision, deren Zeitzeugen wir sind), so dass es am Ende nur ein Entweder-oder gibt: »Sozialismus oder Barbarei«. Aber weit entfernt davon, dies als Gesetz oder gar historischen Automatismus zu fassen, denkt Luxemburg die Notwendigkeit des proletarischen Eingriffs, um die Gesellschaft vor dem Untergang zu bewahren. Dieser bleibt historische Möglichkeit:

> Der Sozialismus ist Notwendigkeit geworden nicht bloß deshalb, weil das Proletariat unter den Lebensbedingungen nicht mehr zu leben gewillt ist, die ihm die kapitalistische Klasse bereitet, sondern deshalb, weil, wenn das Proletariat nicht seine Klassenpflichten erfüllt und den Sozialismus verwirklicht, uns allen zusammen der Untergang bevorsteht. (GW 4, 494)

Trotz der sprachlichen Wendungen – wie Proletariat und Klassenpflichten –, die den Text als vergangenen zeichnen, bleibt gleichwohl aktuell verständlich, was gemeint ist. Das Politikmachen stellt sich auf der Ebene des »Volkes«, der »Masse«, der »Menge«, deren Verantwortung der Umsturz der Verhältnisse, das Gebot des Einhalts ist. Wir könnten dies heute die Ebene des Politisch-Kulturellen nennen bis hin zum Eingreifen in die Frage von Persönlichkeit, also auch des Psychischen und so einer Kritischen Psychologie. Luxemburgs Grundgedanke ist: Die sozialistische Umgestaltung kann nur ein Werk der Massen sein, die dafür allerdings geschult sein müssen. Die für diesen Prozess bzw. sein Resultat gebrauchte Vokabel ist Reife. Dieses Wort wurde im Diskurs der damaligen Arbeiterbewegungsführung immer wieder als ein Zustand aufgefasst, auf den wie bei landwirtschaftlichen Produkten gewartet werden sollte; Luxemburg aber denkt ihn als eine Art »Selbstentwicklung«, die in der Bewegung ruckhaft geschieht und von der Partei unterstützt werden kann. Wesentlich für unseren Zusammenhang einer Kritischen Psychologie ist es auch hier, die Bewegung der Menschen, das Kollektiv und in ihm jeden Einzelnen zu fassen. Demgemäß ist auch diese Schulung zuallererst eine Handlung der Massen selbst, sofern sie in Bewegung sind.

»Heute, wo die Arbeiterklasse sich selbst im Laufe des revolutionären Kampfes aufklären, selbst sammeln und selbst anführen muss …« (GW 2, 148) oder:

> Mit der Psychologie eines Gewerkschaftlers, der sich auf keine Arbeitsruhe bei der Maifeier einlässt, bevor ihm eine genaue bestimmte Unterstützung für den Fall seiner Maßregelung im Voraus zugesichert wird, lässt sich weder Revolution noch Massenstreik machen. Aber im Sturm der revolutionären Periode verwandelt sich eben der Proletarier aus einem Unterstützung heischenden vorsorglichen Familienvater in einen »Revolutionsromantiker«, für den sogar das höchste Gut, nämlich das Leben, geschweige das materielle Wohlsein im Vergleich mit den Kampfidealen geringen Wert besitzt. (GW 2, 133)

Wir brauchen also eine Vorstellung, wie aus den Einzelnen, die an der eigenen Unterdrückung aktiv teilhaben, Menschen werden, die sich so verändern, dass ihnen die Veränderung der Gesellschaft zu einer Stätte, in der Gerechtigkeit und Freiheit bestimmend sind, lebensnotwendig wird.

Wiewohl man denken könnte, dass Luxemburg am ehesten mit ihrem energischen Eintritt für Führung und für Partei veraltet ist – schließlich sind beide Begriffe nicht zuletzt durch die Geschichte der staatssozialistischen Länder dermaßen in Verruf gekommen, dass schon ein Nachdenken über organisierende und zusammenfassende Kräfte auf Widerwillen bei uns stößt –, sind ihre Vorstellungen bei näherem Studium überraschend aktuell und brauchbar. Die Führung gibt den Massen »politischen Ausdruck, Losung und Richtung«, aber sie dient den Massen, nicht umgekehrt. Die politische Leitung übernehmen heißt, »dass in jeder Phase und jedem Moment die ganze Summe der vorhandenen und bereits ausgelösten, betätigten Macht des Proletariats realisiert wird […] nie unter dem Niveau des tatsächlichen Kräfteverhältnisses » (GW 4, 149f.).

Bei Luxemburg verändert diese andere Anordnung von Dienen und Führen die Bedeutung der Wörter. Nehmen wir *Disziplin*: So kann die »sozialdemokratische Disziplin niemals bedeuten, dass sich die achthunderttausend organisierten Parteimitglieder dem Willen und den Bestimmungen einer Zentralbehörde, eines Parteivorstandes zu fügen haben, sondern umgekehrt, dass alle Zentralorgane der Partei den Willen der achthunderttausend organisierten Sozialdemokraten auszuführen haben« (GW 3, 39).

Auch dieser Vorgang ist in Bewegung: Die Parteibehörde wird bürokratisch, wenn die Masse schläft. Luxemburg kommt zu dem Schluss, dass die »proletarische Masse keine ›Führer‹ im bürgerlichen Sinne braucht, dass sie sich selbst Führer ist« (GW 3, 42).

Dies besagt doch im Grunde, dass die Befreiung der Menschen ihr eigenes Werk sein muss oder die gewährte Veränderung von oben keine Befreiung, sondern eine andere Form von Subalternität ist.

> Es muss auch offen gesagt werden: Erst dann, erst bei der Umkehrung des jetzigen abnormen Verhältnisses würde das Parteileben auf normaler Basis stehen. Die Befreiung der Arbeiterklasse kann nur das Werk der Arbeiterklasse selbst sein, sagt das *Kommunistische Manifest*, und es versteht unter Arbeiterklasse nicht etwa einen sieben- oder auch zwölfköpfigen Parteivorstand, sondern die aufgeklärte Masse des Proletariats in eigner Person. Jeder Schritt vorwärts im Emanzipationskampfe der Arbeiterklasse muss zugleich eine wachsende geistige Verselbständigung ihrer Masse, ihre wachsende Selbstbetätigung, Selbstbestimmung und Initiative bedeuten. (GW 3, S. 38)

Mit den Subjekten zu beginnen – wie Luxemburg – bedeutet, auf Erfahrung, aufs Mitmachen, aufs Experiment zu setzen, Gesellschaft von unten zu machen. So wird Schulung, welche die Unterdrückten und Ausgebeuteten befähigen soll, selbst strategisch zu handeln, für sie ein leidenschaftlich besetzter Hoffnungsträger.

Wie so viele Begriffe gehört auch der der Schulung, den Luxemburg wählt, ebenso wie Erziehung und Aufklärung zu den inzwischen der Ächtung anheimgefallenen Worte. Mit dem historischen Recht, ein von oben nach unten diktiertes Lernprogramm für falsch zu halten, wird allerdings zugleich eine Möglichkeit vertan, dem gewollten Prozess der Instandsetzung der Menschen, ihr Geschick in eigne Hände zu nehmen, eine Sprache zu geben. Versuchen wir es ein weiteres Mal mit Luxemburg: Unter Schulung begreift sie die notwendige Übermittlung von Wissen und die Übung der Fähigkeit, Fragen zu stellen, die zum Handeln nützen. Sie spricht von Erziehung und Aufklärung (vgl. u.a. GW 4, 482f.) und versteht dies als Aufruf, mehr brauchbares Wissen zur Verfügung zu stellen und hervorzubringen. In ihren Zeitungsartikeln finden wir einen großen Umfang von Wissen als Schulungsmaterial für die Leser aufbereitet. Schulung selbst ist für Luxemburg wie Lernen in erster Linie Selbsttätigkeit der Massen.

> Ich meine, die Geschichte macht es uns nicht so bequem, wie es in den bürgerlichen Revolutionen war, dass es genügte, im Zentrum die offizielle Gewalt zu stürzen und durch ein paar oder ein paar Dutzend neue Männer zu ersetzen. Wir müssen von unten auf arbeiten [...] dass wir die Eroberung der politischen Macht nicht von oben, sondern von unten machen müssen. (GW 4, 510)

Eine Schule des Lernens ist also die Praxis. Luxemburg knüpft an das berühmte Marxzitat aus den *Thesen über Feuerbach* an, das zumindest als praktische Anweisung an sozialistische Politik in Vergessenheit geraten ist:

> Das Zusammenfallen des Änderns der Umstände und der menschlichen Tätigkeit oder Selbstveränderung kann nur als revolutionäre Praxis gefasst und rationell verstanden werden. (MEW 3, 5)

Sie baut diesen Gedanken mit großer Eindringlichkeit wieder und wieder aus. Sie fasst Schulung als Resultat politischer Praxis durch die Arbeitenden selbst und zugleich als die Übermittlung des nötigen strategischen Wissens durch die Parteiintellektuellen. Lernen des Politischen durch Praxis bleibt ebenso historische Notwendigkeit wie pädagogisches Konzept. Solche Vorstellungen entwickelt Luxemburg vor allem im Zusammenhang mit Überlegungen zur »Diktatur des Proletariats«. Schließlich geht es dabei darum, dass die bisher Unterdrückten nun Führung übernehmen sollen. Die Schulung, die sie dafür brauchen, wird gewissermaßen experimentell anzueignen sein.

»Die Masse muss, indem sie Macht ausübt, lernen, Macht auszuüben. Es gibt kein anderes Mittel, ihr das beizubringen.« (GW 4, 509f.) Luxemburg setzt auf das Experiment der Arbeiter- und Soldatenräte[65], für das sie die Massen keineswegs als »reif« genug erachtete, wohl aber annahm, sie könnten die Ausübung der »öffentlichen« Gewalt lernen, indem sie es tun. Das Experiment ist gescheitert. Es bleibt aber doch der wichtige Gedanke, dass Lernen aus Erfahrung eine wesentliche Grundlage von politischer Selbstbestimmung sein muss.

Bis hierher scheint bei Luxemburg Praxis dominant – von Theorie noch wenig die Rede. Gleichwohl geht es in meinem Versuch darum, mit Luxemburg für unsere Problematik von Theorie und Praxis im Lehren und Lernen so vorzugehen, dass nicht in einfacher Negation statt autoritärer Erziehung durch Unterwerfung »antiautoritäre Erziehung« angesagt ist – jeder macht, was er oder sie will, bloße Beliebigkeit; sondern dass die Hoffnung auf Entfaltung und Gestaltung gesetzt wird, die zugleich zielgerichtet ist und nicht, wie heute im Trend, Selbstbestimmung mit Zerstreuung, Vereinzelung und Konsumdemokratie in eins setzt. Das Problem ist, wie nicht-edukationistisch vorgegangen und doch von Anleitung oder »Führung« gesprochen werden kann. Mit anderen Worten: Ich lese Luxemburg an dieser Stelle mit der Frage, wie ihre Praxis – sie nennt sie »Kleinarbeit« oder »Alltagsarbeit« – selbst theoretisch vermittelt ist.

Sie nennt dies *»revolutionäre Realpolitik«*, begründet mit Marx, und setzt in dieser fast antagonistischen Zusammenstellung von revolutionär mit Real-, also Reformpolitik das Thema von Theorie und Praxis in dynamisch bewegender Weise fort. Der zentrale Satz, in dem der Spannungszusammenhang seinen Namen erhält, antwortet zugleich auf unsere Frage nach dem Theorie-Praxis-Nexus:

65 Vgl. insbesondere ihre Ausführungen zum Gründungsparteitag (GW 4, 484).

> Vor allem aber, was gibt uns einen Maßstab bei der Wahl der einzelnen Mittel und Wege im Kampfe, zur Vermeidung des planlosen Experimentierens und Kraft vergeudender utopischer Seitensprünge? Die einmal erkannte Richtung des ökonomischen und politischen Prozesses in der heutigen Gesellschaft ist es, an der wir nicht nur unseren Feldzugsplan in seinen großen Linien, sondern auch jedes Detail unseres politischen Strebens messen können. Dank diesem Leitfaden ist es der Arbeiterklasse zum ersten Mal gelungen, die große Idee des sozialistischen Endziels in die Scheidemünze der Tagespolitik umzuwechseln und die politische Kleinarbeit des Alltags zum ausführenden Werkzeug der großen Idee zu erheben. Es gab vor Marx eine von Arbeitern geführte bürgerliche Politik, und es gab revolutionären Sozialismus. Es gibt erst seit Marx und durch Marx sozialistische Arbeiterpolitik, die zugleich und in vollstem Sinne beider Worte revolutionäre Realpolitik ist. (GW 1/2, 373)

Luxemburgs eigenes Theorie-Praxis-Verständnis findet sich explizit in ihren ökonomischen Schriften (GW 5)[66]. Als Fazit und Ergebnis nennt sie Selbstkritik als wesentlich für Theorie, die nicht einfach Methode ist, die angewandt werden kann, sondern eine ständige Aufforderung, das theoretisch Erkannte und Begriffene immer wieder den in Veränderung sich bewegenden Praxen auszusetzen und neu zu begreifen – also alle Dinge im Fluss der Bewegung aufzufassen, an der vergänglichen Seite die Möglichkeiten des verändernden Eingreifens zu zeigen. Diese Kritik ist zugleich die Bewährung in der Praxis. Es gibt nicht *eine* Praxis – *eine* Theorie, sondern der Zusammenhang beider ist die entscheidende Frage.

Der Weg ist eine Gratwanderung, bei der wir jeweils auf der einen oder anderen Seite herunterzufallen drohen – gerade dann, wenn unsere eigene Theorie und Praxis nicht in den Mainstream gehören, sich nicht unmittelbar auszahlen, sondern kritisch zur herrschenden Gesellschaft stehen und damit unpraktisch zu sein scheinen. Stets gibt es die Versuchung, in pragmatischen Praktizismus zu verfallen auf der einen Seite oder auf der anderen Theorie gegen Erfahrung abzuschotten, zu dogmatisieren, kurz: folgenlos zu theoretisieren und blind zu praktizieren.

Nach dieser Relektüre komme ich zu dem Resultat: Keine Theorie ist gut genug für die Praxis, wenn sie nicht stets erneuert wird. Keine Praxis im Sinne emanzipatorischen Eingreifens kann gut sein, die nicht kontinuierlich theoretisch hinterfragt und verbessert wird.

66 Im Band 5 der Schriftenausgabe als »Einführung in die Nationalökonomie« und »Die Akkumulation des Kapitals. Ein Beitrag zur ökonomischen Erklärung des Imperialismus« und »Die Akkumulation des Kapitals oder Was die Epigonen aus der Marxschen Theorie gemacht haben«, veröffentlicht Berlin/DDR 1975. Der inzwischen übersetzte und veröffentlichte Band VI ihrer Schriften ist von mir noch nicht durchgearbeitet.

Besonders wichtig für diesen Versuch des erinnernden Aufarbeitens ist die Auseinandersetzung in der Kritischen Psychologie selbst um die Anwendung »der Theorie« in »der Praxis«, die sie von Beginn an begleitet. Ute Osterkamp arbeitet seit vielen Jahren sorgfältig an der Begründung kritischer Subjektwissenschaft. In der letzten allgemein zugänglichen Arbeit »Soziale Selbstverständigung als subjektwissenschaftliches Erkenntnisinteresse« formuliert sie noch einmal explizit den »Subjektstandpunkt« als einen, von dem her die Ausführungen zum Ausbildungsprojekt »Subjektwissenschaftliche Berufspraxis« (Markard u. a. 2000, eingeführt von Morus Markard, Christina Kaindl u. a.) zur Problematik der Praktiker und Studierenden als »Außenstandpunkt« als nicht verträglich mit dem Vorhaben Kritischer Psychologie kritisiert werden. Der Aufsatz ist veröffentlicht in FKP 52 (2008) und Leserinnen des FKP bekannt bzw. leicht für sie nachlesbar, so dass ich mich an dieser Stelle auf einige zentrale Punkte beschränke, deren weitere Diskussion mir wesentlich scheint. Unter vielfältig zitierendem Rückbezug auf Holzkamp zeigt Osterkamp Kritische Psychologie als kollektiven Entwicklungsprozess, der gerade darin besteht, das Auseinander von psychologischer Theorie und ihrer Praxis zu überwinden, indem von den Praxen der Menschen ausgegangen wird, die diese unter entfremdeten Bedingungen zur Subalternität bringen. Es komme darauf an, eine Kritische Psychologie zu begründen, die in ihrer eigenen Entwicklung selbstkritisch verfährt und daher die praktischen Erfahrungen als Ausgangspunkt nehme und stets weiter zum Sprechen bringe. Im Bewusstsein, dass sowohl die Alltagssprache als auch die Wissenschaftssprache dem Herrschaftswissen – wenn auch unterschiedlich – ausgesetzt sind, ja dieses sowohl individuell als auch in vorgeblicher Allgemeinheit bestätigen und stärken, müsse eine eigene Wissenschaftssprache herausgebildet werden.

In ihrer Kritik weist Osterkamp nachvollziehbar nach, dass die Fragestellung und Durchführung des von ihr diskutierten Praxisprojekts ganz offenbar von dem Missverständnis geleitet ist, es gäbe gewissermaßen einen Satz kritisch-psychologischer Grundannahmen, die bloß angewendet werden müssten, statt dauernd überprüft und verändert zu werden. Sie zeigt auf, dass diese Auffassung im »Praxisprojekt« geradezu notwendig dazu führt, einen Kreis Eingeweihter im Stande des Wissens zu konstruieren, denen gegenüber die Uneingeweihten belehrt, eingewiesen, erzogen werden müssen. Es werde viel Aufwand mit der Rechtfertigung getrieben, die Erfahrungen der jeweils anderen nicht anzuhören, deren Fragen normativ und individualistisch zu verkürzen, um so am Ende Kritische Psychologie als Lehre vom widerständigen Charakter moralistisch zu dogmatisieren, sie zu einer Glaubensfrage zu machen und damit um ihren revolutionären Charakter zu bringen.

Osterkamps Kritik auf wenigen Seiten ist nachvollziehbar und grundlegend. Umso erstaunlicher ist es, dass dieser Beitrag nicht sogleich zu einer großen öffentlichen Diskussion geführt hat, sondern stillschweigend weitere FKPs folgen konnten, die unbeeindruckt sich durch die Landschaft der Worte mühten, ihre Aufgabe darin sahen, »kritisch-psychologische Begriffe« anzuwenden.

So nachvollziehbar ihre Kritik an den Anwendungsbemühungen Kritischer Psychologie ist, so scheint mir doch die Gegenüberstellung von Außen- und Subjektstandpunkt die Problematik nicht ausreichend zu fassen. Die Dichotomie von Theorie und Praxis, deren Überwindung Osterkamp selbst zum Kern Kritischer Psychologie erklärt, wird von ihr nicht in Bewegung gebracht. Sie macht das Problem, dass Theorie und Begriff dem unmittelbaren unreflektierten Handeln etwas Entscheidendes und Notwendiges voraushaben, gar nicht zum Thema, bearbeitet das Gegeneinander von Theorie und Praxis also nicht wirklich. Anstelle einer Ausführung meiner anderen Sichtweise verweise ich hier auf meinen Beitrag »Erfahrungen in die Krise führen« von vor fast vier Jahrzehnten (1981), den ich wegen seines weiterhin konfliktiven Potenzials innerhalb der Kritischen Psychologie neuerlich aktualisiert habe. An dieser Stelle möchte ich in eine längst fällige Diskussion mit Ute Osterkamp an einem anderen Punkt eintreten und einige Fragen stellen.

Ich habe verstanden, dass in der Kritik an Markard u. a. die Lehre von Grundannahmen und Hauptbegriffen umgebaut werden sollte durch den Vorschlag, eine »Perspektivenverschränkung« vorzunehmen. So nützlich ich den Verweis finde, nicht von kategorischen Lehrsätzen und »ihrer richtigen Verwendung« auszugehen, sondern eine »Verschränkung« der Perspektiven anzunehmen, so wenig sehe ich bislang, wie die Aufforderung zur Perspektivenverschränkung den nötigen Schritt über die bürgerliche Moral hinausgeht. Es kann ja nicht darum gehen, als Mitmensch darauf zu achten, dass man in anderen sich selbst sieht und also keinem etwas zufügt, was man selbst nicht will, oder – christlich – andere behandelt wie sich selbst. Was also soll Perspektivenverschränkung meinen und aufschließen? Zum Menschenbild der »Kritischen Psychologie als marxistische Subjektwissenschaft« gehört, dass man selbstkritisch anders handeln kann, als seinen Reflexen zu folgen, so dass ihre Lehren ungleich der Verhaltenstherapie nicht auf programmierbarer Einübung bestehen. Anders als unter entfremdeten kapitalistischen Bedingungen ist nicht individuelles Siegen in der Konkurrenz Maßstab für menschliche Größe, sondern das für alle Beste wird das Ziel und damit ein in die gesellschaftlichen Bedingungen eingreifendes Handeln, das zusammen mit anderen gefasst und verwirklicht werden soll.

In diesem Zusammenhang wird häufig mit Begriffspaaren gearbeitet – wie z. B. »Festgelegtheit/Modifikabilität« und eben auch »restriktive/verallgemeinerte Handlungsfähigkeit«.

Ich halte an dieser Stelle inne, um dieses Begriffspaar einer genaueren Prüfung zu unterziehen. In seiner Zusammenstellung als alternative Weisen, Handlungsfähigkeit zu erlangen, vermeidet es keineswegs eine wertende und daher auch moralistische Verkürzung. Dass es sich nicht einfach um eine individuelle Fähigkeit handelt, als Einzelner zu gewinnen, sondern Handlungsfähigkeit notwendig menschlich sozial sein muss, steht dem Begriff nicht auf die Stirn geschrieben. Im Gegenteil lädt die Einfügung in ein Gegensatzpaar zur verkürzten Verwendung eines Entweder-oder geradezu ein. Zugleich scheint es mir als »neue Wissenschaftssprache« unglücklich und nicht als Schlüssel verständlich und brauchbar. Um handlungsfähig zu sein, kann man Kompromisse eingehen, sich opportunistisch anpassen, sich selbst schädigen usw.; wenn wir aber das Resultat als »restriktive« Handlungsfähigkeit bezeichnen, geben wir eine Wertung ab – und dies nicht in allgemein verständlichen Worten, sondern mit Begriffen, die es uns verwehren, weiter vom »Subjektstandpunkt« aus zu sprechen. So wie niemand danach strebt, sich zu schaden, kann auch keiner restriktive Handlungsfähigkeit zu erlangen suchen. Auch Holzkamp verwickelt sich ungut in die Wortfolge, wenn er davon spricht, dass sich schon »*Vorformen* der Alternative des Strebens nach *restriktiver* Handlungsfähigkeit im bestehenden Verfügungsrahmen oder *verallgemeinerter* Handlungsfähigkeit in Erweiterung des Verfügungsrahmens ausmachen« lassen (1983, 461f.). Man sieht zudem, dass die Alternative zum Restriktiven mit dem verständlicheren Ausdruck »verallgemeinert« auch nicht verständlich auf den Begriff bringt, was gesagt werden will. Man muss es erst übersetzen, um sodann die beiden Eigenschaftsworte der Einordnung wie äußere Namen darüberzustülpen. In allen Ausführungen ist ja deutlich gesagt, dass der Mensch als natürlich-gesellschaftliches Wesen die Bedingungen seines Lebens zusammen mit anderen ins bessere Mögliche verändert. Eingreifende Handlungsfähigkeit ist zugleich auf jeder Stufe zu gewinnen und erst noch Ziel. Es ist ein dialektischer Prozess und auch so nur zu sprechen. Die Qualifizierung mit *restriktiv* kann die Begrenzung aufs bloße Funktionieren zu fassen erlauben. Würde man es so nennen, würde die moralistische Verkürzung und das entsprechende Missverständnis weniger leichtfallen. Es ginge also um *funktionale beschränkte Handlungsfähigkeit* zum einen. Ihr »Gegensatz« wäre kaum eine dysfunktionale Weise, sondern es müsste schon im Begriff zusammengefasst sein, dass es darum geht, die Bedingungen des Handelns in Gesellschaft nicht einfach zu ertragen wie ein Schicksal, sondern in ihre Gestaltung einzugreifen, und dass dies nur kollektive Tat sein kann, also *eingreifende kollektive Handlungsfähigkeit.* An dieser Übersetzung oder besser Erklärung sieht man, dass es sich überhaupt um keinen Gegensatz handelt, so auch nicht um ein Begriffspaar, sondern um verschiedene Modi handlungsfähiger Individuen, die einmal je einzeln alltäglich funktionieren, zum anderen für alle gesellschaftsverändernd eingreifen. Zum alltäglichen Funktionieren gehört auch der Umgang mit dem Körper, gehören Schmerz und Krankheit, und hierher gehört das je individuelle Arrangement mit den verschiedenen Unterwerfungsangeboten aus den gesellschaftlichen Herrschaftsverhältnissen. Auf dem Weg zur eingreifenden kollektiven Handlungsfähigkeit begegnen die weiter oben abgehandelten kulturellen, ideologischen, erlernten, politischen Formen und vor allem widersprüchlichen Weisen, sich Gesellschaft anzueignen. Im Ausdruck (Begriff?) *verallgemeinert* lässt sich das schwer erkennen. Vor allem hat die Gegenüberstellung restriktiv vs. verallgemeinert die Bewegung ungut in einen Gegensatz verbannt, was nur dadurch nicht sogleich ins Auge springt, dass die gewählten Worte aus unterschiedlicher Geschichte stammen – einmal muss es lateinischen Ursprungs (restriktiv) erst übersetzt werden, klebt also fremdwortig dran; im anderen Fall versteckt es rätselhaft seine Herkunft aus der Kommune im Teilwort (verall)gemein(ert). Dabei ist die eigentliche Schwierigkeit, die aus dem Begriff *Subjekt* für diese Subjektwissenschaft herrührt, erst erahnbar. Ist doch das Subjekt sprachlich das Unterworfene und verlangt also zur Aufschlüsselung seiner Stellung im Gesamt die Analyse des Staates, der Ideologie, des Schicksals von Vernunft und Gefühl historisch-kritisch. Dies aber sind alles wesentliche Felder kritisch-psychologischer Forschung, daher notwendig und nicht durch einige Regeln und Gesetze zu ersetzen. Gesprochen werden müsste besser vom Subjektiven, nicht vom Subjekt, um Individuelles, Vielfältiges im allgemeinen Anzueignenden zu begreifen.

Ich verstehe Ute Osterkamps Kritik und Arbeit so, dass sie dafür plädiert, Sprache und Begriff zu erarbeiten und dies zugleich als permanenten Lern- und Entwicklungsprozess zu fassen, in den alle verwickelt sind. Eine kritisch-psychologische Ausbildung kann demnach keinen Abschluss finden, jedoch müsste sie den Lehrenden und anderen Praktikern in der Gesellschaft die Fähigkeit vermitteln, selbst die Entwicklung aller Sinne voranzubringen, vor allem von Bewusstsein und Sprache. Da sie wesentlich kritisch ist, muss sie Veränderungen studieren, also die Geschichte des Gewordenseins individualgeschichtlich, genetisch und universell erarbeiten. Hierfür sind die bisherigen Arbeiten insbesondere Holzkamps als auch vieler anderer immer Vorarbeiten und weiterzuentwickeln.

Kapitel 16

Praxis von Kritik[67]

Der Vorschlag, zu Möglichkeit und Praxis von Kritik in Forschung und Politik zu sprechen, der mir eine Aufgabenstellung schien, irritierte mich und zwang mich zu weiterer Erkundung, ein Gang wie in einem Flickenteppich. Ich hatte bislang ohne weiteres angenommen, dass ein historisch-kritisches Verfahren, dem ich mich verschrieb, die einzige Weise ist, Forschung zu betreiben, und für Politik eine solche wissenschaftliche Fundierung unerlässlich. Aber dann erinnerte ich mich einer zunächst rätselhaften Erfahrung mit meinen Studenten. Ich lehrte an einer Universität des zweiten Bildungswegs, eine Institution, in der zu einem großen Teil Menschen aus dem Berufsleben kamen, die den Zugang also nicht durch ein Abitur eines Gymnasiums, sondern durch eine Prüfung nach einem Berufsleben erhalten hatten. Ich hatte für sie einen Seminarplan erstellt, in dem ihre Erfahrungen aus der »Arbeit« der Ausgangspunkt sein sollten, die Nützlichkeit von Abstraktion und begrifflicher Durchdringung zu zeigen und dies als neue Grundlage nachhaltiger Veränderung anzusteuern. Kurz, ich hatte mir das hohe Ziel gesteckt, ihnen Wissenschaft als nützlich, ja notwendig, als Werkzeug zum Begreifen ihres Lebens zugänglich zu machen, also nicht zum Auswendiglernen von allerlei Abstraktionen, um Karriere zu machen, sondern als Möglichkeit, die Problematik kapitalistischer Gesellschaften so zu durchdringen, dass alternative Gesellschaft als Perspektive sichtbar würde. Dies wollte ich auf eine Weise tun, dass sie zugleich erkennen könnten, dass ihre Erfahrungen im Arbeitsleben eine großartige Basis, nicht etwa etwas Verächtliches, bloß Ungenügendes sind. Kurz, meine Vorstellungen, Soziologie und Sozialpsychologie zu lehren, waren ziemlich umfassend auf die Bildung der ganzen Menschen gerichtet. In dieser Weise wollte ich die *Kritik der politischen Ökonomie* für meine Lehre nutzen und mit diesen Arbeits-Studenten zugleich einen gehbaren Weg erkunden, Begeisterung für Wissenschaft zu entwickeln, tiefgreifender als mit denjenigen, die aus den Gymnasien kommend keine wirkliche Lebenserfahrung hatten und vorgesehen waren, eher obere Posten einzunehmen, wenn sie erfolgreich wären, und nicht die der Unteren. Kurz: ich wollte den linken Traum etwa von Rosa Luxemburg verwirklichen, dass die Problematik von wissenden Regierenden und unwissenden Regierten so verschoben werden könnte, dass »alle lernen, die Regierung zu übernehmen«.

67 Rede anlässlich der Verleihung der Ehrendoktorwürde durch die Universität Roskilde, September 2016.

Das war Ende der 1970er Jahre, mehr als zehn Jahre nach 1968, dem Symboljahr studentischer Rebellion. An den Universitäten war apolitische Ruhe eingekehrt, der Lehrkörper weitgehend von Marxisten gereinigt. Ich gehörte zu den Marxistinnen, die keine Professorinnenstelle an einer gewöhnlichen Universität mehr bekamen, sondern unterstützt von Studierenden und einigen Lehrenden Assistentin werden konnte an einer Universität des zweiten Bildungswegs eben, 1948 als Akademie für Gemeinwirtschaft gegründet. Ich war entschlossen, die Lage als Chance zu nutzen, also gerade diese Studierenden als Weltveränderer zu denken, bei denen die Kritik der politischen Ökonomie auf fruchtbaren Boden fallen müsste und die sich zugleich wissenschaftliches Arbeiten, Theoriekritik und Gesellschaftsanalyse aneignen könnten.

Kritik war darin eine so selbstverständliche Grundlage, der Zweifel ein Lebenselement, dass ich davon ausgegangen war, dass alle sich darauf freuten, nach einer Phase der Informations- und Wissensaneignung zur Kritik zu schreiten. Aber ausgerechnet an dieser frühen Stelle des Lehr-Lern-Dramas stockte der Fluss der Bewegung. Die Studierenden waren geschlossen im Widerstand, Kritik als Waffe, als konstruktiv und produktiv anzuwenden, geschweige denn sie vorher zu erlernen. Einige verließen das Seminar, andere gingen in Wartestellung. Und ich erkannte nach einiger Zeit der Verblüffung und auch der Hilflosigkeit, dass ich wieder von vorn anfangen musste. Alle sorgsam zurechtgelegten Pläne, die Arbeitserfahrungen so einzuschließen, dass sie zur Stützung historisch-kritischer Arbeit und also wissenschaftlicher Durchdringung fruchtbar gemacht werden konnten, legte ich beiseite. Die Frage der Kritik selbst musste ins Zentrum. Aber wie, wenn sie mit einem Tabu belegt war?

In diesem Semester lernte ich von der Weigerung der Studierenden viel über mich, mein Denken voller ungeprüfter Vorannahmen, über das Lehren, über das Lernen und erhielt vor allem eine Art kurzen Überblick, welch ungeheures Brachland an nicht Gedachtem und nicht Erforschtem vor mir lag. Es fing damit an, dass ich von dem selbstverständlichen Vorurteil ausgegangen war, dass Arbeitserfahrungen etwas unbedingt Positives seien, etwas, das die Studierenden des zweiten Bildungswegs denjenigen aus den Gymnasien vorausghatten. So hatte ich unbesehen beiseitegeschoben, dass es ja die Erfahrungen in der Lohnarbeit sind, die in mehrfacher Entfremdung das Leben auch unerträglich machen, die krank machen, das Leben verkürzen; die Erfahrungen, an denen ich ansetzen wollte, also jedenfalls für die Studierenden nichts besonders Faszinierendes waren, sondern genau das, was sie hinter sich lassen wollten. Aber es blieb der Stachel, dass die Erfahrung, was also in sinnlich praktischer Tätigkeit gelebt war, wesentlicher Ausgangspunkt von Erkenntnis sein müsste.

Mein neuer Zugang war, nicht die Erfahrung mit Arbeit (die ich wider besseres Wissen hartnäckig ausschließlich als Lohnarbeit fasste), sondern eben die mit Kritik zum neuen Ausgangspunkt zu machen. Die Studierenden schrieben Erinnerungen, Szenen über die Erfahrung von Kritik. Dieser Zug war der Schlüssel zu einem großen Schatz an Erlebtem, Erlittenem, an Gefühlen, Störungen, Leid. Kritik war eine durchweg negativ besetzte Tat, die einem von anderen zugefügt wurde. Kritik war Abwertung, Nichtanerkennung, Vernichtung, Zurücksetzung, Entzug von Liebe und Freundschaft – in allen Bereichen, ob Elternhaus, Schule, Lehre, Arbeitsalltag, war sie die Waffe gegen die Möglichkeit, sich im Leben zu Hause zu fühlen, gemocht, gefördert, gewollt. Alle Worte, die zur Verfügung standen, und es wurden deren immer mehr, immer üppiger der Strom der erinnerten schlechten Erfahrungen, wurden niedergeschrieben und zeigten, dass gegen ein solches Arsenal von in Stellung gebrachter Abwehr gar nicht daran zu denken war, Kritik als Gegenstand von Lehre produktiv einzusetzen, gar Zerstörung von Gewohntem und Altem für eine Möglichkeit von Neukonstruktion, von bejahenswerten Alternativen zu halten. Ich lernte, dass ich in meinem ersten Zugang gar den Studierenden zumuten wollte, selbst Akteure von Kritik zu werden nicht bloß deren Opfer.

Die Fragestellung war ein weiteres Mal zu verschieben. Gesucht wurde jetzt eine positive Erfahrung mit Kritik. Die Formulierung war so zu erarbeiten, dass der vorgesehene Ansatz am gesunden Menschenverstand, also an dem, was ein jeder Mensch trotz aller Verschüttungen, Verbiegungen, Aberglauben, Meinung hat, möglich wurde. Die Diskussion mit den Studierenden stürzte mich in weitere Abgründe. Kurz zusammengefasst wollten sie überhaupt keine Kritik, weder erfahren noch ausüben, sondern Lob und im Lohnarbeitszusammenhang ein Betriebsklima, in dem von oben Blumen und Glückwünsche zum Geburtstag zeigen, dass man geachtet wird als Teil der Belegschaft. Sie erwiesen sich also als empfänglich für schlichte Strategien, ein Wohlfühlklima zu bereiten, wie man sie an jeder Ecke feilgeboten bekommt und wie ich sie wiederum zu kritisieren gelernt hatte als Mittel im Klassenkampf. Auf diesem Weg war der Einsatz von Erfahrungen offenbar nicht möglich. So man in einer Sackgasse steckt, ist es klug, einen anderen Weg zu wählen.

Ich wechselte also das Terrain und prüfte, wie Marx für seine *Kritik der politischen Ökonomie* mit den Erfahrungen der Arbeitenden umgegangen ist. Im ersten Band des *Kapital* finden sich Arbeitserfahrungen zuhauf; insbesondere im Kapitel zu Manufaktur, dann zu *Maschinerie und große Industrie* gibt es – besonders in den Fußnoten – detailreiche Schilderungen von Arbeitstätigkeiten und dem Elend in den Fabriken, die allesamt geeignet sind, den Standpunkt der Kritik zu schärfen. Aber sie sind nicht von den Arbeitenden geschrieben, sondern blicken vom Standpunkt der Entwicklung der Produktivkräfte in der Perspektive einer Gesellschaft ohne Ausbeutung kritisch auf Zustände in diesen Bereichen. Zugleich ist ganz offensichtlich, dass Marx den Standpunkt der Arbeitenden vertritt, die Berichte von Fabrikinspektoren auswertet, genau die Gegenwehr aufzeichnet. Wie aber kommen Lernen aus Erfahrung und der Umgang mit Arbeitserfahrungen in seine Kritik?

Tatsächlich gibt es ein Zeugnis, in dem Marx sich dieser Frage stellt und ein uns geläufiges Mittel anwendet: *Die Arbeiterumfrage* (1880, in MEW 19, 230–237). Diese umfasst 100 Fragen an Arbeiter, die schriftlich und ausführlich zu beantworten waren. Sie wurde in 25 000 Exemplaren in Frankreich verbreitet, in einer Zeitschrift (*Revue socialiste*) gedruckt, ins Englische und Deutsche übersetzt. Es scheint mir wenig erstaunlich, dass es keinen riesigen Rücklauf gab, keine anschließende große Auswertung, keine mehrbändige Veröffentlichung. Die Fragen zu beantworten hätte jeden Einzelnen überfordert, zum Teil eigene Forschung nötig gemacht und jedenfalls viele Stunden gedauert. Bemerkenswert dagegen ist, dass Marx hier mit gewöhnlichen Sozialerhebungen, soweit es sie überhaupt gab, bricht und die Arbeitenden selbst zu Forschenden in eigener Sache aufruft. Rückblickend ist es geradezu erheiternd zu sehen, wie Marx die einzelnen Elemente der Mehrwerttheorie zusammenstellt und stückweise ins bewusste Erleben ruft. Die meisten Fragen sind bis heute für Schulungsseminare geeignet, in denen die Teilnehmenden nicht einfach informiert und belehrt werden, sondern ihr Wissen ins Bewusstsein geholt wird und im Kollektiv zusammengefügt werden kann zu so komplizierten Theoremen eben wie der Mehrwerttheorie.[68] Der Fragebogen ist so auch eine sorgfältige Ausführung zum berühmten, früher formulierten marxschen Satz: »Es wird sich dann zeigen, dass die Welt längst den *Traum von einer Sache* besitzt, von der sie nur das Bewusstsein besitzen muss, um sie wirklich zu besitzen.« (Brief an Ruge 1843, in *Deutsch-französische Jahrbücher*). An die Stelle von dumpfem Leid tritt ein Bewusstsein der Lage, welches Voraussetzung ist für Handlungsfähigkeit, weil konkretes Wissen über Störungen, Unwohlsein, Krankheit die Möglichkeit zum Eingreifen ist.

Von diesem immer wieder überraschenden Zeugnis wende ich mich weiter Marx zu, seinen *Thesen über Feuerbach*, in denen er eine Skizze seines Gesamtprojekts der großen *Kritik der politischen Ökonomie* auf knappem Raum in den Hauptlinien festhält.

Erste These: »Der Hauptmangel alles bisherigen Materialismus (den Feuerbach'schen mit eingerechnet) ist, dass der Gegenstand, die Wirklich-

68 Etwa die Fragen 15 und 16, 27 – Bedingungen am Arbeitsplatz und was alles dazugehört und Auswirkungen auf Gesundheit; in II: 11, 14, 16, Zeitverlust, Kinder, Schule und Lerninhalt; in III: 3 und 4, Strafen oben und unten bei Kontraktbruch; 11, 12, 13 zur vorgeschossenen Arbeit: 24, die notwendigen Dinge und ihre Preise: 27–29, 30, wirtschaftliche Schwankungen ohne solche im Lohnverhältnis; 35, Perspektive im Ruhestand; IV: Streik, Diener der Lohnherren, Beteiligungen am Gewinn.

keit, Sinnlichkeit, nur unter der Form des *Objekts oder der Anschauung* gefasst wird; nicht aber als *sinnlich menschliche Tätigkeit, Praxis;* nicht subjektiv. [...] Er begreift daher nicht die Bedeutung der ›revolutionären‹, der ›praktisch-kritischen‹ Tätigkeit.«

Dritte These: »Das Zusammenfallen des Ändern[s] der Umstände und der menschlichen Tätigkeit oder Selbstveränderung kann nur als *revolutionäre Praxis* gefasst und rationell verstanden werden.« (MEW 3, 5ff.)

Meine Politisierung in der ersten Generation von Studierenden, die – Mitte der 1960er Jahre – ernsthaft Marx zu lesen begann, geschah auf eine Weise, dass wir die Worte, die in den *Feuerbachthesen* gewählt sind, auch dort, wo sie alltäglich scheinen, wie Fremdwörter lasen und nicht wirklich begriffen. Das betraf alles Wesentliche: Materialismus, Gegenstand, Wirklichkeit, Sinnlichkeit, Form des Objekts oder der Anschauung, sinnlich menschliche Tätigkeit, Praxis, subjektiv, praktisch-kritische Tätigkeit, Selbstveränderung, revolutionäre Praxis. Selbst heute noch, 50 Jahre später, entdecke ich bei jedem Lesen Neues, ganze Welten von unbemerkter Analyse und Kritik, und nehme an, dass dies eine eher allgemeine Erfahrung ist, die sorgfältiges Auseinanderlegen, einen eigenen auch autobiographischen historisch-kritischen Zugang verdient. Wiewohl ich in einem Umfeld studierte, das sich zu Marx hingezogen fühlte, blieben die *Feuerbachthesen* stumm, bzw. sprachen wir anders mit den gleichen Worten.

Ich gehörte zu den ersten Soziologie-Studierenden an der Freien Universität Berlin und lernte, dass dies die Wissenschaft von der Gesellschaft sei und ihre Grundfrage: Wie ist Gesellschaft möglich? Bis dahin galt – für spätere Generationen wiederum ganz unverständlich –, dass das Wort *Gesellschaft* auszusprechen auf schlechten Umgang verwies, eine Nähe zu Kommunismus und Materialismus, eine Grenzüberschreitung in eine verbotene Zone, die zu verunmöglichen die Freie Universität, in der ich sogleich im Studentenparlament mich politisch engagierte, gegründet war. In der Soziologie hatten wir es anstrengend und neuartig mit Abstraktionen zu tun, mit Struktur, Institutionen, Klassen, Schichten, unsere studentische Politik richtete sich gegen unsere Herkunft aus dem Faschismus, und unser Engagement galt allem, was gegen Krieg und auf seine Verhinderung gerichtet war. Der Abstand des neu zu Lernenden zu unseren individuellen Vergangenheiten ließ die Beschäftigung mit uns selbst zunächst nicht zu, wenigstens nicht öffentlich. Auf die Seite des zu vermeidenden Alten gerieten so unversehens das Sinnliche, das Subjektive und die dazu gehörigen Praxen, die Selbstveränderung; so wurde das »Revolutionäre«, das uns als Studierende im Aufbruch begeisterte, abstraktes Fernziel und als solches eine Tat, die irgendwo vergangen in der Geschichte und in der Gegenwart in fernen Landen statthat. Mit uns selbst hätte sie nur zu tun, sobald man Mitläuferin würde in blutig-gefährlichem Tun, wie die damaligen Kultfilme (etwa Maria und Maria) lehrten. Der Schlüssel zu unserem Leben – »Das Zusammenfallen des Ändern[s] der Umstände und der menschlichen Tätigkeit oder Selbstveränderung kann nur als *revolutionäre Praxis* gefasst und rationell verstanden werden« – konnte ungehört ins durchs Studium immer größer werdende Reservoir an Unverstandenem weggesteckt werden.

Kapitalismuskritik, Frauengeschichte und Alltagsforschung

Aber wir studierten in eigenen Lesegruppen um die Zeitschrift *Das Argument Das Kapital* von Marx. Kritik am Kapitalismus wuchs mit der am Faschismus und am Krieg zusammen, wir wurden Teil der Linken, Sozialistinnen mit stolzer Zugehörigkeit und ohne Bewusstsein, was die Gesellschaft in Vergangenheit und Gegenwart mit unserer Verfasstheit und der der »Anderen« zu tun hat. Wir hatten nicht einmal die Frage, wie Staat, Kapitalismus, Ideologie, angenommen als äußere Verhältnisse, ins Innere der je Einzelnen kommen, wie wir als Menschen so geworden waren, wie wir heute sind, und wohin wir gehen.

Das war Ende der 1960er Jahre und der Protest der Studentenbewegung ergriff auch den gelebten Alltag, seine Gewohnheiten, Normen, Moral, und überging selbst noch in der Revolte die Ungleichheit der Frauen. Die wenig später einsetzende Frauenbewegung widersetzte sich ganz folgerichtig mit Selbsterfahrungsgruppen. Es gab große Versammlungen, in denen eine nach der anderen sich erhob und erzählte, was ihr persönlich widerfuhr an Unterdrückung, Nichtachtung, Grausamkeit. Diese Praxis schien zugleich richtig und angemessen – wie sonst konnte Frauengeschichte aus dem Abseits des Nichtdokumentierten ins allgemeine Bewusstsein gelangen? –, sie schien auch verfehlt, weil zwar viele sprechen wollten, aber die vielen, die darauf warteten, selbst an die Reihe zu kommen, als Zuhörerinnen gebraucht wurden und nicht auch als Rednerinnen und alsbald die ständige Wiederholung eher abstumpft als zum Begreifen zu führen.

In vielen Ländern und ihren Universitäten wurde das Studium der Geschichte der Frauen aufgenommen, erhielt enzyklopädische Würde als Extradisziplin und Fach. Aber darin fehlte immer noch nachdrücklich die in der zitierten *dritten Feuerbachthese* versprochene Einlösung dessen, was jetzt plötzlich lesbar wurde als Versprechen, dass Selbstveränderung und Veränderung der Umstände in revolutionärer Praxis zusammenfallen. Das Befassen mit sich selbst musste vom Geruch, etwas für luxurierende Damen zu sein, die Zeit und Geld und sonst nichts zu tun haben, in Zusammenhang mit der Veränderung der Gesellschaft in kritischer, in revolutionärer Praxis geraten. Die lähmende Ausschließung des einen durch das andere, das Entweder-oder des Studiums seiner selbst oder der Verhältnisse war durch engen Zusammenschluss des einander Ausschließenden in eine Vorwärtsbewegung geraten. In revolutionärer Veränderungspraxis sind beide Seiten in Bewegung, die kritischen Einzelnen und die zu verändernden Verhältnisse; dies zwingt zu kontinuierlicher kritischer Arbeit, zur Selbstreflexion, zum Studium der Kräfteverhältnisse, dazu also, sich in Veränderungsrichtung zu begeben mit Haut und Haar. Der Aufruf, sich zu ändern, wurde von einem moralischen Gebot, das Gehorsam und Fügsamkeit verlangt, zu einem, das genau umgekehrt Ungehorsam zu befehlen scheint, permanente Auflehnung gegen Autoritäten. Antiautoritäre Erziehung wurde das Gebot der Stunde für die einen, ungeduldig verstanden es andere als Aufruf, sich selbst mit aller Leidenschaft irgendwo auf der Welt Revolutionen anzuschließen oder sie in den eigenen Großstädten anzuzetteln, verstanden also auch das Wort Revolution als eine Art fremde Religion, zu der man sich bekennen musste, um dann zur Tat zu schreiten: der Bekämpfung von äußeren Feinden. Sie erhielten alle Medienaufmerksamkeit und gewannen damit auch weitere Anhängerinnen, während die tastend sich bewegenden marxistischen Feministinnen nicht mit dem schnell wachsenden Strom der Feministinnen mitschwimmen konnten oder wollten.

Auch Frauen machen ihre Geschichte selbst

Die aus der Studentenbewegung gekommenen feministischen Marxistinnen begannen damit, zu untersuchen, wie die Unterwerfung des weiblichen Geschlechts (ihre »weltgeschichtliche Niederlage«, wie Engels das spricht, *Ursprung der Familie …*, MEW 21, 61) nicht einfach als eine Überwältigung durch eine männliche Verschwörung zu denken und zu begreifen ist, sondern wie die Verfügung über weibliche Körper (Arbeitskraft und Sexualität) die Zustimmung der Unterdrückten bekommt, die sie gewöhnlich lebenslänglich produzieren und reproduzieren. Der Titel eines frühen Buches der Frauenbewegung *Wir werden nicht als Mädchen geboren – wir werden dazu gemacht* (Scheu 1977) protestiert zu Recht gegen die Vorstellung einer vorgegebenen weiblichen Natur, aber er bleibt noch gefangen in der Vorstellung von Männern als Feinden, Frauen als ihren Opfern. Die in den 1970ern begonnene Debatte um Opfer und Täter (F. Haug 1980) ruft auf zur schwierigen Arbeit, die »Feinde« im eigenen Selbst zu suchen, also die Koproduktion an eigener Unterdrückung in den kapitalistischen Verhältnissen zu erforschen. Bei Marx, bei Lassalle wird mit unterschiedlichen Hervorhebungen (vgl. Sickingen-Debatte[69]) als grundlegend ausgedrückt,

69 Zur »Sickingendebatte« zwischen Marx und Lassalle resümiert Luxemburg: »Was hier zwischen Lassalle und Marx ausgefochten wird, ist […] nicht der Gegensatz der idealistischen

dass die Menschen ihre Geschichte selbst machen, wenn auch nicht aus freien Stücken. Rosa Luxemburg schärft ein: »Auf den ersten Blick ist alles Gute und Böse, das Glück wie die Not der Völker Werk einzelner Herrscher oder großer Männer. In Wirklichkeit sind es die Völker, die namenlosen Massen selbst, die ihr Schicksal, ihr Glück und ihr Wehe schaffen« (GW 4, 206).

Notwendig wird die Entwicklung von Erinnerungsarbeit, welche die meisten hier im Saal vermutlich kennen, weil sie in den Zeiten meiner Lehre und Vorträge in Dänemark, auch in Roskilde, das Überzeugendste war und dies wohl nicht zuletzt deswegen, weil diese Methode alle Beteiligten, gleichgültig ob lehrend oder studierend, direkt in die Forschung über sich selbst bringt, ohne dabei peinliche Selbstenthüllung zu verlangen, und zugleich der Sache, um die es jeweils geht, Wissen hinzufügt. Erinnerungsarbeit setzt ganz wie Marx in seiner Arbeiterumfrage an Erfahrungen aus je eigener Vergangenheit (oder auch Gegenwart) an und setzt damit voraus, dass eine jede mehr über sich weiß, als sie denkt. Dieses Wissen gilt es hervorzuholen und auf den Begriff zu bringen, d.h. aus dumpfer Schwere und leidvollem Vergessen zu befreien in bewusstes Wissen, und so den jeweiligen Beteiligten zur Verfügung zu stellen. Zur Analyse der Verhältnisse kommt also die mikroskopische der individuellen Biographien durch die Akteurinnen selbst. Die historisch-kritische Methode dafür ist eben die *Erinnerungsarbeit* (vgl. F. Haug 1999) und macht ernst mit der brechtschen Aufforderung, »in der dritten Person zu leben«[70]. Das heißt auch, die folgenlose Moral im üblichen Selbstveränderungsdiskurs zu überwinden zugunsten eines Imperativs zur Selbstreflexion und dafür über sich beim Erinnern und Schreiben so zu berichten, als sei man eine Fremde, die kennengelernt werden soll. Das schärft den Blick, legt sich Rechenschaft ab, was wesentlich ist, was unnötig, kann unbestechlich sein und die Komplizenschaft mit Herrschaft aufspüren und bestimmt verneinen.

Wesentlich wurde für die stetige Veränderung das Studium der *Gefängnishefte* von Antonio Gramsci. Er macht eine Reihe von Vorschlägen, die direkt für das Verfahren von Erinnerungsarbeit gedacht scheinen. Er empfiehlt für die Weltsicht eines jeden Einzelnen Vorschläge für eine *Philosophie der Praxis*: »Eingelassen in die Verhältnisse, in unterschiedlichen, ja entgegengesetzten Kulturen zu Hause, mit Denkweisen voller Aberglauben

und materialistischen Geschichtsauffassung, sondern vielmehr eine Differenz innerhalb der Letzteren, welche die beiden bei ihren verschiedenen Momenten packen. Die Menschen machen ihre eigne Geschichte, aber sie machen sie nicht aus freien Stücken – sagten Marx und Engels, indem sie ihr Lebenswerk, die gesetzmäßige materialistische Geschichtserklärung verfochten. Die Menschen machen die Geschichte nicht aus freien Stücken, aber sie machen sie selbst – betonte Lassalle, indem er sein Lebenswerk, den ›individuellen Entschluss‹, die ›kühne Tat‹ verfocht.« (GW 1/2, 155)

70 In seinen Ausführungen zum epischen Theater äußert sich Brecht dazu mehrfach.

und voller Vorurteile müssen sie sich selbst kohärent arbeiten, ein Inventarverzeichnis ihrer selbst anlegen, an sich arbeiten, um gesellschaftlich handlungsfähig zu sein. Dieser Prozess ist selbst unabschließbar.« Gramsci führt verdichtet vor, dass »der Mensch« als gesellschaftliches Wesen sich dieses gar nicht aneignen kann, wenn er seine eigne Selbstveränderung nicht unaufhörlich vorantreibt. Diese Aufgabe ist nicht nur eine psychologische, sie ist dabei vor allem eine politische, weil sie die Gestaltung von Gesellschaft notwendig einschließt. »Daher kann man sagen, dass jeder in dem Maße selbst anders wird, sich verändert, indem er die Gesamtheit der Verhältnisse, deren Verknüpfungszentrum er ist, anders werden lässt und verändert.« (H 10, § 54) Dies setzt voraus, die Verhältnisse »genetisch zu erkennen, im Flusse ihrer Bildung, da jedes Individuum nicht nur die Synthese der bestehenden Verhältnisse ist, sondern auch der Geschichte dieser Verhältnisse, das heißt, es ist die Zusammenfassung der gesamten Vergangenheit« (ebd.). In seiner *Einführung in das Studium der Philosophie* (H 11) nimmt er diese Gedanken auf und fasst zugleich weitere wegweisende Elemente zusammen. Wichtig auch, zu bemerken, dass er perspektivisch schreibt, also auf bestimmte Weise negativ beginnt, vom jetzigen Zustand als *noch nicht* ausgeht.

> Wenn die Weltauffassung nicht kritisch und kohärent, sondern zufällig und zusammenhangslos ist, [... ist] die eigene Persönlichkeit [...] auf bizarre Weise zusammengesetzt: es finden sich in ihr Elemente des Höhlenmenschen und Prinzipien der modernsten und fortgeschrittensten Wissenschaft, Vorurteile aller vergangenen, lokal bornierten geschichtlichen Phasen und Intuitionen einer künftigen Philosophie, wie sie einem weltweit vereinigten Menschengeschlecht zu eigen sein wird. Die eigene Weltauffassung kritisieren heißt mithin, sie einheitlich und kohärent zu machen und bis zu dem Punkt anzuheben, zu dem das fortgeschrittenste Denken der Welt gelangt ist. Es bedeutet folglich auch, die gesamte bisherige Philosophie zu kritisieren, insofern sie verfestigte Schichtungen in der Popularphilosophie hinterlassen hat. Der Anfang der kritischen Ausarbeitung ist das Bewusstsein dessen, was wirklich ist, das heißt ein »Erkenne dich selbst« als Produkt des bislang abgelaufenen Geschichtsprozesses, der in einem selbst eine Unendlichkeit von Spuren hinterlassen hat, übernommen ohne Inventarvorbehalt. Ein solches Inventar gilt es zu Anfang zu erstellen. (H 11, § 12, Anm. I)

Erklärungsbedürftig bleibt, dass solche Vorschläge von Gramsci schon vor acht Jahrzehnten gemacht wurden, weitgehend ungehört in Vergessenheit gerieten trotz vorzüglicher Übersetzung in den 1980ern. Ebenso merkwürdig, dass dann in der postmarxistischen Gender-Forschung als brandneu verkündet wird, dass Frauen eine Konstruktion seien, und dies genutzt wird, um eine feministisch-marxistischen Forschung durch Entwendung eines solidarischen Subjekts Frau zu desartikulieren und auch die Arbeit an eigener Kohärenz ganz abzulehnen zugunsten der Anerkennung von Vielfältigkeit auch im Inneren.

Zurück zu Erinnerungsarbeit. Ihr Ziel ist solidarische Handlungsfähigkeit im Politischen ebenso wie kritisches Erkenntnisvermögen, sie setzt auf kollektive Selbstbestimmung, auf Lernen mit der Voraussetzung einer Politikgestaltung von unten, auf das Verlangen nach Selbstentwicklung und Selbstbejahung. Indem Erinnerungsarbeit wie im marxschen Fragebogen um das Bewusstsein der Beteiligten ringt, mit dem Bewusstmachen von Gewusstem, arbeitet sie mit Sprache und Bedeutungen. Sie findet sich in beständigem Nahkampf mit der Alltagssprache, mit deren Besetzung durch herrschende Ideologie und Meinung, durch Gewohnheiten, durch Für-wahr-Halten. Sie setzt auf das gute Leben, wo dies wiederum längst einen schlechten Beigeschmack hat bzw. bis zur Korruption besetzt ist. Sie setzt gewissermaßen auf die solidarische Vernunft des gesunden Menschenverstandes eines jeden und seine Vergewisserung in einem Kollektiv, das das gleiche Ziel hat, allgemein vermeidbares Unglück durch mögliches Glück zu ersetzen.

Selbstkritik

In Erinnerungsarbeit ist die Selbstkritik eine elementare Dimension der Erkenntnis. Es gibt eine Person, die den Prozess anleitet, aber sie ist selbst zugleich wie die anderen Forschende und zu Erforschendes, Subjekt wie Objekt. Auch ihre Erfahrungen kennt sie allein so detailliert, dass Vergleich möglich ist, Fehler und Irrtum durchgesprochen werden können, dass allgemeine Vorurteile sichtbar werden, die man bei sich selbst in politischer Korrektheit nicht vermutet hätte. Auf der Suche danach, wie die erkannten Verhältnisse sich reproduzieren und von allen reproduziert werden, wird Zweifel eine produktive Kritik und Selbstkritik als Quelle von weiterer Erkenntnis möglich und zugleich zwingend.[71]

Nach der beunruhigenden Frage, ob man als überzeugte Forschende von unten, Vertreterin der Selbstbestimmung in kollektiver Erinnerungsarbeit, eine Leiterin überhaupt rechtfertigen könnte, musste dieser Zweifel ebenso auf die Frage der Lehrenden, die man selbst war, ausgedehnt werden. Wir hatten die Schule als Institution so weit kritisiert, dass sie als Lernverhinderungsinstitution verworfen werden musste (vgl. Klaus Holzkamp, *Lernen. Eine Grundlegung*), ebenso die Vorgabe der Lerninhalte durch Curricula,

71 Vgl. »Die missverstandene Emanzipation« und »Verteidigung der Frauenbewegung gegen den Feminismus« in meinem Buch *Der im Gehen erkundete Weg* (2015) unter dem gramscianischen Motto des Inventars ohne Vorbehalt.

ja wir hatten den Zweifel so weit getrieben, dass auch bei der Frage der Problemstellung für Lernvorgänge der autonome Einzelne allein als Urheber infrage kam, bis ich die Frage so radikalisieren konnte: Wozu brauchen Schüler überhaupt Lehrer? – Nach weiteren langwährenden Zweifeln kam ich zum Ausgangsparadigma, zur Erfahrung zurück. Meine Schlussfolgerung: Lehrende sind notwendig, um Erfahrungen in die Krise zu führen, um das Entlernen in Gang zu setzen, um die ständige Reproduktion von Herrschaft durch Gewohnheiten zu unterbrechen. Diese Arbeit ist bis heute strittig in der Kritischen Psychologie. Sie gehört weiter ausgearbeitet. Sie lernt bei Brecht, er nennt das, wie ich erst viel später las, »Anschauungen in die Krise bringen« (GW 20, 153). In vielzähligen Notizen und ausgearbeiteter Prosa (Schriften zu Politik und Gesellschaft, Meti) lässt sich sein wissenschaftlich zu nennendes Verfahren herausfiltern. Es besteht darin, eine Auffassung, eine Weltanschauung, eine Überzeugung oder auch Meinung, selbst wenn sie ganz flach ist, nicht als falsch vorzuführen, sie nicht zu widerlegen, sondern zu untersuchen, wie sie zustande kommt, welche Erfahrungen sie also bündelt, welche das vorhandene Urteil zuließ, eine Gegen-Erfahrung aufzusuchen, sei sie auf der gleiche Ebene, sei sie analytisch und abstrakt und so eine Krise herbeizurufen, die eigenes Untersuchen, Nachdenken zwingend macht, um zu einem neuen Urteil zu kommen. »*Gut hat einen schlechten Beigeschmack; Nicht wie der Fisch im Netz gefangen ist, beklagen, sondern wie das Netz geworfen wurde; im Fluss der Bewegung suchen nach der veränderlichen Seite hin, dort ansetzen*. Kurz, Brecht gibt Ratschläge für permanente Selbstreflexion.

Selbstkritisch in der Welt wahrzunehmen setzt sowohl Phantasie frei als auch Lernprozesse.

Die Produktivität von Kritik

Aber was genau meint Kritik, bzw. was meinen wir, wenn wir von Kritik sprechen? Bis hierher wurde stillschweigend vorausgesetzt, dass eine Kritik, die auf Anschuldigung, Anklage, Verurteilung setzt, das, was offenbar die Studierenden ablehnten für ihren Beginn eines wissenschaftlichen Studiums, nicht das ist, dessen Produktivität für Forschung und Erkenntnis gezeigt werden sollte bei der Frage nach ihrer Möglichkeit in Forschung und Praxis. Es kann an dieser Stelle auch nicht um eine Abhandlung zum Denken von Kritik, Sprachgebrauch, Entstehung usw. gehen (vgl. dazu das Stichwort »Kritik« im *Historisch-kritischen Wörterbuch des Marxismus* 8/I), sondern für unsere Fragen in Arbeitsforschung, Pädagogik, Frauenforschung, Psychologie nehmen wir aus dem Fundus historischer Erkenntnisse rücksichtslos dasjenige heraus, das wir für eine Weiterarbeit fruchtbar finden. Ich erwähnte Einzelnes kurz – wie Marx für die Einbeziehung der Arbeiter ins Selberforschen und Gramsci für die Erinnerungsarbeit – und sprang dann sogleich zur Empirie einiger unserer Praxen.

Aber von Marx ist auch zur Kritik mehr zu lernen als aus seinem Fragebogen. Er kritisiert Subjekte, Verhältnisse, Vorstellungen, Wissenschaft, Theorien, Verhalten – er untersucht vor allem Verkehrungen, wie das Wirkende unter Einschluss der Tätigen in den Status von Objekten kommt. Wie Arbeit in die Wertform kommt, wie also, was Menschen tun, ihnen gegenübertritt als etwas, das käuflich ist und auf dem Markt gehandelt werden kann und dies dann weiter die Gesellschaft bestimmt, als hätten die Arbeitenden nichts damit zu tun. (Brecht gibt ein Beispiel, wie nicht nur die in der Kriegsproduktion Tätigen dem Frieden abträglich arbeiten, sondern auch die in der gewöhnlichen Fahrradproduktion, weil ja diese über die Grenze wollen, kurz, auch für den Export produziert werden, was langfristig nicht dem Frieden zuträglich sei.) Bei Marx kann man studieren, wie das, was Menschen sonst tun, sich erhalten – notdürftig und mit Genuss –, sich fortpflanzen – wieder bewusstlos und mit Genuss und Not –, die Aufzucht organisieren in bestimmten Formen (etwa Familie), wie all dies in die Form der Religion kommt (*Die heilige Familie*), in Moral und Werte. Die eigenen Tätigkeiten werden fremde Mächte, die über die Menschen bestimmen, die wiederum sich unterwerfen. Oder anders, er untersucht das Sich-selbst-Widersprechen, das in unterschiedliche Formen gerät. Er untersucht also nicht die einzelnen Phänomene von ihrem Gegenteil her, also Freunde vs. Feinde, gut und böse, sondern die Genesis einer Praxis, welche Form sie annimmt und wie die Form die Sicht bestimmt. Das ganze Unternehmen ist eins der Kritik, welches die Dinge im Zusammenhang untersucht, unterscheidet, urteilt, in neuen Zusammenhang setzt mit dem Ziel, Klarheit über die menschlichen Beziehungen und Verhältnisse zu gewinnen, damit die Möglichkeit von Herrschaftslosigkeit Perspektive und Richtschnur fürs Handeln sein kann.

Kritik interessiert also hier zunächst besonders, als sie eine Weise bezeichnet, etwas herauszufinden. So wie schon bei Sokrates die Findekunst mit dem Vorschlag, im Dialog das Festgefahrene durchzusprechen, die starr gewordenen Auffassungen zu verflüssigen, um dann zu einer immanenten Aufhebung zu kommen (dialogische Hebammenkunst). Wir – das Projekt Automation und Qualifikation – nutzten diese ganz altbekannte Weise und erfanden – etwa in einer Untersuchung über die Computerisierung der Büros – das *widerspruchsgeleitete Gruppeninterview*. Ermittelt werden sollten praktische Erfahrungen beim Lernen der neuen Technologie, wobei wir wussten, dass die Einführungskurse weitgehend nur von Männern wahrgenommen wurden, die Frauen, die ja in der Verwaltung und im öffentlichen Dienst eher in der Überzahl waren, sogleich die Aufgabe übernahmen, die

Arbeitsplätze angenehm zu gestalten, Kaffee zu kochen und überhaupt vielzählige Besorgungen zu machen. Wir dachten zugleich, dass es nicht leicht sein würde, sich gewissermaßen als Gleiche ans Lernen zu begeben, solange die neuen Geräte als vornehmlich technisch und nicht als bloße Schreibgeräte wahrgenommen wurden. Alle Vorurteile über technische Begabungen und die ordentliche angeborene Sorgfalt der Frauen würden gleichzeitig in Kraft treten. Aber wir wussten auch, dass die Akzeptanz alter Arbeitsteilung in neuen Verhältnissen auch die Zustimmung der Arbeitenden brauchte.

Im Gruppengespräch geschah zunächst nichts Aufregendes, zäh wiederholten die Einzelnen, wie sie welche Aufgaben übernommen hatten, als sei dies ihr freier Wille. Es kam jetzt darauf an, das Sich-selbst-Widersprechen zu organisieren. Dafür wählt man am besten einen Widerspruch, der breit erfahren wird, aber kaum als Erkenntnisquelle thematisiert ist. Dies sind im Arbeitsfeld und übrigens auch sonst die Geschlechterverhältnisse. Es ist in unseren industrialisierten kapitalistischen Ländern allgemeiner Konsens, dass die Geschlechter gleiche Rechte und Pflichten, Anerkennung, ja Löhne haben sollten. Etwaige Ungleichheiten sind als Ungleichzeitigkeiten reformbedürftig. Zugleich weiß ein jeder, dass die Praxis anders aussieht. Im Fall des Erlernens neuer Technologie würde als gesetzter Widerspruch schon genügen, die Gleichheit aufzurufen und kontrafaktisch eine entsprechende Praxis beim Lernen zu behaupten. In unserem Fall war der vormalige zähe Gleichklang im Gespräch sogleich durch eine wilde Diskussion durchbrochen, in der das eine Geschlecht das andere unzähliger Fehler, Versäumnisse, Hintansetzung, Verdrängen etc. zieh – so dass die Praxis, wie gelernt wurde und wie dies nicht geschah, welche Störungen auftraten etc., klar herausgearbeitet werden konnte. Dabei erfuhren wir auch, wie viel Krisen es braucht, um wirkliche Veränderungen in alten Arbeitsteilungen und dazugehörigen Gewohnheiten zu gewinnen.

Obwohl ich nicht weiß, ob die so rasant sich verändernde Technologie immer weiter zur Reproduktion alter Arbeitsteilungen führt, habe ich das Beispiel der Computerisierung der Büros gewählt, um insgesamt die strategische Relevanz von Geschlechterverhältnissen, die bei Marx genannt sind, jedoch keine sorgfältige Ausführung erfahren, für die Problematik von Kritik, Erkenntnis, Politik aufzurufen und zur Diskussion zu stellen.

Vor mehreren Jahren schrieb ich schon ohne nennenswertes Echo: »Geschlechterverhältnisse sind als vielschichtige Praxisverhältnisse zu fassen. Ihre Analyse nimmt sowohl die Formierung der Akteure als auch die Reproduktion des gesellschaftlichen Ganzen in den Blick. Sie werden als ›fundamentale Regelungsverhältnisse in allen Gesellschaftsformationen‹ begreiflich: Sie durchqueren (bzw. sind wiederum zentral für) Fragen von Arbeitsteilung, Herrschaft, Ausbeutung, Ideologie, Politik, Recht, Religion,

Moral, Sexualität, Körper und Sinnen, Sprache, ja im Grunde kann kein Bereich sinnvoll untersucht werden, ohne die Weise, wie Geschlechterverhältnisse formieren und geformt werden, mit zu erforschen.« (F. Haug 2001c, 493)

Frauenunterdrückung ist demnach ins Fundament kapitalistischer Produktionsweise eingelassen, ebenso wie die Nutznießung und Einverleibung tradierter Produktionsweisen. Diese äußerst krisenhaften kapitalistischen Produktionsverhältnisse vertiefen die Spaltungen in der Gesellschaft, erzeugen ein Heer von Überflüssigen und erschöpfen die Ressourcen. – Kapitalismus gedieh auf der Verknotung der großen Teilungen der Arbeit (Stadt und Land, Kopf und Hand, Männer- und Frauenarbeit) und benötigt zu seiner Überwindung die Auflösung dieses Zusammenwirkens bzw. die Analyse und Bearbeitung seines Niederschlags im Kulturellen, in der Politik, in der Erwerbsarbeit und der Reproduktion. Für diesen Prozess schlug ich Jahre später (2008) ein Projekt vor, das zugleich politisch orientieren wie Erkenntnisprozesse befördern soll, und nannte es *Die Vier-in-einem Perspektive*. Sie setzt an bei der Verfügung über Zeit als Grundlage aller Herrschaft und bringt die jeweiligen Tätigkeiten in eine andere als die gewohnte Anordnung. Jede soll jeder anderen gleichwertig sein. Jede soll von allen getragen sein. Jede soll als ein Recht gewährt sein und jede soll in die Verantwortung eines jeden kommen. Damit aber verändern sich in der neuen Zusammenfügung die einzelnen Tätigkeitsarten in ihrer Bedeutung für das gesellschaftliche Gesamt wie für die Einzelnen. Die Änderung der Lebensbedingungen und die Selbstveränderung fallen zusammen, so dass auch die Forderung, alle an der Gestaltung der Gesellschaft zu beteiligen, nicht bloße Phrase bleibt, sondern gesellschaftsnotwendig wird.

Zu den Voraussetzungen und zugleich zum immer neuen Resultat gehört dabei, dass kritisches Denken nicht in einfacher Negation sich entfalten kann, nicht aus dem bloßen Gegensatz, nicht indem der Gehorsam durch Ungehorsam, das Unterworfensein durch Machtergreifung, das Unten-Sein durch Nach-oben-Gelangen ersetzt wird, sondern aus der Explikation des Selbstwidersprechens. Auf diesem Weg türmen sich Hindernisse, bewusste Widerstände, Krisen und Kriege. Die Gegenkräfte sind sowohl in den vorhandenen Strukturen und wirtschaftlichen, staatlich gestützten Interessen wie im Inneren der Einzelnen. Das gilt in besonderem Maße für Frauen in ihren natürlichen Arbeitsteilungen wie in den entsprechenden staatlich abgesicherten Ideologien, Werthaltungen, Moralen, ihren Schutz-Angewiesenheitsstrukturen. Ein fortwährendes Studium der Kräfteverhältnisse ist unabdingbar, entsprechend ist auch die Verallgemeinerung wissenschaftlich-forschenden Denkens und Sprachpolitik eine große Aufgabe des kritischen Denkens. Den verschiedenen Kräften, die mal mehr, mal weniger dominant das Geschehen bestimmen, je einzeln zu begegnen würde die Fesseln fester schmieden, mit ihnen ist *gleichzeitig* zu ringen, was einer anderen Arbeitsteilung auch zwischen Männern und Frauen bedarf in der Verantwortung für andere, in der Zeit für Selbstentwicklung, in Politikgestaltung.

Dies nenne ich den Herrschaftsknoten, das Ineinander-verflochten-Sein unterschiedlicher Stränge, die einander abstützen und halten, von denen eine Reihe nicht sichtbar sind, die in ihrem Wirkungszusammenhang aber die kapitalistische Gesellschaft am Laufen halten. Verflochten sind in diesem Knoten: das profitgetriebene Agieren des Kapitals, das sich lebendige Arbeit in der Form der Lohnarbeit einverleibt, damit die Produktivkräfte immer weiterentwickelt, damit Arbeit, die ihre Quelle ist, austrocknet und einspart – dies ist schon ein komplizierter dialektischer Zusammenhang. Dann die unsichtbaren, ungesprochenen und geschichtslosen Taten, die allesamt zur Wiederherstellung des Lebens der Menschen und der sie umgebenden Natur nötig sind. Diese bilden einen eigenen Strang, haben eine andere Zeitlogik, lassen sich schlecht rationalisieren oder effektiver und schneller schaffen, um gewinnbringend zu sein; die unterschiedlichen Formen von der liebenden Mutter über die heroische Krankenschwester und die ehrenamtlichen Wohltätigen bis zum Umweltschützer sind ebenso bekannt wie die Katastrophen, die hinterrücks die Menschen überfallen, von der Verrohung und dem Verkommen ganzer Generationen und Bevölkerungsteile bis zur Unbewohnbarkeit der Erde. Viele dieser Tätigkeiten bleiben unsichtbar – vieles wurde in den entwickelten kapitalistischen Ländern in die Lohnarbeit überführt, wo es ein geduldetes, schlechtes und schlecht bezahltes Ansehen hat.

In diese Verklammerung geht ebenso fast unerwähnt die Vernachlässigung der Menschen je selbst als Menschen ein: Entwicklung ist Elite, etwas, das sich nur Reiche leisten können, während die Regungen, menschlich Mögliches zu entfalten, im Konsumrausch erstickt werden, der zugleich eine Grundlage für Wachstum, Verbrauch usw. ist. Und ebenso unbemerkt bleibt, dass Menschen subaltern in Unmündigkeit gehalten bleiben in Bezug auf die Gestaltung der Gesellschaft – was wir das Politische nennen. Diese vier Stränge sind vielfältig eingeflochten, abgesichert, ausgestaltet, finden sich in unseren Gewohnheiten, Taten, Moral, im Hoffen und Begehren, im Commonsense. Diese Taten der Veränderung sind selbst die gemeinsame revolutionäre Praxis, die so fremd in den Feuerbachthesen begegnete. Trotz aller Skepsis über die Entwicklung der gesellschaftlichen Produktivkräfte in Naturwissenschaft, Technik, Biologie bleibt als kategorische Notwendigkeit, die Lebensbedingungen für alle ständig zu verbessern, also Kritik als Triebkraft für Veränderung zu üben.

Literaturverzeichnis

Adorno, Theodor W., 1956: Probleme der Moralphilosophie, Vorlesung vom 6.12.1956. Zit. bei Schweppenhäuser 1996
ders., 1965: Negative Dialektik. Frankfurt/M.
Althusser, Louis, 1976: Freud und Lacan. Berlin
ders., 1977: Ideologie und ideologische Staatsapparate. Hamburg/Berlin-West
Anderson, J.R., 1983: The architecture of cognition. Cambridge, MA
Angermeier, Wilhelm F., 1977: Lernen, in: Theo Herrmann u.a. (Hg.): Handbuch psychologischer Grundbegriffe. München, 259–276
ders., 1992: Lernen, in: Uwe Tewes u. Klaus Wildgrube (Hg.): Psychologie Lexikon. München
Argument-Sonderband 21, 1978: Reformpädagogik und Berufspädagogik. Schule und Erziehung VI. Berlin-West
Argument-Studienheft 46, 1981: Frauen – Opfer oder Täter? Diskussion. Berlin-West
Argument-Studienheft 56, 1982: Opfer/Täter Diskussion 2. Berlin-West
Ariès, Philippe, 1975: Geschichte der Kindheit. München/Wien
Atkinson, R.C., u. R.M. Shiffrin, 1968: Human memory: A proposed system and its control process, in: K.W. Spence u. J.T. Spence (Hg.): The psychology of learning and motivation. Advances in research and theory, 2. New York, 89–195
Bandura, A., 1976: Die Analyse von Modellierungsprozessen, in: ders. (Hg.): Lernen am Modell. Ansätze zu einer sozial-kognitiven Lerntheorie. Stuttgart, 9–91
ders., 1979: Sozial-kognitive Lerntheorie. Stuttgart
ders. u. R.H. Walters, 1963: Social learning and personality development. New York
Barad, Karen, 2012: Agentieller Realismus. Aus dem Engl. v. Jürgen Schröder, Frankfurt/M.
Bateson, G., [1956] 1981: Ökologie des Geistes – Anthropologische, psychologische, biologische und epistemologische Perspektiven. Frankfurt/M.
Benjamin, Walter, 1980: Über einige Motive bei Baudelaire. Gesammelte Schriften I, Frankfurt
ders.: Das Passagenwerk. Gesammelte Schriften V, Frankfurt
Bosch, Herbert, u. Jan Rehmann, 1979: Ideologische Staatsapparate und Subjekteffekt bei Althusser, in: Projekt Ideologietheorie (PIT): Theorien über Ideologie. Berlin, 105–129
Bower, G.H., u. E.R. Hilgard, 1984: Theorien des Lernens II. Stuttgart
Bracht, Ulla, 1998: Lernen. Grundbegriffe der Pädagogik, in: Kurt Beutler u.a. (Hg.): Jahrbuch für Pädagogik 1998 – Bildung nach dem Zeitalter der Großen Industrie. Frankfurt/M.
Braun, Volker, 1985: Der Hinze und Kunze-Roman. Halle/Leipzig.
Brecht, Bertolt, 1934–1955: Me-ti. Buch der Wendungen, in: GW 12, 417–585; GA 18, 45–194
ders., 1933: Die sieben Todsünden, in: GW 7, 2857–2871
ders., 1937–51: Der Messingkauf, in: GW 16, 499–657; GA 22.2, 695–869
ders., 1939–41: Der gute Mensch von Sezuan, in: GW 4, 1487–1607; GA 6, 175–279
ders., 1964: Kleines Organon für das Theater. Schriften zum Theater 7 (1948–1956)

ders., Flüchtlingsgespräche, 1967, in: GW 14, 1381–1515; GA 18, 195–327
ders., 1973: Arbeitsjournal, 2 Bde., Frankfurt/M.
ders., Lehrstücke, in: GW 3
Bredenkamp, J., u. W. Wippich, 1977: Lern- und Gedächtnispsychologie, Bd. I u. II, Stuttgart
Brewer, W. F. C., 1974: There is no convincing evidence for operant or classical conditioning in humans, in: W. B. Weimer u. D. S. Palermo (Hg.): Cognition and the symbolic process. Hillsdale, NJ, 1–42
Brosius, Gerhard, u. Frigga Haug, 1987: Frauen/Männer/Computer. Empirische Untersuchungen zur Büroarbeit. Berlin
Castañeda, Claudia, u. Lucy Suchman, 2002: Robot visions. Durham
Craik, F. I. M., 1985: Paradigms in human memory research, in: L.-.G. Nilsson u. T. Archer (Hg.): Perspectives on learning and memory. Hillsdale, NJ, 197–221
Craik, F. I. M., u. R. S. Lockhart, 1972: Levels of processing. A framework for memory research. Journal of Verbal Learning and Verbal Behavior, 11, 671–84
Dewey, John, [1910] 1951: Wie wir denken. Eine Untersuchung über die Beziehung des reflexiven Denkens zum Prozess der Erziehung. Zürich
ders., 1986, [2]1994: Erziehung durch und für Erfahrung. Eingeleitet und kommentiert von Helmut Schreier. Stuttgart
Dulisch, F., 1986: Lernen als Form menschlichen Handelns. Bergisch-Gladbach
Ebbinghaus, H., 1885: Über das Gedächtnis. Leipzig
Elias, N., 1992: Studien über die Deutschen. Machtkämpfe und Habitusentwicklung im 19. und 20. Jahrhundert. Frankfurt/M.
Engels, Friedrich, 1884: Der Ursprung der Familie, des Privateigentums und des Staats. Im Anschluss an Lewis H. Morgans Forschungen, in: MEW 21, 25–173
Engeström, Yrjö, 1999: Lernen durch Expansion. Marburg (Engl. 1987: Learning by expanding. An activity-theoretical approach to developmental research. Helsinki)
Foucault, Michel, 1977: Sexualität und Wahrheit. 1. Bd.: Der Wille zum Wissen. Frankfurt/M.
Frankfurter Allgemeine Zeitung (FAZ): ›Blick zur Freiheit‹ von Friedmar Apel, 16.6.1998
Freire, Paulo, 1998: Erziehung und Hoffnung. Vorwort zu: Kurt Beutler u. a. (Hg.): Jahrbuch Pädagogik – Bildung nach dem Zeitalter der Großen Industrie. Frankfurt/M.
Freud, Anna, o. J.: Das Ich und die Abwehrmechanismen, München
Freud, Sigmund, 1940–1952: Gesammelte Werke in 18 Bänden. Frankfurt/M., hier: GW 14
Galliker, M., 1990: Sprechen und Erinnern. Göttingen
Galperin, P. J., 1967: Die Entwicklung der Untersuchungen über die Bildung geistiger Operationen, in: H. Hiebsch, F. Klix u. M. Vorwerg (Hg.): Ergebnisse der sowjetischen Psychologie. Berlin/DDR, 376–405
Goffman, Erving, 1967: Stigma. Über Techniken der Bewältigung beschädigter Identität. Frankfurt/M.
Gramsci, Antonio, 1991–2002: Gefängnishefte, kritische Ausgabe in 10 Bänden, hg. von Klaus Bochmann, Wolfgang Fritz Haug und Peter Jehle, Berlin/Hamburg

Hacker, Winfried, 1973: Allgemeine Arbeits- und Ingenieurpsychologie. Psychische Struktur und Regulation von Arbeitstätigkeiten. Berlin/DDR

Haraway, Donna, 2015: Anthropocene, Capitalocene, Plantationocene, Chthulucene: Making Kin, in: Environmental Humanities, vol. 6, 2015, 159–165. Deutsch in: Donna Haraway, Monströse Versprechen, Neuausgabe 2017, 24–34.

Hasse, Cathrine, u. Dorte Marie Søndergaard (Hg.) 2019: Designing Robots, Designing Humans. Abingdon & New York

Haug, Frigga, 1977: Gesellschaftliche Produktion und Erziehung. Kritik des Rollenspiels. Frankfurt/New York

dies., 1978: Dialektische Theorie und empirische Methodik. Das Argument 111, 644–656

dies. (Hg.), 1980, [4]1991: Frauenformen. Alltagsgeschichten und Entwurf einer Theorie weiblicher Sozialisation. Berlin/Hamburg (4. überarb. Aufl. 1991 unter neuem Titel: Erziehung zur Weiblichkeit)

dies., 1980: Opfer oder Täter? Über das Verhalten von Frauen. Das Argument 123, 643–649

dies., 1981: Erfahrungen in die Krise führen – oder: Wozu brauchen die Lernenden die Lehrer, in: G. Auernheimer, I. Fleischhut u. N. Frank (Hg.): Die Wertfrage in der Erziehung. Berlin-West, 67–77

dies., 1982a: Frauen und Theorie. Das Argument 132, 168–173

dies., 1982b: Erfahrung und Theorie. Das Argument 136, 807–819

dies. (Hg.), 1983, [3]1993: Sexualisierung der Körper, Berlin/Hamburg

dies., 1983: Verelendungsdiskurs oder Logik der Krisen und Brüche. Marx neu gelesen vom Standpunkt heutiger Arbeitsforschung, in: Aktualisierung Marx. Argument Sonderband 100. Berlin-West, 101–119

dies., 1987: Arbeitsforschung im Zeitalter der Mikroelektronik. Forum Kritische Psychologie 20, 49–65

dies., 1989: Das Verhältnis von Erfahrung und Theorie in feministischer Forschung, in: Videnskabshistorie og -teori. Kvindeforskningsseminar. Kobenhavn

dies., 1990: Die Moral ist zweigeschlechtlich wie der Mensch, in: dies.: Erinnerungsarbeit, Berlin/Hamburg, 90–130

dies., 1990, [3]2001: Erinnerungsarbeit. Hamburg

dies., 1996: Rosa Luxemburg und die Politik der Frauen, in: dies.: Frauenpolitiken. Berlin/Hamburg, 233–264

dies. 1996: Frauenpolitiken. Berlin/Hamburg

dies., 1997: Zum Spannungsverhältnis von Theorie und Empirie bei Rosa Luxemburg, in: Th. Bergmann u. W. Haible (Hg.): Reform – Demokratie – Revolution. Zur Aktualität von Rosa Luxemburg. Hamburg, 28–35

dies., 1997: Stichwort »Empirie/Theorie«, in: W. F. Haug (Hg.): Historisch-kritisches Wörterbuch des Marxismus, Bd. 3. Hamburg, 297–321

dies., 1999: Vorlesungen zur Einführung in die Erinnerungsarbeit. The Duke Lectures. Hamburg

dies., 2001a: Stichwort »Gesellschaftlich notwendige Arbeit/Arbeitszeit«, in: W. F. Haug (Hg.): Historisch-kritisches Wörterbuch des Marxismus, Bd. 5. Hamburg, 573–580

dies., 2001b: Lehren und Lernen. Das Argument 240, 168–87

dies., 2001c: Stichwort »Geschlechterverhältnisse, in: W. F. Haug (Hg.): Historisch-kritisches Wörterbuch des Marxismus, Bd. 5. Hamburg, 493–531

dies., 2003: Zum Verhältnis von Erfahrung und Theorie in subjektwissenschaftlicher Forschung. Forum Kritische Psychologie 47, 56–72

dies., 2003, [2]2004: Lernverhältnisse. Selbstbewegungen und Selbstblockierungen. Hamburg

dies., 2008: Die Vier-in-einem-Perspektive. Politik von Frauen für eine neue Linke. Hamburg

dies., 2015: Der im Gehen erkundete Weg. Marxismus-Feminismus. Hamburg

dies., 2016: On Critique and its Potential in Research and Politics. Honorary lecture presented at Roskilde University in September 2016

dies., Uwe Gluntz, Rolf Nemitz, Werner van Treeck u. Gerhard Zimmer, 1975: Automation führt zur Höherqualifikation – Thesen über Hand- und Kopfarbeit, in: Demokratische Erziehung

dies. u. Kornelia Hauser (Hg.), 1988: Küche und Staat – Politik der Frauen. Hamburg

dies. u. Brigitte Hipfl (Hg.), 1995: Sündiger Genuss? Filmerfahrungen von Frauen. Hamburg

dies., Rolf Nemitz u. Thomas Waldhubel, 1980: Kritik der Handlungsstrukturtheorie. Forum Kritische Psychologie 6, 18–85

dies. u. Eva Wollmann (Hg.), 1993: Hat die Leistung ein Geschlecht? Erfahrungen von Frauen. Berlin/Hamburg

Haug, Wolfgang Fritz, 1972: Die Bedeutung von Standpunkt und sozialistischer Perspektive für die Kritik der politischen Ökonomie. Das Argument 74, 561–585

ders., 1973: Das umwerfende Einverständnis des braven Soldaten Schwejk, in: ders.: Bestimmte Negation. Frankfurt/M.

ders., 1974, [5]1989: Vorlesungen zur Einführung ins Kapital. Hamburg

ders., 1976: Die Einübung bürgerlicher Verkehrsformen bei Eulenspiegel, in: Vom Faustus bis Karl Valentin. Der Bürger in Geschichte und Literatur. Argument Sonderband 3. Berlin-West, 4–27.

ders., 1983: Hält das ideologische Subjekt Einzug in die Kritische Psychologie? Forum Kritische Psychologie 11, 24–55

ders., 1986a: Marx, Ethik und ideologische Formbestimmtheit von Moral, in: E. Angehrn u. G. Lohmann (Hg.): Ethik und Marx – Moralkritik und normative Grundlagen der Marxschen Theorie. Königstein/Ts., 36–57

ders., 1986b: Die Faschisierung des bürgerlichen Subjekts. Hamburg-Berlin

ders., 1987: Die Frage nach der Konstitution des Subjekts, in: ders.: Pluraler Marxismus 2. Berlin, 81–100

ders., 1993: Ideologische Mächte und die antagonistische Reklamation des Gemeinwesens, in: ders.: Elemente einer Theorie des Ideologischen. Hamburg, 77–90

ders., 1997: Philosophieren mit Brecht und Gramsci. Hamburg

ders., 2003: Die neuen Subjekte des Sexuellen, in: ders.: High-Tech-Kapitalismus. Analysen zu Produktionsweise, Arbeit, Sexualität, Krieg und Hegemonie. Hamburg, 179–198

Heckhausen, Heinz, 1989: Motivation und Handeln. Berlin

Heiner, Achim, 1974: Rollenspiele – zu wessen Nutzen? Die Grundschule, Zeitschrift für die Grundstufe des Schulwesens, H. 10

Herrmann, Theo, 1982: Über begriffliche Schwächen kognitivistischer Kognitionstheorien: Begriffsinflation und Akteur-System-Kontamination. Sprache & Kognition, 1(1), 3–14

ders. u.a. (Hg.), 1977: Handbuch psychologischer Grundbegriffe. München

Hirschhorn, L., 1982: The soul of a new worker. Working Papers 9 (1), 42–47

Hofmeister, Arnd, 1998: Zur Kritik des Bildungsbegriffs aus subjektwissenschaftlicher Perspektive. Diskursanalytische Untersuchungen. Hamburg

Holzkamp, Klaus, 1973: Sinnliche Erkenntnis. Historischer Ursprung und gesellschaftliche Funktion der Wahrnehmung. Frankfurt/M.

ders., 1983: Grundlegung der Psychologie. Frankfurt/New York

ders., 1986: Die Verkennung von Handlungsbegründungen als empirische Zusammenhangsannahmen in sozialpsychologischen Theorien. Methodologische Fehlorientierung infolge von Begriffsverwirrung. Zeitschrift für Sozialpsychologie 17, 216–238; nachgedruckt 1987 in Forum Kritische Psychologie 19, 23–58

ders., 1986: Handeln, in: Günter Rexilius u. Siegfried Grubitzsch (Hg.): Psychologie. Theorien - Methoden - Arbeitsfelder. Ein Grundkurs. Reinbek, 382–402

ders., 1987: Lernen und Lernwiderstand. Skizzen zu einer subjektwissenschaftlichen Lerntheorie. Forum Kritische Psychologie 20, 5–36

ders., 1993: Lernen. Subjektwissenschaftliche Grundlegung. Frankfurt/New York

Holzkamp-Osterkamp, Ute, 1975: Grundlagen der psychologischen Motivationsforschung, Bd. 1. Frankfurt/M.

Horkheimer, Max, 1936: Studien über Autorität und Familie, in: GS 3, 329–417

Jahoda, Marie, Paul F. Lazarsfeld u. Hans Zeisel, 1975: Die Arbeitslosen von Marienthal. Ein soziographischer Versuch über die Wirkungen langandauernder Arbeitslosigkeit. Frankfurt/M.

Kern, Horst, u. Michael Schumann, 1984: Das Ende der Arbeitsteilung? München

Kleines politisches Wörterbuch, Berlin 1989

Kohonen, Teuro, 1984: Self-organization and associative memory. Berlin

Lave, Jean, u. E. Wenger, 1991: Situated Learning: Legitimate peripheral participation. Cambridge

Lefrançois, G.R., 1986: Psychologie des Lernens. Berlin

Lehrende aus freien Alternativschulen, 2007: Aus Erfahrung lernt man nichts. Ohne Erfahrung kann man nichts lernen. Geschichten aus dem schulischen Alltag. Hamburg

Lektorski, W.A., 1985: Subjekt - Objekt - Erkenntnis. Grundlegung einer Theorie des Wissens. Frankfurt/M.

Leontjew, A.N., [1931] 1977: Probleme der Entwicklung des Psychischen. Frankfurt/M.

Lindqvist, Sven, 1989: Grabe, wo du stehst. Handbuch zur Erforschung der eigenen Geschichte. Bonn

Lurija, Alexandr R., 1986: Die historische Bedingtheit individueller Erkenntnisprozesse. Weinheim

Luxemburg, Rosa, [1914] 1973: Die Proletarierin, in: GW 3. Berlin/DDR, 410–413

dies., [1916] 1979: Die Krise der Sozialdemokratie, in: GW 4, 2. Aufl., Berlin/DDR, 49–164

Maiers, Wolfgang, u. Morus Markard, 1987: Kritische Psychologie als Subjektwissenschaft. Festschrift für Klaus Holzkamp. Frankfurt/M.

Markard, Morus, 1994: Wie reinterpretiert man Konzepte und Theorien? Forum Kritische Psychologie 34, 125–155

ders., 2004: Lehren/Lernen als methodisch organisierte (Selbst-)Kritik ideologischer Standpunkte der Subjekte. In: Peter Faulstich u. Joachim Ludwig (Hg.): Expansives Lernen. Bielefeld

ders. u. Ausbildungsprojekt Subjektwissenschaftliche Berufspraxis, 2000: Wider Mainstream und Psychoboom. Kritische Psychologie und studentische Praxisforschung. Hamburg

Marx, Karl, 1953: Grundrisse der Kritik der Politischen Ökonomie. Berlin/DDR

ders.,[1845] 1958: Thesen über Feuerbach, in: MEW 3, 5–7

ders., [1852]: Der 18. Brumaire des Louis Bonaparte, in: MEW 8, 111–207

ders., [1857] 1983: Einleitung zu den Grundrissen der Kritik der politischen Ökonomie, in: MEW 42, 15–46

ders., [1875] 1962: Kritik des Gothaer Programms, in: MEW 19, 15–32

ders., [1880] 1962: Arbeiterumfrage, in: MEW 19, 230–37

ders., Ökonomische Manuskripte, in: MEW 42

ders., Das Kapital, Bd. 1, in: MEW 23

ders. u. Friedrich Engels [1848] 1974: Manifest der Kommunistischen Partei, in: MEW 4, 459–493

dies., [1845-1846] 1990: Die deutsche Ideologie, in: MEW 3

McClelland, D.C., 1953: The Achievement Motive. New York

McClelland, J.L., u. D.E. Rumelhart, 1986: Parallel distributed processing. Explorations in the microstructure of cognition. Vol. 2: Psychological and biological models. Cambridge, Mass.

McGraw, K.O., 1978: The detremental effects of reward on performance. A literature review and a prediction model, in: M.R. Lepper u. D. Greene (Hg.): The hidden costs of reward. Hillsdale, N.Y.

Meyer-Siebert, Jutta, Andreas Merkens, Iris Nowak u. Victor Rego Diaz (Hg.), 2002: Die Unruhe des Denkens nutzen. Emanzipatorische Standpunkte im Neoliberalismus, Hamburg

Meyers Jugendlexikon, 1976

Miller, G.A., E. Galanter u. K.H. Pribram, 1960: Plans and the structure of behavior. London (deutsch 1973: Strategien des Handelns. Pläne und Strukturen des Verhaltens. Stuttgart)

Miller, Max, 1986: Kollektive Lernprozesse. Studien zur Grundlegung einer soziologischen Lerntheorie. Frankfurt/M.

Miller, N.E., u. J. Dollard, 1941: Social learning and imitation. New Haven

Musil, Robert, 1906: Die Verwirrungen des Zöglings Törless

Neisser, Ulric, 1967: Cognitive Psychology. New York (deutsch 1974: Kognitive Psychologie. Stuttgart)

Nemitz, Rolf, 1981: Bildung statt Ideologie?, in: Die Wertfrage in der Erziehung. Argument Sonderband 58. Berlin-West

Nikolajewa, Galina, [1958] 1962: Schlacht unterwegs. Berlin

Nissen, Morten, 2004: Das Subjekt der Kritik. Forum Kritische Psychologie 47, 73–98

Ohm, Christof, 2001: Hacker, in: W.F. Haug (Hg.): Historisch-kritisches Wörterbuch des Marxismus, Bd. 5. Hamburg, 1115–1121

Osterkamp s. auch Holzkamp-Osterkamp

Osterkamp, Ute, 2008: Soziale Selbstverständigung als subjektwissenschaftliches Erkenntnisinteresse. Forum Kritische Psychologie 52, 9–28

Päd Extra. Magazin für Erziehung, Wissenschaft und Politik. Jg. 1979, insbes. Nr. 9

Pawlow, I. P., 1955: Ausgewählte Werke. Berlin-DDR

Projekt Automation und Qualifikation (PAQ), 1978, [2]1979: Entwicklung der Arbeitstätigkeiten und die Methode ihrer Erfassung. Berlin-West

dies., 1980: Automationsarbeit: Empirie 1. Argument Sonderband 43, Berlin-West

dies., 1981a: Automationsarbeit: Empirie 2. Argument Sonderband 55, Berlin-West

dies., 1981b: Automationsarbeit: Empirie 3. Argument Sonderband 67, Berlin-West

dies., 1983: Zerreißproben – Automation im Arbeiterleben. Empirische Untersuchungen, Teil 4. Argument Sonderband 79. Berlin-West

dies., 1987: Widersprüche der Automationsarbeit. Ein Handbuch. Berlin-West

Projektgruppe Automation und Qualifikation, 1975: Automation in der BRD. Probleme der Produktivkraftentwicklung (II). Berlin-West

Projekt Ideologietheorie (PIT), 1979: Theorien über Ideologie. Berlin

Raeithel, Arne, 1983: Tätigkeit, Arbeit und Praxis. Frankfurt/New York

Riecke-Baulecke, Thomas, 1994: Lernwidersprüche und Widersprüche beim Lernen. Umrisse eines subjektwissenschaftlichen Paradigmenwechsels in der Sportpädagogik. Hamburg

Robertson, Jennifer, 2017: Robo sapiens japanicus. Robots, Gender, Family, and the Japanese Nation. Berkeley, CA

Scheu, Ursula, 1977: Wir werden nicht als Mädchen geboren – wir werden dazu gemacht. Zur frühkindlichen Erziehung in unserer Gesellschaft. Frankfurt/M.

Schmitt, Antje, u. Jan Körper, 2002: Ich und die Anderen. Hamburg

Schweppenhäuser, Gerhard, 1996: Ethik nach Auschwitz. Adornos negative Moralphilosophie. Berlin/Hamburg

Sigusch, Volkmar, 1998: Die neo-sexuelle Revolution. Psyche. Zeitschrift für Psychoanalyse und ihre Anwendungen, hg. v. Werner Bohleber, H. 12, 1192–1234

ders., 2005: Die neosexuelle Revolution. Metamorphosen von Sexualität und Geschlecht. Das Argument 260 (Neosexuelle Revolution?), 189–205

Smith, Dorothy, 1995: Der aktive Text. Eine Soziologie für Frauen. Hamburg

Stadler, Michael, u. F. Seeger, 1981: Psychologische Handlungstheorie auf der Grundlage des materialistischen Tätigkeitsbegriffs, in: H. Lenk (Hg.): Handlungstheorien interdisziplinär III. München, 191–233

Tolman, E. C., 1932: Purposive behavior in animals and men. New York

ders. u. C. H. Honzik, 1930: Introduction and removal of reward and maze performance in rats. University of California Publications in Psychology 4, 257–275

Tulving, E., 1972: Episodic and semantic memory, in: ders. u. W. Donaldson (Hg.): Organization of Memory. New York, 382–402

Türcke, Christoph, 2019: Digitale Gefolgschaft. Auf dem Weg in eine neue Stammesgesellschaft. München

Valentin, Carl, 1961: Gesammelte Werke. München

Volpert, Walter, 1974: Handlungsstrukturanalyse als Beitrag zur Qualifikationsforschung. Köln

ders., 1975: (mit Peter Groskurth): Lohnarbeitspsychologie: Berufliche Sozialisation – Emanzipation zur Anpassung. Frankfurt/M.
ders., 1983: Das Modell der hierarchisch-sequenziellen Handlungsorganisation, in: W. Hacker, W. Volpert u. M. von Cranach (Hg): Kognitive und motivationale Aspekte der Handlung. Berlin, 38–85
ders., 1984: Maschinen-Handlungen und Handlungs-Modelle – ein Plädoyer gegen die Normierung des Handelns. Gestalt Theory 6, 70–100
Watson, J. B., 1919: Psychology from the standpoint of a behaviorist. Philadelphia
Willis, Paul, 1979: Spaß am Widerstand. Gegenkultur in der Arbeiterschule. Frankfurt/M. (Neuausgabe 2013, Hamburg)
Wolf, Christa, 1977: Kindheitsmuster. Darmstadt/Neuwied
Woolf, Virginia, [1938] 1978: Die drei Guineen. München
Wygotski, L. S., [1934] 1969: Denken und Sprechen. Frankfurt/M.
ders., 1985/1987: Ausgewählte Schriften, Bde. 1–2. Köln
ders., [1931], 1992: Geschichte der höheren psychischen Funktionen. Münster
Zimmer, Gerhard, 1987: Selbstorganisation des Lernens. Kritik der modernen Arbeitserziehung. Frankfurt